Verfassungsrechtlicher Eigentumsschutz in den USA

Europäische Hochschulschriften
Publications Universitaires Européennes
European University Studies

Reihe II
Rechtswissenschaft

Série II Series II
Droit
Law

Bd./Vol. 5176

PETER LANG
Frankfurt am Main · Berlin · Bern · Bruxelles · New York · Oxford · Wien

Sophia Charlotte Neumann

Verfassungsrechtlicher Eigentumsschutz in den USA

PETER LANG
Internationaler Verlag der Wissenschaften

Bibliografische Information der Deutschen Nationalbibliothek
Die Deutsche Nationalbibliothek verzeichnet diese Publikation in der Deutschen Nationalbibliografie; detaillierte bibliografische Daten sind im Internet über http://dnb.d-nb.de abrufbar.

Zugl.: Hamburg, Bucerius Law School, Diss., 2010

Gedruckt auf alterungsbeständigem, säurefreiem Papier.

H 360
ISSN 0531-7312
ISBN 978-3-631-61782-3

www.peterlang.de

Meinen Eltern

Vorwort

Die vorliegende Arbeit wurde im Herbsttrimester 2010 von der Bucerius Law School – Hochschule für Rechtswissenschaft – als Dissertation angenommen. Die mündliche Promotionsprüfung hat am 7. Dezember 2010 stattgefunden.

Mein herzlicher Dank gilt meinem Doktorvater, Herrn Professor Dr. Christian Bumke, für die hervorragende Betreuung der Arbeit und seinen stets wohlwollenden Zuspruch. Er hat die Bearbeitung des Themas angeregt und mit hilfreichen Ratschlägen und Hinweisen gefördert. Herrn Professor Dr. Michael Fehling gebührt Dank für die zügige Erstellung des Zweitgutachtens.

Der Bucerius Law School und insbesondere Herrn Dr. Hariolf Wenzler sowie Herrn Dr. Markus Baumanns danke ich für die Schaffung hervorragender Arbeitsbedingungen und für die glückliche Zeit, die ich an der Hochschule verbracht habe.

Für ihre vielfältige Unterstützung, geduldige Anteilnahme und stete Ermunterung und Aufheiterung während der Entstehung der Arbeit danke ich Raoul Dittmar und meiner Schwester Inga Frederike Neumann.

Besonderer Dank gebührt darüber hinaus meinen Eltern Hans und Ingrid Neumann, die mich immer darin bestärkten, das Promotionsvorhaben zu verwirklichen und mich stets liebevoll unterstützt und gefördert haben. Ihnen ist diese Arbeit gewidmet.

Hamburg, im Januar 2011 — Sophia Charlotte Neumann

Inhaltsverzeichnis

A. Einleitung

Starre Regelungen oder Abwägung im Einzelfall – wie ist beim Ausgleich zwischen privaten und öffentlichen Interessen zu verfahren? – Diese Frage zieht sich wie ein Leitmotiv durch die amerikanische Rechtsprechung und Literatur zum verfassungsrechtlichen Eigentumsschutz. Welche Vorgehensweise zur Bestimmung einer Enteignung und zur Feststellung des Entschädigungserfordernisses dabei die geeignete ist, ist seit jeher umstritten. Die sich im Wandel der Zeit immer wieder ändernden Präferenzen führten in der Rechtsprechung des U.S. Supreme Court zu Paradigmenwechseln und zu Kontroversen in der Literatur.

In der vorliegenden Darstellung ist zu untersuchen, wie das amerikanische Recht diesen Problemstellungen des Eigentumsrechts begegnet. Ziel der Untersuchung ist es, den verfassungsrechtlichen Eigentumsschutz in den USA unter diesen Aspekten zu analysieren und dem deutschen Recht gegenüber zu stellen.

Der Eigentumsschutz ist in der amerikanischen Bundesverfassung in der Enteignungsregelung (*takings clause*) des fünften Verfassungszusatzes (Amendment) niedergelegt. Eine Enteignung darf danach nur vorgenommen werden, wenn sie zugunsten eines öffentlichen Zwecks erfolgt und einen angemessenen Ausgleich vorsieht. Wann eine Enteignung im verfassungsrechtlichen Sinne und wann eine entschädigungslose Eigentumsentziehung vorliegt, beurteilen in erster Linie die Gerichte. Dazu orientieren sie sich an bestimmten Kriterien. Diese können zum einen feste Regeln des positiven Rechts oder früherer Entscheidungen der höchstrichterlichen Rechtsprechung sein. Die Beurteilung kann aber auch aufgrund einer Abwägung im Einzelfall erfolgen. Oft werden auch beide Elemente vermischt und haben sich im Laufe der Zeit in der Rechtsprechung im Rahmen sogenannter *tests* etabliert. Der Gedanke, dass die Garantie des fünften Amendment den Staat daran hindern sollte, Einzelnen öffentliche Lasten aufzuerlegen, die billigerweise die Allgemeinheit zu tragen hätte, durchzieht bis heute die Entscheidungen zum Enteignungsrecht.[1] Indem die Verfassung die Rechtmäßigkeit einer Enteignung an dem Vorliegen eines öffentlichen Zwecks und einer angemessenen Enteignung ausrichtet, schützt sie primär den Wert des Eigentums, jedoch nicht seinen Bestand in der Hand des Privateigentümers.

Auch in der Bundesrepublik Deutschland stand bis in die achtziger Jahre des zwanzigsten Jahrhunderts die Wertgarantie im Vordergrund. Mit dem Grundsatz „dulde und liquidiere“ hat der BGH primär den Wert des Eigentums gesichert

1 Vgl. die zahlreichen Nachweise in der abweichenden Meinung zu der Entscheidung *Penn Central Transportation Co. v. City of New York*, 98 S. Ct. 2646 (2667 und 2671) (1978).

und nur nachrangig seinen Bestand. Bei Eigentumseingriffen handelte es sich entweder um eine entschädigungslos hinzunehmende Inhaltsbestimmung oder um eine entschädigungspflichtige Enteignung. Eine Inhaltsbestimmung wurde entschädigungspflichtig und damit zu einer Enteignung, wenn die durch Art. 14 Abs. 2 GG festgeschriebene Grenze der Sozialpflichtigkeit des Eigentums überschritten wurde. Über die Entschädigungsnotwendigkeit und –bedürftigkeit entschied nicht der Gesetzgeber, sondern dieser überließ die Entscheidung – ähnlich wie in den USA - zumeist der Judikative.

Diesen Vorstellungen trat das Bundesverfassungsgericht 1981 in der sogenannten Nassauskiesungsentscheidung entgegen. Unter anderem besteht seitdem ein kategorialer Unterschied zwischen Inhalts- oder Schrankenbestimmungen und einer Enteignung. Eine verfassungswidrige Inhalts- oder Schrankenbestimmung kann nach der Rechtsprechung des Bundesverfassungsgerichts nie in eine Enteignung umschlagen oder durch die gerichtliche Anerkennung einer Entschädigung rechtmäßig werden. Ferner können Entschädigungen grundsätzlich nur anerkannt werden, wenn sie der Gesetzgeber vorgesehen hat. Gerichten ist es verwehrt, Entschädigungen ohne gesetzliche Grundlage zuzusprechen.

Mit der Nassauskiesungsentscheidung erfolgte eine Verlagerung des Rechtsschutzes auf die Primärebene. Möchte der Bürger gegen einen Eigentumseingriff vorgehen, muss er bei den Verwaltungsgerichten um Rechtsschutz nachsuchen. Unterlässt er dies, kann er später keine Entschädigung mehr verlangen. Auf diese Weise gewinnt der in Art. 14 Abs. 1 S. 1 GG begründete Bestandsschutz eine eigenständige und gegenüber dem Wertschutz des Art. 14 Abs. 3 GG vorrangige Bedeutung.

In den USA wird bis heute an dem Vorrang einer Wertgarantie festgehalten. Die folgende Darstellung untersucht anhand einer Analyse der amerikanischen Rechtsprechung, der verfassungsrechtlichen Literatur und der einfachen Gesetzgebung, ob und wie die fehlende gesetzliche Unterscheidung zwischen Abwehrrechtsschutz und Entschädigungsanspruch in den USA sich auf den Eigentumsschutz auswirkt. Weiter ist zu prüfen, auf welche Weise sich die Anwendung starrer Regeln einerseits und die Abwägung im Einzelfall andererseits auf die Feststellung einer entschädigungspflichtigen Enteignung und damit auf den Eigentumsschutz auswirken.

B. Die Rechtsprechung des U.S. Supreme Court zum Eigentumsschutz

Die Rechtsprechung des Supreme Court hat in den Vereinigten Staaten eine hohe Bedeutung für den Eigentumsschutz, dadurch, dass sie die verschiedenen Schutzvorschriften für das Eigentum ausdeutet und anwendet, ja zum Teil fortentwickelt.[2] Wirtschaftliche Interessen werden in der Verfassung durch generalklauselartige und durch spezifische Vorschriften geschützt. Generalklauselartig sind die *due process*-Klauseln im fünften und in § 1 des 14. Verfassungszusatzes (Amendment) der amerikanischen Bundesverfassung gefasst, die die nationale beziehungsweise gliedstaatliche Gewalt binden. Spezielle Schutzvorschriften finden sich für das Eigentum (Amendment 5) und für vertraglich begründete Rechte (Art. I § 10 Cl. 1). Ferner regelt die Verfassung die Zulässigkeit von rückwirkenden Gesetzen, von Einzelpersonengesetzen (Art. I § 9 Cl. 3; § 10 Cl. 1) und von Zwangsdienstbarkeiten (Amendment 13). Die folgende Darstellung konzentriert sich auf die Rechtsprechung im Hinblick auf die wichtigsten Eigentumsschutzvorschriften der Bundesverfassung, und zwar die *due process*-Klausel sowie die *takings*- und die *contract*-Klausel.

I. Einführung

1. Für den Eigentumsschutz grundlegende Verfassungsnormen

Die Verfassung enthält verschiedene Vorschriften, die staatliche Eingriffe in die Marktwirtschaft und in private ökonomische Interessen begrenzen. Das fünfte und das 14. Amendment gewährleisten mit der *due process clause*: „that no person shall be deprived of property without due process of law." Article 1 sec. 10 bestimmt in der *contract clause*, „that no State shall pass any Law impairing the Obligation of Contracts." Das fünfte Amendment besagt mit der *takings clause*: "Private property shall not be taken for public use, without just compensation." Neben der Verfahrensgarantie der *due process clause*, die sich in ein materielles (*substantive*) und ein formelles (*procedural*) Element aufspalten lässt, kennt das Verfassungsrecht den Schutz der Vertragsfreiheit aufgrund der *contract clause* aus Art. 1 section 10 der Verfassung und die *takings* oder *eminent domain*

2 Das amerikanische Rechtssystem ist von dem sogenannten *Case Law* geprägt. Die Anwendung und Auslegung auch des Verfassungsrechts wird durch die bindende Rechtsprechung des Supreme Court vorgegeben.

clause des fünften Verfassungszusatzes. Die Definition des Schutzgegenstandes dieser Verfassungsrechte orientiert sich am Wortlaut, der historischen Entwicklung, der Systematik und der Intention der Verfassungsgeber bei der Schaffung der Verfassungsvorschrift. Ebenso von Bedeutung ist, welches Gewicht verfassungsgerichtlichen Präjudizien im Rahmen der Verfassungsinterpretation zukommen soll.[3]

Von den verfassungsrechtlichen Vorschriften ist die *takings clause* des fünften Amendment heute die wichtigste auf dem Gebiet des Eigentumsschutzes. Sie lautet:

> „Nor shall private property be taken for public use, without just compensation."

Ein Recht zur Enteignung durch den Staat ist nicht explizit in der Verfassung verankert.[4] Im Umkehrschluß zu Amendment fünf, das eine Enteignung ohne gerechte Entschädigung verbietet, ist jedoch zu schließen, dass der Staat das Recht besitzt, Privateigentum in staatliches umzuwandeln. Das heißt nicht, dass der fünfte Verfassungszusatz die Kompetenzen des Staates erweitert. Vielmehr setzt er der staatlichen Macht, die sonst absolut wäre, Grenzen.[5] Diese Grenzen bestehen darin, dass das Eigentum nur für einen öffentlichen Zweck und nur gegen Gewähr einer gerechten Entschädigung enteignet werden darf. Die Enteignungsgewalt hat nach amerikanischem Verfassungsrecht der Gesetzgeber. Sie kann aber an staatliche und kommunale Behörden in mehr oder weniger weitgefassten gesetzlichen Ermächtigungen delegiert werden. In gewissem Umfang ist auch die Übertragung des Enteignungsrechts an Organisationen des Privatrechts zulässig, sobald sie öffentlichen Zwecken dienen.[6]

Obwohl die *takings clause* nach ihrem Wortlaut nur für die Bundesregierung gilt, ist ihre Auslegung durch die Bundesgerichte nicht nur auf Bundesebene von Bedeutung. Die Aufnahme des 14. Verfassungszusatzes und der in ihr enthaltenen *due process clause* in die *Bill of Rights* nach dem Bürgerkrieg hatte, wenn auch erst wesentlich später, zur Folge, dass die *takings clause* auch auf einzelstaatliche Maßnahmen und Vorschriften Anwendung fand. Mit Inkrafttreten des 14. Amendment im Jahre 1868 verbesserte sich deshalb die Kontrollierbarkeit einzelstaatlichen Handelns durch den Supreme Court. Die Interpretation der

3 Vgl. die Analyse von *Sunstein*, One Case at a Time, S. 68 f.

4 Diese Recht wird stillschweigend vorausgesetzt, vgl. *United States v. Carmack*, 329 U.S. 230, 241 f. (1946); *Kohl v. United States*, 91 U.S. 367 (1875).

5 Vgl. *United States v. Carmack*, 329 U.S. 230, 241, 242 (1946).

6 Vgl. *Kauper*, State and Private Property, S. 187 ff.

takings clauses in den Verfassungen der Einzelstaaten richtet sich noch heute stark danach, wie die *takings clause* auf Bundesebene ausgelegt wird.

Der gesetzgeberische Zweck des fünften Verfassungszusatzes wird darin gesehen, wirtschaftliche Vorteile gegen öffentliche Eingriffe zu schützen, damit die Kosten des öffentlichen Fortschritts nicht auf ungerechte Weise Individuen oder einzelnen Gruppen auferlegt werden, anstatt auf die Allgemeinheit verteilt zu werden, die daraus ihren Nutzen zieht.[7]

Dieser Verfassungszusatz verbot den Staaten (was für den Bund bereits durch die *Bill of Rights* galt), die Verfahrensgarantien einer Person zu missachten und ermöglichte die Anwendung der *takings clause* in den Einzelstaaten.[8] Der Wortlaut der *due process clause* sowohl des fünften als auch des 14. Amendment lautet identisch:

> „Nor shall any person ... be deprived of ... property without due process of law. ...“

Während diese Vorschriften zunächst als Verfahrensgarantien angelegt waren, hat der Supreme Court diese lange auch als materielle Rechte ausgelegt. Der Supreme Court forderte, dass das Regierungshandeln ausreichend eng mit einem legitimen Zweck verbunden und nicht willkürlich war. Bis zu einer wichtigen Entscheidung im Jahr 1922[9], in der der Supreme Court zum ersten Mal das Vorliegen einer Enteignung durch Regulierung anerkannte, waren diese materielle Interpretation der ursprünglich reinen Verfahrensgarantie der *due process clause*, in dieser materiellen Auslegung *substantive due process* genannt, sowie die Eingriffsbefugnisse des Staates im Rahmen seiner Polizeigewalt (*police power*) zur Sicherstellung der Gesundheit und Sicherheit der Bürger die vorherrschenden Theorien, um regulatorische Eingriffe in das Eigentum zu überprüfen.

Heute findet die *due process clause* in der Rechtsprechung des Supreme Court nur noch selten Anwendung. Während sie einst in ihrer Bedeutung weit vor der *takings clause* rangierte,[10] dominiert heute letztere die Verfassungsrechtsprechung im Bereich des Eigentumsschutzes. Im frühen zwanzigsten Jahrhundert jedoch nutzte der Supreme Court die materielle Prüfung im Rahmen der *due*

---

7 Vgl. *Sax*, Mich. L. Rev. 68 (1970), S. 471, 479.

8 14. Amendment: "Nor shall any State deprive any person of life, liberty or property, without due process of law ".

9 *Pennsylvania Coal v. Mahon*, 260 U.S. 393 (1922).

10 Vgl. z. B. *Village of Euclid v. Ambler Realty Co.*, 272 U.S. 365 (1926); *Nectow v. City of Cambridge*, 277 U.S. 183 (1928); s. ebenso *Miller v. Schoene*, 276 U.S. 272 (1928).

process clause regelmäßig, um in die Wirtschaft eingreifende Gesetzgebung als Eingriff in die Vertragsfreiheit für verfassungswidrig zu erklären.[11]

Die Grenze zwischen diesen beiden wichtigsten Vorschriften zum Schutz des Eigentums ist nicht ohne weiteres zu ziehen. Einigen Entscheidungen des Supreme Court lässt sich kaum entnehmen, auf Grundlage welcher der beiden Vorschriften er eine Enteignung geprüft hat.[12] Die meisten Eigentümer, die eine Enteignung oder Einschränkung ihres Eigentums erfahren haben, machen deshalb sowohl eine Verletzung der *takings clause* als auch des *substantive due process* gerichtlich geltend.[13]

Due process lässt sich auf einen größeren Kreis von Rechten im Bereich des Eigentums anwenden als die engere *takings clause*,[14] beide umfassen aber Landnutzungsrechte gleichermaßen. Grundsätzlich verfolgen die beiden Vorschriften jedoch verschiedene Ziele. Das *takings*-Recht, befreit von den zwischenzeitlichen Einflüssen des *due process*, ist mehr auf die ökonomischen Auswirkungen einer staatlichen Handlung gerichtet[15] und deshalb mehr auf das Ergebnis einer Maßnahme fokussiert. *Substantive due process* hingegen untersucht hauptsächlich, wenn auch nicht ausschließlich, die Verbindung zwischen dem gewählten Mittel und dem Zweck einer staatlichen Handlung. Diese Prüfung basiert eher auf einer Vernünftigkeitsuntersuchung, nicht so sehr auf dem Ergebnis einer Maßnahme. Eine unvernünftige, unsachliche Eigentumsbeeinträchtigung durch den Staat, die auf diese Weise gegen das Erfordernis des *substantive due process* verstößt, kann lediglich geringe wirtschaftliche Auswirkungen auf den Wert des beeinträchtigten Eigentums haben, und deshalb keine Enteignung im Sinne der *takings clause* hervorrufen. Allerdings wird diese Unterscheidung auf dem Gebiet der regulatorischen Enteignungen dadurch zunichte gemacht, dass der Sup-

11 Dies geschah in der sog. Lochner-Ära, von der an anderer Stelle ausführlich die Rede sein wird. Die Bezeichnung geht zurück auf die Entscheidung *Lochner v. New York*, 198 U.S. 45 aus dem Jahr 1905.

12 Zu gerichtlichen Kommentaren dieses Zustands siehe *Tampa-Hillsborough County Expressway Auth. v. A.G.W.S. Corp.*, 640 So. 2d 54, 57 (Fla. 1994); *Orion Corp. v. State*, 109 Wash. 2d 621, 747 P.2d 1062, 1076 f. (1987); siehe auch *Davis/Glicksman*, To the Promised Land, 68 Oregon L. Rev. 393, 394 (1989).

13 Vgl. *Benjamin*, Note, 100 Yale L. J. 2667, 2669 (1991).

14 *Corn v. City of Lauderdale Lakes*, 95 F.3d 1066, 1075 (11th Cir. 1996), cert. denied, 118 S.Ct. 441 (1997); *Pittman v. Chicago Bd. of Education*, 64 F.3d 1098, 1104 (7th Cir. 1995), cert. denied, 116 S.Ct. 2497 (1996).

15 Zwei der drei in der Entscheidung *Penn Central Transportation v. New York City*, 438 U. S. 104 (1978), genannten Faktoren zur Prüfung einer Enteignung im Sinne der *takings clause* sind wirtschaftlicher Natur. Erstens werden dort die wirtschaftlichen Auswirkungen einer staatlichen Maßnahme geprüft, zweitens geht es um die Enttäuschung von sog. *investment-backed-expectations*.

reme Court dort fordert, dass eine Maßnahme vor allem ein rechtmäßiges staatliches Interesse substantiell fördern muss.[16]

Für das Einklagen beider Vorschriften ist die Voraussetzung einer Klagebefugnis vorgesehen. Während ein *takings*-Kläger zunächst auf Staatenebene sein Recht erfolglos einklagen muss, um auch auf Bundesebene zur Erhebung einer Klage befugt zu sein, ist dieses Erfordernis für den *due process*-Kläger nicht klar vorgeschrieben.[17] Auch die Rechtsfolgen sind unterschiedlich. Eine erfolgreiche *takings*-Klage führt zu einer finanziellen Entschädigung des Klägers als Wertersatz für das enteignete Eigentum. Nur selten wird in diesem Fall die angegriffene gesetzliche Grundlage eines Eigentumseingriffs für nichtig erklärt. Dies geschieht ausnahmsweise dann, wenn keine Möglichkeit besteht, den geschädigten Eigentümer zu entschädigen. Anders hingegen verhält es sich bei einer Verletzung der *due process*-Garantie. Wird eine Verletzung der Verfahrensgarantie festgestellt, so ist die staatliche Maßnahme verfassungswidrig und damit nichtig – eine Entschädigung kann der Kläger nicht verlangen. Die Wahl des Eigentümers, welche Vorschrift er durch eine Enteignung als verletzt vor Gericht geltend macht, hat deshalb erhebliche Auwirkungen auf den Ausgang der gerichtlichen Entscheidung.[18]

2. Überblick über die Entwicklung der Eigentumsrechte in der Verfassung

In den Anfängen der Besiedlung Nordamerikas durch die europäischen Siedler übernahmen die Vereinigten Staaten sämtliche Eigentumsrechte an Grund und Boden von den Engländern, die diese Rechte ungeachtet früherer Rechte der nativen Bevölkerung für sich beanspruchten.[19] Auch das Recht, Land an Private zu verteilen, oblag dem Bundesstaat, jedoch nicht den Einzelstaaten.[20] Von diesem machte er insbesondere während des Marschs nach Westen regen Gebrauch, was die Besiedlung des Landes vorantrieb, jedoch zur Folge hatte, dass der Staat sich selbst der meisten Flächen entäußerte. Bevor die Bundesverfassung erlassen wurde, existierten nur einzelstaatliche Verfassungen. Diese gingen davon aus,

---

16 Vgl. *Meltz/Merriam/Frank*, The Takings Issue, S. 18.

17 Vgl. *Benjamin*, Note, 100 Yale L. J. 2667, 2672-74.

18 Vgl. *Robinson*, Environmental Regulation, § 3.04, S. 3-40. Vgl. auch *Tabb Lakes Ltd. v. U.S.*, 10 F.3d 796, 802 (D.C.Cir. 1993): Wenn die staatliche Maßnahme nichtig ist, kann der Eigentümer nur auf Unterlassung klagen, hat jedoch keinen Entschädigungsanspruch.

19 *Johnson and Graham's Lessee v. McIntosh*, 21 U.S. 543 (1823), *Worcester v. Georgia*, 31 U.S. 515 (1832); *Siegan*, Property Rights, S. 5 ff.

20 *Worcester v. Georgia*, 31 U.S. 515, 519.

dass der Zweck des Staates der Schutz der natürlichen Rechte der Bürger war. Dabei setzten sie den Schutz des Eigentums neben den des Lebens und der Freiheit: „Life, liberty and property“. *James Madison*, einer der ersten Autoren der *Constitution*, war davon überzeugt, dass „Government is instituted to protect property of every sort…. This being the end of government, that alone is a just government, which impartially secures to every man, whatever is his own.”[21] Dennoch toleriert die Verfassung große Unterschiede im Besitz von Eigentum in den Vereinigten Staaten.[22] Sie verleiht kein Recht auf einen Grundstock an Eigentum. Das Recht auf Eigentum besteht in dem Recht, Eigentum zu erwerben, und es umfasst den Schutz des bestehenden Eigentums vor staatlichen Eingriffen. Die Verfassung schützt die Freiheit des Individuums, nach Eigentum zu streben und es zu erlangen.[23] Eigentum, von *John Locke* als Leben und Freiheit einbeziehend verstanden,[24] wurde in Nordamerika, wie überzeugend am Beispiel

---

21 *Madison*, The writings of James Madison, vol. 6: 1790-1802, S. 102. In Federalist No. 10 schreibt er: “an equal division of property” is both an “improper [and] wicked project” of government.

22 Vgl. zur Geschichte des Eigentumsbegriffs und seiner Bedeutung für die amerikanische Revolution im Rahmen seiner Entwicklung *Hoerder*, in: Wehler (Hrsg.), 200 Jahre amerikanische Revolution, S. 76 ff.; *Hoerder* beschreibt die Entwicklung von einem korporativen zu einem liberalen Eigentumsbegriff als Element der amerikanischen Revolution, während *Unger* in Knowledge and Politics genau umgekehrt die Entwicklung des Staates vom liberalen zu einem „postliberalen“ korporativen Wohlfahrtsstaat nachzeichnet. Dies ist indes kein Widerspruch: Während sich *Hoerder* mit der Entwicklung eines puritanischen Verständnisses des Eigentums vorrangig zum Nutzen der Wohlfahrt aller und eines Staates, dessen primäre Aufgabe der Schutz der Wohlfahrt ist, auseinandersetzt, entwirft *Unger* eine Persönlichkeitstheorie in neuerer Zeit, die er auf eine mögliche institutionelle Umsetzung im organisch verfassten Staat hin untersucht. Dabei geht er von einem Staat aus, dessen Anspruch es ist, der Individualität wie Sozialität des Menschen gerecht zu werden.

23 „The Constitution protects rather than creates property interests.“, *Phillips v. Washington Legal Foundation* (1998), S. 164.

24 Ausführlich zu *Lockes* Konzeption der Begründung von Eigentumsrechten durch menschliche Arbeit *Brocker*, Arbeit und Eigentum (1992). Den Ansatz *Lockes* stellt *Rose* der *Common Law*-Regel der Eigentumsbegründung durch Besitz gegenüber. Sie kritisiert an der Konzeptions *Lockes*, dass sie nicht selbst eine Regel zur Begründung von Eigentum darstellt, sondern eine solche voraussetzt. Denn nach Ansicht *Roses* muss es zuerst eine Regel geben, die besagt, dass durch eigene Arbeit geschaffene Produkte Eigentum des Produzenten werden, vgl. *Rose*, 52 U. Chi. L. Rev. 73, 74 ff. Eine ähnliche Kritik übt auch *Nozick*, Anarchy, State and Utopia, S. 175. *Rose* wiederum folgt der *Common Law*-Regel, die besagt, dass der Ursprung des Eigentums der Besitz ist. Ihrer Ansicht nach ist Besitz eine Form der Sprache, denn er muss kommuniziert werden, damit Dritte von ihm Kenntnis erlangen und ihn akzeptieren können, vgl. *dies.*, 52 U. Chi. L. Rev. 73, 78 f.

von Massachusetts dargelegt worden ist, „in seiner engeren und handfesteren materiellen Bedeutung verwandt“, und das Recht auf Eigentum wurde „nicht selten als das fundamentale und bedeutsamste aller Naturrechte angesehen.“[25] Die Sicherheit des Privateigentums war nach amerikanischem Verständnis mit Freiheit verbunden und wurde einmal sogar als „guardian of every other right" bezeichnet.[26] Die Bedeutung der Eigentumsrechte bekam zusätzlich dadurch Gewicht, dass die Wahlrechte nach der Revolution oft an Eigentumsbesitz geknüpft waren.[27] Zwar haben Besitzverhältnisse heute in Amerika für das Wahlrecht keine Bedeutung mehr, dennoch werden sie immer noch als fundamental für den Schutz der übrigen Bürgerrechte angesehen.[28] Das Eigentumsrecht wurde bereits von den englischen Siedlern in Amerika als eines ihrer fundamentalen Rechte angesehen, die sie als Untertanen Englands genossen. Das Konzept des *due process*, das heißt eines angemessenen Verfahrens bei der Einschränkung von Eigentumsrechten, erschien zum ersten Mal in der *Magna Charta* von 1215.[29] Das Denken der Siedler während der Revolutionsjahre in den Kolonien wurde durch diese Tradition und das Schreiben von *Locke* beeinflusst.[30] War also die Idee des Schutzes von Eigentumsrechten nicht neu, so war es doch die Verankerung ihres Schutzes in der Verfassung. Die Väter der Verfassung waren davon überzeugt, dass sie diesen Zweck am besten durch die Regierungsstruktur mit dem System der *checks* and *balances*, die sie kreierten, erreichen konnten[31] – vielleicht besser als durch die im Wege der Verfassungszusätze der *Bill of Rights* 1791 hinzugekommenen spezifischen Eigentumsrechte.

Die Begrenzungsmöglichkeiten staatlicher Macht, die in der Verfassung enthalten waren, galten nicht für die Einzelstaaten. Die Verfassung selbst enthielt keine Anhaltspunkte, die auf eine Kontrolle der Einzelstaaten hindeuteten. Die 1791 in Kraft getretene *Bill of Rights*, die die Verfassung ergänzte, enthielt zwar einige Vorschriften, die man im Sinne einer Regulierung der Macht der Einzelstaaten hätte verstehen können. Die Intention der Verfasser deutete jedoch klar daraufhin, dass sie sich nur an die Bundesregierung richten sollten.[32] Das Eigentum wurde nun explizit durch die *takings clause* im fünften Amendment

25 *Schröder*, in: Vierhaus (Hrsg.), Eigentum und Verfassung, S. 11, 12 f.

26 *Ely*, The Guardian of Every Other Right, S. 26.

27 Vgl. *Hoerder*, in: Vierhaus (Hrsg.), 200 Jahre amerikanische Revolution, S. 76, 86 ff., 93.

28 Vgl. *Reich*, The New Property, 73 Yale L. J. 733, 771.

29 Vgl. *Siegan*, Property Rights, S. 6 ff.

30 *Price*, Property Rights, S. 7.

31 Zur Rolle der Judikative im Gefüge der nordamerikanischen Demokratie vgl. *Hall/McGuire* (Hrsg.), The Judicial Branch.

32 *Nowak/Rotunda*, Constitutional Law, S. 399 f.

geschützt, die die Enteignung von Privateigentum zu Gunsten öffentlicher Belange ohne Entschädigung verbot. Ob dieser Zusatz auch für die Staaten bindend war, hatte der Supreme Court in der Entscheidung *Barron v. Mayor and City of Baltimore*[33] zu entscheiden. *Justice Marshall* entschied, dass keiner der zehn Verfassungszusätze der *Bill of Rights* auf die Einzelstaaten Anwendung finden sollte, da die Entstehungsgeschichte der *Bill of Rights* ihre Anwendung nur für die Bundesregierung zulasse, nicht für die einzelnen Staaten.[34]

Zur Kontrolle der Regierungsmacht musste auf die ursprüngliche Verfassung zurückgegriffen werden. Zwar begrenzt Article 1 section 10 der Verfassung einige Rechte der Einzelstaaten. Zum Beispiel verbot er es den Staaten, rückwirkende Gesetze zu erlassen oder Menschen nur aufgrund eines Gesetzes ohne vorheriges richterliches Urteil einzusperren. Dennoch konnte diese Vorschrift die Ausübung der *police power*, Befugnisse zur Gefahrenabwehr und zur Bewahrung der Sicherheit der Bevölkerung, deren Umfang vage war, nicht einschränken. Die meisten Beeinträchtigungen von Eigentum und Freiheit des Einzelnen geschahen aber im Rahmen der Ausübung der *police power*.[35] Die einzige Vorschrift, die Eigentumsrechte vor dem Eingriff durch die Regierungen der Einzelstaaten schützte, war das in Article 1 section 10 enthaltene Verbot, Gesetze zu erlassen, die die Erfüllung von Verträgen beeinträchtigten.[36] Das Verbot, in die Vertragsfreiheit der Bürger einzugreifen, firmiert unter dem Namen *contract clause.*

3. Die Entwicklung der Rechtsprechung und ihre Bedeutung für den Eigentumsschutz

Zum wesentlichen Hüter der Eigentumsrechte entwickelten sich die Gerichte, indem sie die Kontrolle gesetzgeberischer und administrativer Maßnahmen anhand der von ihnen inhaltlich ausgefüllten Generalklauseln der Verfassung auszuüben begannen. In der Verfassung ist diese als *judicial review* bezeichnete Funktion den Gerichten nicht ausdrücklich zugewiesen.[37] Es war lange eine be-

33 32 U.S. (7 Pet.) 243 (1833).

34 32 U.S. 243, 249.

35 *Nowak/Rotunda*, Constitutional Law, S. 400.

36 Article 1, section 10 der Verfassung: „No State shall enter into any Treaty, Alliance, or Confederation; grant Letters of Marque and Reprisal; coin Money; emit Bills of Credit; make any Thing but Gold and Silver Coin a Tender in Payment of Debts; pass any Bill of Attainder, ex post facto Law, or Law impairing the Obligation of Contracts, or grant any Title of Nobility."

37 Dass das die Legitimität der judicial review des Supreme Court nicht schmälert, verdeutlicht *Siegan*, Property and Freedom, S. 59 ff. Auf die Bedeutung der Entscheidung

liebte juristische Streitfrage, ob *judicial review* von der Verfassung vorausgesetzt werde oder die Gerichte diese Machtposition usurpiert hätten.[38] Heute hat sich dieser Streit gelegt, weil er angesichts der Bedeutung der *judicial review* in der amerikanischen Verfassung nicht mehr zeitgemäß ist. Die gerichtliche Kontrolle einer durch Gesetz oder auf gesetzlicher Grundlage durchgeführten Enteignung geschieht materiellrechtlich unter zwei Aspekten: Die Enteignung muss erstens einem gemeinnützigen Zweck dienen und zweitens mit einer gerechten Entschädigung verbunden sein.

Weil die Rechtsprechung in Amerika die höchste Instanz zur Interpretation von Verfassungsrechten ist,[39] sollen im Folgenden die Entwicklungen des Eigentumsschutzes in der Verfassungsrechtsprechung des höchsten Gerichts der USA, des Supreme Court, aufgezeigt werden. Es wird untersucht, wie sich der verfassungsrechtliche Schutzumfang von den Anfängen der Supreme Court-Rechtsprechung im Laufe der Zeit bis heute verändert hat. Der Schutz des Eigentums wurde durch den Supreme Court in verschiedenen Zusammenhängen weiterentwickelt.

Zu Beginn der Rechtsprechung bestand seine wichtigste Aufgabe darin, ein funktionierendes föderales System und eine existenzfähige Bundesregierung sicherzustellen. Die Rechtsprechung des Gerichts betreffend die Bundesgesetzgebung über den Handel sicherte die Stellung der Regierung.[40] Die Regierung des Bundes griff zu Anfang wenig in die natürlichen Rechte (Leben, Freiheit und Eigentum) ein. Die Beeinträchtigung der Verfügungsfreiheit über das Eigentum und die Arten seiner Nutzung beschränkten zunächst nur die Einzelstaaten. Seit der Gründung des Gerichts bis zum Bürgerkrieg verwarf der Supreme Court deshalb insgesamt nur zwei Bundesgesetze.[41]

In den Jahren vor dem Bürgerkrieg nutzte der Supreme Court die *contract clause*, um die polizeilichen Befugnisse der Staaten wenigstens etwas einzudämmen. In der grundlegenden Entscheidung *Fletcher v. Peck*[42] aus dem Jahr 1810 entschied der Supreme Court, dass die Staatsregierung von Georgia Land-

---

Marbury v. Madison in diesem Zusammenhang weist *Macey* hin, *ders.*, in: Paul/Miller/Paul, Economic Rights, S. 141, 144.

38 Vgl. die Darstellung bei *Rittstieg*, Eigentum als Verfassungsproblem, S. 114 ff. mit weiteren Nachweisen; s.a. *Ritterspach*, JöR N.F. 20 (1971), S. 80 ff.

39 Vgl. die Untersuchung bei *Kommers*, in: Hall/McGuire, The Judicial Branch, S. 200 ff.

40 *Nowak/Rotunda*, Constitutional Law, S. 399.

41 Im ersten Fall ging es um ein Gerichtsgesetz, *Marbury v. Madison*, 5 U.S. (1 Cranch) 137. Der zweite Fall betraf den Missouri Compromise, den das Gericht im Fall *Dred Scott v. Sandford*, 60 U.S. (19 How.) 393, für verfassungswidrig erklärte.

42 10 U.S. (6 Cranch) 87 (1810).

übertragungen an private Käufer nicht aufheben konnte – selbst wenn sie fehlerhaft zustande gekommen waren - weil dies gegen die *contract clause* verstoße.[43]

Die *due process clause* des 14. Amendment erlangte in der Rechtsprechung zum Eigentumsschutz große Bedeutung. Der Supreme Court interpretierte sie als materiellrechtliche (*substantive*) Begrenzung einzelstaatlicher Regelungen betreffend das Privateigentum. Dieser Rechtsschutzmechanismus erhielt deshalb das Attribut *substantive* oder *economic* (*due process*). Die *substantive due process*-Doktrin erreichte ihren Höhepunkt in den frühen Jahrzehnten des 20. Jahrhunderts. Im Fall *Allgeyer v. Louisiana*[44] aus dem Jahre 1897 erkannte der Supreme Court das Recht auf *economic due process* als ein verfassungsrechtlich geschütztes Freiheitsrecht an.[45] Während die *due process*-Doktrin an Bedeutung gewann, verringerte sich die der *contract clause* für den Eigentumsschutz.[46] In der Entscheidung *Chicago, B.& Q. R. R. v. City of Chicago*[47] von 1897 bestätigte der Supreme Court, dass das Entschädigungsgebot aus der *takings clause* des fünften Verfassungszusatzes aus der *Bill of Rights* nun auch die einzelstaatlichen Regierungen binde - über den Umweg des 14. Zusatzes.[48] Dies begründete das Gericht damit, dass das Recht auf Entschädigungszahlungen zum Ausgleich einer Enteignung als Teil des Rechts auf ein gerechtes Verfahren anzusehen sei. Dieses Recht wurde den Bürgern wiederum durch das 14. Amendment garantiert, das auch die Staaten bindet. Um die Erfordernisse des 14. Amendment zu erfüllen, war die Einhaltung des fünften Amendments also zwingend erforderlich. Für die Entwicklung des Eigentumsschutzes ist dies ein Meilenstein, hatte doch bis zu diesem Zeitpunkt jeder Staat seine eigenen Grundsätze zur Gewährung von Entschädigungen. In den meisten Fällen beschränkte sich die Zahlung einer Entschädigung streng auf die Fälle, in denen dem Bürger physisch Land genommen wurde:[49]

> “If, as this court has adjudged, a legislative enactment, assuming arbitrarily to take property of one individual and give it to another individual, would not be due process of law, as enjoined by the fourteenth amendment, it must be that the requirement of due process of law in that amendment is applicable to the direct appro-

---

43 *Fletcher v. Peck*, 10 U.S. 87, 135.

44 165 U.S. 578 (1897), 17 S.Ct. Rep. 427.

45 *Allgeyer v. Louisiana*, 17 S.Ct. Rep. 427, 431; welche Rechte vom Inhalt der verfassungsrechtlich geschützten Freiheit umfasst wurden, war umstritten, vgl. *Siegan*, Property and Freedom, S. 62 ff.; *Keynes*, Liberty, property, and privacy, S. 97 ff.

46 Zu den Gründen dafür *Ely*, The Guardian of Every Other Right, S. 93, 115-116.

47 166 U.S. 226 (1897).

48 166 U.S. 226, 239.

49 *Price*, Property Rights, S. 70; *Lücke*, VerwArch 67 (1976), S. 48, 51 ff.

priation by the state to public use, and without compensation of the private property of the citizen. The legislature may prescribe a form of procedure to be observed in the taking of private property for public use, but it is not due process of law if provision be not made for compensation."[50]

Im folgenden Abschnitt ist zu untersuchen, wann der Supreme Court das Vorliegen privaten Eigentums überhaupt annimmt,[51] ferner, wann er es durch eine staatliche Maßnahme als enteignet ansieht und wann nach Maßstab des Supreme Court eine Entschädigung zu gewähren ist. Die verfassungsrechtliche Untersuchung des Supreme Court erfolgt typischerweise mit Hilfe eines *test*, das heißt einem Standard, der klare und festgelegte Prüfungsmaßstäbe für Juristen vorgibt und die Grundlage der Prüfung bilden soll. Das Ergebnis der Suche nach solchen Prüfungsmaßstäben ist nicht eindeutig. Seit dem neunzehnten Jahrhundert hat der Supreme Court *tests* zur Ermittlung von Enteignungen und damit zusammenhängenden Fragen entwickelt. Jeder *test* für sich genommen offenbart jedoch Schwächen, so dass häufig nur eine kombinierte Anwendung verschiedener Prüfungsmaßstäbe eine sachgerechte Prüfung ermöglicht.

Die frühesten *tests* des Supreme Court sind der *physical invasion test* und der *noxious use test*. Der *physical invasion test* besagt, dass eine entschädigungspflichtige Enteignung immer dann vorliegt, wenn der Staat physisch in das Privateigentum eingreift, indem er es entzieht, dauerhaft besetzt, flutet oder ähnliches. Der komplementäre *noxious use test* legt fest, dass lediglich eine Regulierung vorliegt, wenn der Staat den Gebrauch des Privateigentums kontrolliert oder Nutzungen verbietet, die der öffentlichen Gesundheit, Sicherheit oder dem Wohlergehen der Bevölkerung schaden. In diesem Fall ist keine Entschädigung erforderlich.

Ein weiterer *test* ist der *diminution of value test*. Dieser Maßstab setzt fest, dass eine Enteignung anzunehmen ist, wenn der Staat den Wert einer Eigentumsposition durch eine Maßnahme drastisch mindert. In diesem Fall ist eine Entschädigung zu gewähren. Mindert eine staatliche Beeinträchtigung das Eigentum hingegen nicht in diesem Maße, so ist nach dem *diminution of value test*

---

50 *Chicago, B. & Q. R. R. v. City of Chicago*, 166 U.S. 226, 236.

51 Eine Klage gegen die Verletzung der *takings clause* kann überhaupt nur dann erfolgreich sein, wenn die angegriffene Maßnahme eine rechtlich geschützte Eigentumsposition beeinträchtigt. Handelt es sich nicht um Eigentum in diesem Sinne, kann mangels Eigentums keine Enteignung vorliegen, vgl. nur *Meltz/Merriam/Frank*, The Takings Issue, S. 25; *Selmi/Kushner*, Land Use Regulation, S. 315; *Munzer*, A Theory of Property, S. 443.

keine Entschädigung notwendig.[52] Dieser *test* liefert jedoch keine präzisen Maßstäbe zur Bestimmung einer Enteignung.[53] Wie im Fall *Pennsylvania Coal Co. v. Mahon*[54] aus dem Jahr 1922 findet der auch *too far test* genannte *diminution of value test* aber auch heute noch Anwendung, wenn keine dauerhafte, physische Einwirkung auf das Eigentum gegeben ist. Darüber hinaus hat die Rechtsprechung verschiedene sogenannte *balancing tests* entwickelt, im Rahmen derer sie unter Zuhilfenahme verschiedener Faktoren den Nutzen und die negativen Auswirkungen einer staatlichen Maßnahme abwägt.[55] Im Rahmen des sog. *rational basis test* überprüft die Rechtsprechung, ob eine staatliche Maßnahme auf vernünftigen Erwägungen beruht oder ob sie unsachlich ist.[56] Liegen ihr sachgemäße Erwägungen zugrunde, ist die untersuchte Maßnahme nach diesem *test* verfassungsmäßig.

II. Eigentumsschutz in der Rechtsprechung

1. Due process

a) Procedural Due process

Die *due process*-Klauseln wurden lange als Vorschriften verstanden, die rein prozeduralen Charakter hatten. Sie setzten unabhängig vom Ergebnis Erfordernisse angemessenen staatlichen Verfahrens fest, wenn Regelungen der öffentlichen Gewalt in Leben, Freiheit oder Eigentum eingriffen (‚*procedural due process*'). Dazu gehört auch rechtliches Gehör, bevor Eigentum konfisziert oder eine Haftstrafe verhängt wird, sowie das Recht auf eine individuelle Prüfung des Falles. *Procedural due process* soll willkürliche Handlungen des Staates verhindern und basiert auf dem Gedanken, dass alle Menschen ein Anrecht auf gleiche

52 Dieser Test wird auf die Entscheidung *Pennsylvania Coal v. Mahon*, 260 U.S. 393 (1922) zurückgeführt. Der Test wird kritisch besprochen von *Michelman*, 80 Harv. L. Rev. 1165, 1190-1193.

53 Vgl. die Kritik bei *Munzer*, A Theory of Property, S. 445.

54 260 U.S. 393 (1922).

55 So zum Beispiel im sog. *Mathews-test* aus der Entscheidung *Mathew v. Eldridge*, 424 U.S. 319 (1976); der sog. *three-factor-balancing-test* wurde in der Entscheidung *Penn Central Transportation Co. v. New York City*, 438 U.S. 104 (1978) entwickelt.

56 Diese Prüfung wird seit der Entscheidung *Nebbia v. New York*, 291 U.S. 502 aus dem Jahr 1934 für Eingriffe in das Eigentumsrecht angewendet. Der Supreme Court überprüft insbesondere Eingriffe in die Wirtschaft durch regulierende Gesetzgebung auch heute noch nach diesem *test*, der keine hohen Anforderungen an die Rechtmäßigkeit einer Regelung oder Maßnahme stellt. Häufig werden Regulierungen im Rahmen dieses tests deshalb für verfassungsmäßig erklärt.

und unparteiische Anwendung und Durchsetzung der existierenden Gesetze haben. Die Entscheidungen, in denen sich der Supreme Court mit *procedural due process* im Zusammenhang mit Eigentumsfragen befasste, lassen das der Rechtsprechung zugrunde liegende Eigentumsverständnis erkennen.

Bis zu der Entscheidung *Goldberg v. Kelly*[57] definierte der Supreme Court *liberty* und *property interests* angelehnt an das *Common Law*. Wenn der Staat das Eigentum einer Privatperson enteignete, verlangte die *due process clause* eine vorherige Gewährung rechtlichen Gehörs. Diese Verfahrensvorschrift griff jedoch nicht, wenn der Staat einer Person eine staatliche Leistung verweigerte, wie zum Beispiel Sozialhilfe, eine Anstellung oder einen anderen Vorteil.[58] Diese Unterscheidung resultierte aus der traditionellen Unterscheidung zwischen Rechten (*rights*) und Privilegien (*privileges*).[59] Letztere besaßen keine Rechtsqualität und vermittelten deshalb keine Ansprüche. Beeinträchtigte der Staat die Privilegien einer Person, so musste er dazu bisher keine Verfahrensvorschriften beachten, weil er eben nicht in die Rechte einer Person eingriff.[60] Vorteilhafte Beziehungen mit dem Staat besaßen nur den Status von Privilegien oder Zuwendungen, sie waren jedoch keine gesetzlich geschützten Rechte. Mit der wachsenden Rolle des Staates bei der sozialen Unterstützung der Bevölkerung erschien es bald jedoch nicht mehr hinnehmbar, dass der Staat die gewährten Hilfen willkürlich entziehen konnte.[61] Viele Menschen waren auf die staatliche Beihilfe als Sicherung ihrer Lebensgrundlage angewiesen, so dass ihre Entziehung sie wesentlich schlimmer traf als die Entziehung anderer Eigentumspositionen.

In seinem Aufsatz *„The New Property"* kritisiert *Charles Reich* den verkürzten Eigentumsschutz.[62] Er betont die Bedeutung der gesellschaftlichen Einschätzung darüber, welche Art von Eigentum wertvoll und welche wertlos sei.[63] Demgegenüber bestimme das Recht, was das Eigentum umfasse.[64] Er bezeichnet

---

57 397 U.S. 254 (1970).

58 So entschieden zum Beispiel in *Bailey v. Richardson*, 182 F.2d 46 (D.C. Cir. 1950), bestätigt durch den Supreme Court in 341 U.S. 918 (1951): Es besteht kein Recht auf rechtliches Gehör im Falle der Kündigung einer Anstellung im Staatsdienst.

59 Vgl. dazu die Darstellung bei *Holmes/Sunstein*, The Cost of Rights, S. 99 ff.; ebenso *Siegel*, 70 Va. L. Rev. 187, 188 ff.

60 *Goldberg v. Kelly*, 397 U.S. 254, 257.

61 *Stewart*, The Reformation of American Administrative Law, 88 Harv. L. Rev. 1667, 1717 f.

62 *Reich*, The New Property, 73 Yale L. J. 733 (1963); vgl. dazu *Harris*, Property and Justice, S. 149 ff.

63 "Wealth or value is created by culture and by society; it is culture that makes a diamond valuable and a pebble worthless." *Reich*, 73 Yale L. J. 733, 739.

64 *Reich*, 73 Yale L. J. 733, 739.

den Verfassungstext und die durch den Supreme Court begünstigte verfassungsrechtliche Situation als anachronistisch, da sie den Erfordernissen einer Gesellschaft, in der ein großer Teil der Bevölkerung abhängig von Sozialhilfe sei, nicht gerecht werde.[65] *Reich* fordert stattdessen ein neues Eigentumsverständnis, das die traditionellen prozessualen Schutzmechanismen des Verfassungsrechts auf staatliche Leistungen ausdehnt, um das Eigentum der modernen Gesellschaft ebenso zu schützen wie das „alte Eigentum" unter dem *Common Law*.[66] Der Supreme Court ließ sich in der Entscheidung *Goldberg v. Kelly*[67] von dieser Auffassung leiten. Er entschied, dass das Interesse eines Sozialhilfeempfängers, kontinuierlich Leistungen zu beziehen, eine gesetzliche Berechtigung (*statutory entitlement*) darstelle, die in Bezug auf den durch die *due process clause* gewährten Schutz die gleiche Bedeutung erhalte wie das Eigentum.[68] Der Supreme Court begründete seine Entscheidung mit der besonderen Bedürftigkeit und verzweifelten Situation, in der sich Empfänger staatlicher Beihilfeleistungen befanden.[69] Aus diesem Grund sei vor der Einstellung staatlicher Unterstützung eine Anhörung zwingend erforderlich.[70]

Diese Entscheidung ist bedeutsam für den verfassungsrechtlichen Schutzumfang des Eigentums. Der Supreme Court hat ihn in *Goldberg v. Kelly* entscheidend erweitert. Aber welche konkreten Interessen eigentumsrechtlichen Schutz genießen, legte der Supreme Court in *Goldberg* noch nicht fest. Mit dieser Frage beschäftigten sich die Richter in einer Entscheidung *Board of Regents of State Colleges v. Roth*[71] aus dem Jahre 1972. Dort ging es um einen Hochschullehrer, der für ein Jahr als Assistant Professor an der Wisconsin State University unterrichtet hatte. Nach dem Staatenrecht Wisconsins besaß er anschließend keinen Anspruch auf eine Fortsetzung des Anstellungsverhältnisses; der Vertrag wurde auch tatsächlich nicht verlängert. Diese Entscheidung erfolgte ohne Begründung und war nicht angreifbar. Roth erhob deshalb nicht direkt gegen die Entscheidung Klage, sondern gegen die fehlende Möglichkeit zur Anhörung als Verstoß gegen die *due process clause* des 14. Verfassungszusatzes.

Der Supreme Court verwies die Entscheidung aus folgenden Gründen zurück. Der Schutz des 14. Amendment greife nur in Fällen der Verletzung von Interessen, die als schutzwürdig im Sinne von Amendment 14 genannt werden.[72]

---

65 *Reich*, 73 Yale L. J. 733, 744.
66 *Reich*, 73 Yale L. J. 733, 772.
67 397 U.S. 254.
68 397 U.S. 254, 262.
69 397 U.S. 254, 265.
70 397 U.S. 254, 261.
71 408 U.S. 564 (1972).
72 408 U.S. 564, 569.

Die Spannbreite dieser Schutzgüter sei begrenzt.[73] Der District Court hatte Roth in Folge einer Interessenabwägung Recht gegeben. Der Supreme Court jedoch stellte in seiner Entscheidung klar, dass das Interesse Roths an einer Anhörung zwar für ihn von sehr hohem Gewicht sei. Auch habe die Interessenabwägung seit langem eine entscheidende Rolle für die Frage gespielt, welche Form des Verfahrens anzuwenden sei. Die Frage, ob überhaupt ein besonderes Verfahren erforderlich sei, entscheide jedoch nicht das Gewicht der in Rede stehenden Interessen, sondern deren Natur.[74] Freiheit und Eigentum sind sehr weite Begriffe, die einer Eingrenzung bedürfen. In diesen beiden Begriffen spiegeln sich die sozialen und wirtschaftlichen Umstände innerhalb einer sich wandelnden Gesellschaft.[75] Eben weil das Recht sich an diesen steten Wandel anpassen müsse, habe das Gericht die strenge Unterteilung zwischen Rechten und Privilegien, in der Entscheidung *Goldberg v. Kelly* aufgegeben.[76] Auch machte der Supreme Court deutlich, dass der Eigentumsschutz mehr umfasse als Grundeigentum oder Geld. Während jedoch das generelle Schutzgut Freiheit sehr weiten Schutz genieße, um dem Einzelnen die Verwirklichung seiner Ziele zu ermöglichen, sei der Eigentumsschutz enger zu fassen.[77] Zwar fallen darunter nunmehr auch staatliche Beihilfen, wie in der Entscheidung *Goldberg* deutlich gemacht wurde. Um jedoch ein rechtlich geschütztes Interesse an einer staatlichen Leistung zu besitzen, sei mehr erforderlich als ein abstraktes Bedürfnis oder der Wunsch danach.[78] Eine einseitige Erwartung ist nicht ausreichend, vielmehr müsse der Einzelne einen rechtlich durchsetzbaren Anspruch auf die Leistung haben (*a legitimate claim of entitlement*).[79] Die Bedeutung der Entscheidung *Roth* liegt weiter in der Feststellung des Gerichts, dass Eigentumsrechte nicht durch die Verfassung geschaffen werden, sondern dass sie geschaffen und ihre Grenzen durch bestehende einfache Gesetze und Regelungen festgelegt werden, die unabhängig von der Verfassung gelten, wie zum Beispiel das einzelstaatliche Recht.[80] Dabei handelt es sich um Vorschriften, die bestimmte Leistungsansprüche sichern und ihre rechtliche Durchsetzung unterstützen.[81]

Wie im Fall *Goldberg*, in dem das berechtigte Interesse an der staatlichen Leistung durch Gesetz festgelegt war, so ist auch im Fall *Roth* das Recht auf ei-

73 408 U.S. 564, 570.
74 408 U.S. 564, 571.
75 Vgl. zum Wandel der Eigentumsidee *Underkuffler*, The idea of property, S. 46 ff.
76 408 U.S. 564, 571; siehe auch *Graham v. Richardson*, 403 U.S. 365, 374.
77 408 U.S. 564, 572 f.
78 408 U.S. 564, 577.
79 408 U.S. 564, 577.
80 408 U.S. 564, 577.
81 408 U.S. 564, 577.

ne Anstellung an der Wisconsin University in erster Linie durch die Bestimmungen betreffend die konkrete Anstellung geregelt. Die Besonderheit liegt darin, dass diese Vorschriften auch das Ende der Anstellung festlegten. Somit erwächst dem Beklagten kein Anspruch auf Fortführung seiner Lehrtätigkeit. Es existiert auch keine andere Vorschrift, die ihm einen Anspruch auf Verlängerung einräumen oder eine Klage mit diesem Ziel unterstützen könnte. Weil der Beklagte nicht über einen rechtlich gesicherten Anspruch verfügte, war eine Anhörung zu seinem Schutz nicht nötig. Wie hoch sein persönliches Interesse an einer Wiedereinstellung auch sein mag, ohne eine rechtlich gefestigte Position besitzt er keinen Anspruch auf rechtliches Gehör.

Nach den hier entwickelten Prinzipien entschied der Supreme Court im selben Jahr auch den Fall *Perry v. Sindermann*[82], der ebenfalls die Verlängerung der Anstellung eines Hochschullehrers zum Gegenstand hatte. Sindermanns Vertrag wurde ebenfalls nicht fortgesetzt. Jedoch enthielt eine Broschüre der Hochschule die Aussage, dass Professoren sich auf eine Verlängerung des Vertrages verlassen könnten, solange keine schwerwiegenden Gründe entgegenstünden. Die Universität berief sich allerdings darauf, dass sie im Anstellungsvertrag mit Sindermann keine derartige Vereinbarung getroffen habe. Das Gericht entschied, dass das Fehlen einer solchen Vereinbarung nicht zwingend einen Anspruch ausschließt, wenn der Leistungsempfänger - wie im vorliegenden Fall durch die Ankündigung in der Hochschulbroschüre - auf die Gewährung seines Anspruchs mit einiger Sicherheit vertrauen durfte.[83] Das Gericht schloss einen rechtlich geschützten Anspruch Sindermanns nicht aus.

Der Fall *Cleveland Board of Education v. Loudermill*[84] behandelte ebenfalls die Frage, wann verfassungsrechtlich geschütztes Eigentum vorliegt und deshalb Verfahrensvorschriften zu beachten sind. Hier ging es darum, ob Loudermill, ehemals Wachmann beim Board of Education, ein eigentumsähnliches Recht auf Weiterbeschäftigung erlangt hatte. Man hatte ihm gekündigt, nachdem sich seine negativen Angaben über etwaige Vorstrafen als unwahr herausgestellt hatten. Anlässlich der Kündigung hatte es keine Anhörung gegeben. Ob Loudermill ein solches Eigentumsrecht zustand, ergab sich nicht aus der Verfassung, sondern aus Staatenrecht, wie der Supreme Court im Fall *Roth* entschieden hatte.[85] Ein Gesetz des Staates Ohio verlieh Loudermill als Angestelltem des Staates ein solches Recht auf Weiterbeschäftigung, indem es eine Kündigung ohne schwerwiegenden Grund (*only for cause*) verbot.[86] Im Falle einer Kündigung musste

---

82 408 U.S. 593 (1972).

83 408 U.S. 593, 600.

84 470 U.S. 532 (1985).

85 408 U.S. 564, 577.

86 470 U.S. 532, 538.

eine Anhörung stattfinden. Der Arbeitgeber hingegen argumentierte, dass das Vorliegen eines Eigentumsrechts nicht allein von einem es gewährenden Gesetz abhängt, sondern auch von den jeweils durch den Gesetzgeber festgelegten Verfahren, das Eigentum einzuschränken.[87] Dieses Argument entstammte der abweichenden Meinung in der Entscheidung *Arnett v. Kennedy*[88], der sogenannten *bitter with the sweet*-These.[89] Im vorliegenden Falle habe das Ohio-Gesetz Verfahren zur Beendigung vorgegeben, die eingehalten worden seien. Zusätzliche, durch die *due process clause* vorgeschriebene Verfahrensvorschriften anzubringen, erweitere das Eigentumsrecht über das vertretbare Maß hinaus.[90] Das Gericht entschied gegen das Argument des Board of Education mit der Begründung, dass es sich bei dem Verfahren und einem materiellen Recht um verschiedene Dinge handele. Das schützenswerte Eigentum durch die staatlichen Eingriffsmöglichkeiten in das Eigentum zu definieren, verkehre die *due process clause* und ihre Garantie von Leben, Freiheit und Eigentum in eine bloße Tautologie:

> "The point is straightforward: the due process clause provides that certain substantive rights – life, liberty and property – cannot be deprived except pursuant to constitutionally adequate procedures. The categories of substance and procedure are distinct. Were the rule otherwise, the Clause would be reduced to a mere tautology. "Property" cannot be defined by the procedures provided for its deprivation any more than can life or liberty. The right to due process is conferred, not by legislative grace, but by constitutional guarantee. While the legislature may elect not to confer a property interest in [public] employment, it may not constitutionally authorize the deprivation of such an interest, once conferred, without appropriate procedural safeguards."[91]

Auch in der Entscheidung *Goss v. Lopez*[92] lautete die Kernfrage, wann eine gesetzliche Berechtigung zu einem eigentumsähnlichen Recht beziehungsweise zu einem eigentumsrechtlichen Schutz führen kann. In *Goss* ging es um Schüler, die für Zeiträume von etwa zehn Tagen von einer Public School suspendiert

---

87 470 U.S. 532, 539.

88 416 U.S. 134 (1974).

89 470 U.S. 532, 540 mit Hinweis auf *Arnett v. Kennedy*, 416 U.S. 134, 152-154. Diese These besagt, dass man Einschränkungen und Eingriffe des Staates in das Eigentum hinnehmen muss (*bitter*), wenn man gleichzeitig in den Genuss von Eigentumsrechten gelangt (*sweet*).

90 470 U.S. 532, 540: "to require additional procedures would in effect expand the scope of the property interest itself".

91 470 U.S. 532, 541 mit Verweis auf *Arnett v. Kennedy*, 416 U.S. 134, 167.

92 419 U.S. 565 (1975).

wurden. Das Gericht entschied, dass das Besuchen der Schule ein Eigentumsrecht darstelle, weil das Recht auf Schulbesuch in einem Gesetz festgelegt sei und nur bei Fehlverhalten unterbrochen oder aufgehoben werden könne.[93] Nach Ansicht des Gerichts verlieh das Gesetz dem Einzelnen einen rechtlich durchsetzbaren Anspruch auf Ausbildung an einer öffentlichen Schule, der wie ein Eigentumsanspruch zu behandeln sei. Der betroffene Staat Ohio war deshalb nicht berechtigt, das Recht auf Ausbildung auch nur temporär aufgrund eines Fehlverhaltens zu verwehren, ohne ein faires Verfahren zur Feststellung des Vorliegens eines Fehlverhaltens durchzuführen.[94]

In dem sieben Jahre später zu entscheidenden Fall *Logan v. Zimmerman Brush*[95] von 1982 entschied der Supreme Court, dass das staatlich gewährte Recht, sich gegen eine diskriminierende Behandlung im Wege einer Anhörung zur Wehr zu setzen, ein eigentumsähnliches Recht darstelle, das zu einer Anhörung berechtige.[96]

In den bisher genannten Entscheidungen hat der Supreme Court vor allem darüber entschieden, wann die *due process clause* überhaupt ihren Schutz entfaltet, das heißt, wann ein Recht vorliegt, das gleichwertig wie das Eigentum zu schützen ist. In der Entscheidung *Mathew v. Eldridge*[97] geht es nunmehr um die Frage, welche Art von Verfahren angemessen ist, um dem Schutzbedürfnis der Rechte des Einzelnen gerecht zu werden. Eldridge hatte aufgrund einer Behinderung jahrelang staatliche Unterstützung erhalten. Nach sorgfältiger Prüfung der Unterlagen beschloss die zuständige Behörde, diese Beihilfen einzustellen, da der Grad der Behinderung Eldridges sich reduziert habe. Über diese Entscheidung informierte die Behörde Eldridge und räumte ihm die Möglichkeit zur schriftlichen Stellungnahme ein, die er erfolglos wahrnahm. Er wandte sich gegen die Entscheidung mit der Begründung, dass ihm kein faires Verfahren gewährt worden sei. Der Supreme Court führte zunächst aus, dass die Anforderungen des *due process* bisher nicht klar vom Gericht festgelegt worden seien und dies auch für die Zukunft nicht möglich sei.[98] Vielmehr sei eine Betrachtung des Einzelfalls notwendig, um darüber zu entscheiden, welches Verfahren zu beachten ist. Dabei nannte der Supreme Court drei Kriterien, deren Beachtung zu diesem Zweck erforderlich sei (sog. *Mathews* oder *balancing test).* Zunächst komme es auf die durch die staatliche Maßnahme beeinträchtigten Interessen und Rechte des Einzelnen an. Ferner sei das Risiko einer möglicherweise zu Unrecht

93 Dieses Recht wird aber nicht durch Fehlverhalten verwirkt, 419 U.S. 565, 574.
94 419 U.S. 565, 576.
95 455 U.S. 422 (1982).
96 455 U.S. 422, 431, 437.
97 424 U.S. 319 (1976).
98 424 U.S. 319, 333, 334.

erfolgten Beeinträchtigung zu beachten, sowie der Wert zusätzlicher und verstärkter Verfahrensanforderungen zum Schutz des Einzelnen. Zuletzt seien die Interessen des Staates in die Entscheidung mit einzubeziehen, einschließlich des höheren Aufwandes und der zusätzlichen Kosten, die durch ein kompliziertes und umfangreicheres Verfahren anfielen.[99]

Im vorliegenden Fall hielt der Supreme Court in Anbetracht der Interessen Eldridges die staatlichen Verfahrensvorschriften nicht für unzureichend, weil sie eine Anhörung erst nach Einstellung der Beihilfezahlungen vorsahen, wenn auch mit der Möglichkeit einer rückwirkenden Zahlung im Falle einer erfolgreichen Anfechtung der Zahlungseinstellung. Eine Anhörung vor Beendigung der Unterstützung wurde bisher nur im Fall *Goldberg* gefordert.[100] Hier sei zwar die finanzielle Bedürftigkeit des Empfängers von Behindertenunterstützung geringer als die eines Sozialhilfeempfängers. Dennoch sei die Belastung im Falle einer zu unrecht eingestellten Zahlung erheblich, da es bis zur Anhörung und somit möglichen Änderung der Entscheidung zugunsten des Empfängers bis zu einem Jahr dauern könne. Anders als im Fall *Goldberg* sei es einem Arbeiter bei Einstellung der Behindertenbeihilfe aber zuzumuten, eine Anhörung erst nach Einstellung der Zahlungen zu erhalten. Das Urteil des Berufungsgerichts zugunsten Eldridges wies der Supreme Court mit der Begründung zurück, die durch eine vorherige Anhörung und die fortlaufenden Unterstützungszahlungen verursachten Kosten das Sozialwesen seien untragbar.

In *Memphis Light, Gas & Water Division v. Craft*[101] entschied der Supreme Court, dass es im Falle einer Einstellung der Gas-, Wasser- und Stromversorgung einer vorherigen Anhörung bedürfe. In Anwendung des *Mathews*-Tests überwog das Risiko, die elementare Versorgung zu Unrecht abzuschalten, was sich erst durch eine nachträgliche Anhörung herausstellen würde, die Kosten einer vorherigen Anhörung. Die Kosten der vorherigen Anhörung umfassen die Kosten einer weiteren Versorgung für die Dauer, bis die Anhörung mit dem Ergebnis durchgeführt worden ist, dass ein Abstellen gerechtfertigt erscheint. Das Gericht betonte, dass die Rechtsverletzung im Falle einer unrechtmäßigen Einstellung zu intensiv wäre, so dass eine Anhörung vor dem Eingriff in das eigentumsähnliche Recht auf Versorgung mit Strom, Gas und Wasser zwingend erforderlich sei.[102] Diese Entscheidung war wegweisend in der Frage, wann im

99 424 U.S. 319, 348.

100 424 U.S. 319, 333 mit Hinweis auf *Goldberg*, 397 U.S. 254, 266-271.

101 436 U.S. 1 (1978).

102 436 U.S. 1, 11 ff.

Wege des *due process* zu schützendes Eigentum vorliegt. *Justice Powell* bezeichnete Eigentum als "entitlement terminable only for cause".[103]

Welche Art des Verfahrens zum Schutz der Rechte des Einzelnen angemessen ist, ist die zentrale Frage der Entscheidung *Parratt v. Taylor*[104]. Hier entschied der Supreme Court, dass ein faires Verfahren auch durch die Leistung eines Schadensersatzes für den durch amtliche Pflichtverletzung abhanden gekommenen Gegenstand eines Häftlings gewährt werden kann.

b) Substantive due process

In der Rechtsprechung gab es immer wieder verschiedene Stimmen, die *due process* substantiell interpretiert wissen wollten. Sie verstanden die Garantie der *due process clause* als inhaltliche Grenze staatlicher Eingriffsmacht in Leben, Freiheit oder Eigentum (*„substantive due process'*). Gegen Ende des 19. Jahrhunderts wurden diese Stimmen stärker, mutmaßlich aufgrund der zunehmenden Industrialisierung des Landes, die die öffentliche Gewalt zu einer stärkeren Regulierung des Wirtschaftslebens veranlasste. Das Aufkommen des *‚administrative state'* führte zu der Frage, ob und inwieweit der Staat den Marktmechanismus von Nachfrage und Angebot im Hinblick auf Arbeitsverträge und Arbeitsbedingungen regulieren durfte.

Die rechtliche Analyse dieser Frage ging von zwei Grundannahmen aus. Der Begriff der Freiheit war aus individualrechtlicher Perspektive weit zu verstehen und umfasste die Vertragsfreiheit sowie das Bestreben, einen Beruf nach eigener Wahl auszuüben.[105] Aus staatlicher Sicht war vorgegeben, dass die öffentliche Gewalt sich auf die *police power* berufen konnte, die Regelungen zum Schutz der öffentlichen Gesundheit, Moral, Sicherheit und des allgemeinen Wohlbefindens legitimierte. Streitig wurde jedoch gegen Ende des 19. und zu Beginn des 20. Jahrunderts, wie eine gerechte Abwägung dieser Belange gelingen konnte, insbesondere im Hinblick auf arbeitsrechtlich und sozialstaatlich motivierte Regelungen zum Ausgleich der ungleichen Verhandlungsmacht der Vertragspartner und zur Herstellung angemessener Arbeitsbedingungen. Es stellte sich die Frage, ob Ausgleichsmaßnahmen zur allgemeinen Wohlfahrt gehörten und welchen Prüfungsmaßstab das Gericht im Falle wirtschaftlicher Regulierung anlegen sollte.

---

103 436 U.S. 1, 11 f. In *Logan* hat der Supreme Court diese Sichtweise bestätigt, vgl. 455 U.S. 422, 430.

104 451 U.S. 527 (1981).

105 Dies hatte der Supreme Court in *Allgeyer v. Louisiana*, 165 U.S. 578, 589, 591 (1897) deutlich gemacht.

Die Antworten des Supreme Court auf diese Fragen lassen sich chronologisch wie folgt gliedern: Bis zu der Entscheidung *Lochner v. New York* im Jahre 1905 hielt sich das Gericht bei der Beurteilung und Kritik der neuen administrativen Regelungen weitgehend zurück. Mit *Lochner* setzte eine Rechtspechung ein, die viele Normen genauer überprüfte und für verfassungswidrig erklärte; diese Phase wird als ‚*early*' oder ‚*economic substantive due pocess*' bezeichnet. Mitte der dreißiger Jahre bricht diese Rechtsprechung ab. Der Supreme Court gibt die strenge Kontrolle der Wirtschaftsgesetzgebung auf und löst sich von dem ökonomischen ‚*substantive due process*'.[106]

In den 1880er Jahren interpretierte der Supreme Court die *due process clause* des 14. Amendment dahingehend, dass sie Gesetzen zur Regelung der privaten Wirtschaft materiellrechtliche Grenzen setzte. In Verbindung mit der Vertragsfreiheit wurde die Doktrin des *substantive due process* auf diese Weise für den Supreme Court zur Grundlage, um in den nächsten 50 Jahren zahlreiche Gesetze zur Regelung der privaten Wirtschaft zu verwerfen. Anders als im Rahmen der Garantie zur Beachtung der Verfahrensrechte (*procedural due process*) besaß das Gericht nun ein materielles Prüfungsrecht. Es untersuchte den Inhalt der in Rede stehenden Gesetze und nicht bloß die Beachtung der Verfahrensgrundsätze im Rahmen ihrer Durchsetzung. Während *procedural process* sich nur auf die Einhaltung der Verfahrensrechte im Vorfeld einer Enteignung bezieht, begrenzt die *due process clause* bereits den Erlass von Gesetzen, die in Eigentums- und Vertragsrechte eingreifen.

Im späten neunzehnten und im frühen zwanzigsten Jahrhundert nutzte das Gericht die *substantive due process*-Doktrin, um Gesetze zur Regelung von Mindestlöhnen, Kinderarbeit und Arbeitszeitbegrenzungen zu überprüfen. Der wichtigste Fall dieser Zeit ist *Lochner v. New York*[107] aus dem Jahr 1905, der die so genannte *Lochner*-Ära einleitete, die bis 1937 anhalten sollte, als die Lochner-Entscheidung im Fall *West Coast v. Parrish*[108] verworfen wurde. Der Verhandlung des *Lochner*-Falles gingen einige Entscheidungen voraus, die bereits die Richtung der *Lochner*-Entscheidung antizipierten.

(1) Der Weg zur Lochner-Entscheidung

Mehr als ein Jahrhundert vor der Entscheidung Lochner war der Supreme Court 1798 mit dem Fall *Calder v. Bull*[109] befasst. Das Gericht prüfte, ob eine rück-

---

106 Vgl. die ausführliche Darstellung in *Phillips*, The Lochner court, myth and reality: substantive due process from the 1890s to the 1930s.

107 198 U.S. 45 (1905).

108 300 U.S. 379 (1937).

109 3 U.S. 386 (1798).

wirkend erlassene Norm auch ausserhalb des Strafrechts unter die *ex post facto clause*, das heißt das Verbot der Rückwirkung, fällt (so die Kläger, anders das Gericht). Das Verbot bezieht sich nach dieser Entscheidung nur auf strafrechtliche Normen, ist aber nicht auf das Zivilrecht auszudehnen. Die staatliche Überprüfbarkeit bezog sich bis dato nur auf die Durchsetzung ausdrücklicher Grenzen der gesetzgeberischen Gewalt. In der Entscheidung standen sich die widerstreitenden Meinungen von *Justice Chase* und *Justice Iredell* gegenüber.

Justice Chase vertrat die Überzeugung, dass die staatliche Macht durch Prinzipien des Naturrechts begrenzt wird und dass es die Hauptaufgabe des Supreme Courts sei, Recht zu verwerfen, das nach Ansicht seiner Richter gegen die naturrechtlichen Prinzipien verstößt.[110] Er sah einen Zusammenhang zwischen Naturrecht und dem Schutz von Eigentumsrechten und nahm damit eine über die in der Verfassung genannten Schutzmechanismen hinausgehende Möglichkeit an, privates Eigentum vor staatlichen Eingriffen zu schützen.

Justice Iredell vertrat die gegenteilige Auffassung, die heute als *judicial restraint*, d. h. richterliche Zurückhaltung, bekannt ist. Er argumentierte, dass es kein Gesetz und keine gültige Theorie gebe, die dem Gericht die Macht verleihe, das Naturrecht über den Willen der Bürger zu stellen. Dieser Bürgerwille habe sich aber gerade in den Handlungen der beiden anderen Gewalten manifestiert.[111] Es brächte das System der Gewaltenteilung durcheinander, wenn das Gericht die Macht hätte, Gesetze aufgrund naturrechtlicher Anschauungen zu Fall zu bringen - Gesetze, die die demokratisch legitimierte Legislative erschaffen hatte. Die Rolle des Gerichts sei es vielmehr, die Demokratie zu schützen, indem es verfassungswidrige Gesetze für ungültig erklärte.[112]

Im Jahr 1810 beschloss der Gerichtshof in der Entscheidung *Fletcher v. Peck*[113], dass der Staat im Wege der Gesetzgebung Landveräußerungen an gutgläubige Erwerber nicht rückgängig machen konnte, ohne gegen Verfassungsrecht zu verstoßen.[114] *Chief Justice Marshall* erklärte dieses Resultat der Entscheidung als sowohl durch die *contract clause* als auch durch generelle Prinzipien „which are common to our free institutions" gerechtfertigt.[115] Auch in dieser Entscheidung deutet der Supreme Court schließlich an, dass er das Eigentum nicht nur durch explizite Vorschriften, sondern auch durch der Verfassung zugrunde liegende naturrechtliche Überzeugungen geschützt sieht. Damit erweitert er den Eigentumsschutz über die Verfassung hinaus.

---

110 3 U.S. 386, 388; vgl. auch die Darstellung bei *Nowak/Rotunda*, Const. Law, S. 398 f.

111 3 U.S. 386, 398.

112 3 U.S. 386, 399.

113 10 U.S. 87 (1810).

114 10 U.S. 87, 135.

115 10 U.S. 87, 139.

In der Sache *Wynehamer v. The People*[116] von 1856, die durch den New York Court of Appeals entschieden wurde, erklärte das Gericht das Verbot des Verzehrs und Besitzes alkoholischer Getränke, das auch für vor dem Erlass des Gesetzes erworbene Alkoholika galt, für verfassungswidrig. Dabei begründete es als erstes Gericht überhaupt seine Entscheidung allein mit der Verletzung von Rechten, die durch eine staatliche *due process clause* gewährt wurden. Es erklärte:

> „When a law annihilates the value of property, the owner is deprived of it within the spirit of a constitutional provision intended expressly to shield private rights from the exercise of arbitrary power."[117]

Ein Jahr nach dieser Entscheidung befasste sich der Supreme Court im Fall *Dred Scott v. Sanford*[118] mit der Frage, ob der Bundesgesetzgeber (Congress) die Sklaverei in den Einzelstaaten verbieten könne. Seine negative Antwort stützte der Supreme Court ebenfalls auf das Prinzip des *due process*:

> „An Act of Congress which deprives a citizen of the United States of his liberty or property, merely because he came himself or brought his property into a particular [Territory], could hardly be dignified with the name of due process of law."[119]

Diese ersten Anzeichen des wirtschaftlichen *substantive due process* erschütterten aber nicht das immer noch vorherrschende Verständnis der *due process clause* als bloße Verfahrensgarantie,[120] wie die Entscheidung *Den ex dem. Murray v. Hoboken Land & Improvement Co.* von 1856 verdeutlicht.[121] Auch in den berühmten sog. *Slaughterhouse Cases*[122] entschied der Supreme Court, dass das in Frage stehende Gesetz nicht nur nicht die *privileges or immunities clause* des 14. Amendment verletzte, sondern dass es auch nicht gegen die *due process*

---

116 13 N.Y. 378 (NY 1856).

117 13 N.Y. 378, 378 ff.; es handelt sich dabei um den einzigen Fall, in dem das Verbot für verfassungswidrig gehalten wurde, vgl. die Ausführungen in der Entscheidung *Mugler v. Kansas*, 8 S.Ct. Rep., 273, 286.

118 60 U.S. 393 (1857) = 15 S.Ct. Rep. 691.

119 15 S.Ct. Rep. 691, 719.

120 *Stone* u.a., Constitutional Law, S. 742.

121 59 U.S. 272 (1856).

122 83 U.S. 36 (1873) = 21 S.Ct. Rep. 394; zur Bedeutung der Entscheidung für die Entwicklung der Supreme Court-Rechtsprechung vgl. *Sunstein*, in: Hall/McGuire, The Judicial Branch, S. 32, 35 ff.

clause desselben Zusatzes verstoße.[123] Der Anwendungsbereich der *due process clause* wurde damit wieder eingeschränkt. Im Hinblick auf die *Lochner*-Entscheidung ist dies ein Rückschritt. Die strenge Eingrenzung des Anwendungsbereiches des 14. Amendments durch diese Entscheidung machte dem aufkommenden Gedanken des *substantive due process* jedoch kein Ende.[124] Vielmehr war in der zwanzig Jahre vor den *Slaughter-House Cases* gefällten *Wynehamer*-Entscheidung die Idee der *due process clause* als Möglichkeit, den materiellen Gehalt von Gesetzen zu überprüfen, ausgesprochen und seitdem nicht verworfen worden.[125]

Die Wandlung der Rechtsprechung in diese Richtung spiegelt die Entwicklung der wirtschaftlichen und sozialen Verhältnisse dieser Zeit wider. Die wachsende Industrialisierung, in deren Zug die Produktionsmittel zunehmend in den Händen Weniger lagen, die Mehrzahl der Bevölkerung hingegen aus von der Industrie abhängigen Arbeitern bestand, veränderte die amerikanische Gesellschaft. Die soziale und wirtschaftliche Kluft in der Bevölkerung wurde immer größer, die Lebensbedingungen verschlechterten sich für viele Menschen.[126] Um die sozialen Härten zu mildern, wurden zunehmend Gesetze zur Regulierung der Wirtschaft und zur Umverteilung von Gütern erlassen. Kritiker bezeichneten diese Gesetzgebung als unzulässige Eingriffe des Staates in das Privateigentum.[127] Auch wurde die Befürchtung geäußert, dass die Gesetzgebung, die zur Verbesserung der Lage des einzelnen Arbeiters konzipiert worden war, allein den Verbänden und Gewerkschaften nutze. Die Festsetzung von Mindestlöhnen führe zu steigender Arbeitslosigkeit. Flankiert von der Theorie des Sozialdarwinisten *Herbert Spencer* sowie dem zu jener Zeit führenden juristischen Werk, „Constitutional Limitations“ von *Thomas M. Cooley*[128], übten die gesetzlichen Vertreter der Industrien, die Opfer der Regulierung geworden waren, Druck auf die Gerichte aus. Sie wollten auf diese Weise die Judikative dazu drängen, die regulierende Gesetzgebung zu verwerfen oder zu verhindern.[129]

123 „[…] under no construction of that provision we have ever seen, or any that we deem admissible, can the restraint imposed by the State of Louisiana upon the exercise of their trade by the butchers of New Orleans be held to be a deprivation of property within the meaning of that provision.“, 21 S.Ct. Rep. 394, 410.

124 *Corwin*, Liberty against Government, S. 114.

125 *Corwin*, Liberty against Government, S. 114.

126 Die Arbeiter hielten bereits eine erneute Revolution für notwendig, weil sich die wirtschaftliche und soziale Situation dramatisch zugespitzt hatten, vgl. *Hoerder*, in: Wehler, 200 Jahre amerikanische Revolution, S. 76, 100.

127 Zum Beispiel *Tiedeman*, A Treatise on the Limitations of the Police Power.

128 *Cooley*, Constitutional Limitations (1886).

129 *Stone* u.a., Constitutional Law, S. 743.

In der Entscheidung *Munn v. Illinois*[130] aus dem Jahr 1877 entschied der Supreme Court zwar, dass die Festsetzung von Preisen, die Betreiber von Kornspeichern für die Nutzung ihrer Speicher verlangen dürften, rechtmäßig sei.[131] Der Supreme Court räumte aber immerhin ein, dass durch das Festsetzen von Preisen unter bestimmten Umständen eine Verletzung der *due process clause* möglich ist.[132] Problematisch war die Frage, ob das betroffene Privateigentum mit einem öffentlichen Interesse behaftet war (*affected with a public interest*).[133] Denn wenn jemand sein Eigentum in einer Weise nutzt oder einer Nutzung zugänglich macht, an der ein öffentliches Interesse besteht, so gewährt er der Öffentlichkeit ein berechtigtes Interesse an dieser Nutzung und unterwirft sich damit der Kontrolle durch die Öffentlichkeit im Sinne des Gemeinwohls.[134] Im Fall *Munn v. Illinois* bejahte der Supreme Court das Vorliegen eines öffentlichen Interesses, da es sich um die Lagerung großer Kornvorräte handelte, die zur Versorgung der Bevölkerung in weiten Teilen des Landes in den Speichern der Betreiber, die nahezu eine Monopolstellung innehatten, zwischengelagert wurden. Es lag im Interesse der Bevölkerung, allzu hohen Preisen für die Lagerung, die durch die Monopolstellung begünstigt worden wären, entgegenzuwirken, um den Getreidepreis konstant zu halten. Ob es sich bei den festgesetzten Höchstpreisen um sinnvolle Beträge handelte, kontrollierte der Supreme Court unter diesen Umständen nicht.[135] Von einem Schutz des Privateigentums vor Regulierung kann hier nicht die Rede sein. Vielmehr ist diese Entscheidung ein Beispiel für die regulierende Tätigkeit des Gesetzgebers bis in die achtziger Jahre des 19. Jahrhunderts. Die Bereitschaft zur Regulierung der Wirtschaft durch gesetzliche Vorschriften änderte sich gegen Ende des Jahrhunderts.

In den *Railroad Commission Cases*[136] hielt der Supreme Court zwar die staatliche Festsetzung von Beförderungsentgelten für die Bahn aufrecht, betonte jedoch, dass die gerichtliche Unterordnung unter eine solche Gesetzgebung eine Grenze habe:

> „[T]he power to regulate is not a power to [destroy]. Under pretence of regulating fares and freights, the State cannot require a railroad corporation to carry persons or property without reward; neither can it do that which in law amounts to a taking of

---

130 94 U.S. 113 (1877), 24 S.Ct. 77.
131 24 S.Ct. 77, 84 .
132 24 S.Ct. 77, 84.
133 24 S.Ct. 77, 84.
134 24 S.Ct. 77, 84.
135 *Stone* u.a., Constitutional Law, S. 743.
136 116 U.S. 307 (1886).

private property for public use without just compensation, or without due process of law." [137]

Im selben Jahr entschied der Supreme Court im Fall *Santa Clara County v. Southern Pacific Railroad*[138], dass Unternehmen als Personen im Sinne der *due process clause* des 14. Amendments anzusehen seien. Damit öffnete er die Tür für direkte Klagen von Unternehmen gegen staatliche Beschränkungen ihrer wirtschaftlichen Freiheit und ihres Eigentums, was bisher nicht möglich gewesen war.[139]

Bereits im nächsten Jahr, 1887, entschied der Gerichtshof den Fall *Mugler v. Kansas*[140], eine wichtige Entscheidung zur Akzeptanz des *economic due process*, auch wenn der Supreme Court das den Kläger beschwerende Gesetz für verfassungsmäßig erklärte.[141] Das umstrittene Gesetz verbot das Brauen von Bier ohne Lizenz. Der Kläger braute ungeachtet des Verbots weiter, wurde verhaftet und seine Brauerei beschlagnahmt. Mugler bestritt, dass die Polizeigewalt des Staates Kansas so weit reiche, ihm das Brauen von Bier für den eigenen Gebrauch und den Verkauf ausserhalb von Kansas zu untersagen. Dies beeinträchtige ihn in verfassungswidriger Weise unter Missachtung des *due process* in seinem Eigentum. Der Supreme Court betrachtete das Gesetz als rechtmäßige Ausübung der Polizeigewalt zum Schutz und zur Sicherheit der Bevölkerung. Wichtiger als dieses Ergebnis ist jedoch, dass das Gericht einräumte, dass es sich die Prüfung darüber vorbehalte, ob zwischen der Ausübung der *police power* und einem konkreten Schutzbedürfnis von Gesundheit und Sicherheit ein Zusammenhang bestehe.[142]

Auch der *Minnesota Rate Case (Chicago, Milwaukee & St. Paul Railway v. Minnesota)*[143] aus dem Jahr 1890 antizipiert die in der *Lochner*-Entscheidung eingeschlagene Richtung, indem das Gericht eine Vorschrift für verfassungswidrig erklärte, die eine Kommission zur Festsetzung fixer Beförderungspreise für den Bahntransport ermächtigte. Der Supreme Court stützt seine Argumentation zum ersten Mal direkt auf die *due process clause*.

137 116 U.S. 307, 324.

138 116 U.S. 394 (1886).

139 Vgl. *Graham*, The "Conspiracy Theory" of the Fourteenth Amendment, 47 Yale L. J. 371 (1938).

140 123 U.S. 623 (1887).

141 123 S.Ct. Rep. 273, 287.

142 *Mugler v. Kansas*, 123 S.Ct. Rep. 273, 287.

143 134 U.S. 418 (1890).

"If the company is deprived of the power of charging reasonable rates for the use of its property, and such deprivation takes place in the absence of an investigation by judicial machinery, it is deprived of the lawful use of its property, and thus, in substance and effect, of the property itself, without due process of law, and in violation of the Constitution of the United States; [...]."[144]

Anders als im Fall *Munn v. Illinois* erklärt sich das Gericht hier auch für die Überprüfung der Angemessenheit der festgesetzten Beträge zuständig:

„[T]he question of reasonableness of a rate of charge for transportation by a railroad company [is] eminently a question for judicial investigation, requiring due process of law for its determination."[145]

Gegen Ende des Jahrzehnts war der Supreme Court häufig damit befasst, die Angemessenheit festgesetzter Höchstpreise zu prüfen.[146] Im Fall *Smith v. Ames* stellte er 1898 die Regel auf, dass die festgesetzten Beträge eine angemessene Gegenleistung für einen angemessenen gegenwärtigen Wert sein müssen (*rates must yield a fair return on a fair present value*).[147]

Allgeyer v. Louisiana[148] von 1897 ist der letzte Schritt in Richtung *Lochner*. Zum ersten Mal wurde ein Gesetz für verfassungswidrig erklärt, das eine Person in ihrem Recht, Verträge zu schließen, beeinträchtigte, ohne dass die Entscheidung auf die *contract clause* gestützt wurde. Hier ging es um ein im Staat Louisiana erlassenes Verbot, Versicherungsverträge mit anderen als landeseigenen Agenturen abzuschließen. Der Firma Allgeyer & Co. wurde vorgeworfen, einen solchen Vertrag mit einem New Yorker Büro eingegangen zu sein. Weil der Supreme Court schon früher entschieden hatte, dass Versicherungsfragen nicht zum *interstate commerce* gehören, für dessen Regelung er aber nur zuständig ist,[149] konnte er das Gesetz Louisianas nicht ohne weiteres verwerfen, weil er damit in die innerstaatliche Gerichtsbarkeit eingegriffen hätte. Er stellte deshalb darauf ab, dass der Vertrag in New York und nicht in Louisiana wirksam geworden war und das Gesetz gegen New Yorker Recht verstoße. Das Gesetz wurde für verfassungswidrig erklärt, weil es nicht nur das Schließen von Verträ-

---

144 134 U.S. 418 (1890), 134 S.Ct. Rep. 462, 467.

145 134 U.S. 418 (1890), 134 S.Ct. Rep. 462, 467.

146 Vgl. *Smith v. Ames*, 169 U.S. 466 (1898).

147 Die Entwicklung und Verwerfung dieser Regel wird im Fall *Federal Power Commission v. Hope Natural Gas Co.*, 320 U.S. 591 von 1944 nachverfolgt. Siehe hierzu auch *Siegel*, Understanding the Lochner era: Lessons from the Controversy over Railroad and Utility Rate Regulation, 70 Va. L. Rev. 187 (1984).

148 165 U.S. 578 (1897); 17 S.Ct. Rep. 427, 431.

149 *Gibbons v. Ogden*, 22 U.S. (9 Wheat.) 1 (1824).

gen innerhalb, sondern auch ausserhalb des Staates verbot.[150] Das Gesetz verstieß gegen die *due process clause*, die das Abschließen rechtmäßiger Verträge schützt. Dieses Urteil stellt die Schlüsselentscheidung zur *liberty of contract doctrine* dar. *Justice Peckham* schrieb für ein einstimmiges Gericht zwar in der Hauptsache über das Verhältnis einer Staatsregierung zu Unternehmen, die in einem anderen Staat angesiedelt waren. Zusätzlich lieferte er jedoch eine Erläuterung der *liberty of contract*:

> „The liberty mentioned in [the due process clause] means not only the rights of the citizen to be free from the mere physical restraint, of his person, as by incarceration, but the term is deemed to embrace the right of the citizen to be free in the enjoyment of all his faculties; to be free to use them in all lawfull ways; to live and work where he will; to earn his livelihood by any lawful calling; to pursue any livelihood or avocation, and for that purpose to enter into all contracts which may be proper, necessary and essential to his carrying out to a successful conclusion the purposes mentioned above. [In] the privilege of pursuing an ordinary calling or trade and of acquiring, holding and selling property must be embraced the right to make all proper contracts in relation thereto, and although it may be conceded that this right to contract [or] to do business within the jurisdiction of the State may be regulated and sometimes prohibited when the contracts or business conflict with the policy of the State as contained in its statutes, yet the power does not and cannot extend to prohibiting a citizen from making contracts of the nature involved in this case outside the limits and jurisdiction of the State, and which are also to be performed outside such jurisdiction."[151]

Der Schutz der Vertragsfreiheit ist insofern Teil des Eigentumsschutzes, als das Schließen von Verträgen notwendiger Bestandteil des Eigentumserwerbs ist.[152]

(2) Der Fall Lochner v. New York

Der berühmteste Fall, den der Supreme Court zum Thema *substantive due process* entschied, ist *Lochner v. New York*[153] aus dem Jahr 1905. Der Fall hatte eine Begrenzung der Arbeitszeit von Bäckern in New York durch Gesetz auf zehn Stunden pro Tag bzw. 60 Stunden pro Woche zum Gegenstand. Der Grund für dafür lag in dem Umstand, dass um die Jahrhundertwende viele Bäcker 100 Stunden pro Woche arbeiteten, dabei ständig Mehlstaub einatmeten und wechselnden Temperaturen ausgesetzt waren, weil sie in den kalten Kellern, in denen

150 17 S.Ct. 424, 430.

151 165 U.S. 578, 17 S.Ct. 424, 431.

152 So hatte es der Supreme Court im Fall *Allgeyer* entschieden: die Freiheit, Verträge zu schließen, ist deshalb schutzwürdig, weil sie vom Eigentumsschutz des 14. Amendments umfasst wird, vgl. 165 U.S. 578, 17 S.Ct. 424, 431.

153 198 U.S. 45 (1905), 25 S.Ct. 539.

Bäckereien zu dieser Zeit am häufigsten angesiedelt waren, die heißen Öfen bedienten. Da diese schlechten Bedingungen die Arbeiter und damit über kurz oder lang auch ihr Produkt schädigten, erließ man 1895 ein Gesetz zum Schutz der Bäcker vor den durch den Arbeitgeber vorgegebenen Arbeitsbedingungen. Die Gegner dieser Gesetzgebung führten an, dass es sich dabei um einen unzulässigen Eingriff in die Marktwirtschaft handele, der die Vertragsfreiheit verletzte. Am härtesten traf das Gesetz kleine Bäckereien, die oft weniger als fünf Angestellte hatten und wenig Gewinn machten. Sie waren auf die Mehrarbeit ihrer Arbeitnehmer angewiesen. So erging es auch Lochner.

Er brachte vor, das Gesetz verletze ihn dadurch, dass seine Rechte auf Eigentum, Freiheit und Leben ohne die Gewähr von *due process of law* beeinträchtigt wurden. Hier stand die Verletzung der Vertragsfreiheit in Frage. Die Theorie der Vertragsfreiheit war seit 1880 verbreitet, der Supreme Court hatte sie jedoch erst einmal im Fall *Allgeyer v. Louisiana* angewandt.[154] *Justice Peckham* konstatierte, dass das Recht, Verträge frei von staatlicher Intervention zu schließen, auch das Recht, Arbeit zu kaufen und zu verkaufen, umschloss. Die Freiheit, Verträge zu schließen, war jedoch nicht absolut. Die Polizeigewalt und die Regierungsmacht des Staates begrenzten sie. Die *police power* des Staates musste mit den Rechten des Einzelnen vereinbart werden. *Peckham* legte die Polizeigewalt sehr eng aus und ließ nur den Schutz der Allgemeinheit als Rechtfertigung für einen Eingriff zu.[155] Fraglich war, ob der *Bakeshop Act* dazu konzipiert war, vor allem das Wohl der Öffentlichkeit oder das der Bäcker zu schützen. Schon im Fall *Holden v. Hardy* war ein Gesetz zum Schutz von Minenarbeitern aufrechterhalten worden. Dort hatte jedoch offensichtlich ein Schutzbedürfnis bestanden.[156] *Justice Peckham* kam zu dem Schluss, dass das Backen anders als das Arbeiten in einer Mine nicht als gefährlicher Beruf angesehen werden könne und der *Bakeshop Act* daher nicht dem Schutz der Öffentlichkeit diene, also verfassungswidrig sei.[157]

Die *dissenting opinion* verfasste *Justice Harlan*. Er betonte, dass hinter dem Erlass von Gesetzen immer ein bestimmter Sinn stehe, weshalb sie generell gültig sein sollen, solange sie nicht schwerwiegend und offensichtlich gegen Verfassungsrecht verstoßen.[158]

---

154 „The general right to make a contract in relation to his business is part of the liberty of the individual protected by the 14th Amendment of the Federal Constitution", *Lochner*, 25 S.Ct. 539, 541 mit Hinweis auf *Allgeyer v. Louisiana*, 165 U.S. 578.

155 25 S.Ct. 539, 542.

156 25 S.Ct. 539, 542.

157 25 S.Ct. 539, 543.

158 25 S.Ct. 539, 549.

In seiner berühmt gewordenen abweichenden Meinung übt auch *Justice Holmes* Kritik an der Ausweitung der *liberty of contract*-Theorie und der Einschränkung der *police power*.[159] Ferner bemerkt er kritisch, dass die Gründe der Entscheidung Ausdruck von Darwinismus und einer laissez-faire Ökonomie seien und die Richter in die Entscheidung ihre eigene wirtschaftspolitische Einstellung einfließen ließen:

> "A constitution is not intended to embody a particular economic theory, whether of paternalism and the organic relation of the citizen to the State or of laissez-faire. It is made for people of fundamentally differing views, and the accident of our finding certain opinions natural and familiar or novel and even shocking ought not to conclude our judgement upon the question whether statutes embodying them conflict with the Constitution of the United States."[160]

Die Entscheidung war höchst kontrovers. Aus der Sicht der Bevölkerung konnte ein einziger Richter mit seiner Entscheidung ein Gesetz außer Kraft setzen, dass zuvor von 119 Abgeordneten einstimmig beschlossen worden war. Präsident *Roosevelt* verwies auf diese Entscheidung, als er sagte, das Gericht stelle Hürden für dringend benötigte soziale Reformen auf.[161]

Viel wichtiger aber als die inhaltliche Entscheidung des Supreme Court war ihr Grundgedanke, nämlich dass sie das Gericht zur Prüfungsinstanz aller Arten von regulierender Gesetzgebung (*overseer of all kinds of state regulatory legislation*) machte. Zwischen 1905 und 1937 wurden zahlreiche Versuche sozialer Reformen unter Berufung auf die *Lochner*-Entscheidung angegriffen.

Mag der Ruhm der *Lochner*-Ära auch zweifelhaft sein, so hat sie doch dem Supreme Court im Gefüge der Gewalten einen Platz verschafft.[162] Trotzdem bleibt der Fall *Lochner* eine der am schärfsten kritisierten Entscheidungen des Supreme Court in der Geschichte der Vereinigten Staaten und wurde dazu benutzt, den Missbrauch der richterlichen Gewalt und die Preisgabe richterlicher Prinzipien zu symbolisieren.[163]

Verschiedene Herleitungen innerhalb der Entscheidung blieben unklar. Neben der Frage, ob die Vertragsfreiheit als ein Teil des Eigentumsschutzes verstanden werden sollte (so geschehen in *Allgeyer*) oder als Ausdruck der im selben Zusatz aufgeführten *liberty* (so geschehen in *Lochner*, fälschlicherweise mit

159 25 S.Ct. 539, 546 f.

160 25 S.Ct. 539, 547.

161 Zur Kritik an den Plänen Roosevelts siehe *Sunstein*, in: Hall/McGuire, The Judicial Branch, S. 32, 46.

162 *Stone* u.a., Constitutional Law, S. 742.

163 *Siegan*, Economic Liberties and the Constitution, S. 23.

Verweis auf *Allgeyer*), ging es vor allem um die Ausprägung der *substantive due process clause*.

Gegen die Anwendung der *due process clause* wurde ein begriffliches Argument ins Feld geführt: schon die Wörter *substantive* und *process* widersprächen sich, könnten also nicht gemeinsam auftreten. *Ely* verglich diesen Gegensatz metaphorisch mit einer „*green pastel redness*", die ebenso unmöglich sei wie *substantive due process*, ein materiell ordnungsgemäßes Verfahren.[164] Und selbst wenn man über dieses offensichtliche Paradox hinwegsähe, so bleibe immer noch der Zweifel, ob die *substantive due process*-Methode nicht allein für fundamentale Rechte Anwendung findet. Unter diesen Umständen läge der Fehler von *Lochner* nicht in der richterlichen Intervention zum Schutz der Freiheit, sondern in einem falschen Verständnis von Freiheit.[165] Da die Vertragsfreiheit nicht als Freiheit im Sinne eines fundamentalen Rechts gelte, könne schon aus diesem Grund die *substantive due process clause* nicht einschlägig sein.[166]

Wenn auch das Ergebnis der Entscheidung umstritten war, so barg die Entscheidungsfindung auch etwas Gutes: das gesamte Spektrum verschiedener Ansichten zu Fragen der Auslegung des *substantive due process*, der Vertragsfreiheit, des Eigentumsschutzes und der Polizeigewalt eines Staates wurde geäußert und diskutiert. Gerade der Disput über den Charakter der Vertragsfreiheit beschwor Kontroversen herauf: handelte es sich nun um ein fundamentales Recht oder nicht? Die geschichtliche Verwurzelung der *liberty of contract* und der *rights of property* ist tief. Aus der Sicht der Verfassungsväter stellte der Schutz von Eigentumsrechten eine der Hauptaufgaben der Regierung dar. [167] Dazu gehörten auch – nach *Blackstones* Verständnis - der freie Gebrauch, die Nutzung und die Verfügung des Eigentümers über seine Anschaffungen, ohne Kontrolle oder Schmälerung.[168] Im Fall *Calder v. Bull*[169] hatte *Justice Chase* entschieden, dass das Naturrecht ein Gesetz verbietet, das rechtmäßige private Verträge verletzt oder zunichte macht oder das Eigentum von einer Person A nimmt, um es

164 *J.H. Ely*, Democracy and Distrust (1980), S. 18.

165 *Tribe*, American Constitutional Law, S. 564; zur Frage, ob es sich um ein fundamentales Recht handelt, vgl. auch *Siegan*, Economic Liberties and the Constitution, S. 83.

166 Dagegen wendet sich entschieden Siegan, Property and Freedom, S. 62 ff.; ähnlich auch *Keynes*, Liberty, property, and privacy, S. 97 ff; vgl. auch die Darstellung bei *Stone* u.a., Constitutional Law, S. 751.

167 Dargestellt bei *Siegan*, Economic Liberties and the Constitution, S. 30 f.; ebenso *Hoerder*, in: Vierhaus, 200 Jahre amerikanische Revolution, S. 76 ff.

168 Vgl. zum Leben und Wirken Blackstones und seinem Einfluss auf die Entwicklung des Rechts über Großbritannien hinaus *Siegan*, Property Rights, S. 29 ff., 31.

169 3 U.S. 386 (1798).

einer Person B zu geben.[170] Überdies schützte der *Civil Rights Act* von 1866, der den Anstoß zu dem 14. Verfassungszusatz gab, ausdrücklich das Recht eines Schwarzen, Verträge abzuschließen und durchzusetzen, Eigentum zu verkaufen, verleihen und zu besitzen.[171]

(3) Die Lochner-Ära

Die *Lochner*-Entscheidung prägte für einige Jahre während der sog. *Lochner*-Ära unter verschiedenen Aspekten eigentumsrechtliche Entscheidungen.[172]

(a) Maximum Hour Legislation

Nur drei Jahre nach *Lochner* hielt der Supreme Court im Fall *Muller v. Oregon*[173] (1908) ein Gesetz aus Oregon aufrecht, dass die Arbeitszeit von Wäscherinnen auf zehn Stunden täglich begrenzte. Er wich in der Begründung von seiner vorherigen Entscheidung in *Lochner* mit dem Argument ab, Frauen seien aufgrund ihrer Physis empfindlicher und deshalb eher schützenswert als Männer. Durch diese körperliche Schwäche seien Frauen auf dem Arbeitsmarkt gegenüber Männern benachteiligt, weshalb das Gesetz zu ihrem Schutz dazu diene, die rechtliche Gleichheit zwischen den Geschlechtern herzustellen.[174] Die Entscheidung war insofern von *Lochner* beeinflusst, als das Gericht sich zunächst nur sehr schwer dazu durchringen konnte und unter enormem Druck der Öffentlichkeit stand, die Frauen zu schützen.[175]

In der Entscheidung *Bunting v. Oregon*[176] erklärte der Supreme Court ein Gesetz für verfassungsmäßig, das eine Höchstarbeitszeit von zehn Stunden für Arbeiter einer Fabrik gleich welchen Geschlechts vorsah. Obwohl das Gericht die *Lochner*-Entscheidung stillschweigend verwarf, wurde dennoch weiterhin an den in *Lochner* aufgestellten Prinzipien festgehalten.[177]

---

170 3 U.S. 386, 388: „natural law“ prohibits „a law that destroys or impairs the lawful private contracts of citizens [or] that takes property from A and gives it to B.”

171 3 U.S. 386, 388.

172 Eine Darstellung der Rechsprechung während der Lochner-Ära findet sich zum Beispiel bei *Sunstein*, in: Hall/McGuire, The Judicial Branch, S. 32, 44 ff.; ebenso bei *Keynes*, Liberty, property, and privacy, S. 97 ff.; sowie bei *Philips*, The Lochner court.

173 208 U.S. 412 (1908) = 28 S.Ct. 324.

174 *Muller v. Oregon*, 28 S.Ct. 324, 327.

175 Das berühmte Plädoyer des Rechtsbeistandes *Louis D. Brandeis* trug maßgeblich zum Erfolg der Frauen bei.

176 243 U.S. 426 (1917).

177 *Stone* u.a., Constitutional Law, S. 756.

(b) Yellow-Dog Contracts

In den Entscheidungen *Adair v. United States*[178] und *Coppage v. Kansas*[179] erklärte der Court Gesetze für verfassungswidrig, die Arbeitgebern verboten, ihren Angestellten das Versprechen abzuverlangen, keiner Gewerkschaft (*union*) beizutreten (sog. *Yellow-dog contracts*). In *Adair* begründete das Gericht die Entscheidung damit, dass es nicht Sache des Staates sei, eine Person zu zwingen, eine andere Person in ihrem Unternehmen weiter zu beschäftigen. In *Coppage* lautete die Begründung für die Verwerfung des Gesetzes, dass es über die Polizeigewalt eines Staates (hier Kansas) hinausgehe, einen Ausgleich für ungleiche Verhandlungspositionen zwischen Arbeitnehmer und Arbeitgeber zu schaffen. Zwar sei es ohne Zweifel das Recht eines Arbeiters, einer Gewerkschaft beizutreten. Er habe aber keinen Anspruch darauf, Mitglied der Gewerkschaft und gleichzeitig bei jemandem angestellt zu sein, der ein Gewerkschaftsmitglied nicht beschäftigen möchte.

(c) Minimum wages

In *Adkins v. Children's Hospital*[180] entschied der Court gegen die Aufrechterhaltung eines Gesetzes, das Mindestlöhne für Frauen festlegte. Diese Entscheidung ist ein Meilenstein, der die Neigung des Gerichts zu den Prinzipien des laissez-faire deutlich macht. Das Gesetz hatte den Zweck, Frauen vor Krankheiten zu schützen, die auf schlechte Lebensbedingungen als Folge von Armut zurückzuführen waren. Das Gesetz wurde in Ausübung der Polizeigewalt des Staates erlassen. Das Kinderkrankenhaus hielt das Gesetz für eine Preisfestsetzung, die in unzulässiger Weise in die Vertragsfreiheit eingriff. Das Gesetz wurde mit der Begründung abgelehnt, es verstoße gegen die Vertragsfreiheit, die durch *due process* im Sinne des fünften Amendments garantiert ist. Weiter begründete das Gericht die Entscheidung damit, dass es für Frauen keinen weitergehenden Schutz geben solle als für Männer. Dem Arbeitgeber würde eine Sozialpflicht auferlegt, die in Wirklichkeit der Gesellschaft obliege. Das Gesetz missachte ferner den Grundsatz des Gleichgewichts zwischen Arbeit und Lohn. Die in ihrer Meinung abweichenden Richter *Taft* und *Holmes* stellen die Bedeutung der *contract clause* generell in Frage. Die Entscheidung zeigt, wie sehr sich das Gericht in dieser Zeit bemühte, Regulierung und Steuerung der freien Wirtschaft zu überlassen und staatliche Eingriffe zu begrenzen (laissez-faire). *Adkin* wurde im Nachhinein viel zitiert, um staatliche Regelungen in den 1920er und 1930er Jahren zu reduzieren.

---

178 208 U.S. 161 (1908).

179 236 U.S. 1 (1915).

180 261 U.S. 525 (1923).

(d) Price regulation

In einer Reihe von Fällen nach *Munn* ließ das Gericht eine beträchtliche Anzahl an Gesetzen zur Preisregulierung mit der Begründung bestehen, dass die in Rede stehenden Güter oder Leistungen mit einem öffentlichen Interesse behaftet seien (*affected with a public interest*).[181] In den Zwanzigerjahren begrenzte es jedoch dieses Merkmal stark und verwarf Gesetze, die Preise für Treibstoff[182], Arbeitsvermittlungen[183] und Theaterkarten[184] festlegten.

(e) Business entry

Bei verschiedenen Gelegenheiten verwarf der Supreme Court Gesetze, die die Ausübung oder Aufnahme bestimmter Gewerbe verboten. In *New State Ice Co. v. Liebmann*[185] erklärte das Gericht ein Gesetz für ungültig, dass die Produktion von Eis ohne einen vorherigen Nachweis der Zweckmäßigkeit und Notwendigkeit (*certificate of convenience and necessitiy*) verbot. Entscheidend war nach Ansicht des Supreme Court, dass das Vorhaben mit einem privaten Gebrauch verbunden war. Ein Gesetz, das einer Person das allgemeine Recht verwehrt, sich in einem privaten Gewerbe zu betätigen, konnte nicht als verfassungsmäßig aufrechterhalten werden.[186]

(f) Das Ende der Lochner-Ära

Die genannten Entscheidungen bieten kein einheitliches Bild. Die Urteile in der *Lochner*-Ära waren nicht immer konsistent, zum Teil widersprachen sie sich sogar, wie die Entscheidungen *Muller v. Oregon* einerseits und *Bunter v. Oregon* andererseits zeigen.

Einmal wird die Aufrechterhaltung eines Gesetzes mit dem besonderen Schutzbedürfnis der Frauen begründet, ein anderes Mal betonen die Richter, dass kein Grund für einen stärkeren Schutz von Frauen ersichtlich sei. Das die Entscheidungen verbindende Element scheint die Einschätzung des Gerichts über die dem jeweiligen Gesetz tatsächlich zugrunde liegenden Motive zu sein: ist es nach Meinung des Supreme Court tatsächlich zum Schutz der Gesundheit, des Wohlergehens und der Sicherheit der Bevölkerung konzipiert, so wird es als verfassungsmäßig eingestuft. Verbirgt es aber hinter diesen Zielen die wahren

---

181 Siehe zum Beispiel *German Alliance Insurance Co. v. Lewis*, 233 U.S. 389 (1914) (fire insurance) und *Block v. Hirsh*, 256 U.S. 135 (1956) (rental housing).

182 *Williams v. Standard Oil Co.*, 278 U.S. 235 (1929).

183 *Ribnik v. McBride*, 277 U.S. 350 (1928).

184 *Tyson & Brother v. Banton*, 273 U.S. 418 (1927).

185 285 U.S. 262 (1932).

186 285 U.S. 262, 277; siehe auch *Louis K. Ligett Co. v. Baldridge*, 278 U.S. 105 (1928).

Gründe, zum Beispiel das Gewinnstreben Einzelner, ist es verfassungswidrig.[187] Der verfassungsgerichtliche Prüfungsmaßstab des Supreme Court in der Entscheidung *Lochner* lässt sich wie folgt zusammenfassen: Freiheit und Eigentum im Sinne des fünften und 14. Amendment gehören zu den fundamentalen Rechten der Verfassung. Sie umfassen die Vertragsfreiheit, unabhängig von der wirtschaftlichen Machtstellung der Vertragspartner. Wenn ein Staat in diese Rechte eingreifen will, so kann er dies nicht durch rein arbeitsrechtliche Regelungen tun, sondern muss die Verfahrensvorschriften der *due process clause* beachten, weil er verfassungsrechtlich geschützte Rechte einschränkt.

Mitte der dreißiger Jahre war das Gericht bereit, die *Lochner*–Entscheidung zu verwerfen. Dies lag zum Teil an einer anderen Zusammensetzung des Gerichtshofes, inneren Widersprüchen und Spannungen in der *Lochner*-Doktrin und wohl auch an den wirtschaftlichen und sozialen Auswirkungen der großen Depression, sowie Präsident *Roosevelts* Konzept des New Deal, das die *Lochner*-Prinzipien zu untergraben drohte.[188]

Nebbia v. NewYork[189] (1934) ist die erste Entscheidung, die sich mit den Folgen der großen Depression und ihrer Notgesetzgebung zur Milderung der wirtschaftlichen und sozialen Härten dieser Zeit auseinandersetzt. Im Jahr 1932 waren die Preise, die ein Händler für Milch erhielt, unter seine Produktionskosten gesunken. Eine Gesetzgebungskommission zog aus der verzweifelten Lage der Produzenten den Schluss, dass ihre Situation einer geringeren Wachsamkeit gegenüber Verunreinigungen und Qualitätsminderungen des Grundnahrungsmittels Milch Vorschub leistete. Da die Milchindustrie besonders anfällig für Preisschwankungen sei, müssten die Preise kontrolliert und festgesetzt werden. Daraufhin wurde ein Gesetz erlassen, das die Abgabe von Milch zu einem abweichenden Preis als dem vorgeschriebenen verbot.

Nebbia, ein Lebensmittelhändler aus Rochester, verkaufte Milch billiger als zum gesetzlich festgesetzten Preis und wurde dafür bestraft. Der Supreme Court hielt das den Preis festsetzende Gesetz für verfassungsmäßig. Die Richter begründeten ihre Entscheidung damit, dass es die Aufgabe des Staates sei, im Rahmen der Polizeigewalt für das Wohl der Bevölkerung zu sorgen. Die Gewährung der Eigentums- und Vertragsrechte aus dem fünften und dem vierzehnten Amendment sei nicht absolut. Der Staat könne nicht funktionieren, wenn er nicht die Freiheiten des Einzelnen zum Wohl der Gemeinschaft einschränken dürfe. Da die Milchpreise sich nicht durch das Verhältnis von Angebot und

187 *Stone* u.a., Constitutional Law, S. 757.

188 372 U.S. 726; vgl. *Sunstein*, in: Hall/McGuire, The Judicial Branch, S. 32, 44 ff.; *Macey*, in: Paul/Miller/Paul, Economic Rights, S. 141, 153 ff.

189 291 U.S. 502 (1934).

Nachfrage in der freien Marktwirtschaft regelten, wie die Erfahrung zeige, sei hier staatliches Eingreifen zum Schutz der Bevölkerung geboten. Ferner sei es nicht die Aufgabe des Gerichts, ein Gesetz für sinnvoll zu erachten oder nicht. Dies sei eine Entscheidung des Gesetzgebers. Das Gericht wache darüber, dass dieser die verfassungsmäßigen Grenzen seiner Gewalt nicht überschreite. *Justice Roberts* verbannte in dieser Entscheidung auch die im Falle *Munn* geprägte Formel der *affected with a public interest doctrine*[190], und entschied, dass der Staat jegliche Maßnahmen zum Schutz des Wohlergehens der Bevölkerung ergreifen dürfe, auch wenn er dadurch in die Privatwirtschaft eingreife:

> „[The] phrase 'affected with a public interest' can, in the nature of things, mean no more than that an industry, for adequate reason, is subject to control for the public good. [...] So far as the requirement of due process is concerned, [a] state is free to adopt whatever economic policy may reasonably be deemed to promote public welfare, and to enforce that policy by legislation adapted to its purpose. The courts are without authority either to declare such policy, or, when it is declared by the legislature, to override it. [...] Price control, like any other form of regulation, is unconstitutional only if arbitrary, discriminatory, or demonstrably irrelevant to the policy the legislature is free to adopt, and hence an unnecessary and unwarranted interference with individual liberty."[191]

Die *dissenting opinion* wandte sich gegen das Gesetz mit der Begründung, es handele sich um ein Diktat, eine Kontrolle der Wirtschaft und eine Beschneidung der fundamentalen Rechte und Freiheiten des Einzelnen. Ferner bezweifelte die abweichende Meinung, dass der bezweckte Schutz der Bevölkerung durch die getroffene Preisfixierung überhaupt erreicht werden könne.[192]

Die Mehrheit der Richter wandte sich in *Nebbia* deutlich von den den Fall *Lochner* dominierenden Prinzipien des gerichtlichen Eingreifens und der wirtschaftlichen laissez-faire Haltung, die die Richter durch ihre Urteile auch dem Gesetzgeber oktroyieren wollten, ab. Sie schränkten auf diese Weise den Eigentumsschutz des Einzelnen ein, indem sie ihn in weit stärkerem Maße als zu Zeiten der *Lochner*-Ära der staatlichen Fürsorgepflicht und den Bedürfnissen der Gemeinschaft unterordneten. Auch die gerichtliche Zurückhaltung, die die Richter in *Nebbia* einnahmen, war neu. Der Prüfungsmaßstab des Supreme Court ist deutlich herabgesetzt verglichen mit seinen Entscheidungen in der *Lochner*-Ära und beschränkt sich auf eine Willkürkontrolle. Es kommt nur noch der lose *rati-*

---

190 291 U.S. 502, 532.

191 291 U.S. 502, 536, 539.

192 291 U.S. 502, 540.

onal basis test zur Anwendung und der Kläger hat die Willkürlichkeit dazulegen.

Endgültig verworfen wurden die Prinzipien der *Lochner*-Ära sowie die Entscheidung *Adkins v. Children's Hospital* jedoch erst drei Jahre später im Fall *West Coast Hotel Co. v. Parrish*[193] (1937).[194] Der Supreme Court erklärte ein Gesetz, dass Mindestlöhne für Frauen vorschrieb, für verfassungsmäßig. Die Gründe für diesen Ausgang der Entscheidung liegen in der Schutzbedürftigkeit und der schwachen Verhandlungsposition der Frauen, die zu der Klasse mit dem niedrigsten Einkommen gehörten. Das Gericht machte wie in *Nebbia* deutlich, dass es die Aufgabe des Staates in seiner Fürsorgepflicht sei, allzu harten sozialen Verhältnissen Abhilfe zu schaffen, insbesondere wenn ohne Eingriff keine Besserung zu erwarten sei. Über das Ob und das Wie des Eingriffs zu entscheiden, sei nicht Sache des Gerichts, sondern des Gesetzgebers. Dessen Entscheidung müsse das Gericht zwar nicht teilen, jedoch akzeptieren, solange sie nicht gegen geltendes Recht verstoße. Gegen die Vertragsfreiheit verstoße ein solches Gesetz nicht, da die in Amendment 14 genannte Freiheit nicht ausdrücklich die Vertragsfreiheit meine. Vielmehr verbiete die *due process clause* nur die Einschränkung der Freiheit unter Missachtung von Verfahrensrechten, das heißt ohne *due process:*

> „What is freedom [of contract]? The Constitution does not speak of freedom of contract. It speaks of liberty and prohibits the deprivation of liberty without due process of law. […] [Regulation] which is reasonable in relation to its subject and is adopted in the interest of the community is due process […]."[195]

Die Entscheidung ist deutlich geprägt von der sozialen und wirtschaftlichen Realität der Wirtschaftskrise. Die Ausbeutung der Arbeiter, die sich in einer ungleich schwächeren Position befanden als ihr Arbeitgeber, und aus diesem Grund der Verweigerung wenigstens des Nötigsten schutzlos ausgeliefert sind, sei nicht nur für ihre Gesundheit und ihr Wohlbefinden verheerend. Vielmehr müsse, so *Chief Justice Hughes* für den Supreme Court, die Gemeinschaft durch ihre Steuern das erwirtschaften, was dem einzelnen Arbeiter zur Sicherung seiner Lebensgrundlage fehle. Die Gesellschaft sei nicht verpflichtet, für die Mängel aufzukommen, da dies einer Unterstützung des verantwortungslosen Arbeit-

193 300 U.S. 379 (1937).
194 300 U.S. 379, 390.
195 300 U.S. 379, 391.

gebers gleichkomme.[196] Die Gemeinschaft kann stattdessen ihre gesetzgebende Gewalt in die Richtung lenken, durch Gesetze Abhilfe zu schaffen.

(4) Exkurs: die Auswirkungen der Great Depression und der New Deal

Die Entscheidung *United States v. Carolene Products*[197] (1938) spiegelt die Situation der Menschen während der wirtschaftlichen Depression der 1930er Jahre wider.[198] Da Milch nach wie vor (vgl. *Nebbia*) ein rares Produkt war, begannen Produzenten, Kondensmilch das natürliche Butterfett zu entziehen und es durch Pflanzenfett zu ersetzen. Das machte das Produkt einfacher und günstiger herstellbar. Die so gewonnene sog. *filled milk* war aber bei weitem nicht so nährstoffreich wie natürliche Milch. Die Bevölkerung machte von dem neuen Angebot aber regen Gebrauch. Die sog. *filled milk* schmeckte identisch, sah so aus und war genauso verpackt wie natürliche Kuhmilch. Die Hersteller warben damit, dass die *filled milk* mindestens so gesund, wenn nicht sogar gesünder als natürliche Milch sei. Eine Kommission untersuchte das Produkt und stellte fest, dass die Milch qualitativ schlechter und weniger nährstoffreich war und die Konsumenten durch die Aussagen der Hersteller betrogen wurden. Der Konsum der *filled milk* führte zu Mangelerscheinungen und Unterversorgung. 1923 wurde der *Filled Milk Act* erlassen, der das Verschiffen von *filled milk* im zwischenstaatlichen Handel verbot. Der Supreme Court hielt das Gesetz für verfassungsmäßig. Er führte aus, dass die Entscheidung, ein solches Gesetz zum Schutz der Bevölkerung zu erlassen, dem Gesetzgeber obliege. Es sei nicht die Aufgabe des Gerichts, diese Entscheidung anzugreifen, sofern nicht offensichtliche Zweifel daran bestünden, dass dem Gesetz sachliche und vernünftige Erwägungen zugrunde lägen. In dieser Entscheidung wird ein Maßstab für die Feststellung der Verfassungsmäßigkeit einer Vorschrift aufgestellt. Eine Vorschrift ist dann mit der *substantive due process clause* oder einem anderen Gesetz vereinbar, wenn die ihr zugrunde liegende Sachlage mit hoher Wahrscheinlichkeit richtig beurteilt worden ist. Das Gericht hat mit diesem Maßstab sein eigenes Betätigungsfeld im Rahmen der Beurteilung von legislativen Akten erheblich eingeschränkt. Für den Bürger verhieß dies jedoch einen geringeren Schutz und eine schlechtere Möglichkeit zu einer gerichtlichen Überprüfung von Gesetzen.

Auch im Fall *Williamson v. Lee Optical of Oklahoma*[199] (1955) wies der Supreme Court eine Klage zurück, obwohl er das angegriffene Gesetz teilweise

---

196 300 U.S. 379, 399.

197 304 U.S. 144 (1938).

198 Vgl. zur Rechtsprechung im Vorfeld des New Deal insbesondere *Paul/Dickman* (Hrsg.), Liberty, Property, and Government.

199 348 U.S. 483 (1955).

für überflüssig hielt.[200] Dennoch hielt der Supreme Court die Einschätzung des Gesetzgebers für maßgeblich:

> „[The] day is gone when this Court uses the Due process clause [to] strike down state laws, regulatory business and industrial conditions, because they may be unwise, improvident, or out of harmony with a particular school of thought."[201]

In dieser Entscheidung grenzt das Gericht seine Kontrolle noch weiter ein, als es das bereits in *Carolene Products* getan hatte. Es stützt seine Einschätzung nicht auf eine sichere Sachlage, sondern auf bloße Hypothesen, um das Gesetz aufrechtzuerhalten. Die Vorschrift verbot es Optikern (*opticians*), Brillen oder Linsen zu erneuern oder auszutauschen, ohne das Rezept eines Augenarztes (*ophtalmologist*) oder Augentechnikers (*optometrist*) einzuholen.[202] Das Gericht räumte ein, das Gesetz möge in vielen Fällen überflüssig, *könne* aber doch in manchen Situationen sinnvoll sein. Dies sei dann der Fall, wenn Krankheiten des Auges durch einen Besuch des Arztes, um ein Rezept zu erlangen, erkannt würden, was ohne die Notwendigkeit des Rezepteinholens nicht geschehen wäre. Der Supreme Court führt weiter aus, der Gesetzgeber werde über Erfahrungswerte verfügen, die ihm einen Grund zum Erlass des Gesetzes lieferten.[203] Durch diese vage Begründung entsteht der Eindruck, die Richter wollten sich unter allen Umständen einer Beurteilung entziehen, um dem Gesetzgeber nicht entgegenzuwirken. Dies stellt die äußerste Form gerichtlicher Zurückhaltung (*judicial restraint*) dar und markiert den Gegenpol zur *Lochner*-Entscheidung. Ebenso entschied der Supreme Court im Fall *Ferguson v. Skrupa*[204] (1963):

> „Under the system of government created by our Constitution, it is up to legislatures, not courts, to decide on the wisdom and utility of legislation. There was a time when the Due process clause was used by this Court to strike down laws which were thought unreasonable, that is, unwise or incompatible with some particular economic or social philosophy. [That doctrine] has long been discarded. [It] is now settled that States 'have power to legislate against what are found to be injurious practices in their internal commercial and business affairs, so long as their laws do not run afoul of some specific federal constitutional prohibition [...].'"[205]

---

200 348 U.S. 483, 487.
201 348 U.S. 483, 488.
202 348 U.S. 483, 486.
203 *Stone* u.a., Constitutional Law, S. 764.
204 372 U.S. 726 (1963).
205 372 U.S. 726, 729 - 731.

In dieser Entscheidung hat der Supreme Court überhaupt nicht mehr auf die Sachlichkeit oder Begründetheit der für die Entscheidung maßgeblichen Erwägungen oder ein angemessenes Zweck-Mittel Verhältnis abgestellt. Es scheint fast so, als habe er ohne Nachforschungen entschieden.

(5) Fazit substantive due process

Die letzten Entscheidungen des Supreme Court zeigen, dass er seine Kontrolle über die Gesetze zur Regulierung der Wirtschaft immer weiter eingeschränkt hat. Er überlässt dem Gesetzgeber weitestgehend die Entscheidung darüber, eine Materie zu regulieren. Dies geschieht zwar zugunsten des demokratischen Prozesses, da er Entscheidungen einem demokratischen legitimierten Organ überlässt, denn auf die Zusammensetzung des Supreme Court hat das Volk keinen direkten Einfluss.[206] Jedoch ergreift der Supreme Court nicht mehr vehement Partei für die Eigentumsrechte und die wirtschaftliche Freiheit des Einzelnen gegen staatliche Interventionen, wie er es in der *Lochner*-Ära tat.[207] Nach diesen Entscheidungen liegt die Vermutung nahe, dass das Gericht das Feld des *substantive economic due process* im Bereich des Eigentumsschutzes ganz aufgegeben hat.[208] In der Tat hat der Supreme Court seit 1937 kein Gesetz zur Wirtschaftsregulierung für verfassungswidrig erklärt, weil es gegen die *substantive due process clause* verstieß. Hingegen gibt es einige Entscheidungen, in denen er eine Verletzung der *substantive due process clause* ausdrücklich verneinte.[209] Das zeigt aber, dass der Supreme Court die Figur des *substantive due process* nicht verworfen hat. Im Gegenteil sind in heutiger Zeit nach Meinung einiger Autoren wieder Tendenzen des Gerichtshofs in Richtung einer Wiederkehr des *due process* zu erkennen.[210] Eine Entscheidung aus neuerer Zeit zeigt dies ganz deutlich: im Fall *Eastern Enterprises v. Apfel*[211] aus dem Jahr 1998 ging es um

---

206 Zur demokratischen Legitimation des Supreme Court vgl. die rechtsvergleichende Analyse von *Kommers*, in: Hall/McGuire, The Judicial Branch, S. 200, 207 ff.

207 Hauptsächlich findet der Schutz fundamentaler Rechte im Rahmen des due process heute Anwendung im Bereich des Rechts auf Privatssphäre, insbesondere seit der Entscheidung *Griswold v. Connecticut*, 381 U.S. 479 (1965); vgl. auch *Stoevesandt*, United States Supreme Court, S. 111.

208 *Stone* u.a., Constitutional Law, S. 765, mit Hinweis auf *McCloskey*, Economic due process and the Supreme Court: An Exhumation and Reburial, 1962 Sup. Ct. Rev. 34, 38.

209 *Texaco v. Short*, 454 U.S. 516 (1982); *Prune Yard Shopping Center v. Robins*, 447 U.S. 74 (1980); *Duke Power Co. v. Carolina Environmental Study Group, Inc.*, 438 U.S. 59 (1978); *Exxon Corp. v. Governor of Maryland*, 437 U.S. 117 (1978).

210 Vgl. z.B. *Byrnes*, 51 Ala. L. Rev. 949, 954; *Merrill*, 86 Va. L. Rev. 885, 900 ff.

211 524 U.S. 498 = 141 L Ed 2d 451.

die Frage, ob ein Unternehmen durch ein rückwirkendes Gesetz dazu verpflichtet werden kann, bereits ausgeschiedenen Mitarbeitern Pensionen zu zahlen. Das Gericht entschied nicht einheitlich. *Justice O'Connor* vertrat für vier Richter die Auffassung, das Gesetz sei verfassungswidrig, weil es gegen die *takings clause* verstoße. *Justice Kennedy* wich insofern ab, als er sein Urteil über die Verfassungswidrigkeit des Gesetzes auf einen Verstoß gegen die *due process clause* stütze. Ein solcher Verstoß liege vor, weil das Gesetz weit über das zulässige Maß an Rückwirkung hinausgehe.[212] *Justice Kennedy* zeigt auf, dass der in Rede stehende *Coal Act* auf keine Weise das Eigentum von *Eastern Enterprises* beeinträchtige. Weder wird bestehendes Eigentum enteignet noch wird es verändert oder vermindert. Das Gesetz ordnet vielmehr nur die Vornahme einer bestimmten Handlung an, nämlich die Zahlung von Pensionen. Dies verletzte die Rechte des Klägers aber nicht, weil es das Vermögen des Unternehmens schmälere, sondern weil es gegen das Rückwirkungsverbot verstoße. Nach Auffassung *Justice Kennedys* liegt ein Verstoß gegen *due process* und nicht gegen das Eigentumsrecht vor.[213] Seine abweichende Meinung verbindet er mit Ausführungen zum Unterschied zwischen Regulierungen und Enteignungen.

Die Auffassung *Justice Kennedys* macht deutlich, dass *due process* auch heute noch Beachtung unter den Richtern findet. Ob nur als Auffanginstrument für die Fälle, die sich nicht über die Eigentumsvorschriften im engeren Sinne lösen lassen, oder als wieder an Bedeutung zunehmender Regelung mit eigenem Anwendungsgebiet lässt sich der Rechtsprechung bis heute noch nicht entnehmen.[214]

2. Contract clause und Takings clause

Contract und *takings clauses* gewähren keine fundamentalen Rechte wie sie durch die *due process clause* garantiert werden. Jedoch stehen sie in einer engen Verbindung zu den unter dem Aspekt des *due process* durch den Supreme Court entschiedenen Fälle.[215] Der gemeinsame Zweck dieser Vorschriften liegt in dem Bestreben, den Staat daran zu hindern, Eigentum einem Einzelnen zu nehmen, um es einem anderem zu geben. Die Verfassung schiebt der willkürlichen Umverteilung privater Güter damit einen Riegel vor.

Die *contract clause* aus Artikel 1 § 10 der Verfassung hindert die Regierung eines Staates daran, freiwillige Abkommen zwischen Verträgen zu stören oder zu beeinflussen, um der einen oder der anderen Seite zu helfen. Im Vordergrund

---

212 141 L Ed 2d 451, 481.

213 141 L Ed 2d 451, 481 ff.

214 vgl. die Darstellung bei *Choper, Fallon, Kamisar, Shiffrin*, Constitutional Law, S. 305.

215 *Stone* u.a., Constitutional Law, S. 988 f.

der Anwendung dieser Vorschrift standen zu Beginn erworbene Vermögensrechte (*vested rights*), deren Verbindung zur *contract clause* darin bestand, dass sie aufgrund eines Vertrages oder eines vertragsähnlichen Vorgangs erworben worden waren.

Die *takings* oder *eminent domain clause* des fünften Verfassungszusatzes setzt der bundesstaatlichen (und nach seiner Inkorporierung auch einer einzelstaatlichen) Regierung eine Hürde, Eigentum von Privatpersonen zu enteignen, um es einer anderen, wenn auch bedürftigen Person zu geben. Der Hintergedanke dieser Regelungen liegt darin, dass nicht Einzelne die Last der Umverteilung oder der Unterstützung Bedürftiger tragen sollen, sondern die Gesellschaft als ganze. Aus diesem Grund werden im Falle von Enteignungen Entschädigungen für den durch die Enteignung in seinem Eigentum Verletzten notwendig, für die die Gesellschaft aufkommt. Beide Klauseln sind auch Ausdruck der Befürchtung, private Interessen könnten zu viel Einfluss auf die Regierung nehmen.[216]

a) Contract clause

„No State shall [pass] any [Law] impairing the Obligation of Contracts."[217]

Anders als der *substantive due process*, der das Recht der Bürger schützt, in der Zukunft wirtschaftliche Vereinbarungen (z.B. Arbeitsverträge) zu schließen, die nicht staatlich begrenzt sind, schützt die *contract clause* bestehende Verträge vor Gesetzen, die sie nachträglich verletzen oder aufheben würden.[218] Das Vertrauen in das Bestehen einmal geschlossener Verträge soll nicht enttäuscht werden, um ein Misstrauen in die Privatwirtschaft und die Vertragsfreiheit zu verhindern. Auch ein gut gemeinter Schuldnerschutz durch staatliche Korrektur privater Verträge ist aus dieser Sicht kurzsichtig und zöge die verheerende Folge nach sich, dass die Privatwirtschaft stagnierte, weil sich niemand mehr traute, wichtige Verträge abzuschließen.[219] In der Entscheidung *Ogden v. Saunders* fasst *Chief Justice Marshall* diese Befürchtungen in folgende Worte:

„The power of changing the relative situation of debtor and creditor, of interfering with contracts, a power which comes home to every man, touches the interest of all, controls the conduct of every individual in those things which he supposes to be proper for his own exclusive management, had been used to such an excess by the state legislatures, as to break in upon the ordinary intercourse of society, and destroy all confidence between man and man. The mischief had become so great, so alarm-

216 *Stone* u.a., Constitutional Law, S. 989.

217 U.S. Const. art. I, sec. 10, cl. 1.

218 Vgl. *Pound*, Liberty of contract, 18 Yale L. J. 454 (1909).

219 *Stone* u.a., Constitutional Law, S. 990.

ing, as not only to impair commercial intercourse, and threaten the existence of credit, but to sap the morals of the people, and destroy the sanctity of private faith."[220]

Die moderne Rechtsprechung des Supreme Court betreffend die *contract clause* beginnt mit der Entscheidung *Home Building & Loan Association v. Blaisdell*[221]. In Frage stand das *Minnesota Mortgage Moratorium*-Gesetz von 1933, gegen das sich die Loan Association wegen Verstoßes gegen die *contract clause* wandte. Das 1933 während der großen Depression erlassene Notfallgesetz sollte Bürgern, deren Eigentum mit einer Hypothek belastet war, in der Krisenzeit, jedoch nicht länger als bis zum 1. Mai 1935, Vollstreckungsaufschub gewähren. Demgemäß wurde die Tilgungsfrist einer Hypothek Blaisdells bis Mai 1935 verlängert. Die Loan Association hingegen argumentierte, die Verlängerung der Tilgungsfrist sei unwirksam, da der Staat Minnesota kein Gesetz erlassen dürfe, das der *contract clause* entgegenstehe.

Das Gericht erklärte das Gesetz mit knapper Mehrheit (fünf zu vier Stimmen) mit der Begründung für verfassungsmäßig, der Schutz der *contract clause* sei nicht absolut und ein einzelner Staat dürfe seiner ungeachtet Gesetze zum Schutz seiner Bürger erlassen. Für den Supreme Court entfaltete *Chief Justice Hughes* den Verlauf der bisherigen Entwicklung der Rechtsprechung zur *contract clause* und lieferte eine detaillierte Begründung für die Verfassungsmäßigkeit dieses staatlichen Eingriffs in die Vertragsfreiheit.[222] Ausgehend von der Verfassung, wie sie durch die Verfassungsväter konzipiert und interpretiert worden ist, zeigt er die Notwendigkeit einer Anpassung des Verständnisses an die jeweilige soziale und wirtschaftliche Wirklichkeit auf. Dabei betont er, dass nicht mehr nur der Schutz des Einzelnen vor staatlicher Intervention zu beachten sei, sondern auch die wachsende Fürsorgepflicht des Staates für die Gesellschaft

220 *Ogden v. Saunders*, 25 U.S. 213 (1827), S. 354 f. Es ging um ein Insolvenzgesetz und die Frage, ob es Vertragsverpflichtungen verletzt, die nach Inkrafttreten geschlossen worden waren. Die Mehrheit der Richter entschied, dass Vertragsrechte nicht absolut seien, eine Insolvenzgesetzgebung nötig sei und dass die Kompetenz zu dieser Gesetzgebung nicht allein beim Congress, sondern konkurrierend bei den Staaten liege. Deshalb sei New York zum Erlass des Gesetzes berechtigt gewesen. Das Gesetz greife nicht in die Vertragsfreiheit ein. *J. Marshall* wich in seiner Meinung ab: in der *dissenting opinion* argumentiert er, dass das Gesetz gegen die *contract clause* verstößt. Ausserdem verletze es nicht in der Verfassung aufgeführte *vested rights*. Die Entscheidung ist insofern von Bedeutung, als sie die *contract clause* als Hürde für die Insolvenzgesetzgebung zerstörte. Der Kongress war bis 1898 nicht zu einer solchen Gesetzgebung fähig.

221 290 U.S. 398 (1934); zu Vorgeschichte der *Contract clause* vgl. die Darstellung bei *Stone* u.a., Constitutional Law, S. 989 ff.

222 290 U.S. 398, 429.

als Einheit. Er beschränkt das absolute Verbot staatlicher Intervention auf solche Gesetze, die nur zum Nutzen eines Einzelnen erlassen würden und somit keinen öffentlichen und rechtmäßigen Zweck verfolgten.[223] In den Grenzen eines rechtmäßigen Ziels und der Anwendung rechtmäßiger Mittel zu seiner Erreichung sei es jedoch in Ausnahmefällen zulässig, in die Vertragsfreiheit einzugreifen, um das Allgemeinwohl zu sichern. So liege es auch hier. Die Maßnahme, welcher nur sachliche Erwägungen des Gemeinwohls zugrundegelegen hätten, beschränke sich auf einen von vornherein begrenzten Zeitraum. Es handele sich ferner um eine bloße Verlängerung der Zahlungsfrist, nicht um einen gesetzlich angeordneten Zahlungserlass.

In der Entscheidung *El Paso v. Simmons*[224] sprach der Supreme Court schließlich dem Gesetzgeber ein weites Ermessen bei der Entscheidung der Frage zu, wann ein Eingriff in die Vertragsfreiheit zum Schutz des Allgemeinwohls nötig sei. Nicht jede Änderung einer vertraglichen Verpflichtung durch den Staat verletze die Vertragsfreiheit:

> „[It] is not every modification of a contractual promise that impairs the obligation of contract under federal law."[225]

Der Supreme Court stellte weiter fest:

> „[The state] has the 'sovereign right ... to protect the ... general welfare of the people' and we must accept the wide discretion on the part of the legislature in determining what is and what is not necessary."[226]

Dass dies nicht automatisch eine Beschränkung der *contract clause* durch die Ausweitung der Eingriffsrechte des Staates nach sich ziehen sollte, zeigt die Entscheidung *United States Trust Co. v. New Jersey*[227]. Durch Gesetz nahm die Regierung von New Jersey ein anderes Gesetz zurück, dass die Subventionierung des Schienenverkehrs, betrieben durch die Port Authority of New Jersey and New York, durch Einkünfte und Rücklagen aus anderen Bereichen begrenzte. Durch die Begrenzung sollten Anteilseigner gegen den Wettbewerb mit dem Schienenverkehr geschützt werden. Die Aufhebung dieser Begrenzung begründeten beide Staaten mit dem Zweck, das Allgemeinwohl zu fördern, indem sie

223 290 U.S. 398, 438, 439.
224 379 U.S. 497 (1965).
225 379 U.S. 497, 506 f.
226 379 U.S. 497, 508 f.
227 431 U.S. 1 (1977).

den Bahnverkehr subventionierten, um den Autoverkehr zu reduzieren und die Umwelt zu schützen.[228] Der Supreme Court hielt das Gesetz zur Begrenzung der Subventionierung für verfassungswidrig. Es stelle einen Eingriff in die Vertragsfreiheit der Anleihegläubiger dar, der nicht allein durch den Hinweis auf die Gemeinnützigkeit des Vorhabens gerechtfertigt werden könne. Vielmehr sei dies insbesondere dann keine ausreichende Rechtfertigung, wenn die Aufhebung eigene Interessen des Staates begünstige.[229] Einen solch utilitaristischen Vergleich zwischen den Interessen der Allgemeinheit und dem vergleichsweise geringen Verlust auf Seiten von Privaten akzeptierte der Supreme Court nicht. Er stellte fest, dass die angestrebten Ziele wie die Reduzierung des Autoverkehrs und die Förderung des Personentransportes durch Schienenverkehr auch durch mildere Mittel hätten erreicht werden können. Entweder hätte es ausgereicht, die Begrenzung zu modifizieren, ohne sie ganz aufzuheben, oder eine gänzlich andere Maßnahme zu treffen. Dass öffentliche Verkehrsmittel Verluste machen, die auszugleichen sind, war bereits bei Erlass der Begrenzung 1962 bekannt und deshalb keine neue Entwicklung, die eine so drastische Maßnahme hätte rechtfertigen können.

Ebenso entschied der Court ein Jahr später in der Entscheidung *Allied Structural Steel Co. v. Spannaus*[230]. Ein Gesetz im Bundesstaat Minnesota, das den Pensionsplan eines privaten Unternehmens, den es zuvor freiwillig für seine Mitarbeiter aufgestellt hatte, erheblich änderte, verstieß gegen die Vertragsfreiheit des Unternehmens. Das Gesetz sah eine rückwirkende Pensionszahlung für alle Mitarbeiter, die mindestens zehn Jahre in dem Unternehmen gearbeitet hatten, für den Fall vor, dass das Unternehmen den Pensionsplan entweder änderte oder sein Geschäft in Minnesota aufgab. Allied Structural Steel hatte jedoch gerade vor Erlass des Gesetzes die Aufgabe seines Unternehmens in Minnesota geplant und sah sich nun mit Pensionsforderungen konfrontiert, die sich auf insgesamt $ 185,000 beliefen und auf einmal fällig waren. Das Gericht entschied, dass es sich hier um einen unzulässigen Eingriff in den Vertragszusatz zur Regelung der Altersversorgung zwischen Allied Structural Steel und seinen Mitarbeitern handelte. Das Gesetz ergänze die Abmachung nicht nur minimal, sondern verändere sie im Kern. Um die Bedeutung der *contract clause* nicht völlig zu negieren, könne dieses Gesetz nicht für verfassungsmäßig erklärt werden.[231]

Im Fall *Keystone Bituminous Coal Ass. v. DeBenedictis*[232] ging es um ein Gesetz aus Pennsylvania, das Verzichtserklärungen von Landeigentümern in der

---

228 431 U.S. 1, 21.
229 431 U.S. 1, 25 f.
230 438 U.S. 234 (1978).
231 438 U.S. 234, 250.
232 480 U.S. 470 (1987).

Nähe eines Untertagebaus zunichte machte. Durch den Abbau untertage war die Erdoberfläche zum Teil beeinträchtigt oder zerstört worden. Das Gericht hielt das Gesetz aufrecht, weil es im Interesse der Öffentlichkeit sei, die Erdoberfläche und die Natur zu schützen. *Justice Stevens* betonte, dass sich das Gericht der Einschätzung des Gesetzgebers in Hinblick auf die Notwendigkeit und die Motive des Gesetzes unterwerfen solle, solange der Staat selbst nicht Vertragspartei und als solche durch ein neues Gesetz betroffen sei.[233] Die Richter entschieden gegenteilig zu ihrem Urteil in *Pennsylvania Coal v. Mahon*[234] von 1922. Mit dem Minnesota-Mortgage-Fall begann eine Entwicklung, in deren Verlauf die *contract clause* allmählich an verfassungsrechtlicher Bedeutung verlor. Ihre Anwendung wurde vom Supreme Court unter die Vorzeichen der *due process*-Klausel gestellt.[235]

b) Takings clause, Power of Eminent Domain

Neben der *contract clause* wird das Pivateigentum durch die *eminent domain* oder auch *takings clause* des fünften Amendments geschützt. Die *eminent domain clause*[236] besagt:

> "Nor shall private property be taken for public use, without just compensation."

Eine Enteignung hat zwei Rechtmäßigkeitsvoraussetzungen. Alle Enteignungen müssen zugunsten eines öffentlichen Zwecks oder Gebrauchs erfolgen. Ist dies geschehen, so ist die Enteignung jedoch nicht automatisch rechtmäßig, solange nicht auch das zweite Erfordernis des Satzes erfüllt ist: für eine Enteignung ist eine Entschädigung zu leisten. Wie hoch diese ist, wird im Gesetz nicht präzisiert. Sie muss jedenfalls angemessen sein.[237] Nimmt der Staat schon Maßnahmen zur Umverteilung von Gütern in der Gesellschaft vor (*public use*), dann sollte nicht der Einzelne dafür aufkommen, sondern die Gesellschaft, indem sie durch ihre Steuergelder die Entschädigung aufbringt. Dieses System wird durch die gesetzliche Regelung der Entschädigungspflicht gesichert. Auch reduziert das Entschädigungserfordernis die Wahrscheinlichkeit, dass ein Gut von A genommen wird, um es B zu geben. Die Bereitschaft der Öffentlichkeit, eine Entschädigung zu bezahlen, setzt einen gewissen öffentlichen Nutzen voraus. Um

233 480 U.S. 470.

234 260 U.S. 393 (1922).

235 Vgl. *Rittstieg*, Eigentum, S. 124.

236 Deckungsgleich mit der Bedeutung der *takings clause*.

237 Als Maßstab gilt der *fair market value*.

die Frage, wann ein solcher zu bejahen ist, ging es in vielen wichtigen Entscheidungen des Supreme Court, die im Folgenden dargestellt werden sollen.

Der Fall *Hawaii Housing Authority v. Midkiff*[238] aus dem Jahr 1984 betrifft den Versuch der Regierung Hawaiis, das Landeigentum im Staat umzuverteilen. Dieses lag zu jener Zeit in den Händen weniger Bürger. Diejenigen, die Land erwerben wollten, konnten es oft nicht, weil die anderen es nicht veräußern wollten. Aus diesem Grund musste die Mehrzahl der Einwohner das Land, auf dem ihr Haus stand, pachten oder mieten. Um diesem Zustand abzuhelfen, wurde 1967 der *Land Reform Act* erlassen, der Mechanismen zur Enteignung der Grundbesitzer und zur Umverteilung des Landes auf bisherige Mieter vorsah. Nach diesem Gesetz war es Mietern, die auf einem Einfamiliengrundstück lebten, möglich, sich an die *Hawaii Housing Authority* (HHA) zu wenden mit der Bitte, das Grundstück, auf dem sie lebten, zu enteignen. Wenn 25 oder die Hälfte der Mieter in einem Trakt angemessene Bewerbungen um den Erwerb des Grundstücks, auf dem sie wohnten, einreichten, so ermächtigte das Gesetz die HHA dazu, eine öffentliche Anhörung durchzuführen, um zu entscheiden, ob die Akquisition durch den Staat dem öffentlichen Zweck des Gesetzes entsprach. Entschied die HHA in diesem Sinne, so war sie ermächtigt, die Eigentumsrechte des bisherigen Eigentümers zu erlangen. Der Preis für den Kauf wurde in einer Enteignungsverhandlung oder in Verhandlungen zwischen den Parteien festgelegt. Nachdem diese Verschiebung stattgefunden hatte, konnte die HHA das Grundstück an die Mieter verkaufen, die sich um den Kauf beworben hatten. Die HHA durfte das Grundstück nicht an andere als diese Mieter verkaufen.

Der Supreme Court erachtete das Gesetz für verfassungsgemäß. Ausgangspunkt für die Prüfung der Rechmäßigkeit dieses Gesetzes war der Fall *Berman v. Parker*[239] aus dem Jahre 1954. Dort hatte der Supreme Court das *Columbia Redevelopment*-Gesetz von 1945 für verfassungsmäßig erklärt, das die Umverteilung zur Rückentwicklung von Slum-Gebieten und gleichzeitig den Verkauf von enteignetem Grund an private Interessenten ermöglichte. In der Diskussion, ob man bei dem Verkauf an Private noch von einem öffentlichen Nutzen oder Zweck sprechen könne, stellte der Supreme Court fest:

> „We deal […] with what traditionally has been known as the police power. An attempt to define its reach or trace its outer limits is fruitless, for each case must turn on its own facts. The definition is essentially the product of legislative determinations addressed to to the purposes of government, purposes neither abstractly nor historically capable of complete definition. […] In such cases the legislature, not the

238 467 U.S. 229 (1984).

239 348 U.S. 26 (1954).

judiciary, is the main guardian to the public needs to be served by social legislation, […]."[240]

Ferner ging er auf die Rolle der Gerichte bei der Überprüfung der Motive einer Enteignung ein:

> „There is, of course, a role for courts to play in reviewing legislature's judgement of what constitutes a public use, even when the eminent domain power is equated with the police power. But the Court in *Berman* made clear that it is 'an extremely narrow one'. […]
>
> To be sure, the Court's cases have repeatedly stated that 'one person's property may not be taken for the benefit of another private person without a justifying public purpose, even though compensation be paid. [But] where the exercise of eminent domain powers rationally related to a conceivable public purpose, the Court has never held a compensated taking to be proscribed by the clause."[241]

Auf dieser Grundlage fiel es dem Supreme Court nicht schwer, für die Rechtmäßigkeit des in Frage stehenden Gesetzes aus Hawaii zu argumentieren. Weil die Verteilung des Grundeigentums auf Hawaii höchst ungerecht sei und der Markt sich nicht mehr selbst regulieren könne, sei es eine Aufgabe des Staates, in Ausübung seiner Polizeigewalt für eine Umverteilung zu sorgen. Das Gesetz sei dafür ein geeignetes und angemessenes Mittel. Die streitige Frage, ob in diesem Fall überhaupt ein öffentlicher Nutzen vorliege, wenn doch das Eigentum in Wirklichkeit dem bisherigen Eigentümer genommen wurde, um es einer anderen Privatperson zu geben, entschied das Gericht zugunsten des Gesetzes. Die Maßnahme sei jedenfalls mit einem öffentlichen Ziel verquickt, nämlich der Abschaffung des Oligopols auf dem Grundstücksmarkt.[242] Auch sei das von der Regierung verfolgte Ziel legitim und die zu seiner Erreichung eingesetzten Mittel nicht unsachgemäß. Eine Beurteilung über das Zweck-Mittel-Verhältnis in Bezug auf seine Angemessenheit und Geeignetheit lehnte das Gericht ab und wies sie dem Gesetzgeber zu.[243]

Wichtig für die Entscheidung ist, dass es sich nicht um eine rein dem öffentlichen Nutzen dienliche Enteignung handelte. Damit senkte der Supreme Court die Hürde des Gemeinwohlerfordernisses im Enteignungssatz. Im Vorfeld dieser Entscheidung galt, dass das enteignete Land anschließend für einen öffentlichen

240 348 U.S. 26, 32.

241 467 U.S. 229, 240.

242 467 U.S. 229, 241 f.

243 „When the legislature's purpose is legitimate and its means are not irrational, our cases make clear that empirical debates over the wisdom of takings […] are not to be carried out in the federal courts.", 467 U.S. 229, 242 f.

Zweck genutzt werden musste. Die Tatsache, dass die Enteignung bloß unter anderem einen guten Zweck verfolgte, reichte nicht aus, um sie zu legitimieren.[244] Im Laufe der Zeit wurde diese Rechtsprechung milder und ließ auch Enteignungen zu, die der Öffentlichkeit nutzten, obwohl das Grundstück nicht im öffentlichen Eigentum stand. Durch eine Vielzahl von Ausnahmen des *public use*-Erfordernisses wurde diese Regelung bald gegenstandslos. Versuche, das Erfordernis wieder enger zu definieren, werden durch die Rechtsprechung in *Midkiff* zunichte gemacht. Anstelle des öffentlichen Gebrauchs oder Nutzens wird hier vielmehr die Zweck-Mittel-Relation einer Maßnahme analysiert. Bei der Prüfung des legitimen Zwecks halten viele staatliche Zielsetzungen dem Erfordernis des Merkmals „öffentlich" stand. Auch an die Geeignetheit der Mittel werden relativ geringe Ansprüche gestellt: das Gericht verlangt lediglich eine lockere Verbindung zwischen Mittel und Zweck. Es ist fraglich, ob dieser neue Maßstab noch eine adäquate Methode zum Schutz des Eigentums vor willkürlichen Enteignungen darstellt.[245]

Auch *Pennsylvania Coal v. Mahon*[246] behandelt die Frage, in welchem Umfang sich Eingriffe in das Eigentum mit der Ausübung der Polizeigewalt rechtfertigen lassen. Zur Beurteilung stand ein Gesetz aus Pennsylvania, das den unterirdischen Kohleabbau verbot, wenn durch ihn das Land über der Abbaufläche Schaden nahm. Auch abbauenden Unternehmen wurde das Fördern von Kohle an vielen Stellen untersagt, wenn Wohngebiete in der Nähe oder direkt betroffen waren.

Das Gericht hatte hier zu entscheiden, ob das Gesetz eine Enteignung darstellte und falls ja, ob der Eingriff zum Nutzen der Öffentlichkeit erfolgt war. Nachdem es diese beiden Punkte geprüft hatte, erklärte es das Gesetz für verfassungswidrig und verwies die Klage zurück. Durch das Gesetz wurde den Kohlefirmen zwar nicht das Eigentum an den Minen genommen, so dass in diesem Sinne keine Enteignung vorlag. Auch wurde niemand anderem das Nutzungsrecht an ihrer statt übertragen. Der Kohleabbau werde jedoch allein um des Profits Willen durchgeführt.[247] Verwehre man den Unternehmen den Abbau in bestimmten Gebieten, so könnten sie ihr Eigentum nicht mehr gewinnbringend nutzen und der Wert ihres Eigentums werde dadurch erheblich geschmälert.[248]

---

244 *Stone* u.a., Constitutional Law, S. 1006.

245 Zur Kritik siehe auch *Epstein*, Takings, S. 181; ebenso *Mahoney*, S. Ct. Rev. 2005, S. 103, 103 ff.

246 260 U.S. 393 (1922); eine eingehende Besprechung der Entscheidung findet sich bei *Kokott*, JöR N.F. 35 (1986), S. 335 ff.

247 260 U.S. 393, 414.

248 260 U.S. 393, 414 f.

Das Verbot, Kohle zu fördern, hat mitunter für die Unternehmen die gleiche Wirkung wie eine Enteignung oder Zerstörung der Mine.[249]

Auf der anderen Seite steht das Interesse der Öffentlichkeit. Sie kann ein Interesse jedoch nur insoweit geltend machen, als sie durch den Abbau gefährdetes Land erworben hat.[250] Handelt es sich beispielsweise bei unter einer Straße liegendem Grund nicht um öffentliches Eigentum, weil der Staat nicht das Eigentum an dem Grund, sondern nur an der Oberfläche erworben hat, so kommt eine Enteignung ohne die Leistung einer Entschädigung nicht in Frage. Denn das hieße, dass der Staat durch die Enteignung – hier durch das Gesetz – mehr Rechte erhält, als er zuvor erworben hatte.[251] Aus diesem Grund stellte das Gericht eine Enteignung fest, die mangels einer Entschädigungsleistung verfassungswidrig war. Der mit dem Gesetz verfolgte Zweck erschien dem Gericht legitim. Aber die Risikoabwälzung von den Eigentümern einer Landoberfläche auf die Mineneigentümer war unbillig.

So wichtig diese Entscheidung in der Rechtsprechung des Supreme Court ist, so wenig hat er darin konkrete Maßstäbe entwickelt, um das Vorliegen einer Enteignung zu erkennen. Als Mindestregel stellte er immerhin fest, dass eine Enteignung auch dann vorliegen kann, wenn das Land dem Eigentümer zwar nicht genommen, seine Nutzung jedoch so stark reguliert und eingeschränkt werde, dass dies für den Eigentümer die gleiche Wirkung habe wie eine Enteignung.[252] Wann genau eine Regulierung zu weit geht und damit zur Enteignung wird, wurde nicht eindeutig festgelegt. Der Supreme Court begnügte sich mit der Feststellung, die Regulierung dürfe nicht zu weit gehen (*not too far*)[253].

Gegen diese Entscheidung votierte *Justice Brandeis* mit dem Argument, dass einem Landeigentümer keine absolut gültigen Nutzungsrechte verliehen würden, die unter keinen Umständen ausser gegen Gewähr einer Entschädigung eingeschränkt werden dürften. Um eine solche legitime Einschränkung handele es sich hier. Er verglich den Fall des Kohleabbaus mit dem Austritt giftiger Gase beim Betreiben eines Unternehmens, das zur Sicherheit der Bevölkerung ebenfalls Nutzungseinschränkungen hinnehmen müsse. Eine solche Beschränkung zum Wohle der Gesundheit aller sei keine Enteignung, schließlich gehöre dem Eigentümer der Grund und Boden weiterhin.[254] Er räumte ein, dass eine so weitgehende Beschränkung nicht rechtmäßiger Weise auferlegt werden kann, wenn

---

249 260 U.S. 393, 415.

250 260 U.S. 393, 415.

251 260 U.S. 393, 415.

252 260 U.S. 393, 415: "The general rule at least is that while property may be regulated to a certain extent, if regulation goes too far, it will be recognized as a taking."

253 260 U.S. 393, 415 ("not too far").

254 260 U.S. 393, 417.

sie nicht zum Wohl der Öffentlichkeit geschieht. Das Vorliegen dieses Zieles sei jedoch nicht immer schon dann zu verneinen, wenn jedenfalls auch private Interessen durch die Enteignung begünstigt würden – im vorliegenden Fall die Privatgrundstücke, die auf dem Grund über den Minen erbaut worden waren.[255]

Für ein halbes Jahrhundert nach der Entscheidung *Pennsylvania Coal Co. v. Mahon* von 1922 wurde die Mehrzahl der *regulatory takings* Fälle vor den Staatsgerichten verhandelt. Da die meisten Regulierungen auf der lokalen Ebene stattfanden, verwundert diese Tatsache nicht. Dieser Trend änderte sich jedoch in den Siebziger Jahren als Konsequenz zweier Entwicklungen. Zunächst beschlossen einige Einzelstaaten, angeführt von New York und Kalifornien, dass Entschädigungen in Geld kein ausreichender Ausgleich für Landverlust seien, sondern ausschließlich die Verwerfung der beschwerenden Regulierung einen adäquaten Ausgleich bilden könne.[256] Die günstigere Alternative für Eigentümer bestand nun darin, sich an Bundesgerichte zu wenden, um eine Entschädigung in Geld zu erhalten. Zweitens ergaben sich durch 42 U.S. Constitution section 1983 auch finanzielle Vorteile bei einer Klage vor den Bundesgerichten bezüglich der Anwalts- und der Verwaltungskosten, die es für die Bürger attraktiver machten, vor ein Bundesgericht zu ziehen.

In der Entscheidung *Miller v. Schoene*[257] aus dem Jahr 1928 wies der Supreme Court eine Klage zurück, die sich gegen das staatlich zu Unrecht angeordnete Abholzen von Jahrzehnte alten Zedern auf einem Privatgrundstück wandte. Dies war gemäß dem *Cedar Rust Act of Virginia* geschehen. Dieses Gesetz ordnete geeignete Schutzmaßnahmen gegen einen Pilzbefall von Zedern an, der von den Zedern auf Apfelbäume in bis zu zwei Meilen Entfernung übertragen werden konnte. Während die Zedern durch den Befall keinen Schaden nahmen, wurden ganze Apfelplantagen, ein wichtiger Wirtschaftszweig des Staates Louisiana, durch den Pilz dahingerafft.

Die im Vorfeld der Klage gefällten Zedern befanden sich in der Nähe einer solchen Apfelplantage und bargen deshalb eine vermeintliche Gefahr. Der Staat nahm eine Abwägung vor zwischen den Interessen der Eigentümer des Grundstückes, das die Zedern zierten, und den Interessen der Allgemeinheit an der Unversehrtheit der Apfelplantagen, von deren Bestand viele Arbeitsplätze und

---

255 260 U.S. 393, 418.

256 *Fred F. French Inv. Co. v. City of New York*, 39 N.Y.2d 587, 593-94, 350 N.E.2d 381, cert. denied, 429 U.S. 990 (1976); *Agins v. City of Tiburon*, 24 Cal. 3d 266, 272, 598 P.2d 25 (1979), aff'd on other grounds, 447 U.S. 255 (1980). Siehe auch *Gold Run Ltd. v. Board of County Comm'rs*, 38 Colo. App. 44, 554 P.2d 317 (1976). Das Prinzip wurde schließlich für unwirksam erklärt in der Entscheidung *First English Evangelical Lutheran Church v. County of Los Angeles*, 428 U.S. 304 (1987).

257 276 U.S. 272 (1928).

Investitionen abhingen. Er entschied zugunsten der öffentlichen Interessen und die Behörde ließ die Zedern fällen. Letzteres geschah in Ausübung der staatlichen Polizeigewalt. Die Entscheidung war aus der Sicht ex ante zwingend erforderlich, da man im Zeitpunkt der Abholzung von einem Befall ausging. Im Ermessen der Behörde lag nur der Ausgang der Abwägung. Der Supreme Court entschied, dass diese Entscheidung von rechtmäßigen Erwägungen geleitet worden sei und es sich nicht allein um eine Abwägung zwischen zwei Privateigentümern, dem Zedern- und dem Plantagenbesitzer, gehandelt habe. Die Gefahr durch den Pilzbefall sei so groß gewesen, dass der gesamte Bestand an Apfelbäumen in Virginia gefährdet gewesen sei und Einzelfälle daher in diesen Gesamtzusammenhang gehörten. Das Vorgehen gegen den Schädling sei Aufgabe des Staates gewesen. Auch stehe dem Eigentümer des Zederngrundstückes, welches ohne die Bäume in seinem Wert geschmälert war, keine Entschädigung zu. Es sei eine der typischen Folgen der Ausübung der Polizeigewalt, dass zum Schutz öffentlicher Interessen in private Interessen grundsätzlich entschädigungslos eingegriffen werden dürfe.[258]

Erst im Jahre 1946 in der Entscheidung *United States v. Causby*[259] präzisierte der Supreme Court, dass jedenfalls dann eine Enteignung vorliege, wenn der Staat physisch in das Eigentum des Einzelnen eingreife (*physical invasion*).[260] Das Gericht entschied, dass in diesem Fall die Eigentümer eines Grundstücks in der Ein- und Abflugschneise eines Flughafens durch die enorme Beeinträchtigung gleichsam eine Enteignung erdulden müßten. Der Supreme Court macht deutlich, dass die Beeinträchtigung und damit die Einschränkung für die Eigentümer so gravierend sei, als ob ihr Grundstück selbst zum Flughafen gehörte.[261] Der Staat greift hier auch physisch in das Eigentum der Anwohner ein, da die Beeinträchtigung durch ein Handeln (Flugzeuge fliegen direkt über das Haus) nahezu auf dem Grundstück erfolgt. Seitdem wird Hausbesitzern auf Grundstücken direkt unter startenden und landenden Flugzeugen in einer Höhe bis zu 500 ft in dünn besiedelten Gebieten und bis zu 1000 ft in Ballungszentren Entschädigung gewährt. Nachbarn hingegen, deren Häuser nicht unmittelbar unter den ein- und ausfliegenden Maschinen stehen, sind normalerweise von der Entschädigung ausgeschlossen, auch wenn sie genauso viel Lärm und Vibration ertragen müssen wie die direkt betroffenen Eigentümer.

Penn Central Transportation Co. v. New York City[262] ist eine Schlüsselentscheidung zur Rechtsprechung des Supreme Court in Sachen Enteignung durch

258 276 U.S. 272, 279.

259 328 U.S. 256 (1946).

260 328 U.S. 256, 261.

261 328 U.S. 256, 261.

262 438 U.S. 104 (1978).

Regulierung (*regulatory takings doctrine*). In New York wie auch in vielen anderen Bundesstaaten wurden zusätzlich zu den ohnehin vorhandenen Bauordnungsvorschriften in einer gewissen Zeit Gesetze zum Denkmalschutz und zur Erhaltung wichtiger Gebäude für das Stadtbild erlassen. Danach wurde eine Kommission mit der Pflege des Denkmalschutzes und der Auswahl schutzbedürftiger Gebäude beauftragt. Als erhaltungswürdig stufte sie auf diese Weise den Grand Central Terminal ein. Eine solche Einstufung brachte für den Eigentümer regelmäßig die Pflicht zur Erfüllung von Auflagen und Beschränkungen für die Umgestaltung des Grundstückes und des Gebäudes mit sich. Als Ausgleich achtete die Kommission darauf, dass die Auflagen die gewinnbringende Nutzung nicht schmälerten und der Eigentümer verschiedene Privilegien erhielt. Penn Central Transportation plante den Bau eines 50-stöckigen, von eigenen Bögen gestützten Bürogebäudes über dem Bahnhof. Die Kommission wies alle eingereichten Vorschläge mit dem Hinweis zurück, sie seien mit der Erhaltung des Bahnhofs in seiner baulichen Eigenart nicht zu vereinbaren. Stattdessen erlaubte die Stadt dem Kläger, an anderer Stelle in der Nähe zu bauen. Penn Central sah in der Verweigerung der Genehmigung die Verweigerung eines rechtmäßigen Verfahrens und eine Enteignung. Das Verfahren zur Auswahl des Bahnhofs als Denkmal und das Verbot, den geplanten Bau durchzuführen, seien willkürlich erfolgt. Ferner werde ihr Eigentum an dem Luftraum über dem ihnen gehörenden Gebäude beeinträchtigt.

In einer weitgreifenden Entscheidung legte der Supreme Court dar, dass es sich hier nicht um eine Enteignung handelte, da weder vorhandenes Eigentum genommen noch eine gewinnbringende Nutzung des bisherigen Gebäudes vereitelt werde. Das Argument, das Eigentum an dem Luftraum über dem Gebäude sei ein neues Bündel von Rechten (*bundle of rights*) gegenüber den Rechten am Bahnhofsgebäude mit der Folge, dass auch die Vorschriften für den Luftraum nicht gelten könnten, wies der Supreme Court zurück.[263] Eine Einteilung von Eigentum in verschiedene Teile zu dem Zweck, bei einer Beeinträchtigung eines solchen Teils von einer Enteignung sprechen zu können, lehnte der Supreme Court ab[264]:

263 Ebenso wendet sich *Penner* gegen ein Verständnis des Eigentums als ein Bündel von Rechten, vgl. *ders.*, The idea of property in law, S. 1 ff.; ähnlich *Munzer*, A theory of property, S. 16 ff.

264 438 U.S. 104, 130; so auch später entschieden in *Andrus v. Allard*, 444 U.S. 51 (1979): „At least where an owner possesses a full 'bundle' of property rights, the destruction of one 'strand' of the bundle is not a taking, because the aggregation must be viewed in its entity.".

„[Taking] Jurisprudence does not divide a single part into discrete segments and attempt to determine whether rights in a particular segment have been entirely abrogated. In deciding whether a particular governmental action has effected a taking, this Court focuses rather both on the character of the action and on the nature and extent of the interference with rights in the parcel as a whole – […].“[265]

Die Richter des Supreme Court räumten ein, dass bei der Erfüllung von Aufgaben für das Gemeinwohl die Last für einzelne verschieden hoch sei. Dies begründe aber weder den Vorwurf, es handele sich um eine Enteignung, noch den eines unfairen Verfahrens.[266] Dass es sich bei der Einschränkung der Baumöglichkeiten um eine Belastung handelte, verneinte das Gericht nicht. Jedoch betonte es, dass die Denkmalschutzkommission nicht jegliche Erweiterung des Gebäudes ausgeschlossen hatte, sondern nur die beiden eingereichten Vorschläge. Dies sei im Interesse der Allgemeinheit an einer lebenswerten Umgebung und der Erhaltung sowohl bestimmter Bauten als auch der freien Sicht auf diese legitim. Ferner reduziere sich der durch den Kläger genannte Verlust um die von der Stadt gewährte Möglichkeit, an anderer Stelle in der Nähe zu bauen. Ob diese Maßnahme - läge hier eine Enteignung vor – als angemessene Entschädigung ausreichen würde, hat das Gericht nicht entschieden. Im Ergebnis entwickelte es in dieser Entscheidung drei relevante Faktoren zur Feststellung einer enteignenden Regulierung. Die ökonomischen Auswirkungen der Regulierung für den Betroffenen und vor allem das Ausmaß, in dem die Regulierung mit *investment backed expectations* kollidiert, sind in jedem Fall relevante Faktoren. Darüber hinaus ist aber auch zu beachten, welchen Charakter eine staatliche Maßnahme besitzt. Danach ist eher von einer Enteignung zu sprechen, wenn der Staat physisch in das Eigentum eingreift, als wenn der Staat im Wege eines öffentlichen Projekts die Vor- und Nachteile des wirtschaftlichen Lebens im Sinne des öffentlichen Wohls auszugleichen versucht.[267]

1987 hat der Supreme Court den Fall *Keystone Bituminous Coal Ass. v. DeBenedictis*[268] entschieden. Es ging um eine ähnliche Regelung wie den in der Entscheidung *Pennsylvania Coal Association v. Mahon* verworfenen *Kohler Act*. Auch hier stand ein Gesetz im Mittelpunkt, dass die Erdoberfläche vor Beschädigungen durch unterirdischen Kohleabbau bewahren sollte. Zu diesem Zweck konnte die Behörde bestimmen, dass nur 50 % der vorhandenen Kohle gefördert werden durften, damit es nicht zu Erdeinbrüchen kam. Auch konnte sie einmal gewährte Fördergenehmigungen rückgängig machen, wenn eine konkrete Gefährdung eingetreten war. Gegen dieses Gesetz wandte sich die Keystone

265 438 U.S. 104, 130.

266 438 U.S. 104, 132.

267 438 U.S. 104, 124; eine ausführlichere Analyse der Faktoren ist zu finden bei *Meltz/Merriam/Frank*, The Takings Issue, S. 132 ff.

268 480 U.S. 470 (1987).

Bituminous Coal Ass. und forderte die konsequente Anwendung der Urteilskriterien aus der Entscheidung *Mahon*. Der Supreme Court lehnte dieses Ansinnen mit der Begründung ab, dass die Unterschiede zu *Mahon* größer seien als die Gemeinsamkeiten mit der Entscheidung.

Mittlerweile waren zwei Faktoren, die der Supreme Court in *Mahon* geprägt hatte, wichtige Grundlagen in der Eigentumsrechtsprechung geworden. Zum Einen war nun anerkannt, dass eine Nutzungsregulierung einer Enteignung gleichkommen kann, wenn sie rechtmäßige Interessen des Staates nicht entscheidend voranbringt oder wenn der Eigentümer sein Eigentum nicht mehr wirtschaftlich sinnvoll nutzen kann.[269] Wende man diesen Maßstab auf den hiesigen Fall an, so der Supreme Court, bewirke das Gesetz keine Enteignung. Anders als in *Mahon* balancierte die Behörde nicht mit den Belangen der privaten Anwohner und der privaten Unternehmen, sondern bestimmte Maßnahmen, die zur Vorbeugung einer Gefährdung der öffentlichen Sicherheit und auch nach Eintritt einer solchen ergriffen werden sollten. Auch wird nach Meinung des Gerichts den Unternehmern anders als durch den *Kohler Act* nicht die Möglichkeit genommen, gewinnbringend Kohle zu fördern. Die Unternehmen machten auch geltend, dass die im Boden verbleibende Kohle gleichsam zu öffentlichen Zwecken vom Staat enteignet worden sei, da sie ihnen zwar gehöre, sie sie aber nicht abbauen dürften. Das Gericht entgegnete, dass die im Boden verbliebene Kohle keinen eigenen Eigentumsposten darstelle, der enteignet werden könne. Anders als in *Mahon* hielt der Supreme Court das Gesetz für verfassungsmäßig.

In der Entscheidung *Euclid v. Ambler Realty Co.*[270] ging es um die Wertminderung eines Grundstückes, dass aufgrund der Vorschriften des geltenden Bebauungsplanes nicht mehr industriell genutzt werden und nur noch als Wohngrundstück verkauft werden durfte. Der Supreme Court sah hierin keine Verletzung der Rechte des Eigentümers, da das Verbot der Ansiedlung von Industrie verschiedene Vorteile für die Umwelt und die Allgemeinheit habe, weshalb das Verbot rechtmäßig sei. Dabei räumte der Supreme Court ein, dass solch ein generelles Verbot oft auch Industriebetriebe treffe, die vollkommen harmlos und unschädlich seien. Diese Nebenfolge sei jedoch hinzunehmen, da das Wohl der Bevölkerung diese Einzelfälle überwiege. Diese Herangehensweise des Gerichts lässt sich nicht auf physische Eingriffe des Staates in Privateigentum übertragen, sondern gilt nur für Einschränkungen durch Regulierungen.[271]

---

269 Vgl. *Agins v. Tiburon*, 447 U.S. 255, 260 (1980).

270 272 U.S. 365 (1926).

271 *Stone* u.a., Constitutional Law, S. 1022.

Kaiser Aetna v. United States[272] aus dem Jahr 1979 betrifft die Öffnung einer im Privatbesitz stehenden Bucht in Hawaii für die Öffentlichkeit. Die Nutzungsrechte lagen bisher bei dem privaten Eigentümer, der die Lagune durch verschiedene kostspielige Umbauten erst befahrbar gemacht hatte. Der Supreme Court entschied hier, dass die Öffnung der Bucht für den Eigentümer, dessen Eigentum an dem Teil der Bucht er bejahte, einen Eingriff in das Ausschlussrecht des Eigentümers darstellte. Ferner wurde die staatliche Anordnung, die Bucht öffentlich befahrbar zu machen, als physischer Eingriff in das Eigentum angesehen und somit für verfassungswidrig erklärt.

In *United States v. Riverside Bayview Homes*[273] entschied der Supreme Court, dass keine Enteignung vorliegt, wenn der Staat bestimmte Arten der Nutzung des Privateigentums an die Einholung einer Erlaubnis knüpft. Das Gericht stellte fest, dass diese Einschränkung dem Eigentümer die Nutzung der Sache nicht unmöglich mache, da meistens die Erteilung einer Erlaubnis sogar wahrscheinlich sei.[274] Selbst bei Ausbleiben einer solchen Erlaubnis blieben immer noch andere Nutzungsmodalitäten. Nur in solchen Fällen, in denen die Verweigerung einer Erlaubnis den Eigentümer ohne jegliche Möglichkeit der wirtschaftlich sinnvollen Nutzung zurücklasse, könne von einer Enteignung gesprochen werden.[275]

Prune Yard Shopping Center v. Robins[276] behandelte die Frage, ob das Recht der freien Meinungsäußerung die Eigentümer eines Supermarktes zur Duldung von Demonstranten auf ihrem Grundstück zwinge und dadurch zu einer Enteignung würde. Das Gericht beschloss zu ungunsten des Supermarktes, dass die zwangsweise Duldung der Demonstranten noch nicht den Grad einer Enteignung erreichte.[277]

In der Entscheidung *Loretto v. Telepromter Manhattan CATV Corp.*[278] stellte der Supreme Court ebenfalls eine Enteignung durch einen physischen Eingriff des Staates in das Eigentum einer Privatperson fest. Die Genehmigung der Stadt New York an Kabelfernsehbetreiber, Kabel auch gegen den Willen des Vermieters auf den Dächern von Mietshäusern zu verlegen, verstieß gegen das Ausschlussrecht des Eigentümers. Diese Anordnung wurde als Enteignung angesehen, weil die Raumnahme durch die Kabel an einer bestimmten Stelle des Daches dem Eigentümer die Nutzung seines Eigentums jedenfalls an dieser Stelle

272 444 U.S. 164 (1979).
273 474 U.S. 121 (1985).
274 474 U.S. 121, 127.
275 474 U.S. 121, 127.
276 447 U.S. 74 (1980).
277 Vgl. zu der Entscheidung *Holderness*, XVI J. Leg. Stud. 321, 324 f.
278 458 U.S. 419 (1982).

unmöglich machte. Einen besonders schweren Eingriff in die Eigentumsrechte sah das Gericht darin, dass der Eigentümer sein Eigentum nicht mehr nutzen konnte, sondern die Benutzung durch Fremde dulden musste. Hierfür sei eine Entschädigung wie im Falle von Enteignungen zu entrichten.

> "Any permanent physical occupation authorized by government is a taking without regard to the public interest that it may serve."[279]

Das gilt selbst dann, wenn die staatliche Nutzung des Grundstücks den Wert des Eigentums gar nicht mindert. Das liegt unter anderem daran, dass das Ausschließlichkeitsrecht des Eigentums für den Eigentümer seit jeher als eines der wichtigsten Elemente der Eigentumsgarantie angesehen wurde und dieses Recht durch die staatlich angeordnete Nutzung des Eigentums durch Dritte auf diese Weise verletzt wird.[280]

Die Rechtsprechung aus *Loretto* fand erneut Anwendung im Fall *Nollan v. California Coastal Commission*[281] von 1987. Zur Bedingung für die Genehmigung eines Um- und Erweiterungsbaus des Hauses auf einem Küstengrundstück direkt am Strand machte die zuständige Behörde, dass der Kläger der Öffentlichkeit ein Wegerecht auf seinem Grundstück einräumte. Das Wegerecht über das Grundstück der Nollans sollte einen öffentlichen Zugang zum Strand unterhalb des Grundstücks gewähren, führte dabei jedoch nicht nur von der Straße zum Strand, sondern direkt über das Grundstück entlang der Wasserlinie. Auf diese Weise sollte das Wegerecht Besuchern ermöglichen, zwischen zwei öffentlichen Stränden hin- und herzugehen, wozu sie das Grundstück der Nollans überqueren mussten. Dies hätte zu einer permanenten Störung der Grundstückseigentümer durch Strandspaziergänger geführt und hätte nur den Besuchern einen Vorteil erbracht, die sich ohnehin am Strand befanden.[282]

Der Supreme Court erklärte diese Bedingung für verfassungswidrig, weil sie eine Enteignung ohne Entschädigung durch einen physischen Eingriff in das Eigentum des Klägers darstelle. Ohne die Verknüpfung mit der beantragten Genehmigung hätte der Supreme Court nach eigenen Worten sofort das Vorliegen einer Enteignung bejaht.[283] Doch auch hier kam er zu diesem Schluss. Ebenso

---

279 458 U.S. 419, 435.

280 458 U.S. 419, 435; die Entscheidung verweist auf *Michelman*, der die physische Einwirkung zur psychologisch intensivsten Form eines Eingriffs erklärt, vgl. *ders.*, 80 Harv. L. Rev. 1165, 1228 (1967).

281 483 U.S. 825 (1987).

282 Vgl. die Besprechung der Entscheidung von *Michelman*, 88 Colum. L Rev. 1600, 1605 ff.

283 483 U.S. 825, 831.

wie in der Entscheidung *Loretto* hätte der Kläger durch das Wegerecht einen Teil seines Eigentums nicht mehr frei nutzen dürfen und darüber hinaus die Benutzung durch Dritte dulden müssen. Dabei ist das Ausschlussrecht des Eigentümers ein wesentliches Element des Privateigentums.[284] Die zuständige Behörde konnte nicht schlüssig darlegen, wie durch diese Maßnahme das angebliche Ziel einer Minderung der durch die Bauarbeiten und das neue Gebäude ausgelösten Beeinträchtigungen erreicht werden sollte. Die eigentlich störende Folge, nämlich eine Einschränkung der Sicht auf den Strand von der Straße durch das neue Haus, konnte durch ein Wegerecht nicht gemindert werden. Die Verbindung zwischen der zu erwartenden Beeinträchtigung (verminderte Sicht) und der ausgewählten Maßnahme zu ihrer Kompensation (verbesserter Zutritt) erschien dem Gericht als zu unbestimmt. Das Mittel war ungeeignet zur Minderung der Folgen des Neubaus. Dieses Ziel hätte besser durch eine Begrenzung der Bauhöhe oder Breite des Baus erreicht werden können.[285] Der Supreme Court räumte aber ein, dass die Behörde berechtigt sei, Bedingungen an den Bau des Hauses zu stellen, da sie auch das Recht habe, eine Genehmigung ganz zu versagen.[286] Die hier aufgestellte Bedingung war jedoch weder geeignet noch zumutbar für den Kläger. Wenn die Verbindung zwischen der Erreichung des Ziels und der ausgewählten Maßnahme fehlt, ist die Maßnahme nicht rechtmäßig, da sie nicht durch ein Bedürfnis des Allgemeinwohls gerechtfertigt werden kann.[287]

Ein ähnlicher sog. *landowners case* ist der Fall *Dolan v. City of Tigard*[288] aus dem Jahr 1994. Die Besitzerin eines Geschäfts beantragte dessen Erweiterung auf ihrem Grundstück. Die Stadt bewilligte diesen Antrag nur unter zwei Bedingungen. Zum einen wurde sie aufgefordert, der Stadt Land zu überlassen, damit sie es zur Entwässerung bei Überschwemmungen nutzen konnte. Des weiteren sollte sie Land zur Verfügung stellen, um den Bau eines Fuß- und Radwegs zu ermöglichen. Beide Bedingungen lehnte die Klägerin ab, weil sie nichts mit der geplanten Erweiterung zu tun hatten und aus ihrer Sicht eine entschädigungslose Enteignung darstellten. Alle Instanzen entschieden zunächst zugunsten der Behörde, bis der Supreme Court schließlich der Klägerin Recht gab. *Dolan v. Tigard* ist eine richtungsweisende Entscheidung betreffend die Ausmaße der Flächennutzungsplanung. Die Beziehung zwischen Grundbesitzern und der Regierung im Falle von *land-use*-Fragen wurde neu bestimmt. *Justice Rehnquist*

---

284 So auch der Supreme Court in der Entscheidung *Loretto*: „the right to exclude [others is] 'one of the most essential sticks in the bundle of rights that are commonly characterized as property.' ", 458 U.S. 419, 433.

285 483 U.S. 825, 836.

286 483 U.S. 825, 836.

287 483 U.S. 825, 836.

288 512 U.S. 374.

urteilte, dass eine Regierung für die Erteilung einer Genehmigung keine Gegenleistung verlangen kann, wenn diese nicht in einem sehr engen Zusammenhang mit den zu erwartenden Folgen des genehmigten Baus steht.[289] Die Beweislast für das Bestehen dieser sog. *reasonable relationship* trägt nicht der Grundbesitzer, sondern die Behörde.[290] Das Gericht forderte die Behörde auf nachzuweisen, dass sämtliche mit einer Genehmigung verbundenen Bedingungen dazu geeignet sind, das staatliche (rechtmäßige) Vorhaben entscheidend voranzubringen. Mit dieser Entscheidung entfernt sich die Mehrheit der Richter von der bisherigen Meinung des Gerichts, die den Kommunalregierungen einen weiten Planungsspielraum bei der Flächennutzungsplanung eingeräumt hatte.

In der Entscheidung *First English Evangelical Lutheran Church of Glendale v. County of Los Angeles*[291] ging das Gericht sogar soweit, dem Kläger eine Entschädigung zuzubilligen, solange das die enteignungsgleiche Lage bewirkende Gesetz zwar für verfassungswidrig erklärt, jedoch noch nicht abgeschafft worden war. Die Rechtsprechung der *physical invasion* bestärkte der Gerichtshof auch in dem Fall *Yee v. Escondido*[292]. Die Behörde hatte die Standgebühren für Wohnwagen auf einem Campingplatz auf dem Pereisniveau von 1986 eingefroren. Betreiber von Campingplätzen fühlten sich dadurch in ihrem Eigentumsrecht verletzt, weil sie die Stellplätze nicht mehr zu einem wirtschaftlich sinnvollen Preis vermieten konnten.

Für Kontroversen unter den Richtern sorgte die Entscheidung *Lucas v. South Carolina Coastal Council*[293] aus dem Jahr 1992. Der Kläger hatte zwei Küstengrundstücke erworben, auf denen er Einfamilienhäuser bauen wollte. Eine solche Art der Nutzung war zum Erwerbszeitpunkt zulässig und üblich, die Nachbargrundstücke waren bereits bebaut. Zwei Jahre später entschloss sich die Behörde jedoch, durch den *Beachfront Management Act* von 1988 eine Schutzzone gegen Erosionen am Küstenstreifen zu errichten, in deren Bereich auch die Grundstücke Lucas fielen. Die Bebauung innerhalb der Schutzzone wurde untersagt. Lucas verlangte von der Behörde eine Entschädigung mit der Begründung, seine Grundstücke seien durch die Errichtung der Schutzzone wertlos und er damit enteignet worden.

Eine Enteignung im engeren Sinne einer physischen Besetzung des Grundstücks lag jedoch nicht vor. Nach der Rechtsprechung aus *Mahon* wurde aber nur für eine Enteignung im engeren Sinne eine Entschädigung im Sinne der

---

289 512 U.S. 374, 387.

290 512 U.S. 374, 389.

291 482 U.S. 304 (1987).

292 503 U.S. 519 (1992).

293 505 U.S. 1003 (1992); vgl. nur die Besprechung von *Sax*, 45 Stan. L. Rev. 1433, 1434 ff. (1993).

takings clause notwendig. In *Mahon* hatte *Justice Holmes* jedoch auch betont, dass der Neubestimmung von Eigentumsinteressen durch den Staat Grenzen gesetzt seien. Nicht jede Ausübung der Polizeigewalt lasse das Eigentum per definitionem unberührt, weil das Maß einer Enteignung nicht erreicht sei. Dies führte das Gericht zu dem viel zitierten Schluß, dass eine zu weit gehende Regulierung einer Enteignung gleichkommen und eine Entschädigung nach sich ziehen könne.[294] Damit hatte der Supreme Court aber noch nicht klargestellt, unter welchen Umständen dieser Fall eintreten kann. Das Gericht hatte nun die Frage zu entscheiden, ob eine Entschädigung auch dann zu gewähren ist, wenn der regulierende Eingriff in das Eigentum allein durch die Ausübung der Polizeigewalt des Staates erfolgt. Dagegen spricht, dass nicht jeder Eingriff im Rahmen polizeirechtlicher Maßnahmen entschädigungspflichtig sein kann, da sonst der Staat die ihm auferlegte Schutzpflicht gegenüber der Bevölkerung nicht erfüllen könnte.

Andererseits waren die Auswirkungen für Lucas ebenso gravierend, als hätte der Staat seinen Grund enteignet. Zur Lösung dieser Frage stellten die Richter unter anderem darauf ab, ob der Erwerber eines Grundstückes damit rechnen musste, dass die Behörde seine Nutzungsrechte eventuell einschränken würde oder ob er darauf vertrauen durfte, dass er das Grundstück weiterhin so nutzen durfte, wie es zum Zeitpunkt des Erwerbs üblich war. Im ersten Fall sollte dem Eigentümer keine Entschädigung zustehen, im zweiten Fall hingegen wohl. Als Lucas die Grundstücke kaufte, durfte er mit Recht auf die Bebauungsmöglichkeit vertrauen, da sie zu dieser Zeit erstens zulässig war und zweitens sämtliche Nachbargrundstücke bereits bebaut waren. Eine Änderung dieser Praxis zeichnete sich nicht ab. Zur Klärung der Frage hatte der Gerichtshof bisher auf eine Prüfung der Umstände im Einzelfall gesetzt, ohne abstrakte Regeln zur Bestimmung einer Enteignung festzulegen.[295] Zwei Kategorien hatte er jedoch beschrieben, in denen eine Entschädigung nötig wurde, ohne dass dies von weiteren Umständen des Einzelfalles abhängig zu machen war.[296] Zum einen sei dies der Fall, wenn der Staat physisch in das Eigentumsrecht des Einzelnen eingreife (*physical invasion*). Bisher wurde in diesen Fällen eine Entschädigung zugestanden, unabhängig von dem öffentlichen Interesse, das hinter dem Eingriff

294 *Mahon*, 260 U.S. 393, 415: "While property may be regulated to a certain extent, if regulation goes too far it will be recognized as a taking."

295 Vgl. 438 U.S. 104, 124 (*Penn Central*): "we have generally eschewed any "set formula" for determining how far is too far, preferring to "engage in… essentially ad hoc, factual inquiries".", zurückgehend auf *Goldberg v. Hempstead*, 369 U.S. 590, 594 (1962).

296 Vgl. 505 U.S. 1003, 1015.

stand oder davon, wie gering der beanspruchte Teil des Eigentums war.[297] Die zweite Situation, in der das Gericht dem Eigentümer bisher regelmäßig eine Entschädigung zugesprochen hat, liegt vor, wenn eine Regulierung jegliche wirtschaftlich sinnvolle oder produktive Nutzung für den Eigentümer zunichte macht und damit dem Eigentum seinen Wert entzieht.[298] Das Gericht entschied, dass die beiden Küstengrundstücke durch das Bebauungsverbot für den Eigentümer wertlos geworden seien und insofern eine Enteignung im weiteren Sinne vorliege.

Ob Lucas eine Entschädigung zustand, entschied der Supreme Court jedoch nicht ohne zu zögern. Die Unterscheidung zwischen Regulierungen, die eine Entschädigung nach sich ziehen und solchen, die ohne einen Ausgleich für den Eigentümer durchgeführt werden können, wie zum Beispiel im Rahmen der Polizeigewalt zur Gefahrenabwehr, hielt das Gericht in diesem Fall für zu unpräzise. Aus diesem Grund nahm es das oben genannte Kriterium des geschützten Vertrauens in das Bestehen einer Genehmigung zur Hilfe:

> „Where the State seeks to sustain regulation that deprives land of all economic beneficial use, we think it may resist compensation only if the logically antecedent inquiry into the nature of the owner's estate shows that the proscribed use interests were not part of his title to begin with. [...] [We] think the notion pressed by the Council that title is somehow held subject to the "implied limitation" that the State may subsequently eliminate all economic valuable use is inconsistent with the historical compact recorded in the Takings clause that has become part of our constitutional culture."[299]

Der Supreme Court hat den Fall mit der Begründung an die vorige Instanz zurückverwiesen, die Behörde müsse substantiiert darlegen, weshalb durch das Bebauungsverbot keine Enteignung vorliege, die einer Entschädigung bedürfe. Der Verweis auf die Verhinderung einer für den Küstenstreifen schädlichen Nutzung reiche nicht aus, um den schweren entschädigungslosen Eingriff zu rechtfertigen.[300] Der Supreme Court entwickelte ein Konzept für die Bestimmung, wann ein schädlicher Gebrauch (*noxious use*) vorliegt.[301]

---

297 505 U.S. 1003, 1014 mit Hinweis auf *Loretto*, 458 U.S. 419, 435-440 und *Causby*, 328 U.S. 256, 265.

298 Vgl. *Nollan*, 483 U.S. 825, 834 und *Keystone*, 480 U.S. 470, 495.

299 505 U.S. 1003, 1027.

300 505 U.S. 1003, 1028.

301 505 U.S. 1003, 1023.

Anders als in *Lucas* entschied das Gericht im Fall *Tahoe-Sierra Preservation Council, Inc. v. Tahoe Regional Planning Agency*[302]. Die Eigentümer von Grundstücken am Lake Tahoe wurden über einen Zeitraum von drei Jahren daran gehindert, auf ihren dort erworbenen Grundstücken Häuser zu errichten. Die zuständige Behörde begründete dies mit der Sorge, das Bauen am See könnte Erdrutsche zur Folge haben, die eine Gefahr für den Bestand des Sees am Fuße des Hanges dargestellt hätten. Die Eigentümer klagten gegen diesen Stillstand (*moratorium*) des Genehmigungsverfahrens mit der Begründung, die Beeinträchtigung ihrer Eigentumsnutzung, stelle eine entschädigungspflichtige Enteignung dar. Die Richter waren geteilter Meinung.[303] Sie wiesen die Klage mit der Begründung ab, dass zwischen einer Enteignung durch den Staat und einer Regulierung, die die Nutzungsmöglichkeiten des Eigentümers beschränkt, ein wesentlicher Unterschied liege.[304] Bei der Verzögerung der Entscheidung durch die Untersuchung der erosionsgefährdeten Zonen am See liege kein Fall einer Enteignung im Sinne eines physischen Eingriffs in die Eigentumsrechte der Eigentümer vor. Die Regeln solcher direkten Eingriffe könnten nicht ohne weiteres auf Enteignungsfälle durch Regulierung übertragen werden.[305] Einschlägig sei hier vielmehr der sog. *balancing test*, der in *Penn Central* entwickelt worden war. In *Lucas* habe der Fall völlig anders gelegen, da es sich dort um eine dauerhafte und nicht nur zeitweise Enteignung gehandelt habe. Die Richter weigerten sich, eine generelle Aussage darüber zu treffen, ob bei *land use regulations* immer oder nie Entschädigungen zu leisten sind. Vielmehr hielten sie nur eine Entscheidung im Einzelfall für angemessen.

Die Nutzungseinschränkung für Grundeigentum zum Zwecke des Naturschutzes ist auch Gegenstand der Entscheidung *Palazzolo v. Rhode Island*[306] aus dem Jahr 2001. Streitig war die Nutzung von drei Grundstücken auf Marschland, das zwischen der Meeresküste und einem See lag. Bereits 1959 hatte sich der Kläger entschieden, die Grundstücke in der Marsch zu erwerben und zu erschließen. Zu diesem Zweck gründete er mit einigen Partnern eine Gesellschaft, die Shore Gardens, Inc. (SGI). Nachdem diese die Grundstücke erworben hatte, zahlte der Kläger seine Partner aus und wurde alleiniger Gesellschafter der SGI, die Eigentümerin der Grundstücke geworden war. Der größte Teil des Landes bestand aus Salzmarsch und wurde in regelmäßigen Abständen überflutet. Der feuchte Untergrund hätte erst aufgefüllt werden müssen, um ihn bebauen zu können. 1962 reichte die SGI ein Genehmigungsgesuch zur Auffüllung des ge-

---

302 535 U.S. 302 (2002).

303 535 U.S. 302, 321 ff., 333.

304 535 U.S. 302, 341 f.

305 535 U.S. 302, 323.

306 533 U.S. 606 (2001).

samten Grundes bei der zuständigen Behörde ein. Die Behörde lehnte diesen Antrag mit der Begründung ab, dass der Antrag nur unzureichende Informationen über die geplanten Maßnahmen enthalte. Nachdem auch ein zweiter Antrag abgelehnt worden war, beantragte die SGI 1966 erneut eine Genehmigung, dieses Mal für eine begrenzte Auffüllung zur Errichtung eines privaten Strandclubs. Die zuständige Behörde signalisierte zunächst Einverständnis, lehnte den Antrag jedoch schließlich unter Berufung auf entgegenstehende Interessen des Naturschutzes ab. Palazzolo ging gegen keinen der ablehnenden Bescheide vor und stellte daraufhin über zehn Jahre keinen weiteren Antrag.

In diese Zwischenzeit fallen zwei wichtige Ereignisse. 1971 schuf Rhode Island eine Behörde zum Schutz der Küstengrundstücke. Unter der damit verbundenen neuen Gesetzgebung wurden Grundstücke wie die des Klägers Teil der geschützten Küstenfeuchtgebiete. Im Jahr 1978 wurde der Gesellschaftsvertrag der SGI für ungültig erklärt, weil sie Umsatzsteuer schuldig geblieben war. Das Eigentum an den Grundstücken ging an den einzigen Gesellschafter, Palazzolo, über. 1983 versuchte er es mit einem neuen Antrag, der wieder das Auffüllen des gesamten Grundes umfasste. Auch diesen lehnte die Behörde mit der Begründung ab, der Antrag bezeichne nicht präzise das Projekt und die sich daraus ergebenden Folgen. Ferner habe ein Projekt dieses Ausmaßes erhebliche Folgen für die natürliche Umgebung des Küstengebietes. Auch gegen diese Ablehnung wandte sich Palazzolo nicht, sondern versuchte es mit Beratung 1985 noch ein weiteres Mal. Er legte wiederum einen Plan zum Bau eines Strandclubs vor, der detailliert alle Planungen und Informationen aufführte. Auch in dieser Version war das Trockenlegen des Bodens geplant, damit auf dem Grund 50 Autos mit Bootsanhänger, Wohnwagen und Grillvorrichtung sowie Campinggestühl abgestellt werden konnten. Diesem Antrag erging es nicht besser als den vorherigen. Die Behörde wies darauf hin, dass das Auffüllen von Feuchtgebieten einer Ausnahmegenehmigung bedürfe, die engen Voraussetzungen unterliege. Insbesondere müsse das geplante Vorhaben dem Allgemeinwohl dienen, nicht privaten Interessen. Diese Bedingung erfüllt ein privater Strandclub nicht, so dass die Voraussetzungen für eine Sondergenehmigung nicht vorlagen. Palazzolo klagte daraufhin gegen das Gesetz, das die Nutzung seiner Grundstücke regulierte und dadurch enteignenden Charakter habe. Da er keine Entschädigung erhalten habe, liege ein Verstoß gegen die *takings clause* vor.

Der Supreme Court wandte bei seiner Entscheidung die in *Penn Central* gesetzten Maßstäbe an und wies die Klage zurück. Zunächst ging das Gericht auf das Verhalten der Behörde ein. Es stellte in diesem Zusammenhang klar, dass eine Klage aufgrund einer Verletzung der Eigentumsrechte durchaus berechtigt sei, wenn die Behörde ihre Ablehnung auf unklare oder willkürliche Erwägungen gestützt, das heißt, ihr Ermessen fehlerhaft oder gar nicht ausgeübt habe.

Jedoch war nach Ansicht des Gerichts weder das eine noch das andere hier der Fall. Die Behörde hatte einen klaren Grund dafür angegeben, warum eine Bebauung mit der dafür nötigen Auffüllung des Bodens nicht in Frage kam: Das Vorhaben stellte aus Sicht der Behörde eine zu große Gefahr für die Natur der Küsten- und besonders der Feuchtgebiete dar. Nur in besonderen Ausnahmesituationen könne der Schutz anderen Nutzungen weichen. Voraussetzung dafür sei jedoch, dass mit der Maßnahme ein gemeinnütziger Zweck zum Wohl und Nutzen aller, nicht nur Privater, verfolgt werde. Diese Voraussetzung erfüllte das Vorhaben des Klägers nicht, so dass eine Genehmigung nicht erteilt werden konnte.

Fraglich ist, ob eine Enteignung darin liegt, dass das Gesetz erst in Kraft trat, nachdem Palazzolo das Gelände erworben hatte, so dass eine ähnliche Situation wie in *Lucas* vorläge. Der Fall weicht jedoch von *Lucas* insofern ab, als ursprünglich nicht Palazzolo selbst Eigentümer der Grundstücke war, sondern die zum Zwecke des Erwerbs gegründete Gesellschaft SGI, deren alleiniger Gesellschafter er später war. Erst 1978, sieben Jahre nach Erlass der streitigen Vorschrift, wurde er Eigentümer des Gebietes.

Der Supreme Court untersuchte, ob die Regel, dass eine Klage auf Entschädigung nur dann Aussicht auf Erfolg habe, wenn der Kläger das Grundstück nicht in dem Wissen um das Bestehen einer die Nutzung regulierenden Vorschrift erworben hatte, auch hier zutraf. Dies sei immer dann der Fall, wenn der Erwerb dem Erlass des Gesetzes zeitlich nachfolge. Das hätte für den Staat zur Folge, dass er jedenfalls für die Zukunft den Umfang des Eigentumsschutzes nach seinem Ermessen eingrenzen oder erweitern könnte. Nachdem einmal ein Gesetz erlassen worden ist, könnte sich niemand, der erst anschließend ein Grundstück erwirbt, gegen das Gesetz wehren - selbst, wenn es sämtliche wirtschaftliche Nutzungsarten untersagt. Der Erwerber habe schließlich in dem Wissen gehandelt, dass er das Grundstück beispielsweise nie werde bebauen können, und sei deshalb nicht schutzwürdig. Nach Ansicht des Supreme Court muss diese Regel jedoch auch Ausnahmen zulassen. Die *takings clause* erlaubt deshalb in einigen Fällen, in denen ein Gesetz unvernünftig oder willkürlich erscheint, eine Entschädigung auch für Eigentümer, die das Eigentum erst nach Erlass der umstrittenen Vorschrift erworben haben.[307] Genau wie ein Gesetz, dass für nach seinem Inkrafttreten erworbenes Eigentum gilt, den Wert des Grundstücks mindern kann, ohne dass eine Entschädigung fällig wird, weil die Vorschrift von jedermann als sinnvoll angesehen wird, kann ein Gesetz auch unrichtig und unangemessen sein.[308] Ein solches Gesetz wird nicht angemessen

307 533 U.S. 606, 627.
308 533 U.S. 606, 627.

durch Verstreichen von Zeit oder durch den Wechsel des Eigentümers. Das heißt, dass ein Gesetz, wenn es unsinnig ist, nicht deshalb nicht angreifbar ist, weil der Eigentümer erst nach seinem Erlass Eigentümer geworden ist. Anderenfalls würde es zukünftigen Generationen unmöglich gemacht, sich gegen schon lange bestehende Gesetze zu wenden, die bereits galten, als sie ihr Eigentum erwarb.[309] Ein effizienter Eigentumsschutz kann nur durch flexible Regelungen gewährleistet werden und darf nicht zwischen einzelnen Eigentümern unterscheiden. Die Klage war nicht schon deshalb zurückzuweisen, weil der Kläger erst nach Inkrafttreten der umstrittenen Vorschrift Eigentümer der betroffenen Grundstücke wurde. Der Kläger hatte der Einschätzung der Behörde zugestimmt, dass das gesamte Eigentum als Bauland noch einen Wert von $ 200,000 hatte, gleichwohl aber behauptet, dass sein gesamtes Eigentum an den Grundstücken wertlos geworden sei. Eine Regulierung, die es dem Eigentümer erlaubt, ein Haus auf dem bebaubaren, etwas höher gelegenen Grund zu errichten, lässt den Eigentümer nicht mit leeren Händen zurück. Da alle drei Grundstücke zusammengenommen betrachtet wurden, denn nichts anderes hatte der Kläger vorgebracht, lag keine totale Enteignung vor. Der Meinungsumschwung des Klägers vor dem Supreme Court, das höher gelegene Grundstück sei losgelöst von den beiden Marschgrundstücken zu betrachten, ließ der Supreme Court nicht gelten.

Große Aufmerksamkeit und vor allem Empörung hat die Entscheidung *Kelo v. New London*[310] aus dem Jahr 2005 in der Bevölkerung ausgelöst. Die Richter des Supreme Court entschieden, dass 15 Wohnhäuser der Umgestaltung einer Region im Rahmen eines neuen wirtschaftlichen Entwicklungsplans weichen sollten. Die Region hatte mit Abwanderung und Arbeitslosigkeit zu kämpfen, die Infrastruktur war nur unzureichend ausgebaut. Die zuständige Behörde plante daraufhin, durch städtebauliche Neuerungen den Standort für Investoren attraktiver zu machen. Zu diesem Zweck plante sie neue Straßenzüge und eine neue Infrastruktur, insbesondere aber die Umgestaltung des in Rede stehenden Stadtteils im Hafengebiet von New London. Anstelle der bisherigen Wohnbebauung wurden Geschäfts- und Ladenlokale geplant, die Investoren anziehen und Arbeitsplätze schaffen sollten. Gegen diesen Plan hatten sich die Eigentümer der dort stehenden Wohnhäuser gewandt. Die Bevölkerung stand auf der Seite der Bewohner. Die Behörde hingegen argumentierte, dass die Umstrukturierung gerade an dieser Stelle nötig sei, um ein weiteres Schrumpfen der Stadt

309 533 U.S. 606, 627.

310 125 S.Ct. 2655 = 545 U.S. 469 (2005); vgl. zu der Entscheidung: The Kelo decision: investigating takings of homes and other private property: hearing before the Committee on the Judiciary, *United States Senate*, One Hundred Ninth Congress, first session, 2005.

durch Abwanderungen von Arbeitgebern und Einwohnern zu verhindern. Damit sei das Erfordernis eines öffentlichen Nutzens (*public use*) erfüllt.

Der Entscheidung gingen zwei Präzendenzfälle voraus, die sich mit der Bestimmung des Merkmals *public use* befasst hatten. Im Fall *Lingle v. Chevron*[311] wies das Gericht eine Klage ab, die ein Gesetz zur Kontrolle von Mietpreisen in Hawaii mit der Begründung angegriffen hatte, dass es die *takings clause* verletze, weil es nicht dem öffentlichen Nutzen diene. Der nächste Fall war *San Remo Hotel L.P. v. City and County of San Francisco*[312], in dem entschieden wurde, dass Bundesgerichte von der Entscheidung über *takings clause*-Fälle präkludiert sind, wenn bereits ein Staatengericht in der Sache entschieden hat. Auf diese Weise stellt die Entscheidung des Falles *Kelo* die dritte Niederlage für den Schutz des Eigentumsrechts in einem Jahr dar. Auch beschlossen die Richter in einer fünf-zu-vier-Entscheidung, dass der von der Behörde verfolgte Zweck das Erfordernis des *public use* erfülle und somit die Enteignung der Grundstücke keine Verletzung der *takings clause* darstelle.[313] Die Entscheidung löste in der Bevölkerung Unmut und Enttäuschung aus und ist bis heute umstritten.[314]

3. Ergebnis

Die Rechtsprechung in Bezug auf das Vorliegen einer Enteignung ist nicht einheitlich, sondern viele Entscheidungen haben einen ad hoc-Einschlag.[315] Dennoch lassen sich ihnen Grundlinien des Supreme Court zur Bestimmung einer entschädigungspflichtigen Enteignung entnehmen.

Soweit eine staatliche Regelung zu einer Eigentumsübertragung oder zu einer permanenten Entziehung führt, liegt grundsätzlich eine entschädigungspflichtige Enteignung vor. Eine Enteignung liegt im Regelfall auch vor, wenn physisch dauerhaft in privates Eigentum eingegriffen wird (*'permanent physical occupation'*). Auf den Grad der Beeinträchtigung kommt es nicht an.[316] Eine permanente Beeinträchtigung liegt zum Beispiel vor, wenn ein an einem Fluss gelegenes Grundstück in regelmäßigen Abständen durch den von einem staatlichen Damm verursachten Rückstau von Wasser überflutet wird,[317] oder wenn einem Grundstückseigentümer und Unternehmer aufgegeben wird, dem Publi-

311 125 S.Ct. 2074 (2005).

312 125 S.Ct. 2491 (2005).

313 Vgl. zur Kritik an der Anwendung des public use-Kriteriums *Merriam/Eckhoff*, in: Merriam/Massaron Ross, Eminent domain use and abuse, S. 33 ff., 40 ff.

314 Vgl. die Darstellung bei *Mahoney*, Kelo's Legacy, S. Ct. Rev. 2005, S. 103, 104 ff.

315 Vgl. die Kritik *Rose-Ackermans*, 88 Colum. L. Rev. 1697 (1988).

316 Vgl. *Loretto v. Teleprompter Manhattan CATV Corp.*, 458 U.S. 419 (1982).

317 *United States v. Cress*, 243 U.S. 316 (1917).

kum Zugangsrechte zu einem von ihm touristisch erschlossenen See zu gewähren.[318] Einem Grundstückseigentümer stehen aber keine unbegrenzten Ausschlussrechte zu. Eine Enteignung liegt nach amerikanischem Verfassungsrecht zum Beispiel nicht vor, wenn eine Gliedstaatenverfassung den Eigentümern von Einkaufszentren aufbürdet, Reden von Besuchern auf ihrem Grundstück zu dulden, die zu keiner Störung von Sicherheit und Ordnung führen.[319] Sonderregeln gelten für störendes Eigentum (*nuisance*), das heißt zum Beispiel schadensträchtiges oder zu kriminellen Zwecken benutztes Eigentum. Das gilt auch, wenn die Beeinträchtigung oder Zerstörung durch militärische Nutzung hervorgerufen wird.[320]

Im Einzelfall zu beurteilen sind staatliche Regelungen, die Art und Weise sowie Umfang der Eigentumsnutzung beschränken und zu zum Teil erheblichen Wertminderungen führen. Dies geschieht insbesondere durch bauplanungsrechtliche, umweltschutzrechtliche, denkmalschutzrechtliche und erbrechtliche[321] Regelungen. In diesen Fällen kommt es auf eine Abwägung im Einzelfall an, für die unter anderem[322] die Intensität des Eingriffs, das Vorliegen berechtigter Erwartungen einer bestimmten Eigentumsnutzung, die Gleichmäßigkeit der Belastung für gleich geartetes Eigentum, die Störerqualität des Eigentums und das die Regulierung rechtfertigende öffentliche Interesse zu beachten sind.[323] Eine Regulierung, die jede Ausübung des Eigentums ausschließt, bedeutet in der Regel eine Enteignung.[324] Eine Wertminderung allein, selbst wenn sie substantieller Art ist,[325] reicht nicht aus, ebenso wenig wie die Beeinträchtigung einer bloß attraktiveren Nutzung des Grundstücks. Wenn eine Verfügung lediglich als Regelung qualifiziert wird, die der Grundstückseigentümer hinnehmen muss, tritt nach amerikanischer Rechtsprechung spätestens dann eine Enteignung ein, wenn die wirtschaftliche Nutzbarkeit eines Grundstücks durch die Beschränkung rest-

318 *Kaiser Aetna v. United States*, 444 U.S. 164 (1979).

319 *Prune Yard Shopping Center v. Robins*, 447 U.S. 74 (1980).

320 Vgl. *Calero-Toledo v. Pearson Yacht Leasing Co.*, 416 U.S. 663 (1974); *Bennis v. Michigan*, 516 U.S. 442 (1996).

321 Zum Erbrecht, das ebenso wie im deutschen Recht in Amerika Teil des Eigentums ist, siehe *Hodel v. Irving*, 481 U.S. 704, 715 ff. (1987); *Babbit v. Youpee*, 117 S.Ct. 727 (1997).

322 Vgl. auch *Nowak/Rotunda*, Constitutional Law, S. 485 ff., 491 ff.; *Lücke*, VerwArch 67 (1976), S. 48, 54 f.

323 Vgl. die zusammenfassende Rechtsprechung in *Penn Central Transportation Corp. v. New York City*, 438 U.S. 104, 124 ff. (1978).

324 Vgl. *Lucas v. South Carolina Coastal Council*, 505 U.S. 1003, 1015 f. (1992).

325 Vgl. *Hadachek v. Sebastian*, 239 .U.S. 394, (1915); hier verneinte der Supreme Court trotz 87 1/2prozentiger Wertminderung eine Enteignung.

los zunichte gemacht wird.[326] Für die Annahme einer Enteignung ist in der Rechtsprechung nicht allein das Alltagsverständnis des Wortes ‚*taking*' maßgeblich, sondern ein Konglomerat von Kriterien wie der Schutzwürdigkeit des Eigentums, Vertrauensschutz des Eigentümers, Ausmaß der ökonomischen Wertminderung, Gleich- oder Ungleichbehandlung[327]. Steuerliche Belastungen führen nicht zu entschädigungspflichtigen Enteignungen, nicht einmal im Falle exzessiver Besteuerung.[328]

Nach der Rechtsprechung des Supreme Court liegt das Wesen der Enteignung mehr in dem Verlust des früheren Eigentümers als im Erwerb eines Rechtes seitens des Gemeinwesens. Eingriffe unterhalb des Titel- oder Besitzerwerbs sind als Enteignung angesehen worden, wenn ihre Wirkung so weitgehend war, dass der Eigentümer alle oder die meisten Rechte an dem Gegenstand verlor.[329] In diese Regel werden von der neueren Rechtsprechung ausdrücklich Regulierungen einbezogen, die den Eigentümer wie eine Wegnahme belasten.[330] Faktisch übt der Supreme Court mittlerweile sowohl im Hinblick auf die Überprüfung des öffentlichen Zwecks als auch der Zweck-Mittel-Relation richterliche Zurückhaltung. Solange ein Bebauungsplan oder eine sonstige auf die Grundstücksnutzung bezogene Regelung – etwa im Bereich des Denkmalschutzes – nicht offensichtlich willkürlich oder ungeeignet ist, verneint der Supreme Court das Vorliegen einer Enteignung meistens.[331]

Grundrechtsbeschränkungen werden, da der Verfassungstext keine Schrankensystematik beinhaltet, durch die Berufung auf die allgemeinen polizeilichen Kompetenzen (*police power*) oder einzelne Kompetenzbestimmungen in den Einzelstaaten gerechtfertigt. Der weite Begriff der *police power* umfasst Regelungen der Gesetzgebung wie der Verwaltung im Hinblick auf die Sicherheit, Gesundheit, Wohlfahrt und Moral der Bevölkerung und ist weder auf Einzelakte noch auf Gefahrenabwehr beschränkt.[332] Der Verfassungstext enthält keine Vorgabe zu der Frage, von welchem Gewicht ein Gemeinwohlinteresse sein muss,

326 Vgl. *Lucas v. South Carolina Coastal Council*, 505 U.S. 1003, 1027.

327 Zur Gleichheit vor den öffentlichen Lasten vgl. *Armstrong v. United States*, 364 U.S. 40 (1960).

328 Vgl. *City of Pittsburgh v. Alco Parking Corp.* 417 U.S. 369 (1974).

329 *United States v. General Motors Co.*, 323 U.S. 373, 378.

330 *Goldblatt v. Town of Hempstead*, 369 U.S. 590 (1962).

331 Siehe insbesondere *Golblatt v. Hempstead*, 369 U.S. 590 (1962); *Penn Central Transportation Co. v. New York City*, 438 U.S. 104 (1978); *Keystone Bituminous Coal Ass'n v. DeBenedictis*, 107 S.Ct. 1232 (1987).

332 Vgl. *Nowak/Rotunda*, Constitutional Law, S. 121 ff., 480; ausführlich zum geschichtlichen Hintergrund der *police power* vgl. auch *von Mangoldt*, Rechtsstaatsgedanke, S. 137 ff.

um rechtmäßigerweise ein Grundrecht beschränken zu können.[333] Anhaltspunkte dafür liefert stattdessen die Rechtsprechung. Danach lassen sich grundsätzlich drei Gewichtungen der öffentlichen Interessen unterscheiden. Je nach dem betroffenen Grundrecht muss es sich um ein zwingend (*compelling*) zu schützendes öffentliches Interesse, ein wichtiges (*substantial*) öffentliches Interesse oder ein jedenfalls legitimes und rationales (*rational, legitimate*) Gemeinwohlinteresse handeln.[334] Der Supreme Court entscheidet in den meisten Fällen entweder nach dem *strict scrutiny test* (überragendes öffentliches Interesse) oder dem *rational basis test* (rationales oder legitimes öffentliches Interesse).[335] Regelungen, die direkt oder indirekt auf die Unterdrückung der Grundrechtsausübung abzielen, sind rechtswidrig. Nach dem strikten, für Eingriffe in Grundrechte oder sonstige fundamentale Rechte zur Anwendung kommenden Prüfungsmaßstab (*strict scrutiny test*) muss sowohl ein zwingendes öffentliches Interesse vorliegen als auch eine nachgewiesene enge Beziehung zwischen Mittel und Zweck bestehen. Praktisches Ergebnis der Anwendung dieses Tests ist in den meisten Fällen die Verfassungswidrigkeit der staatlichen Regelung. Dagegen reicht es in den übrigen Fällen aus, dass der Staat überhaupt ein vertretbares Gemeinwohlinteresse bei der Grundrechtsbeschränkung verfolgt und das gewählte Mittel nicht irrational ist (*rational basis test*). Für den Bereich der Wirtschafts- und Sozialgesetzgebung steht der öffentlichen Gewalt ein fast unbegrenzter Handlungsspielraum zu. Mit der richterlichen Entscheidung über die Anwendbarkeit entweder des *strict scrutiny test* oder des *rational basis test* wird in einem Großteil der Fälle über das sachliche Ergebnis der Grundrechtsprüfung vorentschieden.[336]

Bei Eingriffen in Leben, Freiheit und Eigentum muss die staatliche Gewalt die Erfordernisse des *due process of law* (Am. 5 und 14, Sect. 1) beachten. Die Einhaltung der *due process*-Klauseln überprüft der Supreme Court sowohl prozessual als auch substantiell.[337] Auf der prozeduralen Ebene prüft er zunächst das Vorliegen eines Eingriffs in Leben, Freiheit oder Eigentum, beschränkt seine Untersuchung dann aber darauf, ob die staatliche Gewalt – unabhängig vom Resultat der betreffenden Regelung oder Maßnahme – ein korrektes, rechtsstaatli-

---

333 Vgl. nur die Kritik an der Auslegung des Kriteriums des *public use* zur Rechtfertigung einer Enteignung (hier im Fall *Kelo v. New London*, 125 S.Ct. 2655 (2005)) bei *Mahoney*, Supreme Court Rev. 2005, S. 103 ff.; kritisch auch *Claeys*, 2004 Mich. St. L. Rev. 877, 877 ff. (2004).

334 So schon aufbereitet von *Brugger*, Grundrechte, S. 41.

335 Vgl. *Stoevesandt*, United States Supreme Court, S. 98 ff.; vgl. auch *Ely*, in: Hall/McGuire, the Judicial Branch, S. 487 ff.

336 Vgl. zum Beispiel *Paris Adult Theatre v. Slaton*, 413 U.S. 49, 58 (1973).

337 Vgl. *Nowak/Rotunda*, Constitutional Law, S. 416 ff.; *Loewenstein*, Verfassungsrecht und Verfassungspraxis, S. 510 ff.

ches Verfahren eingehalten hat.[338] Als substantiell (*substantial review*) ist jede Verfassungsrechtsprüfung anzusehen, die die Rechtsbeeinträchtigung und die ihr zugrundeliegenden Motive inhaltlich kontrolliert. Inhaltlicher Prüfungsmaßstab sind zum einen die textlich verankerten Verfassungsrechte, zum anderen fundamentale Rechte, die der Supreme Court als in den Freiheits- und Gleichheitsklauseln der Verfassung verankert ansieht. Besondere Bedeutung hat der Begriff der Freiheit in den *due process*-Klauseln des fünften und 14. Zusatzartikels. Dieser umfasst nach der substantiellen Auslegung des angemessenen Verfahrens (*substantial due process*) private, wirtschaftliche, politische, kulturelle und religiöse Persönlichkeitsentfaltung.

Heute hat die *takings clause* den Schutz des *substantive due process* weitgehend abgelöst.[339] In der Hochzeit der *due process*-Rechtsprechung während der *Lochner*-Ära vertrat der Supreme einen engen Begriff des öffentlichen Interesses und der polizeilichen Kompetenzen, da er den gesellschaftlichen Prozessen eine weitgehende Autonomie gewährte, um Wohlstand und Gerechtigkeit im Land zu sichern. Seit der Aufgabe dieser Rechtsprechung legt der Supreme Court den Begriff des öffentlichen Interesses zu Lasten des Privateigentums meistens weit aus.[340] Zwischendurch ließ die Rechtsprechung wieder eine Tendenz zu einem verstärkten Schutz des Privateigentums erkennen.[341] Die Entscheidungen, die in diese Richtung wiesen, sind *Nollan v. California Coastal Commission*[342] von 1987, *Dolan v. City of Tigard*[343] von 1994, *Lucas v. South Carolina Coastal Council*[344] von 1992 und *Eastern Enterprises v. Apfel*[345] aus dem Jahr 1998. Die *Lucas-Rule* sieht eine Entschädigung vor, wenn ein Eigentümer durch eine Regulierung hundert Prozent seines Eigentums verliert.[346] In *Pennsylvania Coal*[347] hat sich der Supreme Court zum ersten Mal grundsätzlich

338 Vgl. *Stoevesandt*, United States Supreme Court, S. 99 f.

339 Insbesondere auf dem Gebiet der enteignenden Nutzungsregulierungen (*regulatory takings*) ist festzustellen, dass der Eigentümer einen höheren Eigentumsschutz durch die *takings clause* als durch *due process* erfährt. Das ist unter anderem darauf zurückzuführen, dass der Supreme Court im Rahmen der Prüfung der *takings clause* einen für den Eigentümer günstigeren Maßstab anlegt als im Rahmen der *due process*-Prüfung; vgl. auch *Walston*, 2001 Utah L. Rev. 379, 379 ff., 433 ff.; *Michelman*, 88 Colum. L. Rev. 1600, 1608.

340 Vgl. zuletzt *Kelo v. New London*, 125 S.Ct. 2655 (2005).

341 Vgl. dazu den Hinweis bei *Siegan*, Property and Freedom, S. 1.

342 483 U.S. 825.

343 512 U.S. 374.

344 505 U.S. 1003.

345 524 U.S. 498.

346 505 U.S. 1003, 1015-17.

347 260 U.S. 393.

mit der Frage auseinandergesetzt, ob eine Enteignung durch Regulierungen ohne physische Entziehung einer Eigentumsposition möglich ist. Der von *Justice Holmes* geprägte Maßstab gilt bis heute. Vor dieser Schlüsselentscheidung galten Regulierungen als Ausformungen der Polizeigewalt und waren damit nicht entschädigungspflichtig. Erst in der Entscheidung *Pennsylvania Coal* stellt der Supreme Court klar, dass das Landesrecht eine entscheidende Rolle bei der Prüfung der Verfassungsmäßigkeit einer regulierenden Vorschrift spielt. Seitdem wird auch in Regulierungsfällen das Erfordernis einer Entschädigung geprüft. Gleichzeitig bekräftigte der Supreme Court in der Entscheidung *Lucas*, dass der Staat aus dem *Common Law* das Recht und die Pflicht hat, Gefahren und Störungen abzuwenden. Die *Nollan-Dolan-Rule* fordert eine kausale Verbindung zwischen den zu erwartenden Auswirkunges eines Bauvorhabens auf seine Umgebung und der Bedingung einer Behörde, die sie an die Erteilung der erforderlichen Genehmigung knüpft.[348] Die Verknüpfung einer Genehmigung mit einer Bedingung muss sachgerecht sein und in einem sachlichen Zusammenhang mit dem Vorhaben des Bürgers stehen, anderenfalls ist sie verfassungswidrig.

In den Entscheidungen *Berman v. Parker*[349], *Hawaii Housing Authority v. Midkiff*[350] und *Ruckelshaus v. Monsanto*[351] hat der Supreme Court zurückhaltend entschieden. Er zögerte bei der Beurteilung der Frage, ob eine Maßnahme dem öffentlichen Wohl dient oder nicht. Um eine Enteignung rechtfertigen zu können, muss eine Maßnahme einem öffentlichen Interesse im Sinne eines in und vor der Öffentlichkeit vertretbaren Gemeininteresses dienen.[352] Auch in der Entscheidung *Kelo* ordnete sich der Supreme Court der gesetzgeberischen Prärogative unter. Das Signal, dass er mit dieser Entscheidung setzte, hat Millionen Bürger in den Vereinigten Staaten aufgeschreckt und verärgert.[353] Der öffentli-

348 512 U.S. 374, 385-91; 483 U.S. 825, 837-38.

349 348 U.S. 26 (1954).

350 467 U.S. 229 (1984).

351 467 U.S. 986 (1984).

352 Vgl. die entsprechende Aussage in *Energy Reserves Group, Inc. v. Kansas Power & Light Co.*, 459 U.S. 400, 412 (1983); Ausführlich zu dem allgemeinen Verbot der negativen oder auch positiven Aussonderung *Sunstein*, 84 Colum. L. Rev. 1689, 1719 ff., 1723 ff. (1984) sowie *Brugger*, Grundrechte, S. 166 f.

353 Vgl. die Schilderung der Reaktionen in der Öffentlichkeit und der Politik auf die Entscheidung *Kelo v. New London bei Mahoney*, S. Ct. Rev. 2005, S. 103 ff.; sowie *United States*, The Kelo decision: investigating takings of homes and other private property: hearing before the Committee on the Judiciary, *United States Senate*, One Hundred Ninth Congress, first session, 2005; *Malloy*, Private property, community development, and eminent domain, der gemeinsam mit anderen Autoren die Beziehung zwischen dem Staat und seinen Bürgern sowie den Bürgern untereinander anhand der *Kelo*-Rechtsprechung in Bezug auf Eigentumsrechte untersucht. Unter dem Titel Emi-

che Druck auf die Gerichte, sich dem gesetzgeberischen Urteil zu widersetzen und der staatlichen Regulierungsmacht Grenzen zu setzen, hat rapide zugenommen. Vielleicht so sehr, dass in den nächsten Jahren eine Trendwende auf dem Gebiet der Eigentumsrechtsprechung eingeleitet werden muss.

nent domain, use and abuse: Kelo in context, unterziehen *Merriam* und *Massaron Ross* die Entscheidung einer kritischen Prüfung.

C. Das Eigentumsverständnis in der Literatur: Starre Regeln oder Abwägung im Einzelfall?

Zu keiner Zeit in der Geschichte westlicher politischer und rechtlicher Theorie haben Wissenschaftler die Frage des Eigentums vernachlässigt. Unter den klassischen und mittelalterlichen Denkern haben sich insbesondere *Platon, Aristoteles* und *Thomas von Aquin* der Frage nach dem Wesen des Eigentums und seiner gerechten Verteilung gewidmet. In der Neuzeit räumten *Grotius*, *Pufendorf*, *Filmer*, *Locke*, *Hume*, *Rousseau*, *Kant*, *Hegel*, *Marx*, *Bentham* und *Mill* dem Eigentum eine zentrale Bedeutung in ihren Betrachtungen über die menschliche Natur und die gesellschaftlichen Werte ein.

Auch im zwanzigsten Jahrhundert gab es wichtige Beiträge zum Thema Eigentum. Zahlreiche dieser Beiträge sind nordamerikanischen Theoretikern zuzuschreiben.[354] Bemerkenswert viele dieser Aufsätze stammen aus der Feder von Rechtswissenschaftlern eher als von Philosophen, Wirtschafts- oder Politikwissenschaftlern. Die Arbeit von *W. N. Hohfeld* und *A. M. Honoré* zum Beispiel hat das Eigentumsverständnis von Philosophen wie Juristen bis heute entscheidend geprägt.[355] *Robert Lee Hale*, sowohl Jurist als auch Wirtschaftswissenschaftler, hat ein Konzept über Eigentum und seine Verteilung, Zwang und den modernen Staat formuliert und damit wesentlich zu den kritischen juristischen Studien des 20. Jahrhunderts beigetragen.[356] Sowohl Ökonomen als auch Rechtswissenschaftler spielen eine hervorgehobene Rolle in der Eigentumsforschung. *R. H. Coases* Aufsätze beispielsweise brachten Klarheit in das Verhältnis des Eigentumsschutzes zum Sicherheits- und Ordnungsrecht.[357]

Auch Philosophen haben sich im 20. Jahrhundert intensiv mit Eigentumsfragen auseinandergesetzt. *John Rawls* und *Robert Nozick* haben beide durch ihre Theorien entscheidend auf das Eigentumsverständnis und die Suche nach

---

354 Eine kleine Auswahl dieser Beiträge findet sich zum Beispiel bei *Epstein* (Hrsg.), Economics of Property Law, und bei *Munzer* (Hrsg.), New Essays in the Legal and Political Theory of Property.

355 Vgl. *Hohfeld*, Fundamental Legal Conceptions as Applied in Judicial Reasoning (1919); *Honoré*, „Ownership", in: A. G. Guest (Hrsg.), Oxford Essays in Jurisprudence (1961). Der Einfluss *Hohfelds* macht sich insbesondere bei den Wissenschaftlern des American Legal Institute bemerkbar, vgl. *American Legal Institute*, Restatement of the Law of Property (1944); eine Analyse des Konzepts *Hohfelds* nimmt *Munzer* vor, *ders.*, A Theory of Property, S. 18 ff.

356 Vgl. z. B. *Hale*, Bargaining, Duress, and Economic Liberty, 43 Columbia L. Rev. 603 (1943); *ders.*, Coercion and Distribution in a Supposedly Non-Coercive State, 38 Pol. Science Q. 470 (1923).

357 Vgl. *Coase*, The Problem of Social Cost, 3 J. L. Econ. 1 (1960).

einer Legitimation des Privateigentums eingewirkt. Obwohl *Rawls* nur wenige eigentumsspezifische Werke verfasst hat, haben seine Gerechtigkeitsprinzipien doch erhebliche Auswirkungen vor allem auf die gerechte Verteilung von Eigentum. Während *Rawls* für eine egalitäre politische Philosophie steht, bietet *Nozick* eine libertäre Theorie an. *Nozicks* einziges Buch über politische Philosophie setzt sich nicht nur kritisch mit dem Gerechtigkeitskonzept *Rawls* auseinander, sondern enthält auch eine grundlegende eigene Gerechtigkeitstheorie, die stark von dem libertären Ansatz *Lockes* geprägt ist.[358] *Nozicks* Verdienst ist damit auch die Wiederbelebung des Lockeschen Verständnisses des Eigentums.

Insbesondere in den letzten dreißig Jahren haben Publikationen auf dem Gebiet der Eigentumstheorie und des Eigentumsrechts sowohl an Vielfalt als auch Bedeutung an gewonnen. Wirtschaftliche Sichtweisen fließen zunehmend auch in rechtliche Betrachtungen ein, was nicht zuletzt auf den Einfluss der Autoren *Calabresi* und *Melamed* zurückzuführen ist.[359] Die Aufnahme der Theorien *Lockes* und *Hegels* durch Philosophen, Politikwissenschaftler und Juristen lässt die Wissenschaft aktuelle Problemstellungen im Lichte überkommener Lösungsansätze verbunden mit neuen Ideen behandeln.[360] Die rechtswissenschaftliche Arbeit im Spannungsfeld zwischen Eigentum und Gerechtigkeit besteht fort. Im Bereich des verfassungsrechtlichen Eigentumsschutzes spiegelt sich dieses Spannungsfeld in der Frage nach gerechten Entschädigungen für erlittene Eigentumsbeeinträchtigungen wider. Die dargestellen Ansätze hauptsächlich aus dem

358 Vgl. *Nozick*, Anarchy, State, Utopia, S. 149-231. *Nozick* beeinflusste mit seiner libertären Theorie auch eine neue Generation libertärer Denker, vgl. zum Beispiel *Lomasky*, Persons, Rights, and the Moral Community, Kap. 6; sowie *Narveson*, The Libertarian Idea, inbes. S. 63 ff.

359 *Calabresi/Melamed*, Property Rules, Liability Rules and Inalienability: One View of the Cathedral, 85 Harv. L. Rev. 1089 (1972); vgl. auch *Harris*, Property and Justice, S. 148; auch *Michelman* bezieht sich auf *Calabresi* und *Melamed*, um das Prinzip der Internalisierung von Effekten der Eigentumsnutzung zusammen mit dem Prinzip der Nichtintervention des Staates in sein Eigentumskonzept zu integrieren, vgl. *ders.*, Ethics, Economics, and the Law of Property, in: *Pennock/Chapman*, Ethics, Economics, and the Law, S. 3, 17.

360 Vgl. z. B. *Benhabib*, Natural Right and Hegel: An Essay in Modern Political Philisophy; *Cohen*, Self-Ownership, Freedom, and Equality; *Radin*, Contested Commodities; *Singer*, The Reliance Interest in Property, 40 Stan. L. Rev. 611; *Waldron*, The Right to Private Property. Die Vielzahl der Veröffentlichungen hat *Becker* bereits 1992 vermuten lassen, dass es bald zu einem Überdruss wenn nicht am Eigentum selbst, so doch am Schreiben darüber kommen werde, vgl. *ders.*, Too Much Property, 21 Philosophy and Political Affairs 196 (1992); dem widerspricht *Munzer*, Einführung zu New Essays in the Legal and Political Theory of Property, S. 3.

Bereich der Rechts-, aber auch der Wirtschaftswissenschaften der letzten dreißig Jahre nähern sich dieser Fragestellung auf verschiedene Weisen.

Die zitierten Wissenschaftler stehen für ein weites Spektrum an politischen und rechtlichen Überzeugungen, einige Werke haben sogar Eingang in Urteile des Supreme Court gefunden, wie zum Beispiel die Ansätze von *Epstein, Michelman, Sax* und *Costonis. Epstein* vertritt die Ansicht, dass jegliche Aktivitäten des Staates zur Umverteilung von Reichtum in die Eigentumsrechte der Einzelnen eingreifen und gegen die *takings clause* verstoßen, wenn keine Entschädigung gewährt wird. Einen ähnlichen Ansatz vertritt *Sax*. Seiner Meinung nach soll die *takings clause* als Sperre gegen die Umverteilung von Gütern benutzt werden.[361]

Neben diesen werden die Ansichten *Rose-Ackermans*, *Radins, Reichs* und *Mindas* untersucht. *Reich* verneint die Unterscheidung zwischen Rechten und Privilegien, und fordert, dass die staatlichen Leistungen als neues Eigentum bezeichnet werden. Damit soll Sicherheit für die wachsende Zahl derer geschaffen werden, deren Eigentum beinahe nur noch aus Leistungen des Staates besteht, weil sie aus eigener Kraft kein Eigentum bilden können.[362]

I. Die Kernprinzipien des Eigentumsschutzes

1. Entschädigungspflichtige Enteignungen

a) Utilitaristischer Ansatz

Die Zwangsbefugnis des Staates erscheint dann legitim, wenn sie dem Gemeinwohl dient. Die wirkungsmächtigste Ethik des Gemeinwohls ist der Utilitarismus.[363] Viele der gängigen Argumente zur Verteidigung des Privateigentums gegen sozialistische Modelle der Eigentumsverteilung sind utilitaristischer Natur. Sie versuchen zu zeigen, dass das durchschnittliche Wohl der Allgemeinheit höher und der Wohlfahrt besser gedient ist, wenn materielle Ressourcen und insbesondere die wichtigsten Produktionsmittel im Eigentum und unter der Kontrolle privater Individuen und nicht des Staates oder der Gesellschaft stehen.[364]

---

361 *Sax*, Takings and the Police Power, 74 Yale L. J. 36, 75 f. (1964); *ders*. Takings, Private Property and Public Rights, 81 Yale L. J. 149, 149 f. (1971).

362 *Reich*, 73 Yale L. J. 733, 734-739 (1964).

363 *Höffe*, Demokratie, S. 42; zur Idee des Utilitarismus grundlegend *Mill*, Utilitarianism (1861); sowie zusammenfassend *Harris*, Property and Justice, S. 199 f.; kritisch *Becker*, Property Rights, S. 4, 59 ff.

364 Vgl. *Waldron*, The Right to Private Property, S. 6; vgl. auch *Munzer*, A Theory of Property, S. 422 ff., der eine modifizierte utilitaristische Theorie verfolgt. Für *Munzer* ist anders als für reine Utilitaristen das Nutzenprinzip nicht das einzige Kriterium zur

Der Utilitarismus versteht den Leitbegriff als maximales Kollektivwohl und versucht es mittels eines hedonischen Kalküls zu berechnen, lässt aber ansonsten den Begriff ausdrücklich offen.[365] Untersucht man das Vorliegen einer Enteignung aus utilitaristischer Sicht, so stößt man alsbald auf einen Ansatz, der 1960 an der Harvard Law School von *Frank Michelman* entwickelt wurde.[366] Entstanden ist ein Konzept der Effizienz, das Wohlstand und persönliche Zufriedenheit möglichst aller Bürger vergrößern soll. Im Hinblick auf die Unterscheidung zwischen legitimen und illegitimen Handlungen, Gesetzen oder Staatsformen zählt für den Utilitarismus jeder Bürger, und zwar jeder in gleichem Maße. Gutes und lebenswertes Leben ist danach nur aggretativ, nicht qualitativ darstellbar.[367] Dieser demokratische Ansatz betrifft aber nur die Grundlage, auf deren Basis das größte Kollektivwohl bestimmt wird. Die dort stattfindende Gleichbehandlung verhindert nicht, dass im Zuge der Berechnung das Leid der einen gegen das Wohl der anderen aufgerechnet wird, ohne den Benachteiligten Ausgleich anzubieten. Infolge dessen kennt der Utilitarismus keine genuinen Menschenrechte.[368]

Um die Frage zu entscheiden, ob eine Enteignung vorliegt und ob sie entschädigungspflichtig ist, sind verschiedene Positionen abzuwägen.[369] Zunächst betrachtet man die Kosten und den Nutzen. Überwiegt der Nutzen, so spricht man von *positive efficiency gains*.[370] Für die Durchführung einer Enteignung

---

Bestimmung dessen, was richtig und was falsch ist, vgl. *ders.* S. 193 ff. Er kombiniert eine hauptsächlich utilitaristisch geprägte Argumentation mit pluralistisch-moralischen Ideen.

365 *Höffe*, Demokratie, S. 42, m.w.N.

366 *Michelman*, 80 Harv. L. Rev. 1165.

367 *Macey*, in: Paul/Miller/Paul, Economic Rights, S. 141, 146; *Waldron*, The Right to Private Property, S. 12; *Höffe*, Demokratie, S. 43; *Brugger*, Der Staat 24 (1985), S. 565, 567.

368 *Bentham* verspottet die Menschenrechte sogar als „gestelzten Unsinn“, vgl. *ders.*, Political Thought, S. 269, sowie *Waldron*, Nonsense on Stilts (1987). *Bentham* definiert Eigentum als Form von Erwartungen. Zwar könnten auch Tiere Freude und Schmerz empfinden, aber die Zukunft antezipieren könne nur der Mensch. Freude erleben Menschen aus diesem Grund, wenn ihre Erwartungen erfüllt, Schmerz hingegen, wenn sie enttäuscht werden. Wenn danach für *Bentham* der größmögliche Nutzen in der Anwesenheit von Freude und gleichzeitig der Abwesenheit von Schmerz liegt, wird dieser Nutzen gefördert, wenn man die Erwartungen der Menschen in Bezug auf das, was sie besitzen, schützt. Sicherheit ist für *Bentham* der wichtigste Faktor zum Erreichen des höchsten Nutzen; vgl. zu einer Interpretation *Munzer*, A Theory of Property, S. 195 ff. m.w.N.

369 *Michelman*, 80 Harv. L. Rev. 1165, 1214.

370 *Michelman*, 80 Harv. L. Rev. 1165, 1214; vgl. allgemein zum Einfluss von Kosteneffizienz auf das Recht *Holmes/Sunstein* The Cost of Rights, 1999.

und der Beilegung von Streitigkeiten und Schwierigkeiten im Zuge der Enteignung entstehen ebenfalls Kosten, die nicht den direkten Kosten zuzurechnen sind.[371] Das Modell *Michelmans* nennt sie *settlement costs*.[372] *Settlement costs* entstehen immer dann, wenn eine Entschädigung zu leisten ist. Die Frage ist, ob der Staat eine solche Entschädigung in jedem Fall zu gewähren hat. Auch dieses Problem löst die Theorie in einem rechnerischen Modell, dem ein weiterer Kostenfaktor hinzugefügt wird: die sogenannten *demoralization costs*.[373] Sie bezeichnen die Folgekosten einer unterbliebenen Entschädigungszahlung. Man versucht zu messen, welche finanziellen Folgen aus der unterbliebenen Entschädigungsleistung resultieren. Als Konsequenz einer Enteignung ohne Entschädigung werden die Enteigneten mit weniger zurückgelassen als sie vorher hatten. Diese verschlechterte wirtschaftliche Position schmälert ihre Produktivität, was sich auf den Markt und den Staat auswirkt und Kosten verursacht.[374] Auch ihre Frustration und Unsicherheit sind ein Faktor, der sich dem Modell zufolge finanziell niederschlägt, genauso wie die Hemmung und Angst Dritter, die durch das Beispiel einer entschädigungslosen Enteignung ihr Vertrauen in die Sicherheit ihres Eigentums verlieren könnten.[375]

Diese Faktoren addiert ergeben die *demoralization costs*, die den *settlement costs*, die im Falle einer Entschädigung entstehen würden, gegenüberzustellen sind. *Settlement costs* fallen an, um *demoralization costs* zu vermeiden.[376] Beide Posten sind neben den direkten Kosten und dem Nutzen einer Enteignung abzuwägen: Wenn die *settlement costs* oder die *demoralization costs* den zu erwartenden Nutzen übersteigen, ist eine enteignende Maßnahme abzulehnen.[377]

Auch das Entschädigungserfordernis hängt von diesem Verhältnis ab: Wenn die *settlement costs* niedriger sind als *demoralization costs* und *efficiency gains* zusammen, lohnt sich für den Staat die Maßnahme einschließlich der Zahlung einer Entschädigung.[378] Eine Entschädigung ist nur dann nötig, wenn die

371 *Michelman*, 80 Harv. L. Rev. 1165, 1215.

372 *Michelman*, 80 Harv. L. Rev. 1165, 1214.

373 *Michelman*, 80 Harv. L. Rev. 1165, 1214; die *demoralization costs* erläutert am Beispiel der Nutzungsregulierungen für Grundeigentum zum Zwecke des Umweltschutzes *Pedersen*, 21 Yale J. on Reg. 1, 30 ff.

374 Michelman, 80 Harv. L. Rev. 1165, 1214; vgl. auch Moore, 77 Journal of Political Economy, 532 , 533 ff. (1969).

375 *Michelman*, 80 Harv. L. Rev. 1165, 1214; vgl. zu einer Erläuterung der *demoralization costs* auch *Ellickson*, 64 Wash. U. L. Q. 723, 727 f., der sie in sein ebenfalls utilitaristisches Modell verschiedener Kosten der sog. *adverse possession* integriert und insofern dem Modell *Michelmans* zustimmt.

376 *Michelman*, 80 Harv. L. Rev. 1165, 1215.

377 *Michelman*, 80 Harv. L. Rev. 1165, 1215.

378 *Michelman*, 80 Harv. L. Rev. 1165, 1215.

demoralization costs höher sind als die *settlement costs*, sonst nicht.[379] Eine Abwägung erfolgt zwischen *settlement costs*, das heißt den Transaktionskosten, die durch Entschädigungen entstehen, und den *demoralization costs*, die entstehen, wenn keine Entschädigung geleistet wird.[380]

Vertreter der Theorie räumen ein, dass die Frage nach Entschädigungen nicht allein aufgrund finanzieller Erwägungen getroffen werden sollte, sondern gleichermaßen eine Frage der Gerechtigkeit ist. Zur Abmilderung des Ansatzes greift man deshalb auf das Prinzip der Gerechtigkeit als Fairness von *John Rawls*[381] zurück.[382] Mit Hilfe der von *Rawls* entwickelten Prinzipien soll auch eine Antwort auf die Frage gefunden werden, ob die Entscheidung, in einem bestimmten Fall keine Entschädigung zu leisten, fair ist.[383] *Rawls* argumentiert, dass die gerechte Gesellschaft von zwei Gerechtigkeitsprinzipien geleitet werden sollte:

> „1. Each person is to have an equal right to the most extensive total system of equal basic liberties compatible with a similar system of liberty for all.
>
> 2. Social and economic inequalities are to be arranged so that they are both:
>
> a) to the greatest benefit of the last advantaged,
>
> b) attached to the offices and positions open to all under conditions of fair equality of opportunity."[384]

Der erste Gerechtigkeitsgrundsatz enthält die Forderung, politische Freiheiten sollten über die anderen Grundfreiheiten hinaus einen besonderen Schutz genießen, damit sie nicht nur formal gleich, sondern de facto gleich wirksam ausgeübt werden können. Das erste Prinzip, das ‚*Liberty Principle*', ist der zweiten Forderung, dem Differenzprinzip, „lexikalisch", das heißt strikt vorgeordnet. Das zweite Prinzip bindet die Verteilung des Reichtums in der Gesellschaft an ihren Nutzen für die Unterprivilegierten, aber es kann den Vorrang gleicher Freiheiten nicht in Frage stellen und ist deshalb strikt nachgeordnet. Es kann keine legitime Beschränkung der Grundfreiheiten einer Person geben, wenn dadurch bloß eine

---

379 *Michelman*, 80 Harv. L. Rev. 1165, 1215.

380 Vgl. *Fisher*, The Significance of Public Perceptions of the Takings Doctrine, 88 Colum. L. Rev. 1774, 1776 -1178 (1988).

381 *Rawls*, Justice as Fairness, 67 Philosophical Rev. 164, 164.

382 *Michelman*, 80 Harv. L. Rev. 1165, 1219.

383 *Michelman*, 80 Harv. L. Rev. 1165, 1221.

384 *Rawls*, A Theory of Justice, S. 302, den Bezug zum ‚just savings principle' ausgelassen; vgl. zu den Gerechtigkeitsprinzipien *Rawls* auch *Kelly*, John Rawls, Justice as Fairness, S. 42 ff.

Vergrößerung materiellen Wohlstandes verfolgt wird. *Rawls* zentrales Argument für seine Gerechtigkeitsprinzipien entwickelte er über ein Gedankenexperiment. Er stellt sich dazu den Urzustand (*original position*) vor, in dem sich Parteien in Unkenntnis ihrer jeweiligen sozialen Lage vertraglich auf Gerechtigkeitsgrundsätze einigen.[385] Während die Parteien bei der Wahl der Grundsätze allein von ihrem rationalen Selbstinteresse motiviert sind, verhehlt ein „Schleier des Nichtwissens" den wählenden Akteuren ihre Identität und materielle Ausstattung. Dies verhindert ebenso wirksam, dass soziale Macht als Druckmittel zum Einsatz kommt, wie es die privilegierte Berücksichtigung eigener Spezialinteressen versagt. Ungleichheiten sind zwar im Staat hinnehmbar, aber nur, solange diese zur Vergrößerung des Wohls aller dienen, das heißt, wenn sie das Wohl der in der Gesellschaft am schlechtesten stehenden Gruppe am meisten verbessern.

Die Untersuchung *Michelmans* gelangt zu dem Ergebnis, dass beide Ansätze zu Entschädigungszahlungen, nämlich der rein nutzenorientierte und der von Gerechtigkeitserwägungen bestimmte, in vielen Fällen zu gleichen Ergebnissen kommen. Das liegt daran, dass beide von den gleichen Faktoren ausgehen.[386] Die Theorie stellt auch fest, dass in der Gesellschaft ein Gerechtigkeitsgefühl vorhanden ist, das verhindert, dass Entscheidungen rein nutzenorientiert getroffen werden.[387] Der weitere Verlauf der Untersuchung verfolgt die Frage, ob das Streben nach gerechten Entscheidungen auf lange Sicht die Produktivität eher anregt oder hemmt.[388] Hat der Gerechtigkeitsgedanke die Folge, dass die Bürger in Regungslosigkeit verharren, weil sie auf eine Entscheidung der Gerichte warten, die Gerechtigkeit schaffen soll, ist dies ein Grund zur Besorgnis. Dies allein schon deswegen, weil Vertreter der Theorie die Gerichte nicht für fähig erachten, ohne die Unterstützung aus anderen Bereichen gerechte Entscheidungen zu treffen.[389]

Problematisch erscheint dabei, dass sich unterschiedliche Arten der Nützlichkeit nur schlecht vergleichen oder messen lassen. Dieses Problem versucht man zu umgehen, indem man den einzelnen Vorteilsarten Geldwerte zuordnet, die miteinander verglichen werden. Dabei ist die Kaldor-Hicks Effizienz nur ein Teil der Lösung, die sich nicht allein auf Berechnungen stützen darf.[390] Eine

385 *Rawls*, A Theory of Justice, S. 34 ff.

386 *Michelman*, 80 Harv. L. Rev. 1165, 1225 f.

387 Vgl. auch *Torres*, 26 Envtl. L. 1, 4 ff. (1996), der eine allein auf Effizienz gerichtete Betrachtung ablehnt und stattdessen die Bedeutung des Privateigentums für die Gesellschaft betont.

388 *Michelman*, 80 Harv. L. Rev. 1165, 1226.

389 *Michelman*, 80 Harv. L. Rev. 1165, 1226.

390 *Michelman*, 80 Harv. L. Rev. 1165, 1235.

Geldsumme kann nicht exakt ein äquivalentes Wohlstandsniveau abbilden. Neben den theoretischen Vorteilen, die dieses Modell auf den ersten Blick bieten mag, wie etwa der Offenheit für den Reichtum der empirischen Wirklichkeit, darf man die gravierenden Schwierigkeiten nicht übersehen.[391] Zunächst ist die Rechtfertigung des utilitaristischen Prinzips bis heute ungelöst. Ferner sind die zur Berechnung des Gemeinwohls erforderlichen intrapersonalen, noch mehr interpersonellen Nutzenvergleiche häufig so gut wie unmöglich.[392] Entscheidend für die politische Legitimation der utilitaristischen Theorie ist grundsätzlich das ihr innewohnende Defizit an Gerechtigkeit. Es liegt sogar in zweierlei Hinsicht vor: als Defizit sowohl an der üblichen, rechts- und staatsnormierenden als auch an der grundlegenderen, rechts- und staatslegitimierenden Gerechtigkeit. *Michelman* verbindet seinen Ansatz aus diesem Grund mit dem Konzept der *Justice as Fairness* von *Rawls*, vermag aber das grundlegende Gerechtigkeitsdefizit damit nicht zu überwinden.

b) Eigentum als wechselbezügliches Netzwerk konfligierender Nutzungsarten

Ein anderes Eigentumskonzept orientiert sich an den Nutzungsmöglichkeiten des Eigentums.[393] Ein früheres Modell dieses Ansatzes unterschied zur Feststellung einer entschädigungspflichtigen Enteignung zwischen verschiedenen Handlungsformen des Staates. Enteignete der Staat Eigentum gleichsam als Unternehmer, so war er zur Leistung einer Entschädigung verpflichtet. Handelte er hingegen als Vermittler (*arbitrator*), durfte der Enteignete nicht auf eine Entschädigung hoffen.[394] In den frühen Siebziger Jahren hat *Sax* dieses Modell zugunsten des hier besprochenen verworfen, weil er erkannt hatte, dass sich diese Unterscheidung insbesondere in ökologischen Fragen nicht aufrechterhalten läßt.[395] Damit verwarf der Autor auch seine frühere Auffassung von Eigentum

---

391 Vgl. *Hart*, Between Utility and Rights, S. 77.

392 Vgl. dazu *Griffin*, Well-being, Teil II; sowie *Höffe*, Demokratie, S. 43.

393 *Sax*, Takings, Private Property and Public Rights, 81 Yale L. J. 149, 151 (1971). In einem Entwurf von 1964 hatte *Sax* das Eigentum noch in zwei Kategorien unterteilt, die er nun aber verwirft. Vgl. zu seinem früheren Entwurf die Ausarbeitung „Takings and the Police Power", 74 Yale L. J. 36 (1964); die grundlegende Bedeutung dieses früheren Artikels für das Verständnis des verfassungsrechtlichen Eigentumsschutzes betont *Torres*, 26 Envtl. L. 1, 16.

394 *Sax*, 81 Yale L. J. 149, 151.

395 *Sax*, 81 Yale L. J. 149, 151; vgl. die kritische Darstellung der ersten Theorie bei *Munzer*, A Theory of Property, S. 448 ff. *Munzer* weist darauf hin, dass die Unterscheidung zwischen dem Handeln des Staates als Unternehmer und als Vermittler in vielen Fällen schwer und manchmal gar nicht zu treffen ist, weil beide Handlungswei-

als absolutes Verfügungsrecht über ein Grundstück. Er wandte sich gegen die Theorie, dass der Eigentümer innerhalb der Grenzen des Grundstücks das Recht hat, das Land auf jede beliebige Weise zu nutzen.[396] Vielmehr nahm er nun die Position ein, dass Eigentum als ein *„interdependent network of competing uses*", also ein wechselbezügliches Netzwerk konkurrierender Nutzungsarten zu betrachten sei.[397] Damit lenkte er den Blick von der isolierten Parzelle Land auf die Wechselbezüglichkeit des Landeigentums und der verschiedenen Nutzungsarten. Ausgangspunkt dieser Sichtweise sind die Erfordernisse des Umweltschutzes und die Notwendigkeit einer gerechten und sinnvollen Ressourcenverteilung.[398] Die Kosten wirtschaftlicher Nutzung und Bebauung soll nicht die Gemeinschaft tragen, sondern der bauende Landeigentümer. Bei der Beurteilung konfligierender Nutzungen zum Beispiel zwischen Nachbarn, kommt es darauf an, wer durch seine Nutzung einen sogenannten *spillover-Effekt* hervorruft und für eine Schädigung verantwortlich ist.[399] Nicht entscheidend ist eine Abwägung der Interessen oder der Wichtigkeit der Nutzungsarten, sondern es zählt nur, durch wessen Nutzung es zu einer Beeinträchtigung kommt.[400] Das Modell wendet sich insbesondere gegen den *diminution* oder *too far test*, den *Richter Holmes* in der Entscheidung *Pennsylvania Coal v. Mahon* geprägt hat. Dabei wirft es dem Test vor, dass die griffige Formel des *too far* über die Problematik der Definition des Eigentums hinwegtäuscht. Die Anwendung eines solchen Schwerekriteriums könne von vornherein umgangen werden, indem man die Eigentumsqualität der betroffenen Rechte verneine.[401]

---

sen sich überschneiden. Andererseits kann diese Unterscheidung in manchen Fällen zwar leicht fallen, jedoch allein eine Frage der Form sein und schon aus diesem Grund als Modell nicht durchzuhalten. Ferner ist nicht immer davon auszugehen, dass allein unternehmerisches Handeln des Staates Risiken birgt, sondern dies auch im Falle vermittelnden Handelns der Fall sein kann, vgl. *Munzer*, A Theory of Property, S. 450. Die zweite Theorie *Saxs* ist radikaler in ihren Forderungen als das frühere Modell.

396 Zur Frage nach einem Recht auf verschwenderischen Umgang mit dem Eigentum und natürlichen Ressourcen (ius abutendi) kritisch *McCaffery*, in: Munzer (Hrsg.), New Essays on Property, S. 76 ff. *Blackstone*, *Honoré* und *Pound* haben das ius abutendi als selbtverständlichen und wichtigen Teil des von ihnen als Bündel von Rechten verstandenen Eigentums angesehen. Nach Ansicht *McCafferys* ist das nur in einer Agrargesellschaft möglich, in der Industriegesellschaft hingegen nicht mehr. Zur Vermeidung des verschwenderischen Umgangs schlägt er Verbotsgesetze vor.

397 *Sax*, 81 Yale L. J. 149, 150.

398 *Sax*, 81 Yale L. J. 149, 150.

399 Vgl. *Sax*, 81 Yale L. J. 149, 161 ff.

400 vgl. Dazu die Darstellung bei *Hart*, 94 Nw. U. L. Rev. 1099, 1106.

401 *Sax*, 74 Yale L. J. 36, 51 ff.

Das Modell spricht dem Staat das Recht ab, verschiedene Nutzungsarten zu bewerten und auf dieser Grundlage eine Nutzung zuzulassen und die andere zu verbieten. Es kommt für *Sax* allein darauf an, welche Nutzung die geringsten *spillover effects* verursacht.[402]

Deutlich wird dabei vor allem eine Veränderung des Bewusstseins. In den Anfängen Amerikas konnte jeder mit seinem Grundstück nach Belieben verfahren.[403] Beeinträchtigungen der Nachbarn traten selten auf, da die Besiedlung dünn war. Mit der zunehmenden Besiedlung entstanden nachbarschaftliche Probleme und durch die Folgen der Industrien auch sichtbare Umweltschäden, die nun erkannt wurden. Das Modell der konfligierenden Nutzungsarten sagt, dass das im Naturzustand belassene Land frei von *spillover effects* ist. Eine möglichst natürliche Nutzung wird begünstigt, industrielle Nutzung als störend versagt. Diese Sicht steht wirtschaftlichem Wachstum und Neuentwicklungen von Industrien entgegen, weil es für Unternehmer kaum noch erschwinglich sein wird, für alle durch ihre Nutzung entstehenden Kosten aufzukommen. Es führt zu einer willkürlichen Bevorzugung der Natur und des im Einklang mit ihr genutzten Eigentums, weil eine solche Nutzung die wenigsten Konflikte hervorruft. Das Modell verkennt die Realität. In einer Industriegesellschaft, in der auch das Privateigentum eine große Rolle spielt, ist eine Theorie, die nahezu jede wirtschaftliche Nutzung als schädlich qualifiziert, nicht durchsetzbar. Ein realistisches Modell gelangt möglicherweise über Verbotsgesetze oder hohe Steuern zu einer Verminderung von Verschwendung oder Schädigung von Eigentumspositionen.[404] Folgte man der Ansicht *Sax*, so würden wesentlich weniger Eingriffe in das Privateigentum eine Entschädigungspflicht auslösen. Fast jede staatliche Maßnahme mit Einfluss auf das Privateigentum wäre entschädigungslos hinzunehmen, da die meisten Eigentumsnutzungsarten *spillover effects* hervorrufen. Eine solche Vorgehensweise ist jedoch mit dem amerikanischen Verfassungsrecht nicht vereinbar, das das Privateigentum ausdrücklich vorsieht und durch die *takings clause* vor einer entschädigungslosen Entziehung schützt.

c) Prinzip der gerechten Entschädigung (fair compensation principle)

Über das Prinzip einer gerechten Entschädigung (*fair compensation*) nähert sich ein weiterer Ansatz dem Problem der Enteignungen. Dabei konstruiert diese Theorie eine Zwischenebene zwischen der Polizeigewalt (*police power*), in de-

402 *Sax*, 81 Yale L. J. 149, 164.

403 Vgl. wiederum *McCaffery*, in: Munzer (Hrsg.), New Essays on Property, S. 76 ff.

404 Dass heute noch genauso über diese Frage nachgedacht wird, zeigt *McCaffery*, in: Munzer (Hrsg.), New Essays in Property, S. 76 ff.

ren Rahmen Enteignungen ohne Entschädigung zulässig sind, und dem Enteignungsrecht des Staates (*eminent domain power*), dem ein Entschädigungserfordernis innewohnt, die sie „*accomodation power*" nennt.[405] Diese Theorie setzt sich im Zuge der Untersuchung mit den Thesen *Ellicksons* auseinander, der eine weite Regelung für Entschädigungszahlungen propagiert: Ausser in Fällen der Beseitigung einer von dem Eigentumsobjekt ausgehenden Beeinträchtigung (*nuisance*), soll schon immer dann eine Entschädigung notwendig sein, wenn der Staat das Eigentum einer Privatperson geringfügig beeinträchtigt. Die Höhe der Entschädigung sei nach der Differenz zwischen dem Wert des Eigentums vor und nach der Beeinträchtigung zu bestimmen.[406]

Das Modell besteht aus vier Schritten, in denen das Vorliegen einer Enteignung und das Erfordernis einer Entschädigung zu untersuchen sind.[407] Auf der ersten Stufe fordert es zunächst eine Hinwendung zu Vermutungen an Stelle der bisherigen *per se rules*.[408] Die Nachteile von Regeln, nach denen in Fällen einer physischen Beeinträchtigung des Eigentums ohne weitere Prüfung von einer Enteignung ausgegangen werden kann,[409] kritisiert es als zu starr und nicht nachvollziehbar. Dies wird am Beispiel der Entscheidung *Loretto v. Teleprompter Manhattan CATV Corp.*[410] deutlich. Dort hatte der Supreme Court eine Enteignung, bejaht, weil nach der *per se rule* der ständigen physischen Besetzung eine Enteignung vorliegen musste, obwohl die Beeinträchtigung des Eigentums minimal war. Die bloße Vermutung einer Enteignung hätte eine Überprüfbarkeit der Annahme speziell in diesem Fall ermöglicht und wahrscheinlich zu einem anderen, aus Sicht der Autoren sachgemäßen Ausgang der Entscheidung geführt. Diese Ansicht setzt zur Feststellung einer entschädigungspflichtigen Enteignung lieber auf Vermutungen als auf starre Regelungen und *per se*-Verurteilungen. Sie schlägt vor, im Falle staatlicher Beeinträchtigungen von Eigentum, ganz gleich ob physisch oder regulierend, zuerst eine Enteignung nur zu vermuten, anstatt ihr Vorliegen ohne weiteres zu anzunehmen.

Der zweite Schritt der Analyse besteht aus der sogenannten *due process-takings phase*, in der Konflikte zwischen öffentlichem Wohlergehen (*welfare*)

---

405 *Costonis*, 'Fair' Compensation and the Accomodation Power: Antidotes for the Taking Impasse in Land Use Controversies, 75 Colum. L. Rev. 1021, 1022 (1975).

406 *Costonis*, 75 Colum. L. Rev. 1021, 1032.

407 *Costonis*, Presumptive and per se Takings: A Decisional Model for the Taking Issue, 58 N.Y.U. L. Rev. 465, 469 (1983).

408 Zur Bedeutung der per se rules vgl. *Selmi/Kushner*, Land Use Regulation, S. 318 f.

409 „Any permanent physical occupation authorized by government is a taking without regard to the public interest that it may serve", *Loretto v. Teleprompter*, 458 U.S. 419, 435.

410 458 U.S. 419 (1982).

und Entschädigungsfragen unter Anwendung des *just share principle* mediiert werden. Das Prinzip der gerechten Aufteilung (*just share principle*) bestimmt, ob der Staat die durch die Enteignung geschaffene Umverteilung prinzipiell gerecht gestaltet hat. Dabei ist erstens zu beachten, welche konkurrierenden Werte durch die Maßnahme und das Eigentum, das dabei umverteilt werden soll, gefördert werden.[411] Zweitens ist darauf zu achten, ob die Maßnahme die Werte in einer Weise miteinander in Einklang bringt, die zwischen dem breiten Nutzen für die Öffentlichkeit und den Entschädigungsbelangen des Enteigneten gerecht vermittelt.[412] Besonders wichtig ist, ob der Staat eine Verbindung herstellen kann zwischen der Nutzung, der das enteignete Eigentum zugeführt werden soll, und dem Zweck der Maßnahme, die die Beeinträchtigung des Eigentums als fair qualifiziert und somit rechtfertigen würde. Kann der Staat keine Verbindung nachweisen, so endet die Analyse, eine Enteignung liegt vor. Falls eine Verbindung vorliegt, erreicht die Analyse Schritt drei.[413]

Dieser Schritt wird als *pure takings phase* bezeichnet, in der die Angemessenheit (*fairness*) einer Maßnahme in ihrer Ausführung (*operation*) untersucht wird. Im Rahmen einer Verhältnismäßigkeitsprüfung des gewählten Mittels ist zu ermitteln, ob die Maßnahme stärker in die Eigentumsrechte des Enteigneten eingreift als zur Erreichung des verfolgten Zwecks notwendig ist.

Auf der vierten und letzten Stufe wird auf einer gleitenden Skala bestimmt, ob der Staat eine ausreichende Verbindung zwischen dem ergriffenen Mittel und der Erreichung des verfolgten Zwecks schlüssig darlegen kann. Um die Beweislast zu erfüllen, muss die Verbindung eine bestimmte Maßnahme im Lichte der durch die Handlung betroffenen Werte rechtfertigen. Dabei geht es um den Charakter des Nachweises, den der Staat erbringen muss, um den Untersuchungen sowohl in der *due process-takings*-Phase als auch in der reinen *takings*-Phase standzuhalten.

Nach dieser Ansicht sollte das sogenannte *decisional model* den *per se test* des Supreme Court aus *Loretto v. Teleprompter* und auch den *multifactor balancing test* des Supreme Court zur Feststellung einer Enteignung durch Gesetz ersetzen.[414] Sowohl eine weite *per se rule*, nach der schon immer dann eine Enteignung vorliegt, wenn Eigentum entzogen wird, als auch eine enge *per se rule*, die eine Enteignung nur bejaht, wenn eine physische Einwirkung stattgefunden hat, sind nach Ansicht der Autoren zu starr und deshalb ungenau. Sie

---

411 „What are the competing values advanced by the measure and by the property that it seeks to redistribute?"

412 „Does the measure accommodate these values in a way that fairly mediates between the broader welfare and indemnity concerns embodied in these values?"

413 *Costonis*, 58 N.Y.U. L. Rev. 465, 469.

414 *Costonis*, 58 N.Y.U. L. Rev. 465, 502.

sind unter sprachlichen, historischen und teleologischen Gesichtspunkten unbefriedigend.[415] Physische Beeinträchtigungen sind danach genauso zu behandeln wie *regulatory takings*.[416] Aus diesen Gründen sind den starren Regelungen flexible Modelle vorzuziehen, die zunächst mit Vermutungen arbeiten, die in weiteren Schritten überprüft werden sollen. Diesem Prinzip folgt auch das Vier-Stufen-Modell: Nachdem im ersten Schritt festgestellt wird, ob das Vorliegen einer Enteignung vermutet werden kann, überprüft es diese Vermutung in weiteren drei Schritten.

Die einzelnen Schritte des Modells sind verschiedenen Urteilen der Rechtsprechung entnommen. So entspricht die *due process-takings phase* der Abwägung, die *Justice Holmes* bereits in *Pennsylvania Coal Co. v. Mahon* angewandt hat. Schon in der Entscheidung *Lawton v. Steele* aus dem Jahre 1894 formulierte das Gericht in präziser Weise die klassischen Voraussetzungen: Ein Eingriff muss zum Wohl der Allgemeinheit erforderlich sein; die Mittel müssen aus vernünftiger Sicht notwendig sein; und die Maßnahme darf den Einzelnen nicht unverhältnismäßig belasten.[417] Für dieses *diminution of value*-Kriterium bleibt aber bisher in der Rechtsprechung des Supreme Court kein Raum in Fällen ständiger, physischer Besetzung, die nach der Entscheidung *Loretto v. Teleprompter Manhattan CATV Co.* per se entschädigungspflichtig sind (*per se taking*),[418] mag der tatsächliche Eigentumsverlust noch so gering sein.

Dieser Ansatz versucht nicht, ein neues System zu entwickeln, sondern sucht nach einer einheitlichen Lösung zur Feststellung und Bewertung von Enteignungen. Die Lösung kritisiert die Rechtsprechung des Supreme Court als uneinheitlich. Die Ansicht belegt die Kritik zwar mit der Entscheidung *Loretto v. Teleprompter,*[419] räumt aber ein, dass unter den Urteilen des Supreme Court viele sinnvolle Entscheidungen sind, denen sich ansatzweise geeignete Methoden entnehmen ließen.[420] Das beschriebene Modell ist im Grunde eine Zusammenstellung verschiedener Ansätze aus Urteilen des Supreme Court. Unterschiede zwischen diesem Ansatz und der Methode des Supreme Court ergeben sich da-

---

415 *Costonis*, 58 N.Y.U. L. Rev. 465, 501.

416 *Costonis*, 58 N.Y.U. L. Rev. 465, 501.

417 "[…] it must appear – First, that the interests of the public generally, as distinguished from those of a particular class, require such interference; and, second, that the means are reasonably necessary for the accomplishment of the purpose, and not unduly oppressive upon individuals." 14 S.Ct. 499, 501 (1894). Auf diese Kriterien wird insbesondere im Rahmen der allgemeinen Bauplanung zurückgegriffen, vgl. die Darstellung bei *Kokott*, JöR. N.F. 35 (1986), S. 335, 349 ff.

418 *Loretto v. Teleprompter Manhattan CATV Co.*, 458 U.S. 419.

419 *Costonis*, 58 N.Y.U. L. Rev. 465 ff., insbesondere S. 501 ff.

420 *Costonis*, 58 N.Y.U. L. Rev. 465, 515.

raus, dass das Modell eine Einheitlichkeit schaffen soll, die bisher in der Rechtsprechung nicht zu finden ist. Die Rechtsprechung arbeitet nach dieser Ansicht zum Teil mit *per se rules*, die aus Sicht des Autors zu starr sind und einzelfallgerechte Entscheidungen nicht zulassen. Grundsätzlich unterscheidet sich das Modell jedoch nur im ersten Schritt von der Rechtsprechung des Supreme Court, indem es *per se rules* zur Feststellung des Vorliegens einer Enteignung ablehnt. In den nächsten drei Schritten bringt es lediglich in der Rechtsprechung angewandte Methoden in eine Reihenfolge.

Die Literatur hat dieses Modell vornehmlich als zu formalistisch kritisiert.[421] So erhebt *Ross* den Einwand, dass es sich allein schon deshalb nicht durchsetzen werde, weil es die flexible, stochastische Art des Richters in der Entscheidungsfindung durch ein starres, standardisiertes Verfahren ersetzen wolle.[422] Ein Verfahren, das vorgibt, alle Einzelheiten eines Falles zu erfassen, könne es nicht geben. Vielmehr bleibe immer ein Unsicherheitsfaktor bestehen, der Teil der richterlichen Entscheidung sei. Ferner sei das Modell nicht wertneutral, wie sein Vertreter behaupte. Auch sei zu kritisieren, dass es die Notwendigkeit der Verfassungsauslegung aussen vor läßt. Das Modell führe vielmehr zu einem starren, mechanischen Prozess der Rechtsfindung, der mit dem Streben nach Gerechtigkeit nichts zu tun habe.[423]

Diese Kritik trifft jedoch nur in begrenztem Maße zu. Das Modell propagiert eben kein starres und standardisiertes Verfahren. Durch die Vermutung anstelle starrer Regeln im ersten Schritt der Prüfung ist es offener für Einzelfallentscheidungen als die Methode der *per se rules*. Die weiteren Schritte sind lediglich Entscheidungshilfen, keine starren Vorgaben. Jedoch trifft der Vorwurf fehlender Wertneutralität zu. Denn insbesondere die Vermutungen im ersten Schritt erfordern eine genaue Überprüfung des Einzelfalls. Fraglich ist, anhand welcher Kriterien dies geschehen sollte, wenn nicht anhand einer wertenden Betrachtung. Je mehr ein Modell mit Vermutungen arbeitet, desto offener wird es für Wertungsfragen. Das vorgeschlagene Modell ist in der Literatur kaum rezipiert

---

421 *Ross*, Modeling and Formalism in Takings Jurisprudence, 61 Notre Dame L. Rev. 373, 374 (1986).

422 *Ross*, 61 Notre Dame L. Rev. 373, 376.

423 Vgl. die Kritik von *Skouras*, Takings Law and the Supreme Court, S. 73; Zweifel an der Durchführbarkeit des Modells lassen auch *Selmi/Kushner* durchblicken, vgl. *dies.*, Land Use Regulation, S. 807 f. In dem dort behandelten Text von *Costonis* geht es um die Regulierung von Eigentumsnutzungen zugunsten ästhetischer Aspekte, die nach Ansicht *Costonis* essentiell für das geistige Wohlempfinden der Menschen seien. *Selmi/Kushner* machen durch ihre Fragen deutlich, dass sie den Ansatz *Costonis* nicht für ausreichend erachten, um Eingriffe in das Privateigentum durch Regulierung zu rechtfertigen, vgl. *dies.*, Land Use Regulation, S. 808.

worden. Das mag daran liegen, dass es den Ansätzen der Rechtsprechung zu ähnlich ist und keine eigene Konzeption beinhaltet.

d) Das Prinzip der staatlichen Zurückhaltung – Schutz des Privateigentums vor staatlicher Regulierung

Die libertäre Heransgehensweise der Vertreter der *Chicago School of Law* ist zugleich die konservativste. Insbesondere *Richard Epstein* vertritt einen Ansatz, der so wenig Einmischung des Staates wie möglich vorsieht.[424] Sein Konzept propagiert eine hohe Kontrollbefugnis der Gerichte, um Regulierungen des Staates so gering wie möglich halten zu können. Verglichen mit anderen Modellen seiner Entstehungszeit verteidigt es ein ungewöhnlich hohes Maß an richterlicher Kontrolle.[425]

Befolgt man das Modell der Chicagoer Gelehrten[426], so gilt das Prinzip der staatlichen Zurückhaltung, das die *prima facie liability* des Staates unter der *eminent domain clause* betont.[427] Eine Entschädigung ist danach auch fällig,

---

424 Der prominenteste Vertreter der Schule ist *Richard A. Epstein*, das Modell entwickelte er in seinem 1986 erschienenen Werk „Takings and the Power of Eminent Domain"; staatliche Regulierung ebenso ablehnend *Nozick*, Anarchy, State, and Utopia (1974); zur Theorie *Nozicks* vgl. auch *Wolff*, Robert Nozick, dort insbesondere S. 66 ff., S. 118 ff.; *Narveson*, The Libertarian Idea, S. 62 ff.; anders zum Beispiel *Torres*, 26 Envtl. L. 1, 7 ff.

425 *Epstein*, Takings S. 30, 31.

426 Zu ihnen gehören neben *Epstein* auch *Coase*, *Posner*, *Landes*, *Levmore*, *Scalia*, *Stone* und *Sunstein*. *Scalia* ist in seiner Analyse des Falles *Nollan v. California Coastal Commission* stark beeinflusst von der Chicago School of Law und ihrem berühmten Vertreter *Epstein*, vgl. die Ausführungen bei *Davis* und *Glicksman*, To the Promised Land: A Century of Wondering and a Final Homeland for Due process and Takings clauses, S. 442. Der Maßstab der gerichtlichen Überprüfung ist hier viel strenger als in früheren Fällen. Richter *Scalia* begründet den erhöhten Eigentumsschutz mit der besonderen Stellung von Enteignungsfällen, die eine ebenso sorgfältige Überprüfung verdienten wie Verletzungen der Meinungsfreiheit oder Freiheitsverletzungen, vgl. die Ausführungen bei *Michelman*, 88 Colum. L. Rev. 1600, 1612 f. Die juristisch-wirtschaftliche Sicht Chicago School of Law versucht *Scalia* in seine Urteile einfließen zu lassen. Dabei orientiert er sich auch an Common Law-Prinzipien im Eigentumsrecht. Kritiker wie *Alexander* sehen in den Fällen *Nollan* und auch *First English* Tendenzen zu erhöhtem Formalismus des Gerichts. *Karlin* entdeckt gar einen Schritt in Richtung *substantive due process* in dieser Entscheidung, vgl. *Karlin*, Back to the Future: From Nollan to Lochner (1988), S. 627, 629.

427 *Epstein*, Takings, S. 38, womit er die Vermutung meint, dass der Staat zunächst in jedem Fall eines Eingriffs entschädigungspflichtig ist; *Ellickson* kritisiert, dass *Epstein* sich zugute halte, dass Recht in seinem faktischen Zustand zu beschreiben, aus der

wenn der Staat Eigentum nicht im engeren Sinne enteignet, sondern es zerstört.[428] Die dazugehörige Argumentation basiert auf einer Grundregel, die in der Entscheidung *Boston Chamber of Commerce v. City of Boston*[429] von 1910 betont wurde:

„The question is what has the owner lost, not what has the taker gained."[430]

Das Modell bejaht die streitige Frage nach Entschädigungen für die Enteignung oder Zerstörung im Falle von *nuisances* (Gefahren, die von einer Eigentumsposition ausgehen). Auch hier liegt durch die Enteignung ein Eingriff des Staates vor, wenn dieser auch durch die Polizeigewalt zur Abwendung von Gefahren, die von dem Eigentum ausgehen, umfasst ist. *Nuisances* sind danach wie *physical invasions*, das heißt wie Enteignungen im engeren Sinne zu behandeln und entschädigungspflichtig.[431] Die Gerichte haben diese Frage nicht eindeutig beantwortet, sprechen aber in der Regel keine Entschädigung zu.[432] Die Vertreter des Modells zeigen kritisch auf, dass in vielen Fällen genau entgegengesetzt zu der von ihnen aufgestellten Grundregel gedacht wird. Es gehe den Richtern nicht darum, was der Eigentümer verloren habe, sondern sie untersuchten, was der Nehmer erhalten habe. Als Beispiel für diese Feststellung wird die Entscheidung *Poletown Neighbourhood Council v. City of Detroit*[433] angeführt. Dort wurde ein ganzer Landstrich enteignet, um das Land dem Unternehmen General Motors für eine Fabrik zur Verfügung stellen zu können. Die hier beschriebene Ansicht betont, dass dabei nicht nur der Wert des enteigneten Landes und der enteigneten Häuser und Geschäfte zu berücksichtigen gewesen wäre, sondern auch die Zerstörung der Nachbar- und Gemeinschaft, die dort über Jahrzehnte gewachsen war. Letztere hat für den Enteignenden, also den Staat, freilich kei-

---

Sicht *Ellicksons* aber in Wirklichkeit häufig in die Beschreibung eines Sollzustands verfalle und normativ argumentiere, vgl. *Ellickson*, 64 Wash. L. Q. 723, 723 f.

428 *Epstein*, Takings, S. 38 mit Hinweis auf die Entscheidung *Pumpelly v. Greenbay Co.*, 80 U.S. 166 (1871).

429 217 U.S. 189 (1910).

430 *Epstein*, Takings, S. 51 mit Hinweis auf 217 U.S. 189 (1910).

431 *Epstein*, Takings, S. 51.

432 Vgl. auch *Michelman*, 88 Colum. L. Rev. 1600, 1602; für eine Entschädigung sprachen sich die Richter ausnahmsweise in der Entscheidung *Richard v. Washington Terminal Co.* aus, vgl. 233 U.S. 56 (1913); eine Entschädigung wurde hingegen abgelehnt in *Batten v. United States*, vgl. 306 F. 2d 580 (10th Cir. 1962), ebenso in *Miller v. Schoene*, 276 U.S. 272 (1928).

433 410 Mich. 616, 304 N.W. 2d 455 (1981); vgl. die Besprechung von *Claeys*, 2004 Mich. St. L. Rev. 877, 879 ff.

nen Wert, für die Opfer der Enteignung hingegen wohl.[434] In der Entscheidung argumentierte der Supreme Court, dass der Staat diese Werte nicht im eigentlichen Sinne enteignet habe. Entgegen der in *Boston Chamber of Commerce v. City of Boston* aufgestellten Grundregel wird allein darauf abgestellt, was der Staat durch die Enteignung erhalten hat. Eine Entschädigung scheidet dann aus, da der Staat nur für das bezahlt, was er bekommen hat.[435] Im Kern geht es um den Ersatz ideeller Werte und die Frage, ob der Eigentumsschutz sich auf sie erstreckt.[436]

Die Vertreter des Prinzips der staatlichen Zurückhaltung begegnen dieser Argumentation, indem sie sich der Funktion der *eminent domain clause* vergewissern. Die Vorschrift schützt nicht die im Eigentum einer Person stehende Sache, sondern den Eigentümer und seine Rechte. Dieser Schutz würde ausgehöhlt, wenn zur Feststellung einer Rechtsverletzung plötzlich aus der Perspektive des Verletzers und nicht aus Sicht des Eigentümers argumentiert würde.

Weiter untersucht der Ansatz, ob auch Teilenteignungen entschädigungspflichtige Enteignungen im Sinne der *eminent domain clause* darstellen.[437] Aus-

---

434 *Epstein*, Takings, S. 52.

435 *Epstein*, Takings, S. 52.

436 Anders als utilitaristische Konzepte vermeidet das libertäre Modell grundsätzlich Kosten-Nutzen-Analysen zur Festellung der Rechtmäßigkeit einer Enteignung, vgl. *Ellickson*, 64 Wash. U. L. Q. 723, 725. Im Vordergrund steht nach libertärer und vor allem *Epsteins* Ansicht die Bewahrung des Eigentums in der Hand des Eigentümers. Das kann nach *Epsteins* Auffassung durch die vorrangige Anwendung der von *Calabresi* und *Melamed property rules* genannten Regeln vor liability rules erreicht werden, vgl. *Epstein*, 106 Yale L. J. 2091, 2095 f. Im Grunde geht es *Epstein* damit in erster Linie um den Bestandsschutz des Eigentums anstelle eines einfachen Wertersatzes. Denn Wertersatz in Form von Entschädigungen richtet sich allein nach dem Marktwert des enteigneten Guts; der subjektive Wert, den der Eigentümer der Eigentumsposition beimisst, bleibt dabei aussen vor, vgl. die Gegenüberstellung der libertären mit der utilitaristischen Herangehensweise bei *Ellickson*, 64 Wash. U. L. Q. 723, 724 ff. Nach libertärer Sicht sind Eigentumspositionen für den Eigentümer essentiell, um seine eigenen Werte und Prioritäten zu bestimmen. Aus diesem Grund sind Anhänger des libertären Modells, wie *Epstein*, misstrauisch gegenüber Effizienzerwägungen als Rechtfertigung für gesetzliche Vorschriften, die Enteignungen gegen Entschädigung in Geld zur Regel machen. Utilitaristen wiederum befürworten den Bestandsschutz des Eigentums nur solange er nicht zu erhöhten Transaktionskosten führt.

437 *Epstein*, Takings, S. 111, 112; den gegenteiligen Ansatz verfolgt *Ackerman*, Private Property and the Constitution, Kapitel 6 (S. 113 ff.), mit dem, was er „layman's property" nennt. *Ackerman* versucht, eine Eigentumskonzeption in einer untechnischen Sprache zu entwickeln, vgl. *ders.*, Private Property and the Constitution, S. 97 ff. *Ackerman* sieht den Schlüssel zu verfassungsrechtlichen Problemen bei Enteignungen hauptsächlich in der Sprache, die Menschen in Bezug auf das Eigentum benutzen. Dies

gehend von der Annahme, dass Eigentum ein Bündel vieler einzelner Eigentumspositionen ist, bejaht er diese Frage. Er geht dabei von der Prämisse aus, dass sich der Schutz der *eminent domain clause* nicht nur auf das Eigentumsbündel als ganzes, sondern auf jede einzelne Eigentumsposition darin erstreckt.[438]

Das Modell spaltet das Eigentumsrecht in drei Komponenten auf: in das Besitzrecht (ius possendi), das Nutzungsrecht (ius utendi) und das Dispositionsrecht (ius abutendi). Zwischen diesen drei Elementen besteht keine Hierarchie, alle sind gleichwertig, es gibt keine Abstufungen des Eigentums.[439] Eine partielle Enteignung liegt bereits dann vor, wenn in eines der drei Rechte des Eigentümers eingegriffen wird. Damit begründet nicht nur eine physische Entziehung des Besitzes, sondern jede Beeinträchtigung der freien Nutzung oder Disposition eine Enteignung. Es ist nicht nötig, dass eines der Rechte vollständig entzogen wird. Eine teilweise Entziehung reicht nach dieser Ansicht zur Begründung einer Enteignung aus.[440] Nur teilweise Verluste der einzelnen Komponenten können den Grad der Beeinträchtigung verändern, jedoch nicht das Vorliegen einer Enteignung negieren:

> „Any deprivation of rights is a taking, regardless of how it is effected or the damages it causes. The question to be asked is 'what has been taken?' not 'what has been retained?'."[441]

Konsequenterweise geht das Modell der staatlichen Zurückhaltung davon aus, dass Eigentum teilbar ist. Als Beispiel führt es den (nach dem hier beschrieben Ansatz falsch entschiedenen) Fall *Penn Central Transportation Co. v. City of*

---

kritisiert *Munzer* zu Recht als unzureichende Theorie, vgl. *ders.* A Theory of Property, S. 454 f. Einen ähnlichen Fehler wie *Ackerman* begeht *Sax*, indem er zwar nicht die Sprache als essentielles Bestimmungsmerkmal ansieht, aber nach Konzepten unterscheiden möchte, die Menschen in Bezug auf das Eigentum anwenden. Viel klarer ist in dieser Hinsicht *Michelman*, der einräumt, dass verfassungsrechtliche Fragen des Eigentumsschutzes nicht adäquat gelöst werden können, wenn man nicht zugleich auf eine Rechtfertigung für die Existenz von Privateigentum zurückgreifen kann. Das einzige Konzept, das ansatzweise eine solche Rechtfertigung liefern kann, ist nach Ansicht Michelmans der Utilitarismus, vgl. *ders.*, 80 Harv. L. Rev. 1165, 1219-1224.

438 *Epstein*, Takings, S. 58.

439 Damit unterscheidet sich dieser Ansatz grundlegend von dem von *Sax* geprägten Ansatz, der Eigentum als wechselbezügliches Netzwerk konfligierender Nutzungen betrachtet.

440 *Epstein*, Takings, S. 62.

441 *Epstein*, Takings, S. 62.

New York an. Auch die Entscheidung *Prune Yard Shopping Center* nennen die Vertreter als Beleg für ihre These, auch wenn sie ebenfalls im Ergebnis nicht richtig sei.[442] Nach ihrer Meinung folgte hier bereits aus dem Ausschlussrecht des Eigentums, dass der Eigentümer eines Supermarktes keine Demonstranten im Eingang seines Marktes dulden muss. Was die Demonstranten dort sagten und welchen Zweck sie mit der Meinungskundgebung verfolgten, ist nach dieser Ansicht für die Bestimmung, ob eine Beeinträchtigung des Eigentums vorliegt, irrelevant.[443]

Die Entscheidung *Andrus v. Allard*[444] ist daher ebenfalls nicht im Sinne des Prinzips der staatlichen Zurückhaltung getroffen worden: der Supreme Court hat hier eine Enteignung mit der Begründung verneint, dass nur ein einzelner Teil des ganzen Eigentumsbündels entzogen worden sei, dies jedoch keine Enteignung im Sinne der *eminent domain clause* darstelle. Das Eigentum müsse immer in seiner Gesamtheit betrachtet werden.[445]

Epstein vertritt die gegenteilige Auffassung. Darüber hinaus sieht er in jeder Regulierung, sämtlichen Steuern und allen Modifikationen von *liability rules* auf den ersten Blick Enteignungen, für die der Staat kompensationspflichtig ist.[446]

---

442 Diese Entscheidung führt auch *Holderness* an, ders. XVI J. Leg. Stud. 321, 324, um den Einfluss des Rechts auf den Güteraustausch und die Handlungen Privater zu beschreiben. In seinem Ansatz nimmt *Holderness* klar Bezug auf *Epstein* und streitet genau wie dieser für ein hohes Maß an Freiheit der Privateigentümer und geringe Einflussnahme des Gesetzgebers. Anders als *Epstein* hält er aber auch einen zu hohen Einfluss der Gerichte für hinderlich, denn seiner Ansicht nach sollte so wenig wie möglich in das Handeln Privater eingegriffen werden, vgl. *ders.*, XVI J. Leg. Stud. 321, 322. Nur wenn das Recht es nicht vermöge, funktionierende Eigentumsregelungen zu schaffen, so dass Private ihre Güter nach diesen Regeln frei austauschen können, sei staatliche Intervention zwar notwendig, letztlich aber auf unzureichende gesetzliche Regelungen zurückzuführen.

443 *Epstein*, Takings, S. 65. Damit kritisiert er die Argumentation Rehnquists, der das Urteil für den Supreme Court verfasst und dabei auf die Rede- und Meinungsfreiheit der Demonstranten rekurriert hatte.

444 *Andrus v. Allard*, 444 U.S. 51 (1979).

445 *Epstein*, Takings, S. 76 mit weiteren Nachweisen.

446 *Epstein*, Takings, S. 95. Kritik übt *Epstein* vor allem an der Unterscheidung von *property rules* und *liability rules*, die *Calabresi* und *Melamed* am deutlichsten formuliert haben, vgl. *dies.*, 85 Harv. L. Rev. 1089 (1972). *Epstein* ist der Aufassung, dass seitdem viel zu häufig *liability rules* gegenüber *property rules* der Vorzug gegeben werde, was – überspitzt formuliert – dazu führe, dass eine Partei solange Eigentum von einer anderen ohne deren Einverständnis enteignen könne, so lange sie in der Lage sei, dafür eine Entschädigung zu leisten. Anschließend könne der vorherige Eigentümer sein Eigentum wieder zurückholen, wenn er nur noch mehr zu zahlen bereit und fähig sei,

Anderenfalls könne der Staat die *takings clause* zu leicht umgehen und dem Bürger bliebe keine Abwehrmöglichkeit gegen staatliche Eingriffe in sein Eigentum:[447]

> „It is to insist that today's powerful presumption in favour of regulation has set the margin in the wrong place. The conclusive presumption should be that all regulation, whether or not compensable, falls within the eminent domain clause."[448]

Nicht jede Enteignung ist entschädigungspflichtig, das räumt auch *Epstein* ein. Die Frage ist, in welchen Fällen keine Kompensation notwendig wird. Dies ist zum Beispiel so, wenn eine Enteignung gerechtfertigt ist. Eine Rechtfertigung kann nach der Rechtsprechung vorliegen, wenn die Enteignung im Rahmen der Ausübung der Polizeigewalt stattfindet. Dabei ist jedoch zu bedenken, dass der Terminus *police power* nicht in der Verfassung enthalten ist und deshalb seine Eignung als Rechtfertigung zunächst untersucht werden muss.[449]

Zu unpräzise für eine Rechtfertigung ist dem Autor des Modells das bloße Erfordernis eines legitimen staatlichen Interesses an der Maßnahme (*legitimate state interest*).[450] Rekurriert man als Begründung für ein legitimes Interesse auf das allgemeine Wohlergehen der Bevölkerung (*general welfare*), so besteht die Gefahr der Vermischung der Kriterien einerseits der Polizeigewalt und andererseits der Verfolgung eines öffentlichen Zwecks (*public use requirement*). Beide haben jedoch sehr unterschiedliche Konsequenzen: Verfolgt der Staat mit einer Enteignung einen gemeinnützigen Zweck, so ist er zu einer Entschädigung verpflichtet. Bewegt er sich hingegen innerhalb der Grenzen der Polizeigewalt, so kann er Eigentum enteignen, ohne kompensationspflichtig zu werden.[451] Die Verfechter des Modells der staatlichen Zurückhaltung warnen davor, die Polizeigewalt auf sämtliche Handlungen des Staates, die einen gemeinnützigen

---

vgl. *Epstein*, 106 Yale L. J. 2091, 2095. Diese Kritik bezieht er vor allem auf den Aufsatz von *Ayres* und *Balkin*, 106 Yale L. J. 703 (1996).

447 *Epstein*, Takings, S. 96.

448 *Epstein*, Takings, S. 102.

449 *Epstein*, Takings, S. 109.

450 „The legitimate state interest test in vogue today is a bare conclusion, tantamount to asserting that the action is legitimate because it is lawful. The test completely ignores the connection between the police power and the need to maintain peace and good order." *Epstein*, Takings, S. 109. Auch die etwas engere Formulierung aus der Lochner-Zeit ist für *Epstein* noch nicht scharf genug.

451 Vgl. die Analyse des public use-Kriteriums von *Claeys*, 2004 Mich. St. L. Rev. 877, 879 ff., sowie *Merrill*, 72 Cornell L. Rev. 61, 61 ff.

Zweck verfolgen, auszudehnen. Anderenfalls mache die Ausnahme die Regel zunichte.[452]

Kernaufgabe der Polizeigewalt ist die Kontrolle von Störungen der öffentlichen Sicherheit und Ordnung (*nuisances*). Der Frage, wann eine solche Störung vorliegt, geht die Theorie in ihrem Verlauf nach und stellt fest, dass die Bestimmung einer Störung frei von Wertfragen entschieden werden muss. Generell seien Wertfragen aus dem verfassungsrechtlichen Eigentumsrecht zu verbannen, weil sie nicht zu einer sinnvollen Differenzierung beitragen könnten, sondern eine sachliche Analyse unmöglich machten.[453] Als Beispiel für eine Vermischung von öffentlichem Nutzen, Polizeigewalt und Wertfragen gilt die Entscheidung *Miller v. Schoene.*[454]

Nach einer Analyse der Zwecke staatlichen Handelns erstreckt sich die Untersuchung auf die Mittel der Polizeigewalt.[455] Dabei sparen die Autoren nicht an Kritik an dem von der Rechtsprechung entwickelten *rational basis test*, wonach eine Maßnahme zur Wiederherstellung der Sicherheit und Ordnung durch den Staat auf vernünftigen Erwägungen basieren muss. *Epstein* kritisiert weiter, dass dieser Test keine sinnvolle Methode zur Prüfung der Zweck-Mittel Relation einer polizeilichen Maßnahme beinhalte.[456] Es sei zumindest ein mittlerer Revisionsstandard notwendig, wie ihn der *Supreme Court* in der *Lochner* Entscheidung entwickelt hat:

> „The mere assertion that the subject relates though but in a remote degree to the public health does not necessarily render the enactment valid. The act must have a more direct relation, as a means to an end, and the end itself must be appropriate and legitimate."[457]

Zur Überprüfung seiner These untersucht der Autor den Fall *Mugler v. Kansas.* Er prüft, ob die im Fall getroffene Maßnahme – das Verbot des Besitzes und Handels mit Spirituosen, sowie ihr Export in andere Staaten - verhältnismäßig war oder ob es ein milderes, gleich geeignetes Mittel gegeben hätte. Dabei stellt

452 *Epstein*, Takings, S. 109; s.a. *Epstein*, A Last Word on Eminent Domain, 41 U. Miami L. Rev. 253, 267.

453 „The fatal preoccupation with questions of value is wholly inconsistent with any theory of property rights." *Epstein*, Takings, S. 115; ob das verfassungsrechtliche Eigentumsrecht ohne die Einbeziehung von Wertfragen auskommen kann, ist jedoch sehr zweifelhaft.

454 276 U.S. 272 (1928); vgl. *Epstein*, Takings, S. 113 ff.

455 *Epstein*, Takings, S. 126 ff.

456 *Epstein*, Takings, S. 128.

457 *Lochner v. New York*, 198 U.S. 45, 57 (1905).

er fest, dass der Supreme Court eine solche Verhältnismäßigkeitsprüfung nicht durchgeführt hat.[458]

Am Beispiel der Entscheidung *Euclid v. Ambler Realty Co.*[459] von 1926, der Grundsatzentscheidung zur *zoning*-Rechtsprechung, untersucht das Modell weiter, ob durch eine Reihe sinnvoller Ziele, die mit einer Maßnahme verfolgt werden, auch das angewandte Mittel gerechtfertigt werden kann. Der Kläger besaß Land in der Stadt Euclid, das durch einen Bebauungsplan später als reines Wohngebiet ausgewiesen wurde, obwohl es in einer für Gewerbe und Industrie günstigen Lage zwischen Eisenbahngleisen und einer großen Straße lag. Durch die Ausweisung als Wohngebiet verlor das Land 75 Prozent seines Wertes. Der Supreme Court hatte zu entscheiden, ob eine Entschädigung für diesen Wertverlust erforderlich war. Dies war nicht der Fall, weil die Maßnahme durch die *police power* gerechtfertigt war. Die Regierung hatte die Ausweisung als reines Wohngebiet mit Gründen des Schutzes der öffentlichen Sicherheit begründet. Danach war es ihr Anliegen, die Bevölkerung insbesondere vor der erhöhten Brandgefahr zu schützen, die von industriell genutzten Gebieten ausging. Auch das in einem Gewerbe- oder Industriegebiet erhöhte Verkehrsaufkommen und die damit verbundene Unordnung stellten eine Gefahr für die Sicherheit und die Gesundheit der Bevölkerung dar.[460]

Die Anhänger des hier beschriebenen Modells bezweifeln, dass das Mittel, das Gebiet nicht wenigstens als Misch-, sondern als reines Wohngebiet auszuweisen, allein durch die damit verfolgten legitimen Ziele gerechtfertigt werden könne.[461] Im Ergebnis verneinen sie diese Frage: Es besteht ihrer Ansicht nach kein Grund für eine strikte Trennung zwischen Wohn- und Gewerbegebieten, wie es die Mischnutzung in vielen anderen Städten gezeigt hat. Das gewählte Mittel ist deshalb trotz der sinnvollen verfolgten Ziele zu hart. Dennoch hat der Supreme Court in *Euclid* einige Richtlinien zum Umfang richterlicher Überprüfung in solchen Fällen geschaffen.[462]

Neben der *police power* lässt das Modell ausserdem Fälle der Einwilligung durch den Eigentümer als Befreiungsgrund von der Entschädigungspflicht zu. Häufig liegen Einwilligungen bei sog. *deliberate takings*, also bedachten und geplanten Enteignungen vor. Auch sog. *assumption of risks*, die typischerweise bei zufälligen Enteignungen einschließlich Zerstörungen auftreten, können eine

---

458 *Epstein*, Takings, S. 131.

459 272 U.S. 365 (1926).

460 272 U.S. 365.

461 *Epstein*, Takings, S. 132.

462 *Epstein* hebt dies anerkennend hervor, vgl. *ders.*, Takings, S. 134.

Enteignung rechtfertigen.[463] Beide Arten der Rechtfertigung behandelt das Modell gleich.

Weiter behandelt der Autor das *public use requirement*, vor dessen Verwechslung mit den Rechten der *police power* er warnt. Viel zu weit ausgelegt wird seiner Meinung nach das Erfordernis des öffentlichen Nutzens in der Entscheidung *Berman v. Parker*[464]. Dort könne nicht von einer Begrenzung des Enteignungsrechts des Staates durch das Erfordernis des öffentlichen Nutzens gesprochen werden.[465] Wenn eine Enteignung nur zum Nutzen aller, das heißt zu einem öffentlichen Zweck zulässig sei, müsse der Gewinn, der durch die Umverteilung entsteht, der Gemeinschaft zugänglich gemacht werden. Wie dieser soziale Überschuss zu verteilen ist, untersucht das Modell wiederum im Lichte der Theorie *Lockes*. Dieser fordert, dass das Mehr an Wohlergehen und Wohlstand, das die Menschen durch den Zusammenschluss in einem Staat erlangt haben, abzüglich der Verwaltungskosten für den Staat an alle Bürger verteilt wird. Die Untersuchung betont, dass der Staat zunächst nicht mehr Macht haben kann, als alle seine einzelnen Mitglieder zusammen, da er sie repräsentiert und erst dadurch seine Existenz und Berechtigung erhält. Jedoch muss es zusätzliche Befugnisse des Staates geben, die ihn zu mehr als einem freiwilligen und lockeren Zusammenschluß machen. Dieses Recht wird im Enteignungsrecht gesehen. Der Staat erhält die Befugnis, den Austausch privaten Eigentums zu erzwingen, wodurch die Eigentümer wertvollere Rechte erhalten als die, die sie dafür opfern müssen. [466]

Auf den Vorwurf, er betone einseitig die Bedeutung des Privateigentums für den Staat und die Schwäche der staatlichen Institutionen, anstatt an das Gemeinwesen zu denken, entgegnet der Autor der These:

> „As personal happiness is the by-product of a rich and productive life, so civic virtue is the by-product of sound institutional arrangements. The eminent domain approach works toward civic virtue, not by trumpeting its evident goodness, but by creating a sound institutional environment where it can flourish."[467]

Eine andere Ansicht äußert die Kritik, dass dieses Konzept nicht mit dem des Umweltschutzes durch erhöhte staatliche Regulierung vereinbar ist.[468]

---

463 *Epstein*, Takings, S. 146.

464 348 U.S. 26 (1954); ebenso kritisch *Mahoney*, S. Ct. Rev. 2005, S. 103, 104 ff.

465 *Epstein*, Takings, S. 161 f. mit scharfer Kritik an *Ackerman*, der das Urteil teilweise gutheißt, vgl. *Ackerman*, Private Property and the Constitution, S. 190 Fn. 5.

466 *Epstein*, Takings, S. 332.

467 *Epstein*, Takings, S. 345.

468 *Paul*, 41 U. Miami L. Rev. 3.

Innerhalb der Rechtswissenschaften wurde der Ansatz der *law and economics*-Schule kritisiert, weil die Theorie der rationalen Auswahl aus der Ökonomie unrealistische und vereinfachende Annahmen über die menschliche Natur treffe. Kritiker der *law and economics*-Bewegung argumentieren, dass eine normative ökonomische Analyse die Bedeutung der Menschenrechte und das Erfordernis einer distributiven Gerechtigkeit nicht erfasse. Einige der schärfsten Kritiker der ökonomischen Analyse des Rechts stammen aus dem Lager der sog. *critical legal studies*-Bewegung, an prominenter Stelle *Duncan Kennedy*.[469]

e) Schutz des Eigentums mittels staatlicher Regulierung: Vorhersehbarkeit im Recht

Ein anderer rechtlich-wirtschaftlicher Ansatz wurde von Wissenschaftlern der Yale Law School entwickelt, die einen anderen Begriff von *law and economics* vertritt als die *Chicago School of Law*. Hier geht es eher um einen politik- als einen marktorientierten Ansatz. Während der Eigentumsschutz und vor allem Regulierungen im oben beschriebenen Prinzip der staatlichen Zurückhaltung nur im Notfall durch den Staat erfolgen sollen, setzt die hier dargestellte Ansicht zum Schutz des Eigentums gerade auf die Politik.

Die Autoren fordern in erster Linie Vorhersehbarkeit im Recht. Der Bürger soll voraussehen können, ob sein Fall von den Gerichten als mit dem Recht vereinbar beurteilt werden wird oder nicht. Diese Vorhersehbarkeit und Verlässlichkeit rechtlicher Entscheidungen geht jeder Interessenabwägung des Einzelfalles vor. Damit nehmen sie einen gewissen Formalismus in Kauf und halten ein weniger flexibles Rechtssystem sogar für wünschenswert.[470] Unvorhersehbarkeit berge insbesondere für Investoren zwei Gefahren. Zum einen wüssten sie nicht, ob sie für Beeinträchtigungen entschädigt würden. Zum anderen bestehe für sie ein zu großes Risiko, wenn Beeinträchtigungen unentschädigt blieben.[471]

Nach dieser Ansicht besteht der Begriff Effizienz aus drei Elementen: dem Faktor der privaten Investitionen, dem Faktor der Versicherungen und dem Fak-

---

469 Vgl. *Kennedy*, The Stakes of Law, or Hale and Foucault!, in: Legal Studies Forum Vol. XV, 1991, S. 327 ff.; *ders.*, The Role of Law in Economic Thought: Three Essays on the Fetishism of Commodities, 34 Am. U. L. Rev. 939 (1985); *ders.*, Law-and-Economics from the Perspective of Critical Legal Studies, in: The New Palgrave Dictionary of Economics and the Law, S. 465 ff.; auch *Mark Tushnet, Mark Kelman* und *Roberto Unger* sind Anhänger der *critical legal studies*-Bewegung.

470 Vgl. die Ausführungen *Fischels*, Introduction: Utilitarian Balancing and Formalism in Takings, 88 Columbia Law Review 1581, 1595.

471 *Rose-Ackerman*, Rethinking the Progressive Agenda: The Reform of the American Regulatory State (1992), S. 134.

tor der öffentlichen Investitionen.[472] Die Theorie weist auf das risiko-averse Verhalten von Menschen hin, deren Vermögen gefährdet ist. Weil Haus- und Grundstückseigentümer den Großteil ihres Vermögens in ihr Grundstück oder Haus investiert haben, sollte der Staat diese Eigentümer immer dann entschädigen, wenn er ihr Haus oder Grundstück enteignet oder beeinträchtigt. Das soll auch in Fällen der Nutzungsregulierung gelten. Anders verhält es sich, wenn der Staat nur geringe Teile des Gesamtvermögens einer Privatperson enteignet oder beeinträchtigt - als Beispiel für einen Gegenstand von geringem Wert wird ein Toaster angeführt.[473]

Der Supreme Court hat diese Ansicht bisher in keiner seiner Entscheidungen vertreten. Selbst in Fällen, in denen es um die Frage geht, ob Eigentum ein Bündel von Rechten ist, die für sich genommen auch schon Eigentum darstellen und deren Beeinträchtigung zu einer Entschädigungspflicht führen kann, ging es dabei doch immer um ein Bündel aus betroffenen Rechten, nicht um das gesamte Eigentum einer Privatperson. In Fällen wie *Penn Central* und *Keystone* hat der Supreme Court immer das durch eine Regulierung beeinträchtigte Eigentum als Maßstab benutzt, nie das Gesamtvermögen. Eine so fundamentale Änderung des Maßstabs wie sie hier vorgeschlagen wird, läßt sich mit der geltenden Verfassung nicht vereinbaren und bedürfte aus diesem Grund einer Verfassungsänderung. Die Folge dieses Ansatzes wäre eine grundlegende Umverteilung des Privateigentums und stellte eine Form der Besteuerung dar, die Eigentümern auferlegt würde. Eine solche Änderung hat im Nachklang der beschriebenen Thesen nicht stattgefunden und ihre Umsetzung erscheint auch unter den heutigen politischen Bedingungen nicht realistisch.

Das Modell behandelt weiterhin die Frage, unter welchen Umständen der Staat zu einer Entschädigung für eine Enteignung verpflichtet ist. Der Supreme Court hat in seiner Rechtsprechung bisher immer dann eine Entschädigung gewährt, wenn der Staat das Eigentum für einen öffentlichen Zweck entweder ganz oder zu großen Teilen enteignet oder wenn er dem Eigentümer nahezu sämtliche Nutzungsarten des Eigentums untersagt hatte. Nicht entschädigt werden sollten solche Beeinträchtigungen, die im Wege der Polizeigewalt geschehen waren, insbesondere dann nicht, wenn die Störung von dem Eigentum der Privatperson selbst ausging (*nuisances*). Dieses Modell schlägt hingegen vor, dass Eigentümer immer dann entschädigt werden sollten, wenn der Staat ihr Eigentum entzieht, um es selbst zu nutzen, ohne es vorher zu verändern. Eine Entschädigung soll hingegen nicht angezeigt sein, wenn das Eigentum, beispielsweise eine Im-

472 *Rose-Ackerman*, Rethinking the Progressive Agenda, S. 135 f.

473 *Rose-Ackerman*, Rethinking the Progressive Agenda, S. 138; vgl. auch *dies.*, 88 Colum. L. Rev. 1697, 1705.

mobilie, nach der Enteignung abgerissen wird, um einer anderen Nutzung zu weichen.

Manche Stimmen in der Literatur interpretieren diesen Vorschlag wohlwollend als Versuch, Verschwendung zu vermeiden.[474] Investoren würden ein Gebäude nicht an einer Stelle errichten, von der sie mit hoher Wahrscheinlichkeit annehmen könnten, dass der Staat es enteignen und abreißen wird, ohne Entschädigung zu leisten. Wüßten die Investoren, dass die Regierung das Gebäude nicht abreißen, sondern nutzen wird, würden sie bauen. Dabei komme es ihnen nicht mehr darauf an, ob der Bau für sie effizient sei, da sie im Falle einer Enteignung ohnehin eine Entschädigung zu erwarten haben.[475] Dem Modell liegt die Auffassung zugrunde, dass der Supreme Court zu sehr in *balancing-tests* verwickelt ist. Das hindere ihn daran, Vorhersehbarkeit im Recht zu schaffen, weil ad hoc-Entscheidungen und Abwägungen im Einzelfall Unsicherheiten förderten, anstatt sie zu beseitigen.[476]

Manche Stimmen kritisieren diesen Ansatz als zu weitgehend.[477] Zwar, so räumen sie ein, sei mit Interessenabwägungen im Einzelfall eine gewisse Unsicherheit verbunden. Das heiße jedoch nicht, dass ihnen keine Prinzipien zugrundelägen. Sie schlagen daher vor, weder dem einen noch dem anderen Extrem den Vorzug zu geben, sondern beides, strengen Formalismus und Interessenabwägungen, nutzbar zu machen.[478] Danach sind zunächst formelle Regeln anzuwenden, um das Enteignungsproblem zu lösen, und nur wenn eine Lösung auf diesem Wege nicht gefunden werden kann, ist auf eine Abwägung zurückzugreifen.[479]

Der Hauptkritikpunkt an dieser Theorie aber ist das Fehlen eines Gerechtigkeitselements. Dieser Ansatz strebt zu sehr nach Effizienz und Vorhersehbarkeit rechtlicher Entscheidungen und lässt die Motivation des Rechts, Gerechtigkeit herbeizuführen, ausser acht. Insofern erscheint der Ansatz als problematisch und nicht durchsetzbar.

474 *Fischel*, 88 Colum. L. Rev. 1581, 1595.

475 *Fischel*, 88 Colum. L. Rev. 1581, 1595.

476 *Rose-Ackerman*, Against Ad-Hocery: A Comment on Michelman, 88 Colum. L. Rev. 1697 (1988).

477 *Wiseman*, When The End Justifies The Means: Understanding Takings Jurisprudence in a Legal System with Integrity (1988), S. 461.

478 *Wiseman*, Understanding Takings Jurisprudence, S. 465.

479 *Wiseman*, Understanding Takings Jurisprudence, S. 465.

f) Postmoderner Ansatz

Auch der postmoderne Ansatz geht wie einige andere Ansätze in der Literatur davon aus, dass der Supreme Court sich in eine zunehmend formalistische Richtung bewegt.[480] Anders als die Verfechter der Vorhersehbarkeit im Recht sieht der postmoderne Ansatz mangelnde Vorhersehbarkeit nicht als problematisch an, sondern empfindet sie als tugendhaft. In diesem postmodernen Modell steht die Herstellung von Vorhersehbarkeit juristischer Entscheidungen nicht im Vordergrund.[481] Denn je stärker der Fokus auf Vorhersehbarkeit gerichtet sei, desto starrere Regeln müssten geschaffen werden. Dies widerspricht dem Bedürfnis nach Flexibilität juristischer Entscheidungsfindung, um Einzelfällen gerecht zu werden. Das postmoderne Modell behält diese Spannung zwischen dem Vorhersehbarkeitserfordernis und der Gefahr allzu starrer Regeln im Blick. Zur Lösung dieser Spannung halten die Vertreter dieses Ansatzes *scientific laws* für ungeeignet.[482] Sie kritisieren insbesondere den Ansatz der Vorhersehbarkeit im Recht, der ihrer Auffassung nach bisher keine Lösungsansätze liefern konnte.[483] Auch greifen sie die Thesen an, die mehr Liberalität und staatliche Zurückhaltung im Recht fordern. Sie werfen den Befürwortern des Modells vor, durch die verschiedene Bewertung von Eigentumspositionen die Machtverhältnisse zwischen den Eigentümern ungleich zu verteilen und ihnen gleiche Rechte zu verwehren. Der postmoderne Ansatz halte neue normative Lösungen für den Eigentumsschutz und die Lösung der Spannungen zwischen Individuum und Gemeinschaft bereit.[484] Worin diese Lösungen bestehen, wird jedoch nicht ohne weiteres deutlich.

In den Ausführungen des postmodernen Modells steht nicht die Entwicklung einer neuen Lösung im Vordergrund. Vielmehr versuchen seine Befürworter den Ansatz im Wege der Abgrenzung von anderen Theorien zu beschreiben. Dabei betonen sie, dass das Besondere ihres Ansatzes in der Anerkennung der Tatsache liegt, dass eine ideale Lösung des Enteignungsproblems mithilfe allgemeingültiger und perfekter Gesetze nicht möglich sei.[485] Mit dieser Feststellung stellt das Modell jedoch noch keinen praktischen Lösungsvorschlag vor. Dies mag

480 Vgl. zum Beispiel *Michelman*, 80 Harv. L. Rev. 1165 und *Radin*, The Liberal Conception of Property: Cross Currents in the Jurisprudence of Takings, 88 Colum. L. Rev. 1667 (1988).

481 Vgl. *Minda*, The Dilemmas of Property and Sovereignty in the Postmodern Era: New Solutions for the Regulatory Takings Problem, S. 155 f.

482 *Minda*, The Dilemmas of Property, S. 146.

483 *Minda*, The Dilemmas of Property, S. 146.

484 *Minda*, The Dilemmas of Property, S. 158 f.

485 *Minda*, The Dilemmas of Property, S. 148.

daran liegen, dass es zum postmodernen Ansatz gehört, sich grundlegenden Modellen von substantieller Stichhaltigkeit zu verweigern,[486] da die Erreichung einer idealen Lösung aus seiner Sicht ohnehin nicht möglich ist. Die Theorie hat wahrscheinlich aus diesem Grund keine breite Rezeption in der verfassungsrechtswissenschaftlichen Literatur erfahren.

g) Differenzierte Betrachtung des persönlichen Eigentums

Aus einer neuen Perspektive nähert sich ein Modell, das eine Sonderstellung des persönlichen Eigentums fordert.[487] Ausgangspunkt ist dabei die Frage, ob sich Probleme des Eigentumsschutzes allein durch Formalismus lösen lassen. Das Ergebnis der Untersuchung ist negativ; das Modell wendet sich deshalb gegen einen formalistischen Ansatz zum Schutz des Eigentums. Dabei versteht man unter Formalismus hier nicht die Wertfreiheit von Regeln, wie zum Beispiel im beschriebenen Modell der gerechten Entschädigung, oder das strenge, ausnahmslose Befolgen von Regeln, wie es das Modell der Vorhersehbarkeit im Recht postuliert. Für die Befürworter einer differenzierten Betrachtung des persönlichen Eigentums bedeutet Formalismus das Bestehen von zeitlosen, immer gültigen Regeln.[488]

Sie nähern sich dem Eigentumsverständnis aus der Perspektive *Hegels* und seiner Philosophie des Rechts.[489] Ihre These lautet, dass persönliches Eigentum mehr Schutz genießen sollte als das im Modell so genannte fungible Eigentum.[490] Unter persönlichem Eigentum versteht das Prinzip der differenzierten Betrachtung dabei solche Gegenstände, die einen essentiellen Aspekt der Persönlichkeit bilden und mit dem Individuum identifiziert werden, wie zum Beispiel der Ehering, das eigene Haus oder Bilder. Unter fungiblem Eigentum hingegen seien Gegenstände zu verstehen, die dem kommerziellen oder industriellen Bereich zuzuordnen sind. Das Individuum habe zu diesen Gegenständen regelmäßig keine enge Verbindung.[491] Regelmäßig habe man zu dem eigenen Haus eine stärkere Neigung als zu einem Lagerhaus in der – wenn auch eigenen – Fabrik.[492]

---

486 Vgl. *Skouras*, Takings Law and the Supreme Court, S. 84 f.

487 Vgl. *Radin*, 34 Stanford L. J. 957 ff.; dies., Reinterpreting Property, S. 35 ff.

488 *Radin*, The Consequences of Conceptualism (1986), S. 239.

489 Vgl. *Waldron*, , S. 343 ff.; der dem Konzept *Hegels* die Eigentumstheorien *Lockes* und *Nozicks* gegenüberstellt, letztere aber als inkonsistent verwirft, vgl. schon die Einführung, *ders.*, The Right to Private Property, S. 4 ff.

490 *Radin*, The Liberal Conception of Property: Cross Currents in the Jurisprudence of Takings, 88 Colum. L. Rev. 1667 (1988).

491 *Radin*, The Consequences of Conceptualism, S. 244.

492 *Radin*, 88 Colum. L. Rev. 1667, 1689.

Nach dieser Auffassung spielt das Eigentum eine besondere Rolle für die Persönlichkeitsbildung und für die Anerkennung als Person. Es ist wichtig, dass jede Person über bestimmte Dinge in der äußeren Welt verfügen oder sie kontrollieren kann. [493] Diese Rechte folgen aus dem Eigentum. Während als Entschädigung für den Verlust des fungiblen Eigentums eine Erstattung des Geldwertes ausreiche, kann dies im Falle des persönlichen Eigentums nicht genügen.[494] Regelmäßig habe dieses für den Eigentümer einen höheren, ideellen Wert als den Marktwert. Auch hier geht es wieder um die Ersatzfähigkeit ideeller Werte als Teil des Eigentums.

In dem Modell der staatlichen Zurückhaltung werfen die Verfechter der differenzierten Betrachtung die Frage auf, ob es persönliches Eigentum geben kann, auf das der Staat auch durch Zahlung einer Entschädigung keinen Zugriff hat, oder ob es möglicherweise Eigentumspositionen gibt, für deren Verlust der Staat einen Ausgleich durch eine höhere Entschädigung schaffen muss.[495] Das Modell der staatlichen Zurückhaltung lehnt eine solche Unterscheidung ab.[496] Zwischen den Autoren der beiden Ansätze hat sich eine Debatte entsponnen. Die Vertreter der differenzierten Betrachtung üben Kritik an dem Konzeptualismus des Modells der staatlichen Zurückhaltung. Jenes vertrete die Ansicht, dass es nur ein Eigentumskonzept geben könne. Weiter werfen Kritiker ihm Formalismus vor, weil es die formalistische, das heißt logische und mechanische Anwendung dieses einen Konzepts fordere, um Ergebnisse zu erzielen, die klar verständlich und offensichtlich für den Leser und die Rechtsprechung seien.[497] Nach Meinung der Gegner dieses Ansatzes müsse es aber schon aus Gerechtigkeitsgründen eine juristische Beachtung der unterschiedlichen Eigentumsarten geben, die von den Vertretern des Modells der staatlichen Zurückhaltung jedoch abgelehnt werden. Für sie ist Eigentum immer gleich schützenswert.[498] Auch greifen sie das streng am Wortlaut orientierte Verfassungsverständnis des liberalen Ansatzes an.[499]

Die Gegner der differenzierten Betrachtung hingegen zielen mit ihrer Kritik auf die Schwachstellen dieser Theorie. Sie konzentrieren sich dabei auf die Un-

---

493 *Radin*, Property and Personhood (1982), S. 597.

494 *Radin*, The Consequences of Conceptualism, S. 244.

495 *Radin*, The Consequences of Conceptualism, S. 244.

496 Nur an einer Stelle seines Werkes „Takings and the Power of Eminent Domain"zieht *Epstein* die Möglichkeit einer Trennung von *personal* und *commercial property* in Betracht, zieht daraus jedoch für seine Konzeption keine Konsequenzen und nimmt diese Idee auch nicht wieder auf, vgl. *Epstein*, Takings, S. 174.

497 *Radin*, The Consequences of Conceptualism, S. 239.

498 *Radin*, The Consequences of Conceptualism, S. 243.

499 *Radin*, 88 Colum. L. Rev. 1667, 1670.

terscheidung zwischen persönlichem und fungiblem Eigentum. Ihrer Meinung nach ist es nicht nötig, eine solche Unterscheidung zu treffen, wenn Probleme des Eigentumsschutzes auch mit dem herkömmlichen Verständnis gelöst werden können.[500]

Auch andere Stimmen in der Literatur kritisieren die Theorie des persönlichen Eigentums, wenn auch unter einem ökonomischen Aspekt. Ihrer Meinung nach ist das Modell unter ökonomischen Gesichtspunkten nur schwer zu verteidigen. Zwar würde der Vorschlag, das persönliche Eigentum zu schützen, möglicherweise angenommen. Der verminderte Schutz des fungiblen Eigentums sei jedoch mit einer funktionierenden Wirtschaft kaum zu vereinbaren.[501]

Unter rechtlichen Aspekten ist an der Theorie zu kritisieren, dass sie erhebliche Abgrenzungsschwierigkeiten bei der Frage nach der Art des Eigentums aufwirft. Wann eine Eigentumsposition dem persönlichen und wann dem fungiblen Bereich zuzuordnen ist, läßt sich nicht immer mit Sicherheit feststellen. Auch wird eine Einteilung je nach Individuum unterschiedlich ausfallen. Verschiedene Entscheidungen des Supreme Court, wie zum Beispiel *Poletown Neighbourhood Council v. City of Detroit* müßten nach diesem Ansatz anders entschieden werden, da Wohnen und Gemeinschaft schutzwürdiger sind als Industrie und Handel. Zählen kleine Familienbetriebe noch zum persönlichen Eigentum oder fallen sie bereits in den Bereich des fungiblen Eigentums? Ist unbebautes Land weniger schutzwürdig, auch wenn es seit Jahren im Familienbesitz ist, als mit Wohnungen bebautes Land? Auf diese Fragen bleibt das Modell eine Antwort schuldig.

h) Rückgriff auf Lösungsansätze aus der Rechtsprechung

Ein Ansatz folgt – anders als die meisten anderen Autoren – der Ansicht, dass der Rechtsprechung des Supreme Court wiederkehrende Prinzipien und Strukturen zugrunde liegen.[502] Die Anhänger des Modells versuchen diese Grundzüge

500 *Epstein*, A Last Word on Eminent Domain, 41 U. Miami L. Rev. 253, 263.

501 *Fischel*, 88 Colum. L. Rev. 1581, 1593.

502 Vgl. *Peterson*, 77 Cal. L. Rev. 1299 (1989). In diesem Aufsatz geht die Autorin der Frage nach, ob der Rechtsprechung des Supreme Court in *takings*-Entscheidungen ein wiederkehrendes Muster zugrunde liegt. Sie gelangt zu einem positiven Ergebnis, kritisiert die Rechtsprechung aber dennoch als chaotisch und ungeordnet. Im zweiten Teil des Aufsatzes, abgedruckt in 78 Cal. L. Rev. 53, entwickelt sie anhand der Rechtsprechungsanalyse eine einheitliche Theorie zu der Frage, wann der Supreme Court das Vorliegen einer entschädigungspflichtigen Enteignung annimmt. Eine Anlehnung an die Rechtsprechung des Supreme Court nimmt ausser *Peterson* in den hier dargestellten Ansätzen nur *Costonis* mit dem von ihm entwickelten Vierstufenmodell der gerechten Entschädigung vor.

der Rechtsprechung zu isolieren und zu abstrahieren. Dabei gehen sie davon aus, dass eine Enteignung immer dann vorliegt, wenn der Staat einer Privatperson A entweder physisch oder durch einschränkende Gesetzgebung vorsätzlich Eigentum entzieht.[503] Sie legen eine zweiteilige Definition des Eigentums zugrunde: Zunächst besteht das Eigentum einer Person A in ihrer Freiheit, auf eine für sie wirtschaftlich sinnvolle Weise zu agieren, unabhängig davon, ob der Staat diese Handlungsfreiheit positivrechtlich gestattet. Zweitens erlangt die Person A Eigentum, wenn der Staat ihr ein gesetzliches Recht einräumt, das eine Person B oder den Staat zwingt, so zu handeln, dass es für A wirtschaftlich sinnvoll ist. Keine entschädigungsfähige Enteignung soll vorliegen, wenn der Staat einer durch A geschaffenen Gefahr vorbeugen oder A für die Verursachung einer Gefahr bestrafen will. Aus Gründen der Fairness ist in diesen Fällen keine Entschädigung zu leisten.[504] Eine Entschädigung ist jedoch dann erforderlich, wenn die Person A zur Aufgabe ihres Eigentums zugunsten des Gemeinwohls gezwungen wird.

Die Theorie setzt voraus, dass verschiedene Nutzungsarten von Grundstücken vor allem moralische Konsequenzen haben, weil der Durchschnittsbürger in moralischen Kategorien und nicht in wirtschaftlichen denkt.[505] Damit erteilt die Autorin der ökonomischen Analyse von *Coase* eine Absage und kritisiert sie als theoretisch und wirklichkeitsfern. Ein Eigentümer A wird ein moralisches Urteil fällen, wenn sein Nachbar eine emittierende Anlage auf seinem Grundstück errichtet. Er wird darauf bestehen, dass die Nutzung des anderen ihn beeinträchtigt und er die Schuld an dem entstandenen Konflikt trägt. Hingegen wird er keine utilitaristischen Maßstäbe anlegen, um die Situation zu beurteilen, das heißt, die konfligierenden Nutzungsarten nach ihrem Wert oder Nutzen beurteilen. Dieses Prinzip nennt das Modell „*moral justification principle*" genannt.[506] Es ähnelt dem sog. *harm-benefit-test* der Rechtsprechung, der ebenfalls eine Abwägung zwischen dem Nutzen und dem Schaden einer Maßnahme trifft.

Es stimmt zwar, dass die Bevölkerung Nutzungskonflikte eher nach moralischen als nach utilitaristischen Gesichtspunkten beurteilt. Dass ein Laie dies tut, heißt aber nicht, dass sein Urteil deshalb richtig ist. Die Interessen des Einzelnen stimmen nicht immer mit denen der Gemeinschaft überein. Ein Einzelner mag damit zufrieden sein, in einer vor Überflutung nicht sicheren Umgebung zu wohnen. Diese Vorgehensweise wird aber dann nicht mehr im Interesse der Gemeinschaft sein, wenn Maßnahmen zur Gefahrenabwehr und zur Rettung von

503 *Peterson*, 78 Cal. L Rev. 53, 60.
504 *Peterson*, 78 Cal. L Rev. 53, 60.
505 *Peterson*, 78 Cal. L Rev. 53, 85 ff.
506 *Peterson*, 78 Cal. L Rev. 53, 106.

Leib und Leben des Anwohners auf Kosten des Steuerzahlers getroffen werden.[507] Manche Autoren hegen daher Zweifel an der Durchführbarkeit dieses Modells in einer repräsentativen Demokratie. Jedenfalls würde es dem Versuch des Supreme Court, Entscheidungen über Fragen der Moral zu vermeiden, zuwiderlaufen. Die Kosten-Nutzen-Analyse ist ja gerade ein Versuch, Konfliktfälle an möglichst objektiven Maßstäben zu messen, ohne sich in Wertungsfragen zu verfangen.

i) Zwischenergebnis

Es fällt auf, dass sich die Ansätze in der verfassungsrechtswissenschaftlichen Literatur meistens auf die Frage konzentrieren, wann eine Enteignung eine Entschädigung nach sich zieht. Nicht behandelt wird die Frage, wer die Entscheidung zur Vornahme einer Enteignung und Gewähr einer Entschädigung treffen sollte.[508]

Die meisten Wissenschaftler haben die Ansicht des Supreme Court aus *Pennsylvania* übernommen. Für viele ist die Erkenntnis, dass auch Regulierungen wie Enteignungen zu behandeln sind, Ausgangspunkt ihrer Untersuchungen und Modelle.[509] Eine Ausnahme dazu bildet nur das Modell der staatlichen Zurückhaltung von *Richard Epstein.*

2. Standardisierung von Eigentumsrechten: Das Numerus Clausus Prinzip

Nach wie vor kritisieren zahlreiche Stimmen in der Literatur die Entscheidungen der Rechtsprechung des Supreme Court zum Eigentumsschutz in der Literatur.[510] Eine zentrale Rolle im Werk der Autoren nimmt die Forderung nach einer Standardisierung von Eigentumsrechten durch die Anerkennung des Numerus Clausus Prinzips ein.

Die Autoren des Numerus Clausus Prinzips entwickeln die folgende Analyse. Erstens legen sie Wert auf die Feststellung, dass sich Eigentumsrechte von Vertragsrechten unterscheiden, indem sie anders als das Vertragsrecht gegen jedermann Geltung besitzen. Zweitens heben sie hervor, dass sowohl im System

---

507 Vgl. die Kritik von *Skouras*, Takings and the Supreme Court, S. 83.

508 *Sterk*, The Federalist Dimenson of Regulatory Takings Jurisprudence, 114 Yale L. J. 203, 215.

509 So zum Beispiel in den Modellen *Fischels* und *Michelmans*, vgl. dazu die Ausführungen bei *Sterk*, 114 Yale L. J. 203, 217.

510 Eine umfassende Analyse der Rechtsprechung jüngeren Datums nimmt ein Aufsatz aus dem Jahr 2000 vor, vgl. *Merrill*, The Landscape of Constitutional Property, 86 Va. L. Rev. 885.

des *Common Law* als auch im *Civil Law* die Eigentumsrechte auf eine kleine Zahl genau definierter Rechte beschränkt ist (Numerus Clausus Prinzip).[511] Diese Begrenzungen dienen drittens dazu, dass die Informationskosten für potentielle Erwerber von Eigentumsrechten gesenkt sind, weil sie genau wissen, was sie erwerben werden, welche Rechte ihnen dadurch zustehen und mit welchen fremden Rechten sie möglicherweise zu rechnen haben.[512] Viertens handelt es sich um eine optimale Standardisierung (*optimal standardization*) der Eigentumsrechte,[513] mit einer angemessenen Anzahl verschiedener Eigentumsformen, die bestimmt sind von einer Balance zwischen dem Verlangen nach möglichst vielen Eigentumsformen einerseits und dem Bedürfnis nach Überschaubarkeit und Klarheit andererseits. Das Numerus Clausus Prinzip wird zum Kernprinzip des Eigentumsschutzes erhoben:

> "In the common law, the principle that property rights must conform to certain standardized forms has no name. In the civil law, which recognizes the doctrine explicitly, it is called the numerus clausus – the number is claused."[514]

Die Beschäftigung mit dem Numerus Clausus Prinzip in der amerikanischen Rechtsliteratur ist nicht weit verbreitet. Eingehend hat sich in den achtziger Jahren nur *Bernard Rudden* mit der Frage befasst, der dem Thema einen Aufsatz gewidmet hat.[515] Der Artikel der Autoren *Merrill* und *Smith* entdeckt die Fragestellung neu. Für verwunderlich halten sie es, dass insbesondere die Vertreter der ökonomischen Analyse des Rechts das Prinzip bisher unterschlagen haben.[516] Denn das Prinzip der Vertragsfreiheit hat für die ökonomische Analyse insofern eine zentrale Bedeutung, als es dazu dient, Ressourcen effizient zu verteilen. Das Eigentumsrecht stellt nach Meinung der Autoren eine wichtige Qualifikation zu diesem Grundsatz dar.[517] Ob das Numerus Clausus Prinzip aus ökonomischer Sicht gerechtfertigt ist, ist noch nicht untersucht worden. Der Beitrag hat sich das Ziel gesetzt, die Notwendigkeit eines Numerus Clausus im Eigentumsrecht nachzuweisen. Dass eine abschließende Aufzählung der Eigentumsformen auch eine anti-fragmentarisierende Wirkung habe, also auch die

---

511 *Merrill/Smith*, 110 Yale L. J. 1, 4.

512 *Merrill/Smith*, 110 Yale L. J. 1, 26 ff.

513 *Merrill/Smith*, 110 Yale L. J. 1, 38 ff.

514 *Merrill/Smith*, 110 Yale L. J. 1, 4.

515 *Bernard Rudden*, Economic Theory v. Property of Law: The Numerus Clausus Problem, in: Oxford Essays in Jurisprudence, 239 (hrsg. v. Eekelaar und Bell); vgl. dazu auch *Harris*, Property and Justice, S. 58 f.

516 *Merrill/Smith*, 110 Yale L. J. 1, 5.

517 *Merrill/Smith*, 110 Yale L. J. 1, 5.

Zahl derjenigen bestimme, die über ein Recht verfügen können, sei ein günstiger Nebeneffekt.[518]

Es zeigt sich, dass eine endgültige Aufzählung der möglichen Eigentumsformen in der Literatur kaum Anerkennung erhält. Eine abschließende Aufzählung wird als zu formalistisch und starr betrachtet, die Vertreter der *Critical Legal Studies* werfen den Verfechtern eines Numerus Clausus sogar vor, soziale hierarchische Strukturen einführen zu wollen, die es nur denjenigen, die mit dem Recht vertraut sind, ermöglichen einzuschätzen, ob Eigentumsrechte vorliegen oder nicht.[519] Vertragsrechte hingegen seien offener und egalitärer und aus diesem Grund sozial verträglicher. Die Autoren weisen die Kritik zurück, da sie nicht den Kern ihrer Aussage treffe. Um diesen erfassen zu können, müssten zunächst einige Fragen geklärt werden: Welche Kosten und welchen Nutzen kann Standardisierung durch wohl definierte Eigentumsrechte bringen? In welchem Maße sollte die Standardisierung von Rechten durch den Staat unterstützt und damit nicht allein auf Anregungen von Eigentümern vertraut werden, die Eigentumsformen zu vereinheitlichen? Und wie sollten die Aufgaben bei der Standardisierung und später nötig werdenden Anpassungen zwischen der Legislative und den Gerichten verteilt werden, wenn die Regierung einbezogen wird?[520]

Zunächst ist festzustellen, dass der Numerus Clausus in verschiedenen Ausprägungen auch im *Common Law* System zu finden ist, selbst wenn das Prinzip dort nicht als Numerus Clausus bezeichnet wird. Richter und Juristen gehen stillschweigend von der Existenz eines abschließenden Katalogs von Eigentumsformen aus, ohne sich des Numerus Clausus Prinzips bewusst zu werden. Das macht die Annahme dieses Prinzips unsicher.[521] In der Tat gibt es eine Haltung, dass Gerichte die Intentionen der Parteien erforschen und durchsetzen sollten, ohne dabei an einen Numerus Clausus zu denken.

Anders ist es im *Civil Law*. Dort ist der Numerus Clausus weithin anerkannt als einzige Quelle rechtlicher Verbindlichkeit.[522] Das heißt, dass Vertragsparteien keine neuen Formen von Eigentum schaffen und verbindlich machen können. Ebenso wenig können Richter den Katalog erweitern. Anderenfalls würde der Status des Katalogs als einzige Rechtsquelle verletzt. Die einzige Möglichkeit, die Aufzählung zu erweitern oder zu ändern besteht darin, die Gesetzgebung zu ändern.

---

518 *Merrill/Smith*, 110 Yale L. J. 1, 6, 30.

519 *Merrill/Smith*, 110 Yale L. J. 1, 7 mit Hinweis auf *Kennedy*, Form and Substance in Private Law Adjudication, 89 Harv. L. Rev. 1685, 1699 f. (1976).

520 *Merrill/Smith*, 110 Yale L. J. 1, 8.

521 *Merrill/Smith*, 110 Yale L. J. 1, 9.

522 *Merrill/Smith*, 110 Yale L. J. 1, 9 a. E. mit weiteren Nachweisen.

Das *Common Law* widersetzt sich der Annahme, dass geschriebenes Recht die einzige Quelle für die Begründung von rechtlichen Verpflichtungen ist. Grundsätzliche rechtliche Prinzipien können im System des *Common Law* durch die Gerichte aufgestellt werden. Es ist kaum möglich, das Numerus Clausus Prinzip im *Common Law* auf fundamentale Postulate an das Rechtssystem zu stützen. In diesem System ist kein Grund dafür ersichtlich, warum das gesamte Recht auf eine Vorschrift zurückzuführen sein sollte und warum die dort festgelegten Eigentumsformen der gerichtlichen Prüfung und Veränderung entzogen sein sollten. Dennoch ist dem *Common Law* die Anwendung des Numerus Clausus nicht fremd. Die Gerichte halten sich an bestimmte Eigentumsformen, deren Existenz sie voraussetzen. Dieses Phänomen ist aber nicht die explizite Unterwerfung unter einen gesetzlich festgelegten Kanon, sondern das Ergebnis jahrelanger Interpretationstradition und somit richterliche Selbstbestimmung.

Auf dem Gebiet des Landeigentums sind nur wenige Formen zulässig, die teilweise Unterformen aufweisen, aber im Grunde einen festen Katalog darstellen. Dieser besteht aus dem *fee simple absolute*, dem *defeasible fee simple*, dem *fee tail*, der praktisch keine Anwendung mehr findet, der lebenslangen Pacht und der Miete. Die wichtigsten Formen sind dabei der Eigentümeralleinbesitz (*fee simple*) und das lebenslanges Nutzungsrecht (*life estate*).[523]

Dass die Gerichte darauf achten, Eigentumsformen nicht zu vermischen, illustrieren die Autoren an einem Beispiel: Hinterläßt ein Ehemann seiner Frau nach seinem Tod Eigentum bloß zur lebenslangen Nutzung für den Fall, dass die Frau eines Tages stirbt, ohne ein Testament gemacht zu haben, jedoch als Eigentum, wenn sie es vererben oder verschenken möchte, stellt dies eine von den Gerichten nicht anerkannte Vermischung der Formen dar. Dementsprechend entscheiden sie sich in solchen Fällen für das Vorliegen nur einer Form, entweder Eigentum oder lebenslanges Nutzungsrecht.[524] Dass die rechtliche Form des Eigentums einem strengen Katalog entsprechen muss, hat indes keine Auswirkungen auf die physische Form des Eigentums. Dieser sind kaum Grenzen gesetzt. Auch kann der Übergang des Eigentums an Bedingungen geknüpft werden, die nicht limitiert sind.[525] Insgesamt ist zu erkennen, dass die Gerichte in den vergangenen Jahrzehnten kaum neue Eigentumsformen geschaffen, sondern mit den vorhandenen gearbeitet haben.[526] Dabei erkennen sie das Prinzip des Numerus Clausus nicht explizit an, obwohl sie es in ihren Entscheidungen beachten.[527]

---

523 *Powell*, Powell on Real Property, § 12.01 [2], 12-5.

524 *Merrill/Smith*, 110 Yale L. J. 1, 14 mit weiteren Nachweisen.

525 Restatement (First) of Property § 23 cmt. d; ebenda § 24 cmt. c; ebenda § 25 cmt. f; ebenso § 157 cmt. u ; zitiert nach *Merrill/Smith*, 110 Yale L. J. 1, 14, Fn. 46.

526 Eine Ausnahme auf dem Gebiet des Immobiliareigentumsrechts stellt die Anerkennung einer neuen Form eines besitzlosen Rechts dar, die *equitable servitude*. Der Eng-

Die Leitenscheidung in England, die das Numerus Clausus Prinzip anerkennt, ist der Fall *Keppell v. Bailey*.[528] Das Gericht entschied dort, dass Gerichte nicht die Autorität besitzen, vertragliche Rechte in neue Formen von Eigentumsrechten zu verwandeln. Worin aber liegt dann der Grund dafür, dass Gerichte das Numerus Clausus Prinzip anwenden, auch wenn sie es nicht so bezeichnen? Eine Begründung liefert *Lord Chancellor Brougham* in *Keppell v. Bailey*:

> „There can be no harm to allowing the fullest latitude to men in binding themselves and their representatives, that is, their assets real and personal, to answer in damages for breach of their obligations. This tends to no mischief, and is a reasonable liberty to bestow; but great detriment would arise and much confusion of rights if parties were allowed to invent new modes of holding and enjoying real property, and to impress upon their lands and tenements a peculiar character, which should follow them into all hands; however remote. Every close, every messuage, might thus be held in several fashion; and it would hardly be possible to know what rights the acquisition of any parcel conferred, or what obligations it imposed."[529]

Der Grund für diese Entscheidung liegt nach ökonomischer Betrachtung darin, dass durch eine unbestimmte Zahl von neuen Eigentumsformen die Informationskosten für Dritte ins Unermessliche stiegen. Umfangreiche Nachforschungen wären nötig, um zu ergründen, mit welchen Rechten ein bestimmtes Grundstück belegt ist und welche Personen möglicherweise über Rechte verfügen. Dies ist allein deshalb nötig, um die Verletzung der fremden Rechte und damit eine Haftungen für Verletzungen vermeiden zu können.

Die Autoren nehmen diese Erkenntnis zum Ausgangspunkt der Suche nach einer Begründung der Notwendigkeit des Numerus Clausus Prinzips.[530] Sie untersuchen, welche Wirkungen eine Ausweitung auf alle denkbaren Eigentumsformen für verschiedene Personengruppen hat. Dabei kommen sie unter anderem zu dem Ergebnis, dass es gerade für Parteien, die sich mit Rechtsfragen be-

---

lish Court of Chancery hat diese Form in der Entscheidung *Tulk v. Moxhay*, 41 Eng. Rep. 1143 (Ch. 1848), geschaffen. Sie wurde in das amerikanische Recht übernommen. Neben dieser neuen Form sind als besitzlose Rechte anerkannt: *easements, real covenants* und *profits*, *easements* werden wiederum in negative und positive unterteilt; vgl. *Powell*, § 60.06 [1], 60-95; *covenants* erläutern ferner *Epstein*, Covenants and Constitutions, abgedruckt in: Epstein (Hrsg.), Economics of Property Law, S. 515 ff.; und *Ellickson*, Alternatives to Zoning: Covenants, Nuisance Rules, and Fines as Land Use Controls, 40 U. Chi. L. Rev. 681.

527 *Merrill/Smith*, 110 Yale L. J. 1, 21 ff. mit Fallbeispielen.

528 39 Eng. Rep. 1042 (Ch. 1834).

529 *Keppell v. Bailey*, Eng. Rep. 1042, 1049 (Ch. 1834).

530 *Merrill/Smith*, 110 Yale L. J. 1, 26 ff.

sonders schlecht auskennen, kostspieliger wäre herauszufinden, mit welchen Rechten das Eigentum behaftet ist, das sie erwerben möchten, als sich an den durch den Numerus Clausus begrenzten Katalog von Eigentumsformen zu halten.[531] Dieses Ergebnis könnte der Kritik der *Critical Legal Studies* –Vertreter, durch das Numerus Clausus Prinzip würden soziale Hierarchien geschaffen oder verstärkt und das Recht würde zum Luxusgut, entgegengehalten werden. Für das Numerus Clausus Prinzip spricht auch das Erfordernis der Klarheit für den Laien: wenn die Verletzung von Rechten sanktioniert wird, muss der Bürger die Möglichkeit haben, die Verletzung zu vermeiden, indem er weiß, welche Rechte er überhaupt verletzen könnte. In einem unbegrenzten System von Formen sind die Kosten für die Vermeidung von Verletzungen durch Feststellung aller möglicherweise betroffenen Rechte immens hoch.[532] Fehler bei der Bestimmung von Rechten zu vermeiden, ist ebenfalls einfacher, wenn Eigentumsformen standardisiert sind.

Andererseits birgt auch die Standardisierung Kosten: gibt es einen festen Katalog, an den sich die Parteien halten müssen, erreichen sie ein legitimes Ziel vielleicht nicht immer auf dem kostengünstigsten Weg. Eine erzwungene Standardisierung kann die Parteien in ihren Vorhaben auch frustrieren. Sie müssen deshalb wissen, wie sie sich der existierenden Formen am besten bedienen können, so dass sie ihr Ziel auf die kostengünstigste Art erreichen können. Die Autoren stellen durch einen Vergleich mit der menschlichen Sprache fest, dass die Lösung dazu in der Verwendung standardisierter Bausteine liegt. Der Numerus Clausus soll dazu dienen, so viele Rechtsformen festzuschreiben, dass genügend Bausteine existieren, um auf sinnvolle Weise Eigentumsrechte begründen zu können, aber wiederum nicht zu viele, um Kosten und Verwirrung gering zu halten.[533]

Mögliche Argumente gegen das Numerus Clausus Prinzip werden in drei Gruppen unterteilt. Die sogenannte liberale Kritik wirft dem Prinzip vor, dass eine Standardisierung durch den Gesetzgeber nicht nötig ist, um die Informationskosten für Dritte zu senken, da der Markt dies selbst regulieren könne. Diese Kritik wird auf verschiedene Weise begründet. Liberale fordern, neu geschaffene Formen ohne Einmischung des Staates anzuerkennen. Sie sehen eine Standardisierung als einen zu starken Eingriff in die Vertragsfreiheit an. Insbesondere *Epstein* kritisiert die Einschränkung von Eigentumsformen am Beispiel von Dienstbarkeiten.[534] Die einzige Maßnahme, für deren Durchführung der Staat

531 *Merrill/Smith*, 110 Yale L. J. 1, 32.

532 *Merrill/Smith*, 110 Yale L. J. 1, 32.

533 *Merrill/Smith*, 110 Yale L. J. 1, 38.

534 *Epstein*, Notice and Freedom of Contract in the Law of Servitudes, 55 S. Cal. L. Rev. 1353 (1982); s. a. *ders*., Past and Future: The Temporal Dimension in the Law of

verantwortlich sein soll, ist die Registrierung der Rechte und Personen, die mit einer Immobilie zusammenhängen, damit ein potentieller Erwerber nachvollziehen kann, wer ihm das Eigentum übertragen kann.[535] Durch die Schaffung neuer Eigentumsformen erhöhte Kosten schlagen sich seiner Meinung nach nur auf den Wert des Eigentums nieder, darüber hinaus entstünden keine weiteren Kosten. Wolle der Eigentümer trotzdem sein Eigentumsrecht verändern, solle er das tun dürfen.[536] Die Rolle der Gerichte würde sich wie im Vertragsrecht auf die Auslegung des Parteiwillens beschränken. Überhaupt solle nicht in das Eigentumsrecht eingegriffen werden, solange die Rechte Dritter nicht verletzt werden.[537] Nach Ansicht der Autoren übersehen Kritiker ihres Modells aber, dass eine Ausweitung der Rechtsformen nicht nur Auswirkungen auf das Zweipersonenverhältnis der Vertragsparteien hat, sondern gegenüber jedermann Wirkung zeitigt.[538] Die Informationskosten für Dritte blieben erhöht.

Andere Kritiker der wirtschaftsliberalen Schule führen gegen den Numerus Clausus ins Feld, dass Netzwerke ebensogut für Standardisierungen sorgen könnten wie der Staat. Manche behaupten, dass eine Standardisierung auch durch private Organisationen erreicht werden könne. Eine Standardisierung durch Netzwerke entsteht aus dem Nutzen, der darin liegt, sich erprobter und auch in der Zukunft verlässlicher Formen zu bedienen. Weil dies auch für Eigentumsformen zutreffe, sei staatliches Einschreiten im besten Falle redundant, eventuell störte es sogar natürliche Prozesse.[539] Die Befürworter des Numerus Clausus entgegnen diesem Prinzip jedoch, dass es nicht über eine zentrale Steuerung verfügt und damit die Nutzer einer möglichen Verwirrung überläßt, wenn sie nicht mehr erkennen können, ob die von ihnen verwendete Form eine Standardform ist oder bleiben wird. Besser sei in diesem Fall wieder der Numerus Clausus, weil er die möglichen Formen in einem Katalog festschreibe, an dem sich jeder orientieren könne.[540] Gegen die Standardisierung mit Hilfe Privater spricht, dass sich kaum Unternehmer finden werden, die diese Standardisierung vorantreiben, wenn sie nicht lukrativ genug ist. Eine gesetzliche Lösung hingegen schafft Klarheit und die Unternehmer sparen Kosten.[541]

Property, 64 Wash. U. L. Q. 667, 705-707 (1986). *Epstein* spricht sich in diesem Artikel gegen Beschränkungen der Begründbarkeit von zukünftigen Rechten aus, zum Beispiel gegen die *rule against perpetuities*.

535 *Epstein*, 55 S. Cal. L. Rev. 1353, 1355.

536 *Epstein*, 55 S. Cal. L. Rev. 1353, 1360.

537 *Epstein*, 55 S. Cal. L. Rev. 1353, 1358.

538 *Merrill/Smith*, 110 Yale L. J. 1, 44.

539 Vgl. die Darstellung dieser Auffassung bei *Merrill/Smith*, 110 Yale L. J. 1, 47.

540 *Merrill/Smith*, 110 Yale L. J. 1, 47.

541 *Merrill/Smith*, 110 Yale L. J. 1, 50.

Mit dem Antifragmentations-Argument wird kritisiert, dass das Numerus Clausus Prinzip in Wirklichkeit gar nicht dazu diene, die Informationskosten für Dritte gering zu halten, sondern dazu, die Zersplitterung von Eigentum zu verhindern. In der amerikanischen Rechtsliteratur hat ein Autor darauf hingewiesen, dass das Numerus Clausus Prinzip dazu genutzt werden könne, die Zersplitterung des Eigentums und die Schwierigkeit, Konsens zwischen allen Anteilseignern für eine produktive Nutzung zu erlangen, mindern könne.[542] Die Autoren des Artikels zerstreuen das Argument, dass der Numerus Clausus nur gegen Zersplitterung wirken solle mit dem Hinweis, dass er nur in mancher Hinsicht einer Zergliederung des Eigentums entgegenstehe, in vielerlei Hinsicht Zergliederungen aber toleriere.[543] Der Numerus Clausus ist nicht das optimale Instrument, um Fragmentierung zu vermeiden.[544]

Die dritte Meinung stützt ihre Ablehnung auf das Irrelevanz-Argument: Sämtliche Nutzungsarten des Eigentums kann man ihrer Ansicht nach am besten vertraglich regeln. Ein Numerus Clausus sei nicht nötig. Das Vertragsrecht habe mittlerweile das Eigentumsrecht an Bedeutung überholt, letzteres sei nicht mehr zeitgemäß.[545] Die Autoren führen für die Notwendigkeit des Numerus Clausus Prinzips als ökonomisches Hauptargument die Reduzierung von Informationskosten für dritte Parteien an. Ließe das Gesetz die Erfindung immer neuer Eigentumsformen zu, so hätte dies immense Kosten für Dritte zur Folge. Auf der anderen Seite zöge ein zu enges System der Eigentumsrechte hohe Frustrationskosten mit sich. Der Numerus Clausus soll eine Balance zwischen diesen beiden Polen herstellen. Die Lösung liegt nach dieser Ansicht in einer optimalen Standardisierung.

Auf den ersten Blick bietet das Modell klare Maßstäbe zur Festlegung des verfassungsrechtlich geschützten Eigentums. Die Entschädigungspflicht des Staates lässt sich auf diese Weise einfacher feststellen als mit der Vielzahl der *tests* aus der Rechtsprechung. Jedoch erscheint das Numerus Clausus Prinzip für

542 *Heller*, The Tragedy of the Anticommons: Property in the Transition from Marx to Markets, 111 Harv. L. Rev. 621 (1998); die These *Hellers*, es gebe kein formales ökonomisches Konzept der *anticommons*, versuchen *Buchanan* und *Yoon* zu widerlegen und zeigen dabei auf, dass die Komplikationen der Rückführung von Gemeinschaftseigenum in Privateigenum den Schwierigkeiten einer effizienten Bewirtschaftung verstaatlichten Eigentums ähneln, vgl. *dies.*, Symmetric Tragedies: Commons and Anticommons, in: XLIII J. of Law and Economics 1, 1 ff.

543 *Merrill/Smith*, 110 Yale L. J. 1, 52.

544 So auch *Hansmann/Kraakman*, Property, Contract, and Verification: The Numerus Clausus Problem and the Divisibility of Rights, 31 J. Legal Stud. 373, 418 f. (2002).

545 *Merrill/Smith*, 110 Yale L. J. 1, 54, mit einer Darstellung dieser Auffassung und weiteren Nachweisen.

den juristischen Laien nur schwer verständlich und äusserst kompliziert. Es kann nicht von einem Eigentümer erwartet werden, so genau über die verschiedenen existierenden Eigentumsformen bescheid zu wissen und seine Eigentumspositionen einer der Formen zuzuordnen, um zu wissen, welche Teile seines Besitzes geschütztes Eigentum sind. Darüber hinaus erscheint die vorgeschlagene Methode als ungeeignet, um in Zweifelsfällen zu einer klaren Lösung zu führen. Vor allem enthält sie kein Gerechtigkeitselement, so dass für Abwägungen im Einzelfall kein Raum bleibt.

3. Eigentumsschutz durch freie Wahl des Staatenrechts im föderalen System

Eigentumsschutz durch freie Wahl des Staatenrechts postulieren die Autoren eines 2005 erschienenen Aufsatzes mit der Begründung, eine Lockerung der einzelstaatlichen Gesetzgebung erweitere die Möglichkeiten der Landnutzung für den einzelnen Eigentümer.[546] Sie schlagen einen Mechanismus zu einer Erhöhung des Wettbewerbs zwischen den einzelnen Staaten auf dem Gebiet der Eigentumsgesetzgebung vor und konstruieren ein neues, offenes Eigentumssystem, wobei sie sich das System des Föderalismus zunutze machen. Die Autoren stellen die These auf, dass es in einem föderalen System unter sozialen Gesichtspunkten erstrebenswert ist, die Liste der möglichen Eigentumsformen um bestimmte, sogenannte *out-of-state-forms* zu erweitern.[547] Das bedeutet, dass für Landeigentum in einem Staat nicht nur das Recht des Staates, in dem das Grundstück liegt, sondern nach Wahl des Eigentümers auch das Recht eines anderen Bundesstaates anwendbar sein soll. Die Verfasser fordern die Abschaffung oder zumindest Abschwächung der *lex situs rule*, die, übernommen aus dem englischen *Common Law*, bestimmt, dass für Landeigentum immer das Recht des Staates gilt, in dessen Gebiet das Grundstück liegt. Die Autoren vertreten einen Ansatz, der nicht auf einer Kritik der Rechtsprechung des Supreme Court basiert, sondern die gegenwärtige Gesetzgebung ändern möchte.

Die Gesetzgebung im Eigentumsrecht ist vorwiegend Ländersache.[548] Als Folge des föderalen Systems kann jeder Bundesstaat eigene Gesetze zur Regelung des Eigentumsrechts erlassen, die grundsätzlich von den anderen Bundesstaaten akzeptiert werden müssen. Dass das Privateigentum geschützt ist, ist in der Verfassung festgelegt. Wer Privateigentum erwerben und über es verfügen

546 *Bell/Parchomovsky*, Of Property and Federalism, 115 Yale L. J. 72 (2005).

547 Dieser Ansatz steht in einem Gegensatz zu dem soeben erläuterten Numerus Clausus Prinzip, das auf eine Begrenzung der Eigentumsformen setzt.

548 Dies ist die Prämisse des vorgeschlagenen Modells, vgl. *Bell/Parchomovsky*, 115 Yale L. J. 72, 74.

kann, sowie den Inhalt des Eigentums bestimmen bundesstaatliche Gesetze.[549] So können beispielsweise in den meisten Staaten Nordamerikas gleichgeschlechtliche Paare kein eheliches Gemeinschaftseigentum begründen. Möglich ist dies bisher nur in Vermont und in Massachusetts. Einer staatlichen Regelung bedarf auch immer noch die Frage nach der Möglichkeit von Eigentumsbegründung an menschlichen Organen oder Föten.

Nach der bisherigen Gesetzgebung kann der Bürger nicht frei wählen, welches Recht für sein Grundeigentum gelten soll. Wird er durch das Recht des Staates, in dem sein Eigentum liegt, beschwert, so hat er nur die Möglichkeit, sein Eigentum aufzugeben und neues Eigentum in einem Bundesstaat zu begründen, in dem die Rechtslage für ihn günstiger ist. Dieses Verfahren bringt für den Bürger hohe Kosten, sog. *relocation costs*, mit sich. Der Artikel beschreibt einen Weg, diese Kosten zu senken, indem die Bürger die Möglichkeit erhalten, *out-of-state-law* auf Immobilien und Land anwenden zu können. In dem Modell dürfen sich die Eigentümer das Recht eines Bundesstaates aussuchen, das für ihr Eigentum gelten soll. Für diese Möglichkeit sollen sie eine Steuer oder Gebühr entrichten. Das Recht kann nur für bereits begründetes Eigentum gewählt werden. Die Regeln über die Begründung von Eigentum legt nach wie vor der Staat fest, in dem das Eigentum liegt. Zum Beispiel erkennen Kalifornien und acht andere Staaten im Bereich des ehelichen Eigentums Eigentumspositionen, die während der Ehe erworben wurden, als gemeinschaftliches Eigentum an, während andere Staaten diese Position einer anderer Eigentumsform zuordnen würden. Viele Bundesstaaten bejahen die Gültigkeit von Auflagen und Dienstbarkeiten zugunsten des Umwelt- und Denkmalschutzes, womit sie sich gegen die *Common Law* Regel wenden, die nichttraditionelle Formen von Dienstbarkeiten nicht anerkennt.[550] Andere Staaten wiederum halten sich streng an diese Regel, so dass auf ihrem Gebiet die Einräumung bestimmter Nutzungsrechte nicht als Dienstbarkeit angesehen und deshalb auch nicht eigentumsrechtlich geschützt wird. Die Autoren benutzen deshalb für das amerikanische Recht in Anlehnung an den Verfassungsrichter *Justice Brandeis* das Bild eines großen Laboratoriums, indem mit neuen Formen experimentiert werden kann.[551]

---

549 Vgl. zu den Status-Fragen *Bell/Parchomovsky*, 115 Yale L. J. 72, 110 f.

550 *Bell/Parchomovsky*, 115 Yale L. J. 72, 75, mit Hinweis auf *Todd D. Mayo*, A Holistic Examination of the Law of Conservation Easements, in: Protecting the Land: Conservation Easements Past, Present and Future 26, 27 -31, *Julie Ann Gustanski* und *Roderick H. Squires*, Hrsg., 2000.

551 *Bell/Parchomovsky*, 115 Yale L. J. 72, 75 mit Hinweis auf *New State Ice Co. v. Liebmann*, 285 U.S. 262, 311 (1932): „It is one of the happy incidents of the federal system that a single courageous State may, if its citizens choose, serve as a laboratory; and try novel social and economic experiments without risk to the rest of the country."

Als Betonung der Wichtigkeit des föderalen Systems für den Eigentumsschutz wird das von einigen Wissenschaftlern übernommene Numerus Clausus Prinzip als Begrenzung der Eigentumsrechte bewertet. Das Numerus Clausus Prinzip besagt, dass das Eigentumsrecht einen strengen Kanon von Berechtigungen bereithält, die es als verfassungsrechtlich geschützte Eigentumsinteressen oder sog. ‚*real rights*' anerkennt.[552] Das nordamerikanische Recht erkennt nur vier verschiedene Arten von Landbesitz (*possessory estates*) an: Eigenbesitz (Eigengut, *fee simple*), begrenztes Lehen (*fee tail*), Pacht (*leasehold*) und lebenslangen Nießbrauch (*life estate*).[553] Die Autoren wenden sich gegen dieses strenge Prinzip, weil es ihrer Ansicht nach den Anforderungen der verschiedenen staatlichen Rechtsordnungen und dem föderalen Prinzip nicht gerecht wird.[554] Sie fordern, das Numerus Clausus Prinzip abzuschwächen und den Eigentumsschutz zu erweitern.[555]

Das Eigentum an Grund und Boden profitiert aus zwei Gründen nicht von dem föderalen System. Erstens ist es immobil und kann deshalb nicht einfach in andere Staaten verlegt werden. Zweitens unterliegt es bisher der *lex situs rule*. Der Wettbewerb um attraktive Gesetze ist zwischen den Staaten auf diesem Gebiet gering. Auch um diesen Nachteil für Grundeigentümer zu mildern, führen die beiden Autoren ihr Modell ins Feld.[556] Sie vergleichen das Eigentumsrecht mit der Lösung der freien Rechtswahl, die auf dem Gebiet des Vertragsrechts aufgrund des Föderalismus möglich ist.

Das Numerus Clausus Prinzip ist erst durch einen Aufsatz in jüngerer Zeit neu belebt worden.[557] Die Feststellung, dass das Prinzip eine optimale und transparente Begrenzung und Standardisierung des Eigentumsrechts ist, wurde in der Folge von vielen Autoren angenommen.[558] Auch die Befürworter der frei-

---

552 *Bernard Rudden*, Economic Theory v. Property Law: The Numerus Clausus Problem, in: Oxford Essays in Jurisprudence, 239, 239 (Hrsg. von *John Eekelaar* und *John Bell*, 3. Serie 1987)

553 Diese vier Formen können auch in leicht abgewandelter Form vorliegen, zum Beispiel als zeitlich beschränkter Nießbrauch oder als von einer Bedingung abhängiges Eigentum, vgl. *Bell/Parchomovsky*, 115 Yale L. J. Fn. 12 mit Hinweis auf *Merrill* und *Smith*, Optimal Standardization in the Law of Property: The Numerus Clausus Principle, 110 Yale L. J. 1, 12-13 (2000).

554 *Bell/Parchomovsky*, 115 Yale L. J. 72, 76, 82.

555 *Bell/Parchomovsky*, 115 Yale L. J. 72, 75 f.

556 *Bell/Parchomovsky*, 115 Yale L. J. 72, 78.

557 *Merrill/Smith*, Optimal Standardization in the Law of Property: The Numerus Clausus Principle, 110 Yale L. J. 1.

558 Vgl. mit Einschränkungen *Hansmann/Kraakman*, Property, Contract, and Verification: The Numerus Clausus Problem and the Divisibility of Rights, 31 J. Legal Stud. 373

en Wahl des Landesrechts bejahen es grundsätzlich, halten es aber für unzureichend in Bezug auf das föderale System und das Eigentumsrecht.[559]

Die Autoren untersuchen anhand der gängigen Besitz- und Eigentumsformen, wie sich der Föderalismus auf das Eigentumsrecht ausgewirkt hat. Als Beispiele führen sie *cotenancies* (Mitpächterschaft), *easements* (Grunddienstbarkeiten) und *droit de suite* (Urheberrechte) an. Dabei stellen sie fest, dass diese Eigentumsformen in den einzelnen Bundesstaaten sehr unterschiedlich ausgestaltet sind. In manchen Staaten, wie zum Beispiel in Kalifornien, werden Formen des Gemeinschaftseigentums weit interpretiert, in anderen Staaten, so zum Beispiel in Nebraska, werden sie sehr eng ausgelegt.[560] Das führt zu erheblichen Unterschieden bei der Durchsetzbarkeit von Eigentumsrechten. Ist zum Beispiel in einem Staat anerkannt, dass während einer Ehe erworbenes Eigentum zu Gesamtgut, also gemeinschaftlichem Eigentum beider Ehegatten wird, so ist die Durchsetzung der Eigentumsansprüche anders als in Staaten, in denen die Ehepartner in einer Zugewinngemeinschaft leben, in der das während der Ehe erworbene Eigentum nicht zu gemeinschaftlichem Eigentum wird.

Auch auf dem Gebiet der Grunddienstbarkeiten herrschen Unterschiede in der Staatengesetzgebung. Grunddienstbarkeiten räumen Nutzungs-, jedoch keine Besitzrechte ein. Man kann unterscheiden zwischen positiven und negativen Dienstbarkeiten. Eine Dienstbarkeit wird als positiv klassifiziert, wenn sie dem Begünstigten das Recht einräumt, das dienende Grundstück zum Beispiel im Rahmen eines Durchgangsrechtes zu nutzen. Negative Grunddienstbarkeiten zeichnen sich dadurch aus, dass dem Eigentümer des dienenden Grundstücks bestimmte Nutzungsarten untersagt sind, zum Beispiel der Bau eines hohen Hauses, das dem Eigentümer des herrschenden Grundstücks die Sicht versperren würde, oder das Stauen eines Flusses, das den Fluss des Wassers unterbricht.[561] Unter dem englischen *Common Law* waren lediglich vier negative Grunddienstbarkeiten anerkannt: Ein Nachbar durfte die Fenster des Eigentümers nicht blockieren, um die Besonnung nicht zu beeinträchtigen. Weiter durfte die Belüftung des Nachbargrundstücks nicht durch zu nahe Bebauung gestört werden. Ebenso war es dem Nachbarn verboten, tragende Wände oder Stützen des Hauses seines Nachbarn einzureißen oder zu beschädigen. Schließlich war es verboten, den Fluß von Wasser durch einen künstlich angelegten Strom zu unterbrechen.

Auch im amerikanischen Recht werden die Grunddienstbarkeiten begrenzt, allerdings bei weitem nicht so streng wie unter dem *Common Law*. Zum Bei-

---

(2002); *Lewinson-Zamir*, The Objectivity of Well-Being and the Objectives of Property Law, 78 N.Y.U. L. Rev. 1669, 1730-1739 (2003).

559 *Bell/Parchomovsky*, 115 Yale L. J. 72, 82.

560 *Bell/Parchomovsky*, 115 Yale L. J. 72, 84.

561 Zu detaillierten Beispielen vgl. *Bell/Parchomovsky*, 115 Yale L. J. 72, 90.

spiel existieren in den USA Grunddienstbarkeiten zum Schutz der Umwelt und von Denkmälern, die unter dem *Common Law* nicht zulässig wären, weil sie nicht dem oben beschriebenen Kanon zuzuordnen sind. Sie beschränken die Rechte des dienenden Grundstücks nicht nur zugunsten des herrschenden Grundstücks, sondern zugunsten eines öffentlichen Zwecks, dem Allgemeinwohl. In den letzten 50 Jahren haben viele amerikanische Staaten Gesetze dieser Art eingeführt, einschließlich der 18 Staaten und des District of Columbia, die den *Uniform Conservation Act* von 1996[562] übernommen haben. Die Zwecke des sog. *conservation easement* beinhalten:

> „Retaining or protecting natural, scenic, or open-space values of real property, assuring its availability for agricultural, forest, recreational, or open-space use, protecting natural resources, maintaining or enhancing air or water quality, [and] preserving the historical, architectural, archaeological, or cultural aspects of real property."[563]

Nur die Staaten Wyoming, Pennsylvania, North Dakota und Oklahoma verbieten diese Form der Dienstbarkeiten zu den genannten Zwecken noch und halten sich an das *Common Law*. Nicht alle Staaten setzen die *conservation acts* gleich um. In einigen Staaten beziehen sie sich nur auf die Erhaltung von Land, in anderen umfassen sie auch die Erhaltung von Gebäuden und historischen Stätten.[564] Auch hier bestehen erhebliche Unterschiede zwischen den Gesetzen der einzelnen Staaten und dem Schutzniveau des Eigentums. Die Autoren nehmen diese Feststellung als Beweis dafür, dass zwischen den Staaten ein Wettbewerb bestehen muss, der dadurch geschaffen wird, dass sich der Bürger aussuchen kann, welches Recht auf sein Grundeigentum Anwendung finden soll. Eine Erfolgsgeschichte des Wettbewerbs zwischen den Gesetzgebungen der Staaten ist für die Autoren die Entwicklung des Gesellschaftsrechts und die Ansiedlung zahlreicher Unternehmen in Delaware.[565] Delaware ist seit Jahrzehnten der Staat mit den meisten Gesellschaftsneugründungen, weil das Recht dort dafür günstig ist.[566] Diese Entwicklung ist ein Beispiel für einen funktionierenden Wettbewerb

---

562 Unif. Conservation Act, 12 U.L.A. 170 (1996).

563 Unif. Conservation Act § 1 (1), 12 U.L.A. 170 (1996).

564 *Morrisette*, Conservation Easements and the Public Good: Preserving the Environment on Private Lands, 41 Nat. Resources J. 373, 384 (2001).

565 *Bell/Parchomovsky*, 115 Yale L. J. 72, 93.

566 Vgl. *Bell/Parchomovsky*, 115 Yale L. J. 72, 80 mit Hinweis auf die offizielle Website des Staates Delaware, auf der zu lesen ist, dass mehr als eine halbe Million Unternehmen ihre rechtliche Heimat in Delaware haben, einschließlich mehr als 50 % aller amerikanischen öffentlich gehandelten Unternehmen und 58 % of the Fortune 500. State of Delaware, Division of Corporations, http://www.state.de.us/corp.

zwischen den Staaten, war doch im neunzehnten Jahrhundert noch New Jersey das beliebteste Land der Unternehmer. Durch eine bewusste Änderung des Rechts hat Delaware es geschafft, diesen Rang für sich zu gewinnen. Ein ähnlicher Wettbewerb schwebt auch den Autoren vor. Nicht zuletzt, weil es verschiedene Gerichtsbarkeiten in den Staaten gibt, existiert bereits ein Wettbewerb zwischen den Staaten in der Frage nach den richtigen Eigentumsformen. Daraus ergibt sich ein hohes Innovationspotential, das durch das hier beschriebene Modell auch auf dem Gebiet des Grundeigentums angeregt werden soll.[567] Weil man Grundeigentum anders als Unternehmen nicht verlegen könne, müsse das Recht beweglich gemacht werden.[568]

Der Erwerb des Eigentums wird nach wie vor durch das Recht des Staates zu regeln sein, in dessen Gebiet das Grundstück liegt.[569] Ein Bundesstaat muss grundsätzlich anerkennen, was ein anderer Staat zu Eigentum erklärt hat. Ausnahmen zu diesem Grundsatz gelten nur dann, wenn das durch einen anderen Bundesstaat gesetzte Recht mit dem Schutz der öffentlichen Sicherheit und Ordnung des einen Staates in Konflikt tritt. *Bell* und *Parchomovsky* stützen auch die Argumentation für ihr Modell auf diese Zulassung von Ausnahmen.[570] Die föderale Regierung besitzt ein Eingriffsrecht aus moralischen Gründen, auf dessen Grundlage sie regulierend eingreifen darf. Als Beispiele für solche Situationen führen die Autoren die Wiedereinführung der Sklaverei oder die Begründung von Eigentum an Menschen an. Auch im Falle des Eigentums an menschlichen Organen könnte ein moralisches Eingriffsrecht des Bundes angezeigt sein.[571] Ohnehin ist eine einzelstaatliche Maßnahme von den Gerichten immer an der föderalen Verfassungsgarantie zu messen. Sie fungiert als Sicherheitsnetz, durch das das Staatenrecht nicht fallen kann.[572] Entscheidungen des Supreme Court sind Anleitungen für die niederen Bundesgerichte und die Gerichte der Einzelstaaten sowie für Behörden.[573]

Die Fülle von Gesetzen verhindert bereits jetzt, dass der Supreme Court die führende Rolle bei der Durchsetzung von verfassungsrechtlichen Standards einnimmt.[574] Das Funktionieren des Eigentumsschutzes ist auf die Beteiligung der

567 *Bell/Parchomovsky*, 115 Yale L. J. 72, 74.
568 *Bell/Parchomovsky*, 115 Yale L. J. 72, 98.
569 *Bell/Parchomovsky*, 115 Yale L. J. 72, 110.
570 *Bell/Parchomovsky*, 115 Yale L. J. 72, 112, 113.
571 *Bell/Parchomovsky*, 115 Yale L. J. 72, 113.
572 *Sterk*, 114 Yale L. J. 203, 218.
573 *Sterk*, 114 Yale L. J. 203, 221 f.
574 Dass das Landesrecht in der Regel jedoch keinen Einfluss auf die Bestimmung des Schutzumfangs von verfassungsrechtlichen Regelungen betreffend das Eigentum hat, kritisiert *Sterk*, 114 Yale L. J. 203, 205 a.E.

staatlichen Gerichte, der niederen Bundesgerichte, der Bundes- und der Landesgesetzgebung und der Behörden angewiesen. Bedeutung für den Schutz von Eigentumsrechten hat schon heute nicht allein der Supreme Court, sondern auch die Bundesstaaten.[575] Gegen das Modell spricht vor allem, dass es zu einer unübersichtlichen Vermischung der verschiedenen Rechtsordnungen führen würde, die nicht nur für die Eigentümer selbst, sondern auch für Richter und andere Juristen unverhältnismäßig hoch belasten und zu hohen Informationskosten führen würde. Hohe Informationskosten führen die Autoren selbst als Nachteil des Modells ins Feld geführt. Auch erscheint der vorgeschlagene Modus umständlich. Kaum ein Laie wird vor Festlegung des Eigentums zunächst alle einzelstaatlichen Regelungen prüfen, um die beste für sein Eigentum herauszufinden. Die Realisierung erscheint damit als zu aufwendig und für den Bürger verwirrend, da er auf umfassende Beratung bei der Wahl des Staatenrechts angewiesen wäre.

II. Ökonomische Ansätze zum Eigentumsschutz

Die mit der Nutzung von Land verbundenen Schwierigkeiten und Fragestellungen werden nicht nur unter juristischen, sondern auch unter ökonomischen Gesichtspunkten in der Literatur analysiert. Der folgende Abschnitt soll einen Überblick über die verschiedenen Ansätze geben. In der ökonomischen Analyse werden vor allem Parameter wie Effizienz, Produktivität, Regeln der Eigentümerschaft, Tauschmittel und Transaktionskosten behandelt. Aus ökonomischer Perspektive ist Enteignungsrecht nur gerechtfertigt, um hohe Transaktionskosten zu vermeiden.[576]

1. Land als natürliche Ressource oder natürliches Gut (Commodity)?

Im Allgemeinen wird Land in Amerika im System der Aufteilung zwischen Privat- und Gemeinschaftseigentum dem Privateigentum zugerechnet. Einige Stimmen in der Literatur fordern jedoch eine andere Einordnung. Sie sind davon überzeugt, dass es sich bei Land um ein natürliches Gut handelt, das aus diesem Grund niemandem allein gehören kann. Vielmehr müsse es im Gemeinschaftseigentum stehen, da kein Einzelner einen alleinigen Anspruch darauf erheben könne. Aus diesem Grund sind Enteignungen - auch wenn sie in diesem Modell nicht mehr so genannt werden könnten - nicht entschädigungspflichtig.[577] Eine

575 *Sterk*, 114 Yale L. J. 203, 205 (2004).

576 *Ulen*, Takings and Just Compensation, S. 173.

577 *Tideman*, Takings, Moral Evolution, and Justice, 88. Colum. L. Rev. 1714, 1720-21, 1723 (1988).

Entschädigung ist nur dann zu leisten, wenn Kapital enteignet wird.[578] Auch von der herrschenden Meinung wird Land als natürliches Gut angesehen, jedoch mit der Folge, dass es wie jedes andere Gut ge- und verkauft werden kann. Aus diesem Grund muss auch die Enteignung von Land eine Entschädigung nach sich ziehen, ebenso wie die Enteignung einer Fabrik.

Mit der Schärfung des öffentlichen Bewusstseins für den Umweltschutz gingen Einschnitte in das Privateigentum einher. Es ist trotz der grundsätzlichen Verfügungsgewalt des Eigentümers über sein Eigentum nicht erlaubt, das eigene Grundstück zu kontaminieren.[579] Diese Einschränkungen stellen jedoch nicht in Frage, dass Privateigentum an Grundstücken bestehen kann. Der konkrete Maßstab der Kontrolle über die Nutzung von Grundeigentum ist seit jeher umstritten. Konservative Stimmen lehnen eine allzu große Kontrolle durch den Staat ab und fordern höhere Entschädigungen, wenn Land enteignet wird.[580] Liberale Vertreter neigen zu einer weiteren Auslegung der Polizeigewalt, wenn es um die Kontrolle privater Landnutzung geht und begnügen sich mit geringeren Entschädigungsleistungen.

Unabhängig von diesen Diskussionen wird die Grundannahme, dass Land ein veräußerbares Gut ist, das im Eigentum Privater stehen kann, in den Vereinigten Staaten nicht angezweifelt. Das vorgeschlagene Modell erweist sich als unrealistisch und konnte sich schon aus diesem Grund nicht durchsetzen.

2. Das Prinzip der kostengünstigsten Lösung

Große Bedeutung haben die Studien eines Autors erlangt, der die Reziprozität von sozialen und rechtlichen Problemen erforscht.[581] Fügt Person A Person B

---

578 *Fischel*, Introduction, S. 1596.

579 Vgl. *McCaffery*, in: Munzer (Hrsg.), New Essays on Property, S. 76 ff.; vgl. auch *Sax*, 81 Yale L. J. 149.

580 Zum Beispiel *Epstein*, Takings, S. X; *Sax*, Takings and the Police Power, 74 Yale L. J. 36, 75 f. (1964); *ders.* Takings, Private Property and Public Rights, 81 Yale L. J. 149, 149 f. (1971).

581 *Coase*, The Problem of Social Cost, 3 Journal of Law and Economics 1 ff.; das sog. Coase–Theorem erläuter *Merrill*, XIV J. Leg. Stud. 13 (1986), insb. S. 20 ff. Das Theorem besagt, dass unter bestimmten Annahmen – keine Transaktionskosten, klar umgrenzte Eigentumsrechte, vollständige Informationen über Produktion und Absatzmarkt, keine Überflusserscheinungen und gewinnmaximierendes Verhalten aller Parteien – die Übertragung von Eigentumsrechten keinen Einfluss auf Entscheidungen über die Nutzung und den Verbrauch von Ressourcen hat. Unabhängig davon, wem das Eigentumsrecht ursprünglich übertragen wurde, werden die Parteien diese Rechte austauschen oder so verändern, bis sie die Güterverteilung erreicht haben, die den

einen Schaden zu, so wird zumeist gefragt, wie das Verhalten des A sanktioniert werden kann. Nach dem Prinzip der kostengünstigsten Lösung beachtet diese Frage jedoch nicht den Umstand, dass B nur auf Kosten von A selbst keinen Schaden erleidet. Die entscheidende Frage muss deshalb sein: Sollte A das Recht haben, B zu schaden, oder sollte B A schaden dürfen? Das Ziel liegt darin, den größeren volkswirtschaftlichen Schaden zu vermeiden.[582] Dieser Ansatz führt dazu, dass nicht nur eine Seite allein moralisch im Vorteil ist. Der *harm-benefit test* der Enteignungsdogmatik soll abgelöst werden, indem nicht mehr untersucht wird, ob eine Enteignung gut oder schlecht ist, sondern entscheidend ist nach diesem Ansatz, welche Lösung am kostengünstigsten ist. Es wird nicht mehr nach sozialen, rechtlichen oder moralischen Maßstäben beurteilt, ob A derjenige sein sollte, dessen Rechte beeinträchtigt werden können, sondern nach volkswirtschaftlichen Gesichtspunkten. Das Modell geht dabei von der Grundannahme aus, dass die Umverteilung von Rechten nie kostenfrei ist, sondern immer Transaktionskosten mit sich bringt. Rechte sollten dann nicht umverteilt werden, wenn die Kosten für die Umsetzung größer sind als der Nutzen, der aus der Neuverteilung gezogen werden kann.[583]

Auf der Basis dieses Modells haben in den siebziger Jahren die Wirtschaftswissenschaftler *Calabresi* und *Melamed* ein Konzept entwickelt. Danach soll unter Effizienzgesichtspunkten immer derjenige haften, der am günstigsten Kosten vermeidet (*the cheapest cost avoider*). Von dieser Grundannahme ausgehend haben die Autoren drei Regeln zum Schutz des Eigentums aufgestellt: eine Eigentumsregel, eine Haftungsregel und eine Unveräußerlichkeitsregel (*inalienability rule*): Ein Anspruch wird durch eine Eigentumsregel mit der Folge geschützt, dass ein anderer, der den Anspruch vom Anspruchsinhaber trennen möchte, ihn im Wege einer freiwilligen Transaktion erwerben muss. Dabei muss er sich mit dem Verkäufer über den Preis einigen.[584] Wenn jemand einen Anspruch vernichten kann, dann ist dieser Anspruch durch die Haftungsregel geschützt. Der Anspruch ist unveräußerlich, wenn ein Austausch nicht möglich ist.[585] Der Grund für dieses Arrangement liegt in der Absicht, die mit einer Er-

Wohlstand aller Marktteilnehmer maximieren wird, vgl. *Calabresi*, 11 J. Law & Econ. 67, 68 (1968).

582 *Coase*, 3 J. L. Econ.1, 2.

583 *Coase*, 3 J. L. Econ.1, 16 f.

584 *Calabresi/Melamed*, Property Rules, Liability Rules and Inalienability Rules: One View of the Cathedral, 85 Harvard L. Rev. 1089, 1092.

585 Insbesondere mit der Unveräußerlichkeitsregel (*inalienability rule*) befasst sich *Rose-Ackerman*, 85 Colum. L. Rev. 931 (1985), und kritisiert, dass sich wenige Autoren diesem Gesichtspunkt überhaupt zuwenden und auch *Calabresi* und *Melamed* ihn „stiefmütterlich" behandeln, vgl. ebd. S. 931. *Rose-Ackerman* hält ihren Ansatz für komple-

zwingung der Abtretung verbundenen Verwaltungskosten zu sparen. Die Kosten sollen demjenigen auferlegt werden, für den sie am geringsten sind.[586] Die Autoren dieses Modells vertreten die Ansicht, dass die Gesellschaft, wenn sie sich entscheidet, Eigentum durch Ansprüche zu sichern, diese Ansprüche durch die oben dargestellten Regeln schützen muss.[587]

3. Monopolisierung von Eigentum

Ein Autor hat die Hypothese aufgestellt, dass jedes Unternehmen, das genug politische Macht über den Staat hat, den Marktzugang zu kontrollieren versucht.[588] Wenn Monopole von der Gesellschaft mißbilligt würden, weil sie den Markt durch politische Begünstigung kontrollieren, wäre ihre Zerschlagung keine entschädigungspflichtige Enteignung. Die Frage ist, wie es sich mit natürlichen Monopolen verhält und ob der Staat diese ohne Entschädigung zerschlagen darf. Bei der Antwort ist zu differenzieren. Reguliert der Staat das Monopol von Anfang an, so dass der Monopolist gar nicht auf ein ungehindertes Walten vertrauen kann, ist keine Entschädigung nötig. Greift der Staat jedoch zu einem späteren Zeitpunkt in die Monopolstellung ein, soll eine Entschädigung erforderlich sein.[589]

4. Prinzip der gerechten Entschädigung des verlorenen Nutzungswertes

Nach einer anderen Ansicht reichen die marktüblichen Entschädigungen nicht aus, dem Enteigneten einen angemessenen Ausgleich zu gewähren. Deshalb sollte sich die Höhe der Entschädigung nach dem Wert des Eigentums und nicht

xer als die Konzeption *Calabresis* und *Melameds*, vgl. ebd. S. 933. Sie stellt im Laufe ihrer Untersuchung fest, dass Unveräußerlichkeitsregeln wichtige Begrenzungen des Eigentums sind, jedoch häufig nur die zweitbeste Lösung darstellen, um den jeweils erstrebten Schutzzweck zu erreichen. Sie räumt aber ein, dass unter Effizienzgesichtspunkten Eigentumsbegrenzungen unumgänglich sind und zum Teil sogar nur durch Veräußerungsverbote erreicht werden können. Veräußerliche Rechte sind freilich mehr wert als unveräußerliche, vgl. *Holderness*, XIV J. Leg. Stud. 321, 326.

586 *Calabresi/Melamed*, 85 Harvard L. Rev. 1089, 1093; vgl. zur Kritik *Harris*, Property and Justice, S. 148.

587 *Calabresi/Melamed*, 85 Harvard L. Rev. 1089, 1105.

588 *Stigler*, The Theory of Economic Regulation (1971), S. 5; ähnlich auch der Ansatz von *Levmore*, der insbesondere den Einfluss von Interessengruppen untersucht, *ders.* 70 U. Chi. L. Rev. 181, 190 ff. und ders. 31 Legal Stud. 421, 425 ff.

589 *Stigler*, The Theory of Economic Regulation (1971), S. 5 ff.

nach seinem Preis richten.[590] Nach rechtlichen Vorgaben wird die Entschädigung nach dem angemessenen Marktwert (*fair market value*) des enteigneten Objekts bestimmt. Legt man das Prinzip der gerechten Entschädigung des verlorenen Nutzungswertes zugrunde, ist das falsch, da der Marktwert einen zu geringen Wert für das Objekt beschreibt.[591] Das liegt daran, dass der Marktwert auf dem Tauschwert einer Ware basiert und nicht auf ihrem Nutzungswert, das heißt dem Wert, den die Ware für den Eigentümer hat.[592] Dieser Wert ist zwangsläufig subjektiv zu bestimmen. Deshalb versucht das Modell den Blick auf andere Maßstäbe als den des Marktwertes zu lenken. Ein solcher Maßstab könnten die Wiederbeschaffungskosten sein. Das hätte den Nachteil, dass Eigentümer den subjektiven Wert des Gegenstandes verschwiegen, wenn er geringer als der Wiederbeschaffungswert wäre. In den Augen des Autors fungiert der Markt als ein Forum zum Warenaustausch, jedoch nicht als Maßstab zur Bewertung von Gütern. Er kritisiert den utilitaristischen Ansatz anderer Autoren.[593] Das utilitaristische Modell stehe für eine massive Degeneration des Rechts, weil es die Enteignungsrechtsprechung als eine Ausdehnung der Politik mit anderen Mitteln ansieht.[594]

In den siebziger Jahren entstand ein anderes Modell, nach dessen Kernauaffassung eine Nutzungsänderung für bestimmte Gebiete nur dann zu Lasten des Eigentümers gehen sollte, wenn die Änderung unter allgemeinen gemeinschaftlichen Standards als unnachbarschaftlich angesehen werde.[595]

---

590 *Epstein*, Takings, S. 182 f.

591 Vgl. *Epstein*, 106 Yale L. J. 2091, 2095 ff.

592 *Epstein*, Takings, S. 182 f.

593 Vgl. vor allem *Epstein*, 106 Yale L. J. 2091, 2095 ff. mit Kritik an *Calabresi* und *Melamed* sowie *Ayres* und *Balkin*, die die Anwendung von *liability rules*, das heißt im Grunde Enteignung gegen Wertersatz statt Bestandsschutz, auf die Spitze treiben.

594 *Epstein*, Book Review: Bruce Ackerman, Private Property and the Constitution, S. 442. Dass nach Ansicht *Ackermans* jede politische Handlung mit Einfluss auf die Eigentumsrechte ein Eingriff in das Eigentum sei, kritisiert *Harris*, Property and Justice, S. 154. Der von *Ackerman* vertretene *takings*-Begriff sei viel zu weit, sämtliche staatlichen Einschränkungen wie zum Beispiel Geschwindigkeitsbegrenzungen fielen unter die takings clause und seien damit gerichtlich überprüfbar; kritisch beurteilt auch Munzer eine Sicht, die in jedem Fall das Vorliegen einer Enteignung bejaht, wenn der Staat Maßnahmen trifft, die das Privateigentum berühren, vgl. *ders.*, A Theory of Property, S. 424 f.

595 *Ellickson*, Alternatives to Zoning: Covenants, Nuisance Rules, and Fines as Land Use Controls, 40 U. Chi. L. Rev. 681, 731 f.

5. Das Prinzip des normal behavior standard

Ein anderer Autor nimmt das Modell der gemeinschaftlichen Standards als Alternative zu den bestehenden Regelungen der Landnutzung und der Raumplanung auf.[596] Er legt als Ausgangspunkt für die Zahlung von Entschädigungen den sog. *normal behavior standard* fest.[597] Der Autor äußert in seinem Werk *The Economics of Zoning Laws*[598] die Meinung, dass die Polizeigewalt eine der am wenigsten einschränkbaren Staatsgewalten sei, was mit einer liberalen Demokratie nicht zu vereinen sei. Von dieser politischen Prämisse ausgehend wendet er sich einer ökonomischen Betrachtung zu und kommt zu dem Schluß, dass die Polizeigewalt keinesfalls zur Gewinnerzielung oder Kosteneinsparung eingesetzt werden dürfe.[599] Zur Lösung von Konflikten bei der Flächennutzung schlägt der Autor statt der Anwendung des Ordnungsrechts zunächst die Einbeziehung der Eigentümer vor. Die Eigentümer sollten sich untereinander über die Nutzung bestimmter Flächen einigen. Der Vorwurf hoher Transaktionskosten, die dieses Modell mit sich bringe, besitzt für den Autor keine Berechtigung. Diese Kosten könnten vermieden werden, wenn nicht alle Eigentümer zusammenkämen, sondern politische Repräsentanten die Verhandlungen führten.[600] Dem Modell liegt der Standpunkt zugrunde, dass demokratische und wirtschaftliche Kräfte größeren Einfluss auf die Ausformung des Enteignungsrechts haben als höchstrichterliche Urteile.[601]

Kritiker des Ansatzes bezweifeln, dass man über das Landeigentum in dieser Weise verhandeln kann, weil es sich nicht um eine Ware, sondern um eine na-

596 *Fischel*, Regulatory Takings, S. 351 ff.

597 *Ellickson*, 40 U. Chi. L. Rev. 681, 728-733. *Ellickson* vertritt jedoch - anders als *Epstein* - einen utilitaristischen Ansatz, der es erlaubt, den Eigentümer zur Not auch entschädigungslos zu enteignen, wenn es das Wohl der Gemeinschaft auf lange Sicht erfordert. Das ist dann der Fall, wenn eine unterlassene oder zu entschädigende Enteignung zu hohe Transaktionskosten nach sich zöge, die auf lange Sicht die Produktivität der Gemeinschaft insgesamt schmälerten und deshalb das Ziel Wohlstandes aller in die Ferne rücken ließe, vgl. *Ellickson*, Wash. U. L. Q. 723, 725 f. Aus Sicht *Ellicksons* ist es deshalb richtig und wichtig, dass der Staat sich auch manchmal auf die Seite des Enteignenden stelle, um hohe Transktionskosten zu verhindern. Im Wege des freien Warenaustauschs sind die Güter so zu verteilen, dass ihr Wert insgesamt steigt. Über das Funktionieren dieses Mechanismus zu wachen ist Aufgabe des Staates. Versagt der freie Warenaustausch, muss der Staat korrigierend eingreifen, auch wenn dies zu Lasten einzelner Eigentümer geschieht, ebenso *Holderness*, XIV J. Leg. Stud. 321, 322.

598 Vgl. *Fischel*, The Economics of Zoning Laws.

599 *Fischel*, The Economics of Zoning Laws, S. 70.

600 *Fischel*, The Economics of Zoning Laws, S. 96.

601 *Fischel*, The Economics of Zoning Laws, S. 182.

türliche Ressource handele.[602] *Fischel* setzt sich mit diesem Punkt auseinander und verteidigt seine Lösung zur Beilegung von Nutzungskonflikten und zur Verhinderung von Emissionen durch Absprachen zwischen den Eigentümern gegenüber dem Modell *Pigous*. Er bedient sich des *normal behavior standard* zur Veranschaulichung des von *Pigou* gebildeten Beispiels einer emittierenden Mühle. Nach *Pigou* deutet das Vorhandensein von Emissionen auf Marktversagen hin. Um das zu korrigieren, schlägt *Pigou* vor, den Verursacher der Störung zu besteuern oder mit einem Bußgeld zu belegen, um einen Anreiz zu schaffen, die Störung einzustellen. Seiner Meinung nach würde dies ein Marktversagen beheben.

Diese Vorgehensweise im Umgang mit sog. *spillover effects* ist nach der hier beschriebenen Ansicht wirtschaftlich nicht sinnvoll. Auf diese Weise könne von jeder wirtschaftlichen Betätigung gesagt werden, dass sie einen Dritten berührt oder stört. Für das Privateigentum bliebe kein Raum, wenn jeder Effekt einer Handlung auf einen Dritten (*spillover effect*) mit einer Störung (*externalities*) gleichgesetzt und zu einem Eingriff in die Rechte des Verursachers zum Beispiel in Form einer erhöhten Steuerlast berechtigte.[603] Der Autor vertritt den Standpunkt, dass Behörden die finanziellen Interessen eines Bürgers nicht gewissenhaft und engagiert verträten, solange sie nicht selbst dafür aufkommen müßten.[604]

Als Lösung schlägt er eine abgewandelte Form des *harm-benefit tests* vor, die er *normal behavior standard* nennt. Dieses Modell übernimmt er aus dem Werk *Ellicksons*.[605] Er nutzt diesen Standard normalen Verhaltens als Grundlage um herauszufinden, welches Verhalten eine angemessene Landnutzung darstellt, und um herauszufinden, wann eine angemessene *investment backed expectation* vorliegt. Dabei ist das Urteil über die Angemessenheit eines Verhaltens oder einer Erwartung weder ein persönliches noch ein empirisches.[606] Vielmehr muss sich der Verhaltensstandard immer an dem Umfeld orientieren, in dem das Ver-

602 *Fischel*, The Economics of Zoning Laws, S. 107.

603 Den Zusammenhang zwischen Eigentumsrechten und externalities betont auch *Demsetz*, Toward a Theory of Property Rights, 57 American Econ. Rev. 347, 347 f.

604 *Fischel*, The Economics of Zoning Laws, S. 157 f.

605 *Fischel*, The Economics of Zoning Laws, S. 158 f.; erläuternd auch in *ders*., Utilitarian Balancing and Formalism in Takings, 88 Colum. L. Rev. 1581, 1584; vgl. auch *Ellickson*, Suburban Growth Control: A Legal an Economic Analysis, 86 Yale L. J. 385, 414 f. Auch *Michelman* setzt sich mit den Ansichten *Ellicksons* auseinander und entwickelt von einem effizienzgeprägten Standpunkt aus eine Theorie, wirtschaftlich sinnlose und damit verschwenderische Ausgaben zu senken, vgl. *ders*., Ethics, Economics, and the Law of Property, in: Pennock/Chapman (Hrsg.), Ethics, Economics, and the Law, S. 3, 12.

606 *Fischel*, The Economics of Zoning Laws, S. 158-159.

halten stattfindet. Wenn eine Futtermühle gebaut werden soll, so richtet sich der Maßstab zur Beurteilung der Angemessenheit dieses Vorhabens danach, ob das normale Verhalten in einer Wohnsiedlung oder in einem von der Landwirtschaft geprägten Gebiet stattfindet. Als Vorteil dieser Lösung führt der Autor die Konsequenz an, dass Gerichte nicht mehr entschieden, wie die Umgebung einer Gemeinschaft aussieht, sondern nur noch darüber, ob die Gemeinschaft die Kosten für ihre Präferenzen tragen muss.[607]

Ein Verhalten läßt sich entweder als unter dem Normalstandard (schädlich) oder über dem Standard liegend (nützlich) einordnen. Baut der Mühlenbetreiber die Mühle in einer Umgebung, in der dieses Verhalten unter dem Standard liegt, zum Beispiel in einem Wohngebiet, so muss er die Anrainer entschädigen. Entscheidet er sich für den Bau in einem Gebiet, in dem der Bau einer Mühle nicht unüblich ist, also dem Standard entspricht, die Gemeinde ihm den Bau jedoch trotz der Gegebenheiten verbietet, muss sie ihn entschädigen. Das liegt daran, dass sie ihm ein Verhalten auferlegt, dass über den üblichen Standard hinausgeht. Eine vernünftige vermögenswerte Erwartung liegt vor, wenn der Betreiber die Mühle an einem Standort bauen kann, an dem er davon ausgehen darf, dass ihm keine zusätzlichen Kosten durch Entschädigungszahlungen entstehen werden. Eine unangemessene Erwartung läge dann vor, wenn der Betreiber erwartete, ohne zusätzliche Kosten eine Mühle in einem Wohngebiet errichten zu können.[608] Fraglich ist, zu welchem Ergebnis das vorgeschlagene Modell im Falle von Störungen führt, die in keinem Umfeld zum Standard gehören, wie zum Beispiel Atomtests. Störungen und Effekte durch Strahlungen lassen sich nicht auf ein einzelnes Gebiet begrenzen, weshalb die Frage nach dem angemessenen Verhalten in einem bestimmten Gebiet hier zu keinem Ergebnis führen würde.

Ob die Anwendung dieses Tests zum Beispiel in der Entscheidung *Lucas v. South Carolina Coastal Council* zu einem anderen Ergebnis geführt hätte, ist davon abhängig, ob *Lucas* darauf vertrauen durfte, dass er sein Haus an der von ihm ausgewählten Stelle errichten kann. Einerseits wird man dies bejahen können, weil bereits andere Wohnhäuser in der Nachbarschaft gebaut worden waren. Zweifelhaft ist diese Entscheidung, wenn die gesamte Fläche Überflutungsgebiet ist. Es stellt sich die Frage, ob die Gemeinschaft bestimmen kann, ob in einem ökologisch sensiblen Gebiet gebaut werden darf oder ob diese Entscheidung der Regierung obliegt. Im staatlichen Gefüge ist es nicht die Aufgabe einer Gemeinschaft, über die Zulässigkeit eines Bauvorhabens und damit über die Verfügung über ein gemeinschaftliches Gut zu entscheiden. Die Entscheidung dieser Gemeinschaft wäre immer von eigennützigen Motiven bezogen auf das

607 *Fischel*, 88 Colum. L. Rev. 1581, 1584.
608 *Fischel*, The Economics of Zoning Laws, S. 159.

von ihr besiedelte Gebiet geleitet. Die Verfügung über gemeinschaftliches Gut obliegt daher dem Staat und seiner Regierung. In diesem Fall müßten Steuergelder von Unbeteiligten im Falle einer Überflutung zur Rettung aufgebracht werden. In diesem Modell würde eine Gruppe über die Nutzung einer Fläche allein entscheiden, die Kosten im Falle einer Überflutung würden jedoch von der Gesellschaft getragen. Es erscheint nicht wahrscheinlich, dass die Bürger einer solchen Rollenverteilung zustimmten. Sie legitimieren die Regierung durch Wahlen, über ihre Steuergelder zu verfügen. Nur die Regierung hat das Recht, Entscheidungen zu treffen, die die Verwendung der Gelder betreffen.

III. Ergebnis

Sowohl in den juristischen als auch in den ökonomischen Ansätzen werden die in der Rechtsprechung entwickelten Tests zur Feststellung des Vorliegens einer Enteignung kritisiert. Die meisten der zitierten Wissenschaftler haben eine andere Auffassung zum Eigentumsschutz als die Richter des Supreme Court. Kaum jemand verschont die Urteile des Supreme Court mit Kritik. Eine Ausnahme bilden nur zwei Ansätze. Das Feld der Kritiker lässt sich in zwei Richtungen aufteilen, nämlich diejenigen, die sich für geringe Eingriffsbefugnisse des Staates aussprechen und diejenigen, die eine Ausdehnung der staatlichen Regulierung befürworten. Es herrscht ein seit langem andauernder Streit zwischen den Verfechtern einer möglichst weitgehenden Abwägung (*balancing test* der Rechtsprechung) und den Fürsprechern eines formalistischen Systems, das Abwägungen kaum zulassen will. Ein einheitliches Bild in der Eigentumsdogmatik lässt sich nicht nachzeichnen. Die beiden Hauptströmungen lassen sich sehr grob einerseits auf die Philosophie *Hegels* und andererseits auf die Schule *John Lockes* zurückführen.[609] *Hegel* hat mit seiner Theorie des persönlichen Eigentums insbesondere die Ansicht beeinflusst, die zwischen fungiblem und persönlichem Eigentum trennen möchte. Dies geht auf den Gedanken *Hegels* zurück, der das für die Lebensführung eines Menschen essentielle Eigentum als für staatliche Eingriffe unzugänglich ansieht.[610] Diese Ansicht beruht auf der Grundannahme,

---

609 Interessant ist dabei die Feststellung, dass einerseits *Epstein* seine Theorie der maximalen Entschädigungen auf *Locke* bezieht (vgl. *Epstein*, Takings, Kapitel 1), andererseits aber *Tideman*, der Entschädigungen nicht einmal dann für nötig hält, wenn das Privateigentum verstaatlicht wird, seine Idee ebenfalls auf die Philosophie *Lockes* zurückführt, vgl. *Tideman*, Takings, Moral Evolution, and Justice, 88 Colum. L. Rev. 1714, 1724 (1988). Siehe dazu auch *Fischel*, Regulatory Takings, S. 171; eine Gegenüberstellung der Theorie *Lockes* und *Nozicks* einerseits und *Hegels* andererseits nimmt *Waldron* vor, The Right to Private Property.

610 *Hegel*, Grundlinien der Philosophie des Rechts, S. 102 ff.

dass das Privateigentum wesentlich zur sittlichen Entwicklung eines Menschen beiträgt.[611]

Die Theorien *Lockes*, deren Kern die Eigentumsbegründung durch eigene Arbeit darstellt, haben insbesondere die liberalen Denker in ihrer Arbeit beeinflusst, die staatliche Zurückhaltung fordern. Anders als in der Theorie der differenzierten Betrachtung des persönlichen Eigentums wird nicht graduell unterschieden zwischen persönlichem und fungiblem Eigentum.

Die meisten Wissenschaftler, ob Formalisten oder nicht, kritisieren an der Rechtsprechung des Supreme Court, dass er zwar Tests geschaffen hat, diese aber nicht konsequent anwendet beziehungsweise beibehält. Es ist daher sowohl in der Praxis für den Eigentümer als auch für den Wissenschaftler schwierig vorherzusehen, wie eine Entscheidung ausfallen wird.[612] Auf der anderen Seite ist zu beobachten, dass viele Ansätze in der Literatur die Tests der Rechtsprechung als Vorlage benutzen und sie weiterentwickeln. Zum Beispiel ist das beschriebene *decisional modell* ein Ansatz, der den *multifactor balancing test* und die *per se rule* des Supreme Court ersetzen soll, dabei aber kein völlig neues Verfahren entwickelt hat. Die Neuentdeckung des Numerus Clausus Prinzips in jüngster Zeit stellt ebenfalls einen Versuch dar, für größere Rechtssicherheit und Vorhersehbarkeit im Recht zu sorgen, wenn die Autoren auch einen anderen Hauptgrund für ihre These anführen.[613]

Insgesamt haben alle, insbesondere die modernen Eigentumstheorien, miteinander gemein, dass sie einen stärkeren Schutz des Privateigentums fordern. Es erscheint in einem *Common Law* System für die Wissenschaftler allerdings schwieriger zu sein, ihrer Meinung Gehör und vor allem Wirkung zu verschaffen, weil die für die Entwicklung des Eigentumsschutzes nach wie vor maßgebliche Institution der Supreme Court ist. Trotz vieler Theorien und sinnvoller Ansätze ist nicht zu erkennen, dass der Supreme Court sich nachhaltig von einer Theorie aus der Wissenschaft beeinflussen lässt.

---

611 Vgl. *Waldron*, The Right to Private Property, S. 3 ff.; der das Recht auf Privateigentum in der Theorie *Hegels* aus diesem Grund als generelles Recht beschreibt, während die Theorie *Lockes* zur Begründung des Privateigentums durch eigene Arbeit Eigentum als ein spezielles Recht erscheinen lässt.

612 vgl. jüngst die Besprechung der Entscheidung *Kelo v. New London* von *Mahoney*, S. Ct. Rev. 2005, S. 103 ff.; ähnlich skeptisch auch *Merrill*, The Landscape of Constitutional Property, 86 Va. L. Rev. 885.

613 nämlich die Reduzierung von Informationskosten für Dritte.

D. Schutz und Einschränkungen des Privateigentums durch die Gesetzgebung auf Staaten- und Bundesebene

I. Einführung

Umweltrechtliche Kontrollen der Nutzung und Bebauung von Land in privatem Eigentum können das amerikanische Bundesverfassungsrecht unter verschiedenen Aspekten berühren. Diese Aspekte sind bei der Beurteilung der Gültigkeit und Funktion verschiedener polizeirechtlicher Regulierungen, die zum Schutz unterschiedlicher natürlicher Ressourcen und dem Schutz der Umwelt erlassen wurden, zu beachten. Die möglicherweise berührten Vorschriften entstammen hauptsächlich der Bundesverfassung, obwohl viele in paralleler Form auch in den Verfassungen der Einzelstaaten zu finden sind. Über diese Regeln hinaus existieren viele spezielle verfassungsrechtliche Vorschriften in den Einzelstaaten, die die Maßnahmen der Staaten zum Schutz der für sie besonders wichtigen natürlichen Ressourcen widerspiegeln. Die meisten *regulatory takings*-Fälle in den Einzelstaaten betreffen häufiger bauplanungs- und bauordnungsrechtliche Entscheidungen als Beschränkungen aufgrund umweltrechtlicher Regulierungen.[614]

Vorschriften der Bundesverfassung können auf verschiedene Weise im Bereich des Umweltrechts als Einschränkung des Eigentumsschutzes relevant werden.[615] Neben der Durchbrechung von Garantien der *commerce clause* und der *supremacy clause* ist insbesondere zu beachten, wie weit eine Landnutzungskontrolle gehen darf, ohne gegen die *takings* oder die *due process clause* zu verstoßen. Ausserdem ist an die zahlreichen staatenrechtlichen Erwägungen zu denken, die sich auf die Gesetze zur Landnutzung und Bebauung auswirken. Umweltrechtliche Landnutzungsbeschränkungen verursachen unausweichlich die Sorge in der Öffentlichkeit, dass Enteignungen ohne die Gewähr einer angemessenen Entschädigung stattfinden könnten. Beschränkungen des Eigentums dieser Art durch das Bundesrecht würden den fünften Verfassungszusatz verletzen,

614 Vgl. *Robinson*, Environmental Takings, § 3.04, S. 3-62; wichtige einzelstaatliche Entscheidungen sind zu Beispiel *Chaume Board of Zoning Appeals v. Fitchburg*, 538 N.E.2d 31 (Mass. App. 1989) aus Massachusetts; *Guy v. Township of Brandon*, 1989 WL 99185 (Mich. App. Dec. 28, 1989) aus Michigan und *Klinger v. Oneida Co.*, 440 N.W.2d 348 (Wisc. 1989) aus Wisconsin.

615 Diese verschiedenen Aspekte untersucht *Robinson*, Environmental Regulations, § 3.01, S. 3-2.

während staatenrechtliche Beeinträchtigungen dieser Art gegen das 14. Amendment verstießen. Es ist zu unterscheiden zwischen dem traditionellen Verständnis einer Enteignung, bei der der Staat privates Eigentum entzieht oder besetzt und dafür zu einer Entschädigung verpflichtet ist, und dem Charakter einer staatlichen Handlung, die unter dem Begriff *regulatory taking* firmiert. *Regulatory takings* finden eher auf dem Gebiet der Regulierung durch Umweltschutzgesetze statt, bei der die Eigentümer eine Entschädigung für die Wertminderung ihres Eigentums durch die Nutzungsbeschränkung fordern können. Eine physische Enteignung ist besitzentziehend oder den Besitz vereinnahmend, eine regulatorische Enteignung bedeutet eine Nutzungseinschränkung des Eigentums, das aber in der Hand des Eigentümers verbleibt. Eine Vielzahl von Entscheidungen des Supreme Court hat sich mit den verschiedenen Nuancen von regulatorischen Enteignungen befasst. Weil der Staat über weitreichende Möglichkeiten verfügt, Angelegenheiten des Umwelt-, Denkmal- und Naturschutzes zu regeln, ist es für Privateigentümer wichtig zu wissen, bis zu welchem Umfang der Staat Maßnahmen zur Erreichung dieser Ziele zu Lasten des Privateigentums ergreifen darf. Der Supreme Court ordnet regulierende Maßnahmen des Staates, die grundsätzlich per se als Enteignungen (*per se takings*) im Sinne des fünften Amendment zu sehen sind, zwei Kategorien zu. Erstens liegt eine Enteignung durch Regulierung vor, wenn der Staat von einem Eigentümer verlangt, eine dauerhafte Besetzung seines Eigentums hinzunehmen, selbst wenn es sich um eine geringfügige Belastung handelt. Zweitens werden Regulierungen, die einem Eigentümer die wirtschaftlich sinnvolle Nutzung seines Eigentums gänzlich versagen, als Enteignungen qualifiziert. Der Supreme Court hat ebenfalls festgestellt, dass jede Theorie zur Bewertung regulatorischer Enteignungen funktional äquivalent zu den Kritierien einer klassischen Enteignung sein und mit diesen Kriterien korrespondieren muss. Jenseits dieser relativ engen Kategorien werden regulatorische Enteignungen auch an den in der Entscheidung *Penn Central Transportation* festgelegten Standards gemessen.[616] Viele Umwelt- und Denkmalschutzgesetze enthalten darüber hinaus ausführliche Verfahrensvorschriften, damit Behörden bei ihrer Anwendung nicht gegen die *due process*-Garantie verstoßen. Weiter berechtigt auch eine zeitlich begrenzte Enteignung den Eigentümer zu einer Entschädigung für die in der Zeit der Enteignung erlittenen Verluste, wenn die Maßnahme abgesehen von der zeitlichen Beschränkung die Kriterien einer Enteignung erfüllt.[617]

In den USA existieren verschiedene Formen des Eigentumsbesitzes. Nicht nur natürliche, sondern auch juristische Personen können Eigentümer erwerben

616 Vgl. *Robinson*, Environmental Regulations, § 3.04, S. 3-36.

617 Vgl. *Robinson*, Environmental Regulations, § 3.04, S. 3-37, Fn. 7 m.w.N.

und besitzen. Darüber hinaus können nicht nur Einzelpersonen, sondern auch Personenmehrheiten Eigentümer einer Sache oder eines Grundstückes sein.[618] Liegt die Eigentümerschaft bei mehreren, so gibt es wiederum verschiedene Arten der Verteilung. Die häufigste Form des Eigentums ist die des Alleineigentums. Die folgende Darstellung der Reichweite der gesetzgeberischen Einschränkungsmöglichkeiten geht deshalb von dieser Eigentumsform aus.

1. Das Zusammenspiel von Bundes- und Landesrecht, umrissen am Beispiel des Umweltrechts

Das Verhältnis zwischen dem Bund und den Einzelstaaten ist von einer weitgehenden Unabhängigkeit in Gesetzgebung, Verwaltung und Rechtsprechung geprägt. Grundsätzlich verwalten beide die in eigener Zuständigkeit erlassenen Gesetze selbst.[619] Seit einigen Jahren kommt es jedoch, nicht zuletzt wegen der verstärkten Ausübung der Gesetzgebungskompetenzen durch den Bund, vermehrt dazu, dass Verwaltungsaufgaben bei der Ausführung der Bundesgesetze durch Gesetz den Bundesstaaten übertragen werden. In den Bereichen Luft, Wasser und Arbeitsschutz beispielsweise spielen die Einzelstaaten eine erhebliche Rolle beim Vollzug der Gesetze gegenüber dem Bürger. Eine Übertragung dieser Aufgaben an die Bundesstaaten ist allerdings häufig davon abhängig, dass sie gewisse fachliche und materielle Voraussetzungen erfüllen. Dem Bund sind durch die jeweiligen Gesetze weitgehende Aufsichts- und Weisungsrechte vorbehalten, wenngleich die Einzelstaaten grundsätzlich strengere Anforderungen an das Verhalten der Eigentümer stellen können, als es der Bund tut.

Die Einzelheiten der umweltrechtlichen Gesetzgebung werden von der *Environmental Protection Agency (EPA)* festgelegt, der zentralen Bundesbehörde, in der die meisten Aufgaben der Gesetzesvorbereitung, aber auch des Gesetzesvollzugs auf Bundesebene konzentriert sind. Eine *agency* wird durch Gesetz des Kongresses zur Erfüllung einer speziellen Verwaltungsaufgabe gegründet. Das Recht zum Einsatz von Bundesbehörden im Bereich des Umweltrechts existiert seit 1969 aufgrund des *National Environmental Policy Act*.[620] Bei der *EPA* handelt es sich insofern um einen Sonderfall, als sie ihre Aufgabenzuweisungen vom Kongress erhält, aber die Behörde durch einen Erlass des Präsidenten eingerichtet wurde.[621] Aufgrund des präsidialen Erlasses ist die *EPA* grundsätzlich

---

618 vgl. die Darstellung der verschiedenen Mechanismen des Common Law in *Morrison*, Fundamentals of American Law, S. 264 ff.

619 Vgl. *Tribe*, Constitutional Law, S. 297 ff.

620 *Selmi/Kushner*, Land Use Regulation, S. 653.

621 Vgl. Reorganisation Plan No. 3 of 1970, 5 U.S.C. Appendix 1.

Teil der Exekutive,[622] bei der Ausführung ihrer Aufgaben ist sie jedoch nicht weisungsgebunden und auch nicht organisatorisch dem Präsidenten unterstellt.

Die verschiedenen Umweltgesetze weisen jeweils strukturelle Eigenheiten auf, die ebenso berücksichtigt werden müssen wie der besondere Stellenwert staatlicher Aktivitäten als Zielfeld des Umweltrechts.[623] Betreffend die Luftreinhaltung legt der *Clean Air Act*[624] Luftqualitätsziele für wichtige Luftschadstoffe fest und bestimmt den Zulässigkeitsgrad einer Luftverschmutzung.[625] Dieses Gesetz aus dem Jahr 1970 ist eines der unfangreichsten und kompliziertesten Umweltgesetze der USA.[626] Der Gesetzgeber hat es in der Absicht erlassen, gesundheitsschädliche Luftverschmutzung durch einen massiven Einsatz von Technologie in absehbarer Zeit ganz zu unterbinden.

Die Vorgaben des Gesetzes werden von der *EPA* durch präzise Einzelwerte konkretisiert. Um diese bundesrechtlichen Vorgaben und Ziele zu erreichen, müssen die Einzelstaaten die notwendigen Vorschriften erlassen sowie geeignete Maßnahmen treffen. Als Grundlage dafür fungieren sogenannte *state implementation plans*, in denen beschrieben wird, wie die vorgegebenen Luftqualitätsziele zu erreichen sind.[627] Wie die Staaten diese Aufgabe erfüllen, steht in ihrem Ermessen. Allerdings müssen sie Luftreinhaltegesetze und –vorschriften erlassen, sofern dies vorher noch nicht geschehen ist, in denen sachliche Anforderungen an die Quellen der Luftverunreinigung gestellt werden und die Eigenüberwachung normiert wird.[628] Weiter müssen sie darlegen, dass personelle und sachliche Mittel für Überwachungsbehörden zur Verfügung stehen und die Durchsetzung der Anforderungen ausreichend geregelt ist. Seit den neunziger Jahren besteht die Pflicht für die Länder, Genehmigungsvorbehalte für potentiell luftverschmutzende Vorhaben einzuführen.[629]

Der *implementation plan* geht über das Maß eines Ausführungsplans hinaus. Der *Clean Air Act* weist die primäre Verantwortung für die Luftreinhaltung und auch für die Gewässerreinhaltung den Ländern zu.[630] Genügt ein Umsetzungsplan nicht den bundesrechtlichen Anforderungen oder erlässt der Bundesstaat

---

622 Vgl. *Sierra Club v. Costle*, 657 F.2d 298, 406 (1981).

623 Vgl. *Pedersen*, 21 Yale J. on Reg. 1, 32 ff. (2004); *Jarass*, NuR 1993, 49, 49.; vgl. ferner *Moran/Morgan/Wiersma*, Environmental Science, S. 8 ff., 500 ff.

624 42 U.S.C. §§ 7401-7642.

625 § 109 Clean Air Act.

626 Vgl. die Analyse des Clean Air Act bei *Robinson*, Einvironmental Regulation, § 1.04, S. 1-21 f.

627 § 110 Clean Air Act.

628 § 110 (2) Clean Air Act.

629 Vgl. dazu die Darstellung bei *Selmi/Kushner*, Land Use Regulation, S. 654.

630 Etwa § 107 (a) Clean Air Act; § 101 (a) (3) Clean Air Act.

überhaupt keinen Plan dieser Art, kann die *EPA* nach erfolgloser Abmahnung des Staates einen bundesrechtlichen Plan anstelle des staatlichen erlassen. Darüber hinaus hat die *EPA* die Möglichkeit, Bundeszuschüsse beispielsweise zum Bau von Fernstraßen zu kürzen, wenn ein Einzelstaat seinen Verpflichtungen zur Umsetzung des *Clean Air Act* nicht gerecht wird. In besonders belasteten Gebieten besteht für die Staaten sogar ein generelles Verbot, Vorhaben mit erheblichen Belastungen überhaupt zuzulassen.[631]

Auf Bundesebene werden landesweit geltende Standards erabeitet, die beim Einzelvollzug in den Staaten streng zu beachten sind. Diese Mindesterfordernisse des Bundesrechts können in den einzelnen Staaten strenger ausgestaltet werden als auf Bundesebene.[632] Die Vorgaben des Gesetzgebers für Emissions- und Immissionsstandards sind ausschließlich an die Fachbehörde gerichtet, die für die Setzung von Standards zuständig ist.[633] Die Tätigkeit der Fachbehörde in den USA konkretisiert nicht bestehende Rechtsnormen, sondern schafft neue ausfüllende Normen innerhalb eines vorgegebenen Rahmens.

Im Bereich des Abwasserrechts zum Beispiel hat der Bund technikorientierte Belastungsgrenzen für die Abwassereinleitung festgelegt. Diese Grenzen gelten unabhängig vom vorhandenen Belastungsgrad der Gewässer. Auch hier hat der *Congress* für die Grundlagen gesorgt,[634] und die *EPA* hat quantitative Grenzwerte erlassen. Der *Federal Water Pollution Control Act* (kurz: *Clean Water Act*)[635] sieht weiter vor, dass die bundesrechtliche Kontrolle entfällt, wenn die Staaten Programme vorlegen, die entsprechende Maßnahmen auf der Grundlage staatenrechtlicher Anforderungen vorsehen.[636] Die Staaten können wasserrechtliche Maßnahmen nicht auf der Grundlage des Bundesrechts, sondern nur aufgrund ihrer eigenen Kompetenzen erlassen. Deshalb muss der jeweilige Staat

631 Oder die Anforderungen sind jedenfalls sehr hoch und das Genehmigungsverfahren sehr aufwendig. Im Falle größerer Bauvorhaben reicht oftmals eine Genehmigung der lokalen Behörden nicht aus, sondern häufig muss zusätzlich eine Genehmigung sowohl des Bundesstaates als auch des Bundes eingeholt werden, vgl. *Selmi/Kushner*, Land Use Regulation, S. 654.

632 § 116 Clean Air Act; zu den Auswirkungen auf die Nutzungsrechte an Grund und Boden ausführlich *Selmi/Kushner*, Land Use Regulation, S. 654; *Giebeler*, Setzung von Umweltstandards, S. 30.

633 Zu dem Verfahren bei der Setzung von Standards vgl. *Giebeler*, Setzung von Umweltstandards, S. 39 ff.

634 § 301 Federal Water Pollution Control Act (kurz Clean Water Act).

635 33 U.S.C. §§ 1251-1376; eine Erläuterung dieses Gesetzes ist zu finden bei *Robinson*, Environmental Regulations, § 1.04, S. 1-23.

636 § 402 (2), (3) Federal Water Pollution Control Act.

belegen, dass in seinen Gesetzen ausreichend weite Kompetenzen und Ermächtigungen bestehen, um das Programm auszuführen.[637]

Neben den Umweltvorschriften haben schließlich allgemeine Rechtsinstitute des *Common Law* auf Länderebene eine hohe Bedeutung.[638] Vor allem sind hier das Institut der *private nuisance* sowie das Institut der *public nuisance* zu nennen. Erwähnenswert sind weiter die sogenannten *transferable development rights* (*TDR*), die bereits in der Entscheidung *Penn Central Transportation Co. v. City of New York*[639] eine wichtige Rolle spielten. Dieses Konzept kann genutzt werden, um die Bürde des durch Nutzungsbeschränkungen zum Beispiel aufgrund des Umwelt- oder Denkmalschutzrechts beschwerten Eigentümers zu erleichtern. Verweigert die Behörde die bauliche Nutzung eines Grundstücks aus Gründen des Natur- oder Denkmalschutzes, kann sie dem betroffenen Eigentümer diese sogenannten übertragbaren Nutzungsrechte gewähren, damit er an einer anderen Stelle das geplante Vorhaben realisieren kann.[640]

2. Eigentumsschutz in den Verfassungen der Bundesstaaten

47 von 50 Bundesstaaten haben eine *takings clause* in ihre Verfassung aufgenommen. Während einige kurzerhand den Wortlaut des fünften Zusatzes der Bundesverfassung übernommen haben, haben andere einen eigenen Wortlaut entwickelt. Dabei wird in 25 dieser Staaten das Eigentum dem Wortlaut nach nicht nur vor Enteignungen, sondern auch vor Beschädigungen durch den Staat geschützt.[641] Dieser erweiterte Wortlaut bedeutet in der Praxis jedoch nicht

---

637 § 402 (b) Federal Water Pollution Control Act.

638 *Selmi/Kushner*, Land Use Regulation, S. 694 f. Dabei gelten die nuisance- Regelungen nur für den gutgläubigen Erwerber eines Grundstücks, der vor Erwerb nicht wusste, dass er mit Störungen zum Beispiel durch Landwirtschaft rechnen muss.

639 438 U.S. 104 (1978).

640 *Selmi/Kushner*, Land Use Regulation, S. 695 mit einem Gesetzesbeispiel aus Boulder, Colorado und praktischen Hinweisen. Die Entscheidung *Penn Central* bejaht, dass die Möglichkeit, diese Rechte auf einen anderen Ort zu übertragen, im Falle einer verweigerten Baugenehmigung an der gewünschten Stelle zur Verneinung des Faktors der wirtschaftlichen Auswirkung und somit zur Verneinung einer Enteignung führen kann.

641 Staaten mit Verfassungen, die die Formulierung „Taken or damaged" benutzen, sind: Ala. Const. art. XII, § 235; Ariz. Const. art. II, § 17; Ark. Const. art. II, § 22; Cal. Const. art. I, § 19; Colo. Const. art. II, § 15; Ga. Const. art. I, § 3 (a); Ill. Const. art. I § 15; Ky. Const., § 13; La. Const. art. I, § 2; Minn. Const. art. I, § 13; Miss. Const. art. III, § 17; Mo. Const. art. I, § 26; Mont. Const. art. II, § 29; Neb. Const. art. I, § 21; N.M. Const. art. II, § 20; N.D. Const. art. I, § 16; Okla. Const. art. II, §§ 23, 24; Pa. Const. art. I, § 10; S.D. Const. art. VI, § 13; Tex. Const. art. I, § 17; Utah Const. art. I,

zwingend einen erhöhten Eigentumsschutz. Zwar deuten Wortlaut und Intention darauf hin, jedoch interpretieren viele die Verfassungsvorschrift eng und orientieren sich im Schutzumfang weiterhin am fünften Verfassungszusatz der Bundesverfassung.[642] Der durch den Wortlaut erweiterte Schutz wird durch die restriktive Auslegung wieder eingeschränkt.

Einige Jurisdiktionen vertreten den entgegengesetzten Standpunkt und interpretieren die Formulierung *'taken or damaged'* als erweiterten Schutz gegen staatliche Eingriffe in das Privateigentum, der über den Schutzumfang der Bundesverfassung hinausgeht.[643] Der Verfassungsgerichtshof von Illinois hat sich zum Beispiel in einer Entscheidung aus den neunziger Jahren auf die Staatsverfassung berufen, um städtische *transportation impact fees* zu einer verfassungswidrigen Enteignung zu erklären.[644] Diese Entscheidung hat das Gericht damit begründet, dass die Steuern nicht ‚*specifically and uniquely attributable*', also nicht speziell und einzig anwendbar auf das betroffene Bauwerk seien. Diese Begründung gab das Gericht unabhängig von der Tatsache, dass der Supreme Court vorher in der Entscheidung *Dolan v. City of Tigard*[645] geurteilt hatte, dass eine so präzise Übereinstimmung (*precise constitutional fit*) von der bundesverfassungsrechtlichen *takings clause* gar nicht verlangt wird. Der Gerichtshof von Illinois hat damit ein Schlüsselprinzip bestätigt. Der fünfte Verfassungszusatz bietet eine Basis (*floor*) für den verfassungsrechtlichen Eigentumsschutz, der den einzelnen Staaten erlaubt, unter der Ägide der ‚*independent state grounds*', das heißt einer durch den Einzelstaat erlassenen Verfassungsvorschrift, einen noch höheren verfassungsrechtlichen Schutz zu gewährleisten.

Andere Jurisdiktionen vertreten den Standpunkt, dass ihre Verfassung zwar nicht einen verstärkten Schutz des Eigentums bietet, jedoch ein breiteres Spektrum an Eigentumspositionen als das traditionell durch den fünften Verfassungs-

---

§ 22; Va. Const. art. I, § 11; Wash. Const. art. I, § 16; W. Va. Const. art. III, § 9; Wyo. Const. art. I, § 33.

642 So zum Beispiel in Kalifornien, vgl. *Hensler v. City of Glendale*, 8 Cal. 4th 1, 9 n.4, 876 P.2d 1043, 1048 n.4 (1994), cert. denied, 513 U.S. 1184 (1995); vgl. auch *Meltz/Merriam/Frank*, The Takings Issue, S. 20.

643 Siehe dazu z.B. *Whitehead Oil Co. v. City of Lincoln*, 245 Neb. 680, 515 N.W.2 401, 408 (1994) (disjunctive language of Nebraska takings clause "obviously broader" in scope than U.S. Constitution); *St. Lucas Ass'n v. Chicago*, 212 Ill. App. 3d 817, 571 N.Ed2d 865, 875 (1991) (declining to find a compensable taking under Illinois Constitution's "taking or damaged" language); *Martin v. Port of Seattle*, 64 Wash. 2d 309, 391 P.2d 540, 546 (1964), cert. denied, 379 U.S. 989 (1965); *Knight v. City of Billings*, 197 Mont. 165, 642 P.2d 141 (1982).

644 *Northern Ill. Home Builders Ass'n. v. County of DuPage*, 165 Ill. 2d 25, 649 N.E.2d 384, 389-90 (1995).

645 512 U.S. 374 (1994).

zusatz geschützte. Der Oberste Gerichtshof von Kalifornien hat eine gültige, auf der kalifornischen Verfassung basierende *inverse condemnation claim* entwickelt, zu der ständige Geruchsbelästigungen ausgehend von einer städtischen Abwasseranlage Anlass gegeben hatten. Das Gericht stellte fest, dass die kalifornische Verfassung eine größere Bandbreite an Eigentumspositionen vor Eingriffen durch die Regierung schützt als die entsprechende Bundesvorschrift.[646] Dass die Verfassungen der Einzelstaaten in den letzten Jahrzehnten an Bedeutung gewonnen haben, hat auch der U.S. Supreme Court festgestellt:

> "[S]tate supreme courts are increasingly evaluating their state constitutions and concluding that those constitutions should be applied to confer greater civil liberties than their federal counterparts... [T]his rediscovery by state supreme courts... is probably the most important development in constitutional jurisprudence of our times. For state constitutional law will assume an increasingly more visible role in American law in the years ahead."[647]

Einer der Hauptgründe für die Gerichte der Einzelstaaten, in regulatorischen Enteignungsfällen die Verfassung ihres Staates bevorzugt gegenüber der Bundesverfassung anzuwenden, liegt darin, dass sie ihre Entscheidungen auf diese Weise nicht mit denen anderer Staaten- und Bundesgerichte abstimmen müssen. Beispielhaft dafür ist die Entscheidung des Supreme Court von South Dakota im Fall *U.S. West Communications, Inc. v. Public Utilities Comm'n.*[648]. Das Gericht entschied hier, dass es sich um eine gegen die Staatsverfassung verstoßende Enteignung handelt, einem Telekommunikationsunternehmen zu verbieten, die eigene Infrastruktur zum Transport von Fernmeldeanlagen zu nutzen. Der Gerichtshof stützte sein Urteil allein auf die Verfassung von South Dakota und mied auf diese Weise den Vergleich mit früherer Rechtsprechung des Bundes oder anderer Bundesstaaten.[649]

Desgleichen gibt es verschiedene Gründe, warum ein betroffener Eigentümer sich dazu entscheiden könnte, eine Klage auf Staatenrecht und nicht auf die Bundesverfassung zu stützen. Bevor der Supreme Court 1987 bestätigte, dass Schadensersatzzahlungen in Geld eine adäquate Entschädigung gemäß dem fünften Amendment darstellen, hatten einige Staaten analoge Vorschriften in ihre eigenen Verfassungen aufgenommen, um das gleiche Ergebnis in

646 *Varjabedian v. City of Madera*, 20 Cal. 3d 285, 298, 572 P.2d 43, 52 (1977).

647 *Justice Brennan*, Address on „The Fourteenth Amendment" (Aug. 8, 1986), zitiert in: Adams, Introduction, 1 Emerging Issues in State Constitutional Law xi (1988).

648 505 N.W.2d 115 (S.D. 1993).

649 505 N.W.2d 115, 127 (S.D. 1993).

regulatory takings cases zu erzielen.[650] Während diese Strategie nun nicht mehr entscheidend ist, bleiben dennoch verschiedene Gründe, warum Kläger in einem *regulatory takings* Fall eine staatliche Verfassungsklage in ihre *inverse condemnation* Klage einbeziehen könnten. Erstens können auf diese Weise die oft hohen Hürden der *ripeness* (allgemeines Rechtsschutzbedürfnis), die bei einer Klage vor Bundesgerichten immer nachgewiesen werden muss, umgangen werden. Zweitens besteht auf Staatenebene immer die Möglichkeit, dass das Gericht die Verfassung eigentümerfreundlich interpretiert, um den Eigentumsschutz im eigenen Staat zu stärken oder um die Bandbreite geschützter Güter zu vergrößern. Aus Sicht eines Landeigentümers ist es vorteilhaft, parallel Klage vor einem Bundesgericht und vor einem Staatengericht zu erheben.

Die meisten Eigentumsklagen seit der Entscheidung *Pennsylvania Coal* von 1922 sind von einzelstaatlichen Gerichten entschieden worden, weil die meisten Maßnahmen und Entscheidungen, die das Grundeigentum betreffen, von den Lokalregierungen getroffen werden. Einige Einzelstaaten, darunter auch Kalifornien, haben Schritte in Richtung spezialisierter Gerichte für Kontroversen auf dem Gebiet des Eigentumsrechts unternommen. In Kalifornien hat der Gesetzgeber allerdings den Versuch zur Gründung eines speziellen *Land Use Court* abgewehrt und stattdessen beschlossen, dass die obersten Gerichte in ganz Kalifornien, ausser in den ländlichsten Gegenden, einen oder mehrere Richter bestimmen, die eine Expertise auf dem Gebiet des Eigentums- und des Umweltrechts erwerben sollen. Diese Richter sollten anschließend dazu befähigt sein, Klagen auf diesem Gebiet zu bearbeiten und zügig einer Entscheidung zuzuführen.

3. Einfachgesetzliche Grenzen der Eigentumsnutzung

Das Eigentumsrecht erfährt vielfach Einschränkungen durch einfachgesetzliche Vorschriften. Dies sind zumeist Vorschriften aus dem Bereich des Ordnungsrechts, wie zum Beispiel umweltrechtliche oder immissionsschutzrechtliche Vorschriften genauso wie bauordnungsrechtliche Einschränkungen, die durch die Einzelstaaten erlassen werden. Diese Einschränkungen sind notwendig, um sicherzustellen, dass jeder mit seinem Eigentum so umgeht, dass anderen die Möglichkeit bleibt, ihr Eigentum ebenfalls ungestört zu nutzen. Eigentümer sollen vor bestimmten Nutzungen durch andere geschützt werden, die für sie störende Auswirkungen haben können, wie zum Beispiel Lärm von das Grundstück überfliegenden Flugzeugen oder Industrieabgase einer benachbarten Fabrik.

650 Siehe dazu z. B. *Ventures in Property v. City of Wichita*, 225 Kan. 689, 711-12, 594 P2d. 671, 681-682 (1979). Allgemein *Tretbar*, Calculating Compensation for Temporary Regulatory Takings, 42 Kansas L. Rev. 201, 203, n. 22 (1993).

Diese Einschränkungen dürfen jedoch die Nutzungsmöglichkeiten des Eigentums nicht auf null reduzieren, denn das Eigentum des einen ist verfassungsrechtlich ebenso geschützt wie das des anderen. Den Einschränkungen durch das einfache Recht sind verfassungsrechtliche Grenzen durch das Eigentumsrecht gesetzt.

Im letzten Jahrhundert haben die Gerichte Prinzipien entwickelt, anhand derer einige Arten staatlichen Handelns, unabhängig von den ökonomischen Auswirkungen für das Privateigentum, nicht als entschädigungspflichtige Enteignungen angesehen werden. Während diese Ausnahmen meistens im Zusammenhang mit *regulatory takings* auftreten, können sie aber auch in Verbindung mit physischen Enteignungen erscheinen. Auch ohne bestimmte Handlungen des Eigentümers sind der Nutzung des Privateigentums einfachgesetzliche Grenzen gesetzt, die mit der Eigentumsgarantie aus dem fünften Verfassungszusatz der Bundesverfassung vereinbar sind. Die meisten dieser Grenzen sind im Recht der Einzelstaaten geregelt.[651] Wann solche Ausnahmen vorliegen sollten, war bis zur Entscheidung *Lucas v. South Carolina Coastal Council*[652] unsicher. Erst in dieser Grundsatzentscheidung aus dem Jahr 1992 stellte der Supreme Court Kriterien zur Bestimmung solcher Ausnahmen auf. Nachdem das Gericht zunächst jede Regulierung, die den ökonomischen Wert einer Eigentumsposition zunichte machte, zu einer entschädigungspflichtigen Enteignung erklärt hatte, schränkte die Mehrheit der Richter dieses Prinzip in ihrer Entscheidung ein:[653]

> „Where the State seeks to sustain regulation that deprives land of all beneficial use, we think it may resist compensation only if the logically antecedent inquiry into the nature of the owner's estate shows that the proscribed use interests were not part of his title to begin with. This accords, we think, with our "takings" jurisprudence, which has traditionally been guided by the understandings of our citizens regarding the content of, and the State's power over, the "bundle of rights" that they acquire when they obtain the property."[654]

Damit macht der Supreme Court deutlich, dass eine Enteignung nur dann vorliegen kann, wenn der Kläger im Zeitpunkt der Handlung über ein Eigentumsrecht verfügte, das ihm durch die Enteignung genommen werden konnte. Die Entscheidung stellte noch zwei weitere Ausnahmen der *takings clause* in Form von

651 Vgl. die Feststellung des Supreme Court in *Lucas v. South Carolina Coastal Council*, 505 U.S. 1003, 1027-28; *Stevens v. City of Cannon Beach*, 510 U.S. 1207 (1994).

652 505 U.S. 1003, 1027.

653 Vgl. zu einer Würdigung der Entscheidung auch *Walston*, 2001 Utah L. Rev. 379, 400 ff.

654 *Lucas v. South Carolina Coastal Council*, 505 U.S. 1003, 1027.

Kategorien fest, die unabhängig voneinander das Bündel an Rechten des Eigentümers begrenzen. Die erste Kategorie umfasst vorgeschlagene Nutzungen des Eigentums, die traditionellen, in Bundes- und Staatsgesetzen niedergelegten Rechtsauffassungen zuwiderlaufen.

> „[…] that the Takings clause does not require compensation when an owner is barred from putting land to a use that is proscribed by those „existing rules or understandings“ is surely unexceptional.”[655]

Die zweite Ausnahme betrifft die sogenannte "*nuisance exception*". Seit 1887 hat der Supreme Court mehrfach Eigentumsklagen zurückgewiesen, die sich gegen eine Maßnahme der Polizeigewalt richteten. In diesen Fällen wurden die angegriffenen Maßnahmen unabhängig von ihren wirtschaftlichen Auswirkungen auf das betroffene Eigentum für rechtmäßig erklärt.[656] Der Grund für diese Ausnahme besteht in der dem Institut des Privateigentums in Amerika zugrundeliegenden Überzeugung, dass jegliches Eigentum mit der Verpflichtung verbunden ist, das Eigentum nicht in einer für andere schädlichen Weise zu nutzen.[657] Das Gericht beschreibt in der Entscheidung darüber hinaus die Grenzen der Ausnahme für schädliche Nutzungen. Das Eigentum wird nicht nur durch diese Ausnahme begrenzt, sondern durch eine Vielzahl von Staaten- und Bundesgesetzen. Der Supreme Court erkennt diese Tatsache in der Entscheidung *Lucas* ausdrücklich an.[658] Die Entscheidung bietet eine Analyse der Fälle, in denen der Eigentumsschutz ausnahmsweise eingeschränkt werden kann. Wenn das Eigentum auch ohne Zutun des Eigentümers – zum Beispiel durch schädliche Nutzung – beschränkt wird, liegen die meisten dieser Begrenzungen im Eigentumsrecht der Einzelstaaten begründet. Im folgenden Abschnitt sollen einige dieser Prinzipien näher betrachtet werden.

a) Public Trust Doktrin

Die *public trust*-Doktrin gewährleistet, dass bestimmte natürliche Ressourcen in staatlicher Hand bleiben und der Staat sie in ihrem Status erhält. Weder darf er diese Ressourcen veräußern noch ihre Zerstörung oder Beschädigung durch Private gestatten oder dulden. Amtsträger haben die Pflicht, die Ressourcen zu

---

655 *Lucas v. South Carolina Coastal Council*, 505 U.S. 1003, 1030.

656 *Keystone Bituminous Coal Ass'n. v. DeBenedictis*, 480 U.S. 488, 491-492.

657 *Mugler v. Kansas*, 123 U.S. 665.

658 Vgl. *Lucas v. South Carolina Coastal Council*, 505 U.S. 1003, 1028-1030.

schützen und zum Wohle aller zu bewahren.[659] Die *public trust*-Doktrin erlangte zum ersten Mal Bedeutung in der Entscheidung *Illinois Central Railroad v. Illinois* von 1892.[660] Sie wird allgemein als ein Prinzip des Staatenrechts angesehen und hat in den letzten Jahren wesentlich mehr Aufmerksamkeit von den Staatsgerichten erhalten als auf Bundesebene. Kalifornien führt diese Tendenz an. Es überrascht nicht, dass kalifornische Gerichte wesentlich häufiger auf das Zusammenspiel von *public trust*-Prinzipien und *takings clause* rekurrieren als Gerichte anderer Staaten. Die kalifornischen Gerichte wandten die *public trust*-Doktrin zum ersten Mal an, um Landverkäufen durch die Regierung und privaten Bauvorhaben an Kaliforniens Küstenstreifen und in seinen geschützten Gebieten Einhalt zu gebieten.[661]

Diese Restriktionen unter der *public trust*-Doktrin fanden auf ähnliche Weise auch Anwendung auf Fälle im Inland Kaliforniens.[662] In den meisten Fällen befand man nicht, dass die mit dem *trust* verbundenen Ländereien nicht an Private veräußert werden dürfen. Vielmehr entschieden die Gerichte in den meisten Fällen, dass der Privateigentümer ein Eigentumsrecht an dem Grundstück besitzt, während der Staat die Interessen der Öffentlichkeit hegt, die mit einer dem Staat eingeräumten Dienstbarkeit verglichen werden können.[663] Nach Überflutungsgebieten und den Flussbetten von schiffbaren Wasserstraßen sind Fische und wildlebende Tiere die traditionell am häufigsten mit der *public trust*-Doktrin assoziierten Lebewesen und Lebensräume. Obwohl Staaten keine Fische und wilden Tiere im rechtlichen Sinne besitzen können, haben die Gerichte diese Ressourcen zu von der Öffentlichkeit unter *trust*-Prinzipien gehaltenen Rechten erklärt, die nicht in privaten Besitz gelangen können – das ist allein schon deshalb unmöglich, weil es sich um Wildtiere handelt.

Heftig umstritten war die Anwendung der Prinzipien des *public trust* unter kalifornischem Recht auf dem Gebiet der Allokation von Wasserressourcen durch ein staatliches System. In der wichtigen Entscheidung *National Audubon*

---

659 *Sax* hat die Doktrin in seinem Aufsatz "The Public Trust Doctrine in Natural Resource Law: Effective Judicial Intervention", 68 Michigan L. Rev. 471 (1970) analysiert, vgl. dazu auch *Michelman*, Ethics, Economics, and the Law of Property, in: Pennock/Chapman (Hrsg.), Ethics, Economics, and the Law, S. 3, 28.

660 146 U.S. 387 (1892).

661 Siehe dazu *Oakland v. Oakland Water Front Co.*, 118 Cal. 160, 50 P. 277 (1897); *People v. California Fish Co.*, 166 Cal. 576, 138 P. 79 (1913). Ausserdem *Donnell v. United States*, 834 F. Supp. 19, 25 (D. Maine 1993) (die Existenz einer *public trust*-Doktrin unter Staatenrecht anerkennend).

662 *Colberg, Inc. v. California*, 67 Cal. 2d 408, 432 P.2d 3 (1967).

663 Siehe *California Fish Co.*, 166 Cal. S. 584-85, 598-99, 138 P. 79, 82-83, 88-89; *City of Berkeley v. Superior Ct.*, 26 Cal. 3d 515, 521-25, 606 P.2d 362, 364-67 (1980), cert. denied, 449 U.S. 840 (1980).

Society v. Superior Court[664] hat der Oberste Gerichtshof von Kalifornien ausdrücklich erklärt, dass die *public trust*-Doktrin als eine zusätzliche Anforderung an die Verteilung und Nutzung von Wasserrechten in Kalifornien zu verstehen ist. Andere Staaten haben die Doktrin auf ähnliche Weise als eine Komponente ihres Eigentumsrechts aufgenommen, wenn auch in unterschiedlicher Ausprägung.[665]

In einigen Fällen in Kalifornien beriefen sich private Landeigentümer auf dem Klageweg auf die *takings clause*, um *public trust*-Klagen, erhoben von der Regierung und Umweltschützern, zu vermeiden. Diese Klagen wurden bis heute konsequent abgewiesen. Der Grund dafür liegt in dem Prinzip, dass Ressourcen für das öffentliche Wohl erhalten bleiben und dazu im öffentlichen Eigentum stehen und nicht an Private veräußert werden sollen. Diese Rechte sind das für das Wohl aller essentiell und schützenswert und können deshalb nicht von Privaten erworben werden.[666] Die wenigen Entscheidungen in anderen Staaten, die das Zusammenspiel von *public trust* und *takings clause* betrafen, nahmen zumeist einen ähnlichen Ausgang.[667]

b) Public Access to Waterways

Die Verfassungen, Vorschriften und das *Common Law* vieler Staaten gewähren der Öffentlichkeit ein Zutrittsrecht zu Flutland, Flüssen, Buchten, Wasserstraßen

---

664 33 Cal. 3d 419, 658 P.2d 709 (1983); cert. denied, 464 U.S. 977 (1983).

665 Siehe dazu *United Plainsman v. North Dakota State Water Comm'n*, 247 N.W.2d 457 (N.D. 1976) (die Doktrin auf das Wasserallokationssystem anwendend); *Kootenai Envtl. Alliance, Inc. v. Panhandle Yacht*, 105 Idaho 622, 671 P.2d 1085, 1094 (1983) (ebenso); *Gould v. Greylock Reservation Comm'n*, 350 Mass. 410, 215 N.E.2d 114 (1966) (vorgeschlagene Vermietung einer öffentlichen Parkanlage als Skianlage geht über die Macht der Legislatur hinaus); *State Dep't of Envtl. Protection v. Jersey Cent. Power &Light Co.*, 133 N.J. Super. 375, 336 A.2d 750 (N.J. Super. A.D. 1975) (Begrenzung der Abwassereinleitung eines Kraftwerks in fließendes Gewässer); *Just v. Marinette County*, 56 Wis. 2d 7, 16-17, 201 N.W.2d 761, 768 (1972) (Trockenlegung von Feuchtgebieten unterbunden); *Payne v. Kassab*, 11 Pa. Commw. 14, 28, 312 A.2d 86, 93 (1973) (Recht der Bürger auf „saubere Luft, reines Wasser und auf den Schutz und die Erhaltung der natürlichen, landschaftlichen, historischen und ästhetischen Werte der Umwelt"); Conn. Gen. Stat. § 22a-15 („public trust in the air, water and other natural resources").

666 Siehe z.B. *People v. California Fish Co.*, 166 Cal., S. 599-601; *City of Berkeley*, 26 Cal. 3d, S. 532; *California v. Superior Ct. (Lyon)*, 29 Cal. 3d, S. 210, 231-32; *National Audubon Society*, 33 Cal. 3d, S. 440.

667 *In re Guadalupe River Basin*, 642 S.W.2d, S. 438, 445-46 (Tex. 1982) (Wasserrechte); *In re Opinion of the Justices*, 139 N.H. 82, 649 A.2d, S. 604, 608-09 (1994) (state sovereign tidelands).

und anderen schiffbaren Gewässern.[668] Die Existenz eines solchen Rechts wurde in vielen Entscheidungen bestätigt – es gilt selbst dann, wenn ein Flußbett sich in Privatbesitz befindet.[669] Diese Rechte sind auch oft in den Gesetzen der Einzelstaaten verankert.[670] Die Verweigerung einer Baugenehmigung auf einem Grundstück, das dem öffentlichen Zugang zum Wasser dient, stellt keine entschädigungspflichtige Enteignung dar. Die wenigen Entscheidungen, die bis heute in dieser Sache ergangen sind, wurden in diesem Sinne entschieden.[671]

c) Public Access to Shorelines and Uplands

Einige Staaten haben das Prinzip des öffentlichen Zugangs zu Wasserstraßen ausgedehnt zu einem Recht auf öffentlichen Zutritt zu den und auf Nutzung der Strände und des Oberlandes gemäß Staatenrecht. Dies geht sogar so weit, dass diese Rechte privaten Eigentumsrechten aus dem fünften Verfassungszusatz der Bundesverfassung vorgehen. Die prominentesten Fälle auf diesem Gebiet wurden in den neunziger Jahren in Hawaii und in Oregon entschieden.

Im Fall *Stevens v. Cannon Beach*[672] verweigerte eine Stadt in Oregon durch ihre zuständige Behörde die Genehmigung zum Bau eines Deiches an der Strandlinie, der eine kommerzielle Bebauung auf der in Privatbesitz befindlichen Seite des Walls ermöglicht hätte. Die Behörde versagte die Genehmigung, weil der Deich an einer Stelle des Strandes errichtet werden sollte, die als Zugangsweg für die Öffentlichkeit genutzt wurde. Dieses Zugangsrecht bestand im Rahmen des Gewohnheitsrechts des *Common Law* Oregons. Der Oberste Gerichtshof von Oregon wies die Klage des betroffenen Eigentümers mit der Begründung ab, dass dem Privaten das Ausschlussrecht des Eigentümers fehlte, auf

668 So zum Beispiel in Kalifornien: Cal. Constitution, Art. X, § 4.

669 Vgl. *Bohn v. Albertson*, 107 Cal. App. 2d, S. 738, 757, 238 P.2d, S. 128, 140-141 (1951); *People ex. rel. Baker v. Mack*, 19 Cal. App. 3d, S. 1040, 1050; 97 Cal. Rptr., S. 448, 454 (1971).

670 Siehe dazu z.B. Cal. Harbors & Nav. Code § 131; Cal. Pub. Resources Code § 6339 (a); Massachusetts Bay Colony Ordninance of 1631-47 (eine Regelung aus dem 17. Jhdt., die immer noch in Massachusetts, Maine und New Hampshire gilt und besagt, dass jeder Pond, der mehr als 10 Acres umfasst, ein „Great Pond“ ist und in öffentlichem Eigentum steht).

671 Siehe *Peterman v. State Dep't of Natural Resources*, 446 Mich. 177, 521 N.W.2d 499, 508-09 (1994) (Eigentumsrechte eines Flußanrainers Gegenstand einer staatlichen Schiffdienstbarkeit; weder die Ausübung der Schiffahrtsrechte durch die Öffentlichkeit noch die Beschädigung von Eigentum aufgrund von Verbesserungsmaßnahmen für die Schiffbarkeit stellen notwendigerweise eine rechtswidrige Enteignung dar.); *Miramar Co. v. Santa Barbara*, 23 Cal. 2d 170, 172-173, 143 P.2d 1, 2-4 (1943).

672 317 Or. 131, 854 P.2d 449 (1993), cert. denied, 510 U.S. 1207 (1994).

das er eine Klage unter Berufung auf die *takings clause* hätte stützen können. Das Gericht betrachtete das Gewohnheitsrecht Oregons als ein Grundprinzip (*background principle*) des einzelstaatlichen Eigentumsrechts im Sinne der *Supreme Court* Rechtsprechung in *Lucas v. South Carolina Coastal Council*, das die Regierung vor einer erfolgreichen Enteignungsklage schützt.[673]

Angestammte Ernterechte waren Gegenstand der Entscheidung *Public Access Shoreline Hawaii v. Hawaii County Planning Commission (PASH)*.[674] Der Oberste Gerichtshof von Hawaii war hier mit dem Konflikt zwischen eingeborenen Hawaiianern und dem Bauherrn eines 450 Morgen großen Komplexes am Küstenstreifen auf der Big Island von Hawaii konfrontiert. Die Eingeborenen, besorgt um ihre angestammten, jahrhundertealten Ernte- und Fischereirechte, klagten gegen das Projekt. Der Bauherr argumentierte, dass solche Ansprüche nach dem modernen Recht Hawaiis nicht existierten, oder zumindest, sollte dies doch der Fall sein, diese Rechte den traditionelleren Eigentumsrechten des englischen *Common Law* weichen müßten.

Der Gerichtshof von Hawaii widersprach dieser Einschätzung in einer einstimmigen Entscheidung. Das Gericht erläuterte die historischen Grundlagen der Eingeborenenrechte der Hawaiianer, die es mit dem *Common Law*-Prinzip des Gewohnheitsrechts verglich.[675] Die Richter stellten fest, dass die für die Landnutzung zuständigen hawaiianischen Behörden die ausdrückliche Pflicht hätten, diese tief verwurzelten Rechte gemäß der Verfassung Hawaiis und der einfachen Gesetze Hawaiis zu schützen.[676] Diese Rechte seien vereinbar mit westlichen Konzeptionen von Eigentumsrechten, die ebenfalls ein wichtiger Bestandteil des hawaiianischen Rechts seien. Die Vereinbarkeit beruht unter anderem auf der Feststellung, dass die Eigentumsansprüche, die einem Landeigentümer nach hawaiianischem Recht zustehen, begrenzt sind:

---

673 317 Or. 131, 142, 854 P.2d, S. 456. *Stevens* war die erste Entscheidung nach *Lucas*, in der dieses Prinzip angewandt wurde.

674 79 Haw. 425, 903 P.2d 1246 (1995), cert. denied, 517 U.S. 1163 (1994).

675 903 P.2d, S. 1259-63. Ironischerweise formt gerade dieses Prinzip des Gewohnheitsrecht aus dem englischen Common Law die Basis für das Gewohnheitsrecht Oregons, das für den Fall *Stevens v. Cannon Beach* entscheidend war, vgl. oben Fn. 538.

676 Ebd. S. 1256-59. In einigen Jurisdiktionen ist das Recht zu fischen oder zu jagen in der Verfassung niedergeschrieben, so zum Beispiel in Kalifornien. Vgl. Cal. Const. art. I, § 25 (öffentliches Recht, in öffentlichem Gelände oder Gewässer zu jagen und zu fischen). Das konstitutionelle Recht zieht ein Recht auf Zugang zu den Gewässern nach sich, vgl. *California v. San Luis Obispo Sportsman's Ass'n*, 22 Cal. 3d 440 , 584 P.2d 1088 (1978). Auch diese Verfassungsrechte würden wohl den *Lucas*-Test als grundlegende Prinzipien bestehen.

„Our examination of the relevant legal developments in Hawaiian history leads us to the conclusion that the western concept of exclusivity [of possession] is not universally applicable in Hawaii. [...] In other words, the issuance of a Hawaiian land patent confirmed a limited property interest as compared with typical land patents governed by western concepts of property."[677]

Schließlich wandte sich das Gericht der Frage zu, ob die rechtliche Anerkennung und der Schutz der Eingeborenenrechte eine Enteignung zu Lasten des Eigentümers des Küstenstreifens darstellten, ließ diese Frage jedoch unbeantwortet, was aufgrund der Prozeßführung möglich war. Dennoch ließen die Richter keinen Zweifel an ihrer Auffassung und zitierten *Lucas* als Untermauerung für den Vorschlag, dass die Eingeborenenrechte genauso ein Grundprinzip darstellten, das gemäß den Ausführungen des Supreme Court im Fall *Lucas* private Eigentumsrechte konkretisiert.

„Hawaiian custom and usage have always been a part of the laws of this State... [T]he government 'assuredly [can] ... assert a permanent easement that [reflects] a pre-existing limitation upon the landowner's title'."[678]

d) Archaeological and Historic Sites

Manche Staaten schützen Landstriche, die von besonderer archäologischer oder geschichtlicher Bedeutung sind, vor Bebauung oder anderweitiger Gefährdung. Dies geschieht auch dann, wenn sich das Grundstück in Privatbesitz befindet. Beispielhaft ist die Entscheidung *Hunziker v. Iowa*[679] des Supreme Court von Iowa. Die Kläger waren Bauunternehmer, die Farmland erworben hatten, um es zu bebauen. Drei Jahre später fand ein staatlicher Archäologe auf dem Grundstück einen bedeutenden, etwa 1000 bis 2500 Jahre alten Kulturgegenstand der eingeborenen Amerikaner. Gemäß zehn Jahre vor Erwerb des Grundstücks erlassener Gesetze des Staates Iowa forderte die Behörde die Eigentümer auf, das Grundstück in seinem Zustand zu belassen und verweigerte die begehrte Baugenehmigung. Die Eigentümer erhoben daraufhin eine Klage wegen Verletzung ihrer Eigentumsrechte. Der Gerichtshof berief sich auf das seit der Entscheidung *Lucas* anerkannte Prinzip, dass das Eigentumsrecht durch dem Staatenrecht zugrundeliegende Prinzipien und Vorschriften eingeschränkt werden kann und wies die Klage ab.

---

677 903 P.2d, S. 1268.

678 Ebd., S. 1272-1273 (die Entscheidung *Lucas* zitierend).

679 519 N.W.2d 367 (1994).

In zweierlei Hinsicht nimmt der Iowa Supreme Court hier sogar eine Erweiterung der Entscheidung *Lucas* vor. Dort wurde zwar festgelegt, dass staatliche Gesetze das Privateigentum einschränken können. Voraussetzung dafür sollte aber sein, dass das einschränkende Gesetz erstens schon seit geraumer Zeit bestand und zweitens auf das *Common Law* zurückzuführen ist.[680] Der Gerichtshof von Iowa hingegen betrachtet bereits einfache Gesetze (*statutes*) als ausreichend qualifiziert für ein Grundprinzip des staatlichen Eigentumsrechts, das das Recht eines Privateigentümers einschränken kann. Das gilt nach *Hunziker* selbst für solche Gesetze, die dem Grundstückserwerb des betroffenen Eigentümers nur um wenige Jahre in ihrer Geltung vorausgehen.[681] Diese Erweiterung ist jedoch als Besonderheit dieses Falles anzusehen und nicht als Richtlinie für spätere Entscheidungen. Richter des U.S. Supreme Court haben ihre Auffassung zu der Entscheidung entsprechend geäußert. Die Kläger des Falles *Stevens v. City of Cannon Beach*[682] legten Revision vor dem Supreme Court ein, der jedoch die Klage nicht annahm. *Justice Scalia* äußerte sich in seiner abweichenden Meinung wie folgt:

> „[A] State may not deny rights protected under the Federal Constitution … by invoking nonexistent rules of State substantive law. Our opinion in *Lucas* … would be a nullity if anything that a State court chooses to denominate "background law" … could eliminate property rights."[683]

e) Clean Air Act, Clean Water Act, Rivers and Harbors Act und andere Gesetze

Im Bereich des Gewässerschutzes sind insbesondere der *Clean Water Act*, der *Rivers and Harbors Act* von 1899 und der *Coastal Zone Management Act* von Bedeutung. Die einzige Vorschrift des *Clean Water Act*, die sich direkt auf die Nutzung von Landeigentum bezieht, ist Section 404. Diese besagt, dass jedes Einbringen von Füllmaterial in schiffbare Gewässer einer bundesrechtlichen

---

680 *Lucas v. South Carolina Coastal Council*, 505 U.S. 1003, 1029 (1992): „Any limitation so severe cannot be newly legislated or decreed (without compensation), but must inhere in the title itself, in the restrictions that background principles of the State's law of property … already place upon land ownership.".

681 In diesem Sinne nähert sich das Gericht in *Hunziker* eher der abweichenden Meinung von *Justice Kennedy* in *Lucas* an, der dafür plädiert hatte, das Eigentumsrecht etwas flexibler und zeitgemäßer zu betrachten und nicht auf alte Common Law-Regeln abzustellen, vgl. *Lucas*, 505 U.S. 1003, 1035 (Kennedy, J., concurring).

682317 Or. 131, 854 P.2d 449 (1993), cert. denied, 510 U.S. 1207 (1994), vgl. oben Fn. 538.

683 510 U.S. 1207, 1208-09.

Genehmigung bedarf.[684] Weil diese Gewässer sehr weit definiert sind, erstreckt sich die Verpflichtung zur Einholung einer Erlaubnis auf die Einleitung sowohl in zahlreiche Feuchtgebiete als auch in fließende Gewässer.[685] Das Gesetz enthält keine Standards für die Erteilung einer Erlaubnis.[686]

Zum Schutz einer sauberen Luft ist der *Clean Air Act* durch die *EPA* als abschließende Regelung erlassen worden, die Eigentümer und Unternehmen besonders betrifft. Die enthaltenen Regelungen beziehen sich auf Klimaanlagen, die im geschäftlichen wie im privaten Bereich Anwendung finden, auf Kühlanlagen und Gefrierschränke und die Chemikalien, die in solchen Geräten eingesetzt werden.

Der Umgang mit Abwasser ist im *Sewage Facilities Act* geregelt, den das *Pennsylvania Department of Environmental Protection* 1994 erlassen hat. *Section* 7 des Gesetzes informiert potentielle Grundstückskäufer, dass zunächst die Genehmigung für eine eigene Abwasseranlage einzuholen ist, wenn ein Grundstück nicht an das öffentliche Abwassersystem angeschlossen und ein nachträglicher Anschluss nicht ohne weiteres möglich ist. Die Vorschrift sieht ausserdem vor, dass solche Informationen über das Grundstück in den Kaufvertrag aufgenommen werden müssen.

f) Zwischenergebnis

Über die genannten Prinzipien hinaus hat jeder einzelne Staat in seinem Recht weitere besondere Grundprinzipien verankert, die die Nutzung des Privateigentums einschränken. Diese Prinzipien resultieren zum Teil noch aus dem englischen *Common Law*, manchmal verbunden mit Regelungen, die in den früheren Kolonien entwickelt wurden. Zwischen den einzelstaatlichen Schutzstandards bestehen zum Teil auch heute noch erhebliche Unterschiede. Eine Regulierung, die in Houston, Texas, die verfassungsrechtliche Prüfung bestehen würde, könnte in New York als verfassungswidrig zurückgewiesen werden. Weil der verfassungsrechtliche Standard, an dem Regulierungen gemessen werden, selbst Lan-

---

684 Clean Water Act § 404 (a). Die Gerichte haben sich der Ansicht verwehrt, dass über diese Vorschrift auch das Austrocknen von Feuchtgebieten verboten werden könne. Denn in keiner sinnvollen Auslegung umfasse das Auffüllen eines Feuchtgebietes auch die Austrocknung, vgl. *Nat'l Mining Ass'n v. U.S. Army Corps of Engineers*, 145 F.3d 1399 (D.C. Cir. 1998).

685 Der Supreme Court hat in der Entscheidung *Solid Waste Agency v. U.S. Army Corps of Engineers*, 531 U.S. 159 (2001) entschieden, dass der Kongress § 404 des Clean Water Act nicht geschaffen habe, um isolierte Teiche und Stauseen ohne Verbindung zu schiffbaren Gewässern zu erreichen.

686 Vgl. *Pedersen*, 21 Yale J. on Reg. 1, 20; *Stewart*, 29 Cap. U. L. Rev. 21, 75.

desrecht inkorporieren muss, kann der Supreme Court keinen angemessenen bundesweit gültigen Maßstab entwickeln.

Im Verlauf der weiteren Untersuchung sollen landestypische Regelungen an den Beispielen Pennsylvanias, New Yorks und Kaliforniens untersucht werden. Eine Besonderheit Pennsylvanias, die sich in vielen Regelungen niederschlägt, ist der Kohleabbau.[687] Im folgenden Teil werden sowohl die einfachgesetzlichen Einschränkungen des Eigentumsrechts durch Denkmalschutzmaßnahmen vorwiegend im Staat New York sowie durch das Umweltrecht in Pennsylvania und in Kalifornien als auch die verfassungsrechtlichen Grenzen für die Kontrolle der Landnutzung und für die Regulierung der Eigentumsnutzung durch das Umweltrecht untersucht.

II. Historic Preservation - Einschränkungen des Privateigentums durch Vorgaben des Denkmalschutzes (insbesondere im Bundesstaat New York)

Denkmalschutzmaßnahmen erfolgen in den USA auf zwei Wegen. Entweder werden einzelne Gebäude oder Wahrzeichen bestimmt und unter Denkmalschutz gestellt (*landmark preservation*) oder es werden ganze historisch wichtige Gebiete als denkmalgeschützt abgegrenzt (*historic districting*). In den meisten Fällen fallen jedoch beide Arten zusammen. Bisher hat kein Gericht darauf bestanden, zwischen den beiden Formen zu differenzieren, schon gar nicht seit der Grundsatzentscheidung *Penn Central Transportation Co. v. New York City*[688] und der abweichenden Meinung von *Justice Rehnquist* in diesem Fall.[689] Dennoch ist für ein besseres Verständnis eine differenzierende Betrachtung geboten.

1. Landmark Designation

1963 wurde der historische Bahnhof von New York City, Penn Station, beseitigt, um Raum für den neuen Madison Square Garden zu schaffen. Diese Maßnahme löste einen Aufschrei in der Bevölkerung aus und führte zu einer Umkehr

687 vgl. Pennsylvania Statutes Title 52, Mines and Mining, Chapter 6: Bituminous Coal Mines in General, Bituminous Mine Subsidence and Land Conservation Act § 1406.3 (2007).

688 438 U.S. 104 (1978).

689 438 U.S. 104, 138 (1978); siehe auch *St. Bartholomew's Church v. City of New York*, 914 F.2d 348, 355 (2d Cir. 1990): "differences are of no consequence", cert. denied, 499 U.S. 905 (1991).

im bisherigen Denkmalschutzrecht. Es wurde nun ein größeres Gewicht auf die Erhaltung und den Schutz historischer Gebäude gelegt.[690] In einer Zeitspanne von nur zwei Jahren verabschiedete New York ein Denkmalschutzgesetz. Bereits 1989 waren etwa 1500 lokale Regierungen diesem Beispiel gefolgt, indem sie ebenfalls Gesetze zum Schutz von Denkmälern und historisch bedeutsamen Gebäuden erließen.[691]

In einigen Fällen war die Bestandserhaltung einzelner Gebäude in Privatbesitz jedoch kontrovers. Naturgemäß ist mit Streitigkeiten zu rechnen, wenn Eigentümer eines Gebäudes plötzlich mit komplexen Auflagen zum Schutz des Gebäudes belastet werden oder sie Um- oder Neubauten nicht oder nicht wie gewollt durchführen dürfen.[692] Ein altes Gebäude ist nicht mehr profitabel nutzbar, so dass manch einer lieber das alte Haus abrisse, um ein neues zu bauen. Diese Möglichkeit wird ihm jedoch bei einem denkmalgeschützten Bauwerk versagt. Die Nutzung nicht nur des Gebäudes, sondern auch des darunter liegenden Grundstückes wird also stark eingeschränkt. Eigentümer geschützter Gebäude erhalten zuweilen den Eindruck, sie allein seien durch Auflagen beschwert, während Eigentümer nicht betroffener Gebäude keinen Beitrag zur Erhaltung kulturell und historisch bedeutender Bauwerke für die Öffentlichkeit leisteten.

Die Entscheidung, wann ein Bauwerk unter Denkmalschutz gestellt werden sollte, ist in vielen Fällen subjektiv. Schließlich stützt sich die Entscheidung per definitionem auf ästhetische Gesichtspunkte. Aus diesen Gründen sind Klagen aufgrund von Beschränkungen des Eigentums durch Denkmalschutzauflagen sehr häufig.[693] Die berühmteste Entscheidung ist bis heute *Penn Central Transportation Co. New York City*[694] aus dem Jahr 1978, in der der Supreme Court eine Eigentumsklage unter Berufung auf Denkmalschutzvorgaben zurückwies und damit die Bedeutung der Denkmalschutzgesetze gegenüber dem Eigentumsrecht ausweitete. Beeinflusst von *Penn Central* entschieden im Anschluss viele

690 *Goldberger*, A Commission That Has Itself Become a Landmark, N.Y. Times, April 15, 1990, S. H36.

691 *American Planning Ass'n*, Responding to the Takings Challenge 23 (Planning Advisory Serv. Report No. 415), hrsg. v. Roddewig/Duerksen, 1989. Siehe dazu auch National Alliance of Preservation Commission Identification Project (Aug. 1994); *Meltz/Merriam/Frank*, The Takings Issue, S. 314, Fn. 3 m.w.N.

692 Wird ein Objekt mit Zustimmung des Eigentümers unter Denkmalschutz gestellt, so kann er später keine Eigentumsverletzungsklage erheben, wenn die mit dem Denkmalschutz verbundenen Auflagen und Pflichten ihn in der Nutzung seines Eigentums oder Maßnahmen der Behörde ihn beschweren.

693 So auch die Bilanz von *Selmi/Kushner*, Land Use Regulation, S. 800.

694 438 U.S. 104 (1978).

Gerichte der Bundesstaaten in diesem Sinne und wiesen Eigentumsklagen zurück.[695] Anders als der Supreme Court in *Penn Central* verlangen diese Gerichte oft sogar, dass dem Eigentümer überhaupt keine wirtschaftlich sinnvolle Nutzungsmöglichkeit des Eigentums mehr verbleibt, um eine Enteignung bejahen zu können. Die Bundesregierung ist anders als die Staaten selten an Maßnahmen und Regelungen auf dem Gebiet des Denkmalschutzes von Gebäuden in Privatbesitz beteiligt.

Seit dem 19. Jahrhundert bis in die sechziger Jahre des 20. Jahrhunderts wurden bedeutsame Gebäude zumeist durch den Kauf privater Eigentümer vor dem Verfall gerettet. Nur selten bemühten sich die Regierungen um den Erhalt der Bauwerke. In einigen Fällen erwarb der Staat ein historisch bedeutsames Objekt durch sein Enteignungsrecht (*eminent domain*).[696] Die Gesetzgebung in diesem Bereich blieb spärlich, wenn auch einige Städte, wie zum Beispiel Charleston und New Orleans, bereits in den dreißiger Jahren erste Stadtteile unter Denkmalschutz stellten. Bis heute wird der Schutz von Denkmälern - anders als in einigen europäischen Ländern - in den USA nicht durch den Bund gefördert.[697] Frühe Versuche der Staaten- und der Lokalregierungen, Wahrzeichen durch die (mangels Gesetzen nicht autorisierte) Verweigerung von Abrissgenehmigungen oder den Erlass von Gesetzen, die nur einzelne Grundstücke betrafen, zu schützen, wurden von den Gerichten für rechtswidrig erklärt - wenn auch nicht aus eigentumsrechtlichen Gründen.[698] Die Gerichte betrachteten diese ad hoc Versuche, Bauwerke zu schützen, mit Misstrauen, weil sie keine gesetzliche Grundlage hatten.

---

695 Siehe zum Beispiel *900 G Street Assoc. v. Department of Hous. & Community Dev.*, 430 A.2d 1387 (D.C. App. 1981); *Shubert Org., Inc. v. Landmarks Preservation Comm'n.*, 166 A.D.2d 115, 570 N.Y.S.2d 504 (1991), cert. denied, 504 U.S. 946 (1992); *United Artists Theater Circuit, Inc. v. City of Philadelphia*, 535 Pa. 370, 635 A.2d 612 (1993).

696 Siehe zum Beispiel *United States v. Gettysburg Elec. Ry. Co.*, 160 U.S. 660 (1896) (die Enteignung zum Erhalt eines Kampffeldes in Gettysburg wurde für rechtmäßig befunden); *Roe v. Kansas ex rel. Smith*, 278 U.S. 191 (1929) (die staatliche Enteignung, um die historische Shawnee Mission zu erhalten, wurde für rechtmäßig gehalten).

697 *Selmi/Kushner*, Land Use Regulation, S. 800 f.

698 *People ex rel. Marbro Corp. v. Ramsey*, 28 Ill. App. 252, 171 N.E.2d 246 (1960) (Der Versuch einer Stadtverwaltung, ein 17-stöckiges Theater- und Bürogebäude zu erhalten, indem sie die Abrissgenehmigung verweigerte, wurde für unverantwortlich gehalten, solange der unwillige Eigentümer dazu gezwungen werden sollte, die Kosten für den Erhalt zu tragen.); *Keystone Assocs. v. Moerdler*, 19 N.Y.2d 78, 224 N.E.2d 700 (1966).

In der Entscheidung *Benenson v. United States*[699] wurde das jahrzehntelange Ringen um eine Baugenehmigung und um den Baubeginn, begleitet von vagen Zusagen der Behörden und unzureichenden Versprechungen, für eine rechtswidrige Enteignung gehalten. Anfangs gingen die Pläne der Regierung dahin, Grundstücke entlang der Pennsylvania Avenue, inklusive des historischen Willard Hotels, zu erwerben, um einen „National Square" dort zu errichten. Zu diesem Geschäft kam es jedoch nie. Die Jahre zwischen 1965 und 1975 wurden von erfolglosen Verhandlungen der Bundesregierung und der Regierung des District of Columbia mit dem Eigentümer des Hotels geprägt, um diesen zu überzeugen, das Grundstück zu veräußern. Die Regierung verweigerte Abrissgenehmigungen und verhängte zwei einjährige Bauaufschübe. 1974 änderte die Regierung ihre Pläne und wollte das Hotel unter Denkmalschutz stellen. Das Gericht entschied, dass die Verweigerung der Abrissgenehmigung enteignenden Charakter hatte, weil die Genehmigung erst verweigert wurde als bekannt war, dass das Hotel nicht mehr gewinnbringend bewirtschaftet werden konnte.[700]

Mitte der sechziger Jahre begannen Lokalregierungen, Gesetze zur Erhaltung von Wahrzeichen und wichtigen Gebäuden zu erlassen und so die gesetzliche Grundlage für einen durchsetzbaren Denkmalsschutz zu schaffen. Diese Verordnungen besagten für gewöhnlich, dass Gebäude, die zu erhalten bestimmt sind, nicht ohne staatliche Genehmigung abgerissen oder wesentlich verändert werden dürfen. Zur Erteilung der staatlichen Genehmigung war teilweise die Beteiligung einer historischen Kommission erforderlich. Anders als die plötzlichen Entscheidungen im Einzelfall, ein Gebäude erhalten zu wollen, hatten diese Anordnungen auf gesetzlicher Grundlage vor den Gerichten jetzt eher Bestand und wurden grundsätzlich aufrechterhalten.[701] Die Denkmalschutzgesetzgebung erfuhr eine weitere Stärkung durch die Entscheidung *Penn Central* des Supreme Court im Jahre 1978.

Das Denkmalschutzgesetz von New York City aus dem Jahre 1965 fungierte als nationaler Prototyp.[702] Zu Anfang legt das Gesetz eine Kommission zu der Bestimmung fest, wann ein Bauwerk als Wahrzeichen im Sinne des Gesetzes

---

699 548 F.2d 939 (Ct. Cl. 1977).

700 Ironischerweise florierte das Hotel zu dieser Zeit nach einer Renovierung bereits wieder.

701 Siehe zum Beispiel *Manhattan Club v. City of New York*, 51 Misc. 2d 556, 273 N.Y.S.2d 848 (1966) (erste Anwendung einer städtischen Denkmalschutzverordnung ist keine Enteignung); siehe auch *Maher v. City of New Orleans*, 516 F.2d 1057 (5th Cir. 1975) (Aufrechterhaltung der Denkmalschutzverordnung von New Orleans), cert. denied 420 U.S. 905 (1976). Auch wenn *Maher* den Bereich *Historic Districting* betrifft, war die Entscheidung auch für die Erhaltung einzelner Gebäude einflussreich.

702 N.Y. City Admin. Code § 25-301 et seq.

angesehen werden kann. Um als Wahrzeichen geschützt zu werden, muss ein Bauwerk gemäß der Vorschrift mindestens 30 Jahre alt sein.[703] Steht es erst einmal unter Denkmalschutz im Sinne des Gesetzes, unterliegt es regelmäßigen Kontrollen. Insbesondere muss die Kommission jede wesentliche Änderung oder gar den Abriss genehmigen, indem sie ein „*certificate of appropriateness*" ausstellt. Um die Last für den Eigentümer des Bauwerks zu reduzieren, sieht die Vorschrift eine Härtefallklausel vor, nach der ein Eigentümer, der aufgrund der Auflagen nicht in der Lage ist, einen vernünftigen Gewinn zu erwirtschaften, leichter ein Zertifikat erlangen kann.

Obwohl Denkmalschutzgesetze die am meisten verbreitete Grundlage zur Erhaltung alter Gebäude sind, bestehen auch andere Möglichkeiten zur Erreichung eines effektiven Denkmalschutzes. Die große Mehrheit der Staaten wendet zusätzlich eine Erhaltungsdienstbarkeit (*conservation servitude*) an, das einzelnen öffentlichen und privaten Personen besitzlose Forderungen an Grundstücken zum Schutz des Denkmals einräumt.[704]

Die Entscheidung *Penn Central Transportation Co. v. New York City*,[705] vor allem berühmt für den *three-factor-test* in Fällen regulatorischer Enteignungen, betraf ebenfalls ein bedeutendes Bauwerk, nämlich das historische Gebäude des Hauptbahnhofs von New York aus dem Jahr 1913.[706] 1967 war das Gebäude gemäß der New Yorker Denkmalschutzverordnung unter Denkmalschutz gestellt worden. Später beantragten die Eigentümer eine Genehmigung zum Bau eines 55-stöckigen Bürogebäudes über dem Bahnhof, das auf eigenen Trägern errichtet werden sollte. Die Denkmalschutzbehörde verweigerte die zu der Veränderung notwendige Genehmigung und lehnte später auch den Vorschlag eines 53-stöckigen Gebäudes ab. Die Eigentümer erhoben daraufhin Klage, da sie in

703 Dieses Merkmal hat sich in den Gesetzen der übrigen Staaten, die dieses Gesetz zum Vorbild ihrer eigenen Vorschriften gemacht haben, nicht durchgesetzt. Entweder wird in ihren Vorschriften ganz auf eine Altersvorgabe verzichtet oder sie folgen den Kriterien für die Auflistung im National Register, das eine Altersschwelle von 50 Jahren vorschreibt, es sei denn, das Bauwerk ist von aussergewöhnlicher Bedeutung, 36 C.F.R. § 60.4.

704 Eine Grunddienstbarkeit wird begründet durch eine Vereinbarung zwischen dem Eigentümer und dem Empfänger der Dienstbarkeit, die letzteren dazu berechtigt, Einschränkungen oder positive Verpflichtungen gegenüber dem Eigentümer geltend zu machen. In diesem Fall bestünde die Verpflichtung darin, die denkmalgeschützten Elemente des Eigentums zu erhalten. Siehe dazu *National Trust for Historic Preservation*, Establishing an Easement Program to Protect Historic, Scenic, and Natural Ressources (1995). Die meisten Staaten gestatten ausdrücklich die Anwendung einer solchen Dienstbarkeit zur Förderung des Denkmalschutzes.

705 438 U.S. 104 (1978).

706 Für ausführlichere Angaben zum Sachverhalt s. oben, S. 67 ff.

der Verweigerung der Genehmigung eine Enteignung sahen. Auf die Enteignungsklage eingehend eröffnete der Supreme Court seine Erwiderung, indem er feststellte, dass die Zustandserhaltung von Gebäuden mit einer besonderen historischen, architektonischen oder kulturellen Bedeutung ein legitimes Ziel des Staatshandelns ist. Diese Feststellung ist nicht überraschend, aber dennoch stärkt sie die Position aller Denkmalschützer in den Vereinigten Staaten. Die einzige Frage war hier, ob die Regierung bei der Verfolgung dieses legitimen Ziels eine rechtswidrige Enteignung begangen hatte. Nach Ansicht des Supreme Court hatte sie das nicht getan – weder in genereller noch in besonderer Hinsicht.

In genereller Hinsicht stellte der Supreme Court fest, dass es unwesentlich sei, dass die Handlung der Kommission die Eigentümer des Bahnhofsgebäudes all ihrer Rechte am Luftraum über dem Gebäude beraubte. Als relevanter Teil für die Prüfung einer Enteignung wurde der ganze Block um das Grundstück herum angesehen, der als historisch wertvoll geschützt war. Betreffend dieses Eigentum verblieb den Eigentümern nach Verweigerung der Änderungsgenehmigung eine wirtschaftliche Nutzungsmöglichkeit ihres Eigentums. Die Eigentümer hatten, wenn auch aus Kalkül, eingestanden, dass sie weiterhin einen ansehnlichen Gewinn mit dem Bahnhofsgebäude machen konnten, auch ohne ein Bürogebäude darauf zu errichten. Weiter sah die Mehrheit der Richter die Unterscheidung zwischen der Markierung einzelner Bauwerke als schützenswert und der Unterstellung ganzer Stadtteile unter den Denkmalschutz in Enteignungsfällen als unwesentlich an. Damit wurde die Beschwerde ausgeräumt, durch die Erhaltung nur vereinzelter Gebäude die Eigentümer gerade dieser Bauwerke besonders zu beschweren und zu diskriminieren. Der Supreme Court führte aus, dass, selbst wenn dem Eigentümer hier mit besonderer Härte begegnet worden sei, dies durch die Erteilung einer Baugenehmigung in der Nachbarschaft im Sinne eines *transferable development right* abgemildert werde. Das Gericht zeigte sich nicht bereit zu glauben, dass die Eigentümer nicht auch ein wenig von der Denkmalschutzunterstellung des Gebäudes profitiert hätten.

Der Supreme Court urteilte, dass die Auswirkungen der Denkmalschutzverordnung keine Enteignung des Grundstückes bewirkten. Die Vorschrift betreffe nicht die gegenwärtige Nutzung des Gebäudes und stehe damit nicht in Konflikt mit den Erwartungen des Käufers im Zeitpunkt des Erwerbs. Ausserdem gab es keine Anzeichen dafür, dass der Eigentümer nach Verweigerung der Genehmigung geringere Umsätze machte als vorher. Was die Rechte am Luftraum über dem Gebäude angeht, entschied der Supreme Court, dass diese Rechte übertragbar auf Grundstücke in der Nachbarschaft seien und somit dem Kläger nicht genommen wurden. Die Klage wurde abgewiesen.

Amerikanische Gerichte, die seit *Penn Central* mit Denkmalschutzgesetzen befasst sind, haben meistens auf zwei der Enteignungsfaktoren abgestellt, die in der Entscheidung entwickelt wurden: die ökonomischen Auswirkungen einer staatlichen Handlung und, etwas seltener, die Verletzung von durch Investitionen gestützter Erwartungen (*investment backed expectations*).

Grundsätzlich ist die Aussonderung eines Grundstückes oder Gebäudes als erhaltungswürdiges Bauwerk keine Enteignung, solange dem Eigentümer eine sinnvolle wirtschaftliche Nutzungsmöglichkeit bleibt.[707] Wenn der Eigentümer das Eigentum weiterhin so nutzt, wie er es zuvor getan hat, genügt dies den Gerichten meistens schon um anzunehmen, dass es sich um eine ökonomisch sinnvolle Nutzung handelt, da sie sonst kaum fortgesetzt würde.[708] Entscheidungen wenden sich dem wirtschaftlichen Nutzen zu, explizit oder implizit, einerseits weil es zur Prüfung einer Enteignung gehört und andererseits, weil viele Vorschriften, wie auch die von New York City, Härtefallregelungen vorsehen, die die Einschränkungen für den Eigentümer mildern, wenn dieser sonst alle wirtschaftlichen Nutzungsmöglichkeiten verlöre.[709] Wie auch andere Eigentümer regulierten Eigentums, haben Eigentümer von denkmalgeschützten Bauwerken keinen Anspruch auf den besten und profitabelsten Gebrauch ihrer Immobilien, sondern nur auf den Verbleib einer wirtschaftlich sinnvollen Nutzungsmöglichkeit. Der Unterschied zwischen dem Wert des Eigentums unter dem Einfluss der Denkmalschutzvorschriften und ohne diesen kann sehr groß sein und dennoch keine Enteignung darstellen.[710]

---

707 *United Artists Theater Circuit v. City of Philadelphia*, 535 Pa. 370, 635 A.2d 612 (1993); *Lubelle v. Rochester Preservation Bd.*, 158 A.D.2d 975, 551 N.Y.S.2d 127 (1990); *M. B. Assocs. v. District of Columbia*, 456 A.2d 344 (D.C.1982); *900 G Street Assocs. v. Department of Hous. and Community Dev.*, 430 A.2d 1387 (D.C. 1981).

708 *International College of Surgeons v. City of Chicago*, 1994 U.S. Dist. LEXIS 18989 (N.D. Ill. 1994) (keine Enteignung, wenn der Eigentümer versäumt nachzuweisen, dass er bei weiterhin gleicher Nutzung seines Eigentums wirtschaftliche Einbußen hinnehmen muss), zurückgewiesen aus verfahrensrechtlichen Gründen, 91 F.3d 981 (7th Cir. 1996), zurückgewiesen, 118 S.Ct. 523 (1997); *Shubert Org., Inc. v. Landmarks Preservation Comm'n*, 166 A.D.2d 115, 570 N.Y.S.2d 504 (1991) (keine Enteignung, da Eigentümer Gebäude weiter als Theater nutzen konnten). Siehe auch *St. Bartholomew's Church v. City of New York*, 914 F.2d 348 (2d Cir. 1990) (keine Enteignung, weil die Kirche das Gebäude weiterhin als karitative Einrichtung und zu religiösen Zwecken nutzen konnte), cert. denied, 499 U.S. 905 (1991).

709 Siehe zum Beispiel *900 G Street Assocs.*, 430 A.2d S. 1389-90. Die Vorschrift definierte einen Härtefall explizit als eine Enteignung ohne angemessene Entschädigung. Die Orientierung an einer Enteignung für die Feststellung eines Härtefalls ist die übliche Vorgehensweise. Die New Yorker Härtefallregelung ist hingegen ungewöhnlich, insofern als sie eine spezifische Gewinnrate definiert (6 Prozent). N.Y. City Admin. Code § 25-302 v.

710 Nach der Entscheidung *Lucas* hat noch keine Klage den Gerichten Gelegenheit geboten festzustellen, ob eine Denkmalschutzverordnung auch ein ‚background principle of

Zwei andere Denkmalschutzsituationen, in denen die wirtschaftlichen Auswirkungen bedeutsam sind, betreffen Erhaltung und Reparaturen genauso wie übertragbare Bebauungsrechte. Die Pflicht zur Erhaltung, Pflege und Instandsetzung denkmalgeschützter Gebäude stellt eine zusätzliche finanzielle Belastung für den Eigentümer dar. Sich dessen bewusst werdend haben Gerichte entschieden, dass sich solche Pflichten zu einer Enteignung entwickeln können, wenn die Kosten so hoch sind, dass sich eine weitere Bewirtschaftung des Grundstücks nicht mehr lohnt.[711] Die Beweislast liegt hier zwar bei dem Eigentümer und nur in wenigen Fällen wurde eine Enteignung tatsächlich bejaht.[712] Allerdings werden die Anforderungen an die Erhaltungsmaßnahmen des Eigentümers durch die Härtefallklauseln entschärft. In extremen Fällen kann aber bei historischen Gebäuden die Pflicht zur stilgetreuen Renovierung und Instandsetzung den Eigentümer allein treffen. Das sind die Fälle, in denen am häufigsten eine Enteignungsklage in Betracht gezogen werden kann, insbesondere dann, wenn die Renovierungskosten höher sind als der geschätzte Verkehrswert des Objekts nach der Renovierung.[713]

Programme, die eine Übertragbarkeit von Bebauungsrechten von einer Region in eine andere vorsehen (*transferable development rights*), dienen dazu,

---

property law' gemäß *Lucas* sein kann, wenn dies auch bei einem Gesetz zum Schutz aus archäologischen Gründen so entschieden wurde, vgl. *Hunziker v. Iowa*, 519 N.W.2d 367 (Iowa 1994). Wenn Denkmalschutzvorschriften ähnlich betrachtet werden, müssen diejenigen, die ein Grundstück kaufen, das im Zeitpunkt des Kaufes bereits unter Denkmalschutz stand, zusätzliche Hindernisse bei einem Streit um eine Entschädigung befürchten.

711 *Citizens' Comm'n to Save Historic Rhodes Tavern v. District of Columbia*, 432 A.D.2d 710, 718 (D.C. 1981) (Die Forderung von den Parteien, große Summen zur Erhaltung eines Wahrzeichens ohne oder mit nur geringen öffentlichen Nutzen auszugeben, kann eine Enteignung darstellen.), cert. denied, 454 U.S. 1054 (1981); *State v. Erickson*, 301 N.W.2d 324 (Minn. 1981) (die permanente Verweigerung einer sinnvollen Nutzung durch die Forderung, erst Reparaturen vorzunehmen, wäre eine Enteignung.).

712 Eine Verdächtigung bezüglich bestimmter Klagen, in denen sich der Kläger für unfähig erklärte, eine Immobilie zu erhalten, wurde *in International College of Surgeons*, 1994 U.S. Dist. LEXIS 18989 geäußert: "[A] property owner could deliberately neglect its poperty, or even damage it, and then claim that land-use regulations effect a taking because the property is so far gone – for reasons unrelated to the regulations – that the owner's proposed redevelopment is the only remaining viable use.".

713 Siehe dazu z. B. *Weinberg v. City of Pittsburgh*, 13 Pres. L. Rep. 1068 (Pa. Ct. Comm. Pleas. Nov. 29, 1993), affirmed, 651 A.2d 1182 (Pa. Commw.Ct. 1994). Als das Berufungsgericht die Entscheidung der Kommission zurückwies, die eine Abrissgenehmigung verweigert hatte, störte es sich nicht an der Tatsache, dass der Kläger sich im Zeitpunkt des Kaufes über die Auflagen zur Erhaltung des historischen Charakters des Gebäudes im Klaren war.

ungenutzte Rechte wieder nutzbar und wirtschaftlich wertvoll zu machen. Sie sind insbesondere dort sinnvoll, wo die durch die Baubehörden erlaubte Bebauungsdichte nicht ausgeschöpft wird. Die Entscheidung *Penn Central* bejaht, dass die Möglichkeit, diese Rechte im Falle einer verweigerten Baugenehmigung an der gewünschten Stelle auf einen anderen Ort übertragen zu können, im Rahmen der gerichtlichen Prüfung zur Verneinung wirtschaftlicher Auswirkungen und zur Verneinung einer Enteignung führen kann.[714] Obwohl es nicht viele Fälle gibt, in denen diese Lösung eine entscheidende Rolle gespielt hat, wird diese Möglichkeit der Rechteübertragung wohl auch weiterhin manche Enteignungsklage zunichte machen können.[715]

In Denkmalschutzfällen ist immer wieder die Rolle der sog. *investment backed expectations* als Teil des Faktorentests aus der *Penn Central* Entscheidung von Bedeutung. Dabei geht es um die Frage, ob ein Käufer im Zeitpunkt des Kaufes einer Immobilie wusste, dass diese unter Denkmalschutz steht oder in nächster Zeit gestellt werden könnte oder ob er das Grundstück in der berechtigten Erwartung erworben hat, in Kürze Profit zu machen.[716] Im ersten Fall gehen die Gerichte davon aus, dass der Käufer einen auf die zu erwartenden Auflagen abgestimmten Preis für das Grundstück bezahlt hat.[717]

Denkmalschutzauflagen müssen nicht im Zeitpunkt des Erwerbs einer Immobilie gelten, um die berechtigten Erwartungen des Erwerbers auf Profit zunichte zu machen. In der Entscheidung *900 G Street Assocs. v. Department of Housing and Community Development*[718] kaufte ein Bauunternehmer aus dem District of Columbia ein Gebäude einige Wochen bevor eine neue, strengere Denkmalschutzverordnung wirksam wurde. Der Eigentümer begehrte später eine Abrissgenehmigung für das Gebäude, die verweigert wurde. Das Gericht entschied, dass die Verordnung für den Eigentümer keine Enteignung bewirkt und stellte fest, dass das Gebäude auf einer Liste mit für den Denkmalschutz in nächster Zeit vorgesehenen Gebäuden verzeichnet war. Auch wurden in den

714 Die Bedeutung der sog. TDR (transferable development rights) für Enteignungsklagen wurde insbesondere in der Entscheidung des Staatsgerichts analysiert, vgl. *Penn Central*, 42 N.Y.2d 324, 366 N.E.2d 1271 (1977).

715 Vgl. zum Beispiel *Shubert Org., Inc. v. City of New York*, 166 A.D.2d 115, 570 N.Y.S.2d 504 (1991), cert. denied, 504 U.S. 946 (1992). Die Entscheidung des Supreme Court *Suitum v. Tahoe Regional Planning Agency*, 117 S.Ct. 1659 (1997) störte die Anwendung der TDR im Falle *Penn Central*, um den Faktor der wirtschaftlichen Auswirkungen abzuschwächen und das Vorliegen einer Enteignung damit unwahrscheinlich zu machen, nicht.

716 *900 G Street Assocs. v. Department of Hous. & Community Dev.*, 430 A.2d 1387, 1390 (D.C. 1981).

717 Siehe dazu *Atlas Enter Ltd. Partnership v. United States*, 32 Fed. Cl. 704, 708 (1995).

718 430 A.2d 1387 (D.C. 1981).

Kaufverhandlungen mögliche Schwierigkeiten, eine Abrissgenehmigung zu erhalten, erörtert. Das Vorhaben der Lokalregierung, die Denkmalschutzgesetze zu verschärfen, wurde im Vorfeld publik gemacht. Nach Ansicht des Gerichts müssen all diese Faktoren den Preis für das Grundstück gesenkt haben. Die Analyse aus *900 G Street Associations* wird seitdem auch zur Prüfung in dem Stadium angewandt, indem ein Gebäude gekauft wird, bevor es überhaupt als Denkmal in Betracht kommt.[719]

Auf der anderen Seite können unklare Denkmalschutzregulierungen dem Käufer nicht bekannt werden und damit seine Erwartung finanzieller Vorteile durch den Erwerb unberührt lassen. In einem Fall[720] rührte der Konflikt daher, dass der Eigentümer eines geschützten historischen Gebäudes dieses bis auf die Fassade abreißen lassen wollte. Die Genehmigung dazu wurde ihm versagt, woraufhin er Klage erhob. Das Gericht rückte die Frage in den Vordergrund, ob der Käufer im Zeitpunkt des Kaufes gewusst hatte, dass die von ihm vorgeschlagene Maßnahme keine zulässige Form des Denkmalschutzes war. Die Richter hielten die Schutzvorschriften für zu unklar und vage, was sie auf eine unzureichende Auslegung der Regierung zurückführten. Aus diesem Grund konnte das Gericht nicht urteilen, dass der Kläger keinen Grund zu der Annahme hatte, nach dem Kauf des Grundstückes alles bis auf die historische Fassade abreißen und neu aufbauen zu können, um das Gebäude wirtschaftlicher zu machen.

Denkmalschutzvorschriften können sich auf das Äußere eines Gebäudes wie auf sein Inneres beziehen. Die Denkmalschutzverordnung von New York City zum Beispiel erwähnt gesondert den Schutz von Innenräumen, die älter als 30 Jahre und üblicherweise für die Öffentlichkeit zugänglich sind.[721] Ohne die ausdrückliche Ermächtigung in der Verordnung haben Städte jedoch nicht das Recht, den Denkmalschutz auf das Innere eines Gebäudes zu erstrecken.[722]

---

719 Vgl. *Kalorame Heights Ltd. Partnership v. District of Columbia*, 655 A.2d 865, 871-72 (D.C. 1995) (keine Enteignung, wenn das Gebäude sieben Monate vor der Unterstellung unter Denkmalschutz erworben wurde, weil bereits Tendenzen zu erkennen waren, den Schutz auf Gebäude wie das erworbene auszudehnen).

720 *Atlas Enter. Ltd. Partnership v. District of Columbia*, 655 A.2d 865, 871-72 (D.C. 1995).

721 New York Admin. Code § 25-302; vgl. dazu auch die New Yorker Entscheidung *Teachers Insurance & Annuity Association of America v. City of New York*, 623 N.E.2d 526 (N.Y. 1993), in der es insbesondere um die Unterschutzstellung des Innenraums eines Restaurantraumes einschließlich vorhandener Skulpturen und Einrichtungsgegenstände ging. Das Restaurant Four Seasons befand sich im von Ludwig Mies van der Rohe erbauten Seagram Building von 1959, an der Inneneinrichtung war der amerikanische Architekt Philip Johnson maßgeblich beteiligt.

722 *United Artists Theater Circuit v. City of Philadelphia*, 535 Pa. 370, 635 A.2d 612 (1993) (die Kommission zur Bestimmung und zum Schutz historischer Bauwerke war

Weil der Eingriff der Regierung in das Innere von Gebäuden noch weitgehender ist als der äußere Denkmalschutz und den wirtschaftlichen Nutzen weiter einschränken kann, haben die Gerichte in früheren Entscheidungen vorgeschlagen, eine höhere Schwelle für Enteignungen auf diesem Gebiet anzusetzen.[723] Ungeachtet dessen haben Gerichte Denkmalschutzanordnungen für innere Räume meistens gegenüber einer Enteignungsklage aufrechterhalten.[724] Ähnlich wie bei den Vorschriften betreffend das Äußere eines Gebäudes ist die Möglichkeit des Eigentümers, das Gebäude weiterhin sinnvoll wirtschaftlich nutzen zu können, hinderlich, wenn er eine Entschädigung begehrt. Im District of Columbia wurde eine Klage von einem Theaterbesitzer erhoben, der behauptete, dass jede Denkmalschutzanordnung betreffend das Innere eines Gebäudes einen legitimen öffentlichen Zweck verfehlt, das Eindringen der Öffentlichkeit in das private Eigentum erfordert und eine wirtschaftliche Nutzung unmöglich macht.[725] Das Gericht widersprach dieser Auffassung und wies darauf hin, dass die Unterschutzstellung der inneren Räume keine Enteignung sei, weil eine öffentliche Besichtigung der Räume nicht stattfinden müsse.[726] Einige der legitimen öffentlichen Ziele der Verordnung, wie zum Beispiel der Erhalt der kulturellen Geschichte, bedürften nicht eines Zugangsrechts für die Öffentlichkeit. Und selbst wenn dies nötig sei, verblieben angemessene Nutzungsmöglichkeiten für den Eigentümer.[727] Auch der Schutz des Inneren eines Restaurants ist nach Meinung des Gerichts keine Enteignung, da der Kläger nicht erheblich in der wirtschaftlichen Nutzung der Räume beeinträchtigt werde.[728]

---

nicht dazu ermächtigt, den Denkmalschutz auch für das Innere des Hauses anzuordnen).

723 Siehe dazu zum Beispiel *Manhattan Club v. City of New York*, 273 N.Y.S.2d 848 (Sup. Ct. 1966).

724 Siehe generell *Rothstein*, Comment, Takings Jurisprudence Comes in from the Cold: Preservation of Interiors Through Landmark Legislation, 26 Connecticut Law Rev. 1105 (1994).

725 *Weinberg v. Barry*, 634 F. Supp. 86 (D.D.C. 1985).

726 *Weinberg v. Barry*, 634 F. Supp. 86, 92 (D.D.C. 1985).

727 Auch Theaterbesitzer in New York City scheiterten mit ihrer Klage, *Shubert Org., Inc. v. City of New York*, 166 A.D.2d 115, 570 N.Y.S.2d 504 (1991) (die Denkmalschutzanordnung für 22 Broadwaytheater, das Innere der Gebäude eingeschlossen, stellte keine Enteignung dar, weil die Räumlichkeiten weiterhin für Theaterproduktionen genutzt werden konnten).

728 *Teachers Ins. & Annuity Ass'n. v. City of New York*, 185 A.D.2d 207, 586 N.Y.S.2d 262, 264 (1992), affirmed, 603 N.Y.S.2d 399 (1993).

2. Historic Districts

Die meisten Staaten haben Ermächtigungsgesetze für die Schaffung historischer Viertel erlassen, die unabhängig von den Ermächtigungsgesetzen der Bauleitplanung sind,[729] obwohl sie durchaus unter diese Gesetze gefasst werden könnten.[730] Die typische Gesetzgebung macht das Denkmalschutzrecht zu einem Teil der Bauleitplanung. Wie bei den anderen Arten der Flächennutzung hat die Lokalregierung ein weites gesetzgeberisches Ermessen bei der Entwicklung der Regulierungen und bei der Auswahl und Abgrenzung der Flächen. Historische Bezirke sind üblicherweise sogenannte *overlay districts*, die die zugrundeliegende Flächennutzungsplanung und die Standards der Nutzung nicht modifizieren.

Manche Ermächtigungsgesetze zur Schaffung historischer Bezirke sind sehr detailliert und verschaffen Lokalregierungen das Recht, historische Bezirke abzugrenzen, Distriktkommissionen zu bilden und ihnen die Ermächtigung zur Regulierung und zu Auswahlverfahren für neue Distrikte an die Hand zu geben. Darüber hinaus ermächtigen diese Gesetze eine Kommission häufig dazu, potentiell denkmalschutzwürdige Gebiete zu prüfen. Der Eigentümer eines Gebäudes in einem Gebiet dieser Art benötigt eine spezielle Genehmigung, wenn er äusserliche Veränderungen oder Beschädigungen an seinem Haus vornehmen oder einen Neubau errichten möchte. Änderungsvorschläge werden sorgfältig auf ihre Eignung und Vereinbarkeit mit dem Gesamtbild des Viertels geprüft. Ein Eigentümer, der Änderungen vornehmen möchte, muss zunächst ein *certificate of appropriateness* einholen.

Die ersten historischen Bezirke wurden für Stadtteile von aussergewöhnlicher historischer Bedeutung geschaffen.[731] Die Gerichte haben in der Regel keine Schwierigkeiten, solche Regulierungen aufrechtzuerhalten, wenn es sich um historisch besonders wertvolle Straßenzüge oder Gegenden handelt. In den letzten Jahren hat sich die Tendenz gezeigt, neben den Gegenden mit historischen Bauwerken auch geographisch schützenswerte Gebiete und Häuser ohne besondere historische Bedeutung unter Denkmalschutz zu stellen und sie als historischen Bezirk auszuweisen. Dies ist insbesondere deshalb bemerkenswert, weil es sich nicht um die individuelle Kennzeichnung einzelner Häuser zu denkmalgeschützten Objekten handelt, sondern es um die Abgrenzung großer Gebiete

729 Siehe N.Y. Gen. Mun. Law § 96a.

730 *City of Santa Fe v. Gamble Skogmo*, 73 N.M. 410, 389 P.2d 13 (1964).

731 *In re Opinion of the Justice to Senate*, 333 Mass. 773, 128 N.E.2d 557 (1955); siehe auch *City of New Orleans v. Pergament*, 198 La. 852, 5 So. 2d 129 (1941); *In re Opinion of the Justices to Senate*, 333 Mass. 783, 128 N.E.2d 563 (1955).

geht, auf deren Fläche jedes Gebäude geschützt und damit seine Nutzung mit Auflagen versehen wird.

Enteignungsklagen werden meistens dann erhoben, wenn die Genehmigung zum Abriss alter, aber nicht besonderer Gebäude begehrt wird, um ein neues Haus zu errichten, diese jedoch verweigert wird oder die Kommission den Erhalt und die Instandsetzung verlangt. In einem Fall entschied ein Gericht, dass, wenn der Wert des historischen Hauses und die Kosten für eine Instandsetzung substantiell sind und die Gesellschaft von der Erhaltung des Bauwerks profitiert, die Regierung das Gebäude für unbrauchbar erklären und die Kosten für die Renovierung selbst tragen sollte.[732] Die Last allein dem Eigentümer aufzubürden, stelle eine Enteignung dar.[733] Es sei verfassungswidrig, einen einzigen Eigentümer dazu zu zwingen, die Kosten für eine Leistung im Interesse der Öffentlichkeit zu tragen, ohne dafür eine Entschädigung zu gewähren.[734] Darüber hinaus ist eine Entschädigung nötig, wenn eine Maßnahme den Eigentümer an einer profitablen Nutzung des Eigentums hindert.[735] Während Eigentümer nicht immer die Kosten für Maßnahmen im Sinne des Gemeinwohls übernehmen müssen, haben sie eine Pflicht, schützenswertes Eigentum zu erhalten.[736] Aber wenn die Kosten für die Erhaltung unvernünftig sind, kann die Erhaltungspflicht zu einer Enteignung werden. Auf den Ausführungen in der Entscheidung *Penn Central* basiert ein weiteres Argument gegen die alleinige Kostentragungspflicht eines Eigentümers. Eine gleiche Verteilung der Vorteile ist mit der durchschnittlichen Reziprozität der Vorteile („*average reciprocity of advantage*")[737] gleichzusetzen, indem alle Eigentümer in einem geschützten Gebiet sowohl die Lasten als auch die Vorteile des Denkmalschutzes teilen.[738]

---

732 *FGL & L. Property Corp. v. City of Rye*, 66 N.Y.2d 111, 485 N.E.2d 986 (1985).

733 *Lutheran Church in Am. v. New York*, 35 N.Y.2d 121, 129, 316 N.E.2d 305 (1974).

734 *Fred F. French Investing Co. v. City of New York*, 39 N.Y.2d 587, 596, 350 N.E.2d 381, cert. denied, appeal dismissed, 429 U.S. 990 (1976).

735 *Benenson v. United States*, 212 Ct. Cl. 375, 548 F.2d 939 (1977). Siehe aber auch: *Park Home v. City of Williamsport*, 680 A.2d 835, 837 (Pa. 1996).

736 Zwei wichtige Entscheidungen zu dieser Frage sind *Maher v. City of New Orleans*, 516 F.2d 1051 (5th Cir. 1975) (das Erhaltungserfordernis für historische Gebäude als mögliche Enteignung), cert. denied, 426 U.S. 905 (1976) und *Lafayette Park Baptist Church v. Scott*, 553 S.W.2d 856 (Mo. Ct. App.1977) (Entscheidung der Stadt, den Abriss einer Kirche in einem geschützten Stadtteil nicht zu genehmigen).

737 *Keystone Bituminous Coal Ass'n v. DeBenedictis*, 480 U.S. 470, 491 (1987) (keine Enteignung aus verschiedenen Gründen, unter anderem weil das öffentliche Interesse daran, Handlungen vorzubeugen, die einer Störung gleichkommen, die Interessen des Eigentümers überwiegen kann).

738 Siehe andererseits *Lafayette Park Baptist Church v. Scott*, 553 S.W.2d 856 (Mo. Ct. App.1977) (die Restoration mag wirtschaftlich nicht möglich sein); siehe auch

Gerichte müssen in jedem Fall zwischen dem öffentlichen Interesse an der Erhaltung historischer Bezirke und den finanziellen Interessen der Eigentümer der geschützten Gebäude abwägen. Diese Abwägung wie auch die Vereinbarkeit der Abgrenzung historischer Distrikte mit dem Schutz individueller Bauwerke wird deutlich in dem Versuch, die wenigen verbliebenen Villen entlang des Lake Shore Drive in Chicago zu bewahren. Der Stadtrat erklärte die verbliebenen sieben Häuser gemäß der geltenden Denkmalschutzverordnung zu einem historischen Bezirk („Seven Houses on Lake Shore Drive District").[739] Kurze Zeit später plante das *International College of Surgeons* (*ICS*), zwei Gebäude bis auf die Fassade abzureißen und ein 41-stöckiges Gebäude an der Küstenstraße für eine gemischte Nutzung zu errichten. Die Denkmalschutzkommission verweigerte die Genehmigung und *ICS* erhob Klage.[740] Das Gericht entschied, dass der Kläger das Gebäude wie zuvor nutzen könnte und die Kosten für notwendige Reparaturen das zumutbare Maß nicht überstiegen.[741] Ausserdem stünden weitere Nutzungsmöglichkeiten zur Auswahl, die einen Abriss und anschließenden Neubau nicht notwendig machten. Der chinesische Staat hatte beispielsweise eine hohe Summe geboten, um das Gebäude als Konsulat nutzen zu können, wenn dies auch eine Änderung des Flächennutzungsplans vorausgesetzt hätte, deren Erteilung jedoch sehr wahrscheinlich war, da sich bereits ein anderes Konsulat nebenan befand. Das Gericht betonte, dass aus diesen Gründen die Härtefallklausel nicht greife und dem Eigentümer eine ausreichende Nutzungsmöglichkeit verbleibe, so dass einen Enteignung zu verneinen sei. Eine Enteignung liegt dann nicht vor, wenn dem Eigentümer lediglich die beste und profitabelste Nutzung versagt wird, ihm aber eine wirtschaftliche Alternative bleibt.[742]

In einigen Fällen werden die Klagen gegen die Denkmalschutzunterstellung nur eines Gebäudes (*individual landmark*) und gegen die Einrichtung eines ganzen Schutzgebietes (*historic district*) kombiniert. Zum Beispiel kann ein Eigentümer versuchen, sein Haus abzureißen oder zu verändern, indem er sich darauf

---

Figarsky v. Historic Dist. Comm'n, 171 Conn. 198, 368 A.2d 163 (1976) (Kosten für eine mit dem Gesamtbild vereinbare Instandsetzung nicht zumutbar).

739 *International College of Surgeons v. City of Chicago*, 1994 U.S. Dist. LEXIS 18989 S. 3 (N.D. Ill. December 30, 1994), reversed, remanded, 91 F.3d 981 (7th Cir. 1996), reversed, remanded, 118 S.Ct. 523 (1997).

740 1994 U.S. Dist. LEXIS 18989, S. 5-8. Die entscheidende Frage für das Gericht lag darin, ob die Gebäude schützenswerte Merkmale aufwiesen oder ob die Verweigerung der Genehmigung eine unzumutbare wirtschaftliche Härte für den Kläger darstellte.

741 Ebd., S. 59-64.

742 Ebd. S. 99-100. Siehe auch *Penn Central*, 438 U.S. 104, 131 (die Minderung des Wertes allein reicht noch nicht zur Annahme einer Enteignung); *United Artists Theater Circuit, Inc. v. City of Philadelphia*, 535 Pa. 370, 635 A.2d 612 (1993) (keine Enteignung durch Einstufung des Gebäudes als historisch wertvoll und schützenswert).

beruft, dass das Projekt unter eine bestimmte Ausnahme der Vorschriften, die für den ausgewiesenen Bezirk gelten, fällt. Im District of Columbia versuchte ein Eigentümer eine Ausnahmegenehmigung mit der Begründung zu erhalten, dass das von ihm geplante Luxuswohnprojekt die Steuereinnahmen der Stadt erhöhen und weitere Vorteile bringen werde.[743] Die entscheidenden Fragen waren zunächst, ob das Interesse des Eigentümers das Interesse der Allgemeinheit an der Erhaltung des Gebäudes überwog und ferner, ob nicht andere Nutzungsmöglichkeiten bestanden, aufgrund derer ein Abriss vermeidbar gewesen wäre. Das Gericht verneinte die Ausnahmegenehmigung, weil der Eigentümer nicht schlüssig darlegen konnte, dass es keine Nutzungsalternative gab.[744] Denn besteht eine andere sinnvolle Nutzungsmöglichkeit, liegt keine Enteignung vor, selbst wenn das Eigentum in seinem Wert reduziert wird oder es zahlreiche bessere Nutzungsmöglichkeiten gäbe.[745]

Eine andere Entscheidung zeigt, dass Eigentümer in Denkmalschutzfällen nicht immer unterliegen.[746] In Cumberland, Maryland, befanden sich ein 149 Jahre altes, unter Denkmalschutz stehendes katholisches Kloster und eine dazugehörige Kapelle. Die Gebäude umfassten einen gesamten Block und waren Teil des Washington Street Historic District. Die Bauwerke befanden sich jedoch in einem baufälligen und heruntergekommenen Zustand, die Kirche konnte kaum die Unterhaltung des Gebäudes finanzieren und die Kosten für eine Instandsetzung nicht tragen. Um sich von der finanziellen Last zu befreien, beschloss man, den Komplex abzureißen. Die erforderliche Genehmigung wurde jedoch verweigert, woraufhin die Kirche Klage erhob. Das Gericht entschied zugunsten der Klägerin, dass die Instandsetzung der Gebäude das Vermögen der Kirche wertlos machen würde. Stattdessen wurde der Kirche eine Entschädigung zugesprochen. Wenn die Erhaltung eines Gebäudes mit so hohen Kosten verbunden ist, jedoch im öffentlichen Interesse geboten ist, muss die Allgemeinheit die Kosten tragen und nicht der einzelne Eigentümer.[747]

---

743 *Kalorame Heights Ltd. Partnership v. District of Columbia Dep't of Consumer & Regulatory Affairs*, 655 A.2d 865 (D.C. 1995).

744 655 A.2d 865, 870 (D.C. 1995).

745 Auch eine unbebaute Fläche innerhalb eines denkmalgeschützten Gebietes unterliegt den Denkmalschutzvorschriften und muss ihnen gemäß bebaut werden, vgl. *Dupont Circle Citizens Ass'n v. Barry*, 455 A.2d 417 (D.C. 1983).

746 *Cardinal Keeler v. Mayor & City Council of Cumberland*, 928 F. Supp. 591 (D.Md. 1996), summary judgement granted in part, denied in part, 940 F. Supp. 879 (D.Md.1996).

747 *Lutheran Church in Am. v. New York*, 35 N.Y.2d 121, 129, 316 N.E.2d 305 (1974) (wenn die Öffentlichkeit verhindern möchte, dass der Eigentümer mit seinem Haus nach seinem Belieben umgeht, muss sie es erwerben).

In einer Entscheidung aus Massachusetts hatte der Kläger zunächst die von ihm begehrte Abrissgenehmigung für drei Bauwerke erhalten.[748] Während der Abrissarbeiten besann er sich jedoch und versuchte, die Genehmigung dahingehend zu ändern, dass eines der drei Gebäude (eine alte Garage) erhalten werden konnte. Die Kommission verweigerte diese neue Genehmigung. Der Eigentümer erhob Klage, weil er die Verweigerung für willkürlich und kapriziös hielt. Nachdem er zunächst recht bekam, verwarf der Supreme Appelate Court die Entscheidung der vorigen Instanz und entschied, dass es der Kommission zustehe, zwischen den Belangen des Eigentümers und dem Denkmalschutz immer wieder neu abzuwägen und sie einen Ermessensspielraum bei der Beurteilung der Vereinbarkeit eines Gebäudes mit dem Gesamtbild des historischen Bezirks besitze.[749]

Die Schaffung eines historisch geschützten Distrikts ist der letzte Schritt zu einer Regulierung. Aus Angst vor den Einschränkungen durch eine Ausweisung als geschützter Bezirk haben betroffene Bürger auch schon diesen Schritt auf dem Klagewege angegriffen. In einem Fall aus Connecticut [750] entschied der Connecticut High Court zunächst, dass die Verordnung, die die Rechtsgrundlage für die Ausweisung des betroffenen Bezirkes als schutzwürdig darstellte, als Ausübung der staatlichen Polizeigewalt rechtmäßig war.[751] Die Kläger hatten die Formulierung bezüglich ästhetischer Anforderungen in der Verordnung als zu vage angegriffen, das Gericht entschied jedoch, dass die Formulierung die nötige Klarheit und Orientierung biete. Weiter beleuchtete das Gericht die Frage, ob schon die Verordnung eine Enteignung zur Folge haben könnte. Es oblag den Eigentümern, diesen Zusammenhang schlüssig darzulegen, was sie nach Ansicht des Gerichts nicht getan hatten.

In manchen Fällen versuchen Städte, die Vorschriften, die für Gebäude innerhalb des historischen Distrikts gelten, auch auf Gebäude ausserhalb dieser Zone anzuwenden. In der Stadt South Pasadena in Kalifornien wurde Hauseigentümern, die ihre Häuser erweitern wollten, von der städtischen Bau- und Planungsbehörde erklärt, dass ihre Häuser gemäß dem *State Historical Building Code* qualifizierte historische Bauten seien.[752] Diese Tatsache mache eine besondere Bewertung der Auswirkungen eines Umbaus auf die historische Umge-

748 *Harris v. Old King's Highway Regional Dist. Comm'n*, 38 Mass. App. Ct. 447, 648 N.E.2d 1296 (1995), superseded, 421 Mass. 612, 658 N.E.2d 972 (1996).

749 *Harris*, 421 Mass. 612, 617, 658 N.E.2d 972 (1996).

750 *Figarsky v. Historic Dist. Comm'n* , 171 Conn. 198, 368 A.2d 163 (1976).

751 171 Conn. 198, 209.

752 „Qualified historic[al] structure", Cal. Health & Safety Code §§ 18950-61.

bung erforderlich.[753] Eine Umbaugenehmigung wurde verweigert. Das Gericht wies darauf hin, dass es keine Grundlage für die Verweigerung der Genehmigung gegeben habe, weil die Stadt keine historische Zone ausgewiesen hatte, um mit den Eigentümern über Erhaltungsmaßnahmen zu verhandeln. Auch existierte keine historisch geschützte Zone in der Nachbarschaft.[754] Allein die Tatsache, dass die Häuser geeignet waren, möglicherweise als schützenswerte Bauwerke in das *National Register of Historic Places* aufgenommen zu werden, bot keine Grundlage für die Versagung einer Umbaugenehmigung. Die Stadt konnte sich auch nicht auf den *California Environmental Quality Act* (*CEQA*) als Ersatz für einen ordnungsgemäßen Flächennutzungsplan berufen, stellte das Gericht fest.

Insgesamt ist die Erklärung einzelner Stadtgebiete zu historisch geschützten Zonen nicht unbedingt geeignet, eine Enteignungsklage zu hervorzurufen. Dennoch sind Versuche, Veränderungen oder den Abriss historischer Gebäude zu regulieren, riskant, wenn keine historische Zone geschaffen wurde und das Gebäude auch nicht als einzelnes Bauwerk dem Denkmalschutz unterstellt ist. Die Auswahl einzelner Häuser oder sogar ganzer Stadtgebiete als historisch bedeutsam ist deshalb essentiell für einen wirkungsvollen Denkmalschutz. Einzelne Gebäude verdienen oft Schutz, weil sie entweder aussergewöhnliche historische Bedeutung besitzen oder weil sie sich ausserhalb einer Denkmalschutzzone befinden. Solche Zonen bewahren die Gebäude und auch Straßenzüge in einer Weise, wie es der Schutz einzelner Häuser nicht zu tun vermag. Auch bieten Zonen die Möglichkeit, den Schutz und die Erhaltungsmaßnahmen auf das Erscheinungsbild des Umfeldes abzustimmen. Dennoch können beide Formen in Konflikt mit dem Eigentumsrecht Privater geraten. Sorgfältig erdachte Regulierungen und Vorschriften, die klare Anweisungen geben und Rechtsfolgen aufzeigen und mit den Bürgern gemeinsam entwickelt werden, können das Aufkommen von Eigentumsstreitigkeiten reduzieren. Eine enge Abstimmung mit den Bürgern über die für ein bestimmtes Gebiet zu erreichenden Ziele ist dabei von Bedeutung. Durch sorgfältige Planung können ad hoc Entscheidungen zur Krisenentschärfung vor Gericht vermieden werden.

753 *Prentiss v. City of Pasadena*, 15 Cal. App. 4th 85, 18 Cal. Rptr. 2d 641 (1993), review denied, 1993 Cal. LEXIS 3766 (15. Juli 1993).

754 15 Cal. App. 4th 85, 95.

III. Einschränkung der Eigentumsrechte durch Umweltschutzprogramme in Pennsylvania und Kalifornien

1. Bergbauvorschriften in Pennsylvania

Der Kohleabbau ist einer der ältesten Wirtschaftszweige in Nordamerika und dort insbesondere in Pennsylvania.[755] Es verwundert deshalb nicht, dass die erste Entscheidung, die der Supreme Court 1922[756] auf dem Gebiet der regulatorischen Enteignungen fällte, mit dem Kohlebergbau zu tun hatte. Seit diesem Jahr sind im Zusammenhang mit der Kohleförderung einige Eigentumsklagen bis vor den Supreme Court gelangt – von der Beschlagnahmung in Kriegszeiten und den Stillegungen der fünfziger Jahre[757] bis zur Kohlegewinnung in den sechziger Jahren[758] und zu Klagen gegen Maßnahmen gegen Bodenabsenkungen in den achtziger Jahren.

Eine Sichtung der Eigentumsfälle, die mit der Kohleförderung in Verbindung stehen, bringt das breite Spektrum umweltrechtlicher Aspekte ans Licht, die dieser Wirtschaftszweig berühren kann. Die Fälle variieren von Verboten der Regierung für den Abbau von Kohle, der angeschwemmte Talsohlen auseinanderreißt,[759] wichtiges Farmland,[760] Feuchtgebiete[761] und steile Abhänge[762] zerstört oder das Ökosystem allgemein gefährdet[763] oder Flüsse verschmutzt[764] und im Fall von Öl und Gas das Meerwasser[765] verunreinigt. Andere Streitigkeiten

755 Vgl. zu den eigentumsrechtlichen Konflikten in Pennsylvania *Coyle*, Property Rights, S. 53 ff.

756 *Pennsylvania Coal Co. v. Mahon*, 260 U.S. 393 (1922).

757 *United States v. Central Eureka Mining Co.*, 357 U.S. 155 (1958); *United States v. Pewee Coal Co.*, 341 U.S. 114 (1951).

758 *Goldblatt v. Town of Hempstead*, 369 U.S. 590 (1962).

759 *Whitney Benefits, Inc. v. United States*, 926 F.2d 1169 (Fed. Cir.), cert. denied, 502 U.S. 952 (1995).

760 *Hodel v. Indiana*, 452 U.S. 314 (1981).

761 *Florida Rock Indus., Inc. v. United States*, 18 F.3d 1580 (Fed. Cir. 1994), cert. denied, 513 U.S. 1109 (1995).

762 *Hodel v. Virginia Surface Mining & Reclamation Ass'n*, 452 U.S. 264 (1981).

763 *Michigan Oil Co. v. Natural Resources Comm'n*, 71 Mich. App. 667, 249 N.W.2d 135 (1977).

764 *Rybacheck v. United States*, 23 Cl. Ct. 222 (1991); *Commonwealth v. Barnes & Tucker Co.*, 472 Pa. 115, 371 A.2d 461 (1977).

765 *Sun Oil Co. v. United States*, 572 F.2d 786 (Ct.Cl. 1978); *Union Oil Co. v. Morton*, 512 F.2d 743 (9th Cir. 1975).

resultierten aus Verboten der Förderung aus Gründen der Gesundheitsgefährdung für die Allgemeinheit, wie zum Beispiel durch Bodenabsenkungen über Stollen oder bei offenen Gruben in dichtbesiedelten Gebieten.[766] Wieder andere Entscheidungen betreffen regulatorische Anstrengungen, um bestimmte Zonen zu schützen, wie zum Beispiel Friedhöfe,[767] Berge,[768] Nationalparks, historische Stätten, Wohnhäuser, Schulen und Kirchen[769] oder um Abfall zu vermeiden[770].

Förderverbote sind nicht die einzigen Maßnahmen der Regierung, die Eigentumsstreitigkeiten in diesem Bereich hervorgerufen haben. Andere Enteignungsfälle wurden ausgelöst durch den umstrittenen verfassungsrechtlichen Status von teilweisen und unvollständigen Eigentumsansprüchen, die oft mit der Förderung auftreten. Auch durch Versuche der Regierung, sich langwieriger Klagen zu entledigen und neue ökonomische wie ökologische Anforderungen an bereits laufende Minenarbeiten zu stellen sowie die Offenlegung von geheimen Informationen und die Wiederherstellung und Reinigung kontaminierter Grubengebiete zu fordern, haben zu Enteignungsklagen geführt. Die Eigentumsstreitigkeiten im Zusammenhang mit der Kohleförderung können ganz verschiedene Ursachen haben. Aus diesem Grund soll zunächst erarbeitet werden, wann im Bereich des Kohleabbaus Enteignungen vorliegen können.

Die Enteignungsfälle, die in Verbindung mit dem Kohleabbau auftreten, unterscheiden sich kaum von den typischen Enteignungen. Die Auswirkungen der staatlichen Handlung auf den Minenbetreiber müssen erheblich sein, bevor die Schwelle zu einer Enteignung überschritten ist. Die Gerichte gehen allgemein davon aus, dass sämtlicher wirtschaftlicher Nutzen verloren oder unmöglich geworden sein muss.[771] Diese hohe Hürde ist in den Minenfällen leichter zu überwinden als in anderen Fällen. Während der Eigentümer eines Wohnhauses nach einer Regulierung durch den Staat das Haus in den meisten Fällen immer noch als Wohnhaus nutzen kann, was den kompletten Verlust der Nutzungsmöglichkeiten zur Begründung einer Enteignung zunichte macht, kann ein Kohleunter-

---

766 Siehe dazu *Goldblatt v. Town of Hempstead*, 369 U.S. 590 (1962); *Bernardsville Quarry, Inc. v. Borough of Bernardsville*, 129 N.J. 221, 608 A.2d 1377 (1992).

767 *Thompson v. City of Red Wing*, 455 N.W.2d 512 (Minn. Ct. App. 1990); *Department of Natural Resources v. Indiana Coal Council*, 542 N.E.2d 1000 (Ind. 1989).

768 *Rissler & McMurry Co. v. State*, 917 P.2d 1157 (Wyo. 1996), cert. denied, 117 S.Ct. 765 (1997).

769 *Hodel v. Virginia Surface Mining & Reclamation Ass'n*, 452 U.S. 264, 294 n. 36, 296 n. 37 (1981).

770 *Big Piney Oil & Gas Co. v. Wyoming*, 715 P.2d 557 (Wyo. 1986).

771 Siehe dazu *Miller Bros. v. DNR*, 203 Mich. App. 674, 513 N.W.2d 217, 220, appeal denied, 447 Mich. 1038, 527 N.W.2d 513 (1994); *Thompson v. City of Red Wing*, 455 N.W.2d 512 (Minn.Ct. App. 1990); *Massimo v. Town of Naugatuck*, 41 Conn. Supp. 196, 564 A.2d 1075 (Sup. Ct. 1989).

nehmen mitunter nach einer staatlichen Regulierung die Grube überhaupt nicht mehr nutzen. Das Unternehmen kann eventuell nur noch zeigen, dass es so viel Geld in den Erwerb des Grundstückes investiert hat, dass nur der Abbau von Kohle profitabel genug ist, um die Investition wieder auszugleichen.[772] Oder es herrschen besondere Umstände, wie zum Beispiel beim Bergbau in Feuchtgebieten, wo der Bergbau die einzige wirtschaftliche Nutzungsmöglichkeit überhaupt ist.[773]

Eine bessere Position haben in Enteignungsstreitigkeiten oft Kohleunternehmer, denen das Grundstück, auf dem sich die Mine befindet, nicht gehört oder die nur einen Teil des Flözes als Eigentümer besitzen oder die die Anlage gepachtet haben, wie es bei Unternehmen häufig der Fall ist. In solchen Fällen hat das Unternehmen wesentlich bessere Chancen auf eine erfolgreiche Klage. Es kann geltend gemacht werden, dass es die gesamte wirtschaftliche Nutzung durch die Maßnahme der Regierung verloren hat und eine Enteignung vorliegt.[774] Das Verbot der Kohleförderung läßt den Unternehmer, der nicht Eigentümer der Grube ist, mit nichts zurück, wie die Richter bereits in *Pennsylvania Coal* festgestellt haben:

> „For practical purposes, the right to coal consists in the right to mine it."[775]

Der Unternehmer, der Zugleich Eigentümer ist, hat zumindest noch die Möglichkeit, das Gelände zu veräußern. Es existiert jedoch eine kleine Ausnahme zu den Vorteilen nur geringer Eigentumsansprüche. Sie tritt auf, wenn der Eigentümer der Mineralien nur aus strategischen Gründen auch einen untergeordneten Eigentumsanspruch hat. In der berühmten Entscheidung *Keystone Bituminous*

---

772 Diese Argumentationslinie kollidiert mit der Vagheit des Konzept eines sinnvollen wirtschaftlichen Nutzens, bei dessen Fehlen eine Enteignung angenommen wird. Manche Gerichte haben nicht klar gemacht, dass eine Eigentumsnutzung, die positive Einnahmen erzielt, keine wirtschaftlich sinnvolle Nutzung im Sinne der Enteignungsprüfung sein kann, wenn sie die Ausgaben für eine Investition nicht wieder einbringt (reasonable return on investment).

773 Der so gelagerte Fall *Florida Rock Industries, Inc. v. United States* macht diese Aussage komplizierter, denn der Federal Circuit entschied dort, dass die versagte Nutzung des Kohleabbaus nicht die einzig mögliche sei, da immer noch der Verkauf des Grundstücks als letzte wirtschaftliche Nutzung bleibe, vgl. 791 F.2d 893, 901-03 (Fed. Cir. 1986), cert. denied, 479 U.S. 1053 (1987).

774 Siehe zum Beispiel *Miller Bros. v. DNR*, 203 Mich. App. 674, 513 N.W.2d 217, appeal denied, 447 Mich. 1038, 527 N.W.2d 513 (1994); *Western Energy Co. v. Genie Land Co.*, 227 Mont. 74, 737 P.2d 478 (1987).

775 *Pennsylvania Coal Co. v. Mahon*, 260 U.S. 393, 414 (1922).

Coal Ass'n v. De Benedictis[776] wurde ein unterstützendes Grundstück (*support estate*) durch die Gesetze Pennsylvanias als gesondertes Eigentum anerkannt. Der Supreme Court urteilte jedoch, dass dieser Anspruch nicht ausreiche, um eine Enteignung auszuschließen.[777] Praktisch beziehe das zusätzliche Grundstück seinen Wert nur von der Mine und dem Mineralienvorkommen, mit dem es verbunden war. Insofern müsse es zusammen mit dem Grundstück, um das es hauptsächlich ging, als ein Bündel betrachtet werden, um feststellen zu können, ob eine Enteignung vorliegt oder nicht. Danach stellt ein einzelstaatliches Gesetz zum Schutz gegen Erdrutsche aufgrund von Kohlebergbau keine Enteignung beider Grundstücke dar, wenn nicht schon eine Enteignung der Mine zu bejahen ist. Das anhängende Grundstück wird dann ebenfalls als nicht beeinträchtigt angesehen.

Nach den Entscheidungen *Bituminous Coal* und *Lucas*, stellt sich den Gerichten die Frage, ob es sich bei der Kohleförderung um eine schädliche Nutzung (*nuisance*), das heißt eine Störung handelt. Die Antwort darauf, ob ein bestimmtes Kohlebergwerk als eine die Allgemeinheit störende Nutzung einzustufen ist, hängt davon ab, ob die Gerichte den Abbau als Gefahr für die Gesundheit und Sicherheit der Bevölkerung ansehen. Die gegensätzlichen Entscheidungen *Pennsylvania Coal* und *Keystone* zeigen dies treffend.

In *Pennsylvania Coal* bestätigte der Supreme Court die Entscheidung, dass eine Enteignung vorliegt, indem er das Gesetz Pennsylvanias zum Schutz vor Erosionen und Bodenabsenkungen als nicht dem Schutz der persönlichen Sicherheit von Mitgliedern der Allgemeinheit dienlich einstufte.[778] Damit stand der Einschränkung der Nutzungsmöglichkeiten des Unternehmers kein ausreichendes öffentliches Interesse gegenüber. In *Keystone* verwarf der Gerichtshof die Eigentumsklage eines Kohleförderers gegen ein ähnliches Gesetz mit der Begründung, dass es sich auf die Kohleförderung in tief liegenden Stollen beziehe, wodurch leicht Erdrutsche und Bodenabsenkungen hervorgerufen werden könnten, was einer gefährlichen Nutzung für die Allgemeinheit entspreche.[779] Die Urteile von niederen Gerichten sind ebenso verschieden ausgefallen.[780]

---

776 *Keystone Bituminous Coal Ass'n. v. DeBenedictis*, 480 U.S. 470 (1987).

777 *Keystone Bituminous Coal Ass'n. v. DeBenedictis*, 480 U.S. 470, 501-02 (1987).

778 260 U.S. 393, 414.

779 480 U.S. 470, 491; siehe auch *Hodel v. Indiana,* 452 U.S. 314, 329 (1981).

780 Siehe zum Beispiel *Whitney Benefits*, 926 F.2d 1169 (Der Kohleabbau in einem trockenen Flussbett stellte keine störende Nutzung dar, weil in der Umgebung der Kohleabbau weitestgehend erlaubt und keine Gefährdung der öffentlichen Sicherheit zu befürchten war. Eine Enteignung wurde bejaht.) Dasselbe Gericht entschied jedoch in *M & J Coal Co v. United States*, 47 F.3d 1148 (Fed. Cir. 1995), cert. denied, 516 U.S. 808 (1995), dass das Verbot, Kohle in tiefer liegenden Schichten zu fördern, um eine

Wie bei der Bestimmung einer gefährlichen Nutzung kann eine Enteignungsklage mit der Frage stehen und fallen, ob das Eigentum als ein ganzes Paket angesehen wird oder einzelne Teile getrennt betrachtet werden. Die wichtigste Entscheidung zu diesem Aspekt ist *Keystone*, die die Regel, dass das Eigentum nicht in einzelne Bestandteile aufgeteilt werden dürfe, um zu prüfen, ob eine Enteignung vorliegt oder nicht, sogar gleich zweimal bestätigte.[781] Zunächst stellte das Gericht klar, dass die Anforderung des Gesetzes an den Kohleförderer, 50 Prozent der vorhandenen Kohle im Boden zu lassen, um Erosionen zu verhindern, keine Enteignung der im Boden verbleibenden Kohle darstelle. Diese Kohle sei kein gemäß einzeln zu betrachtender Bestandteil des Eigentums.[782] Zweitens habe die Tatsache, dass der Staat Pennsylvania das zusätzliche Grundstück als von den Mineralien und der Oberfläche gesondertes Eigentum anerkennt, im Ergebnis keine Auswirkungen. Obwohl der Wert des anhängenden Grundstücks des Minenbetreibers unleugbar zerstört war, wies der Supreme Court die Anwendung rechtlicher Unterscheidungen innerhalb eines Bündels von Eigentumsrechten zurück.[783] Dieser Teil des Grundstückes sei nur ein Teil des ganzen Bündels an Eigentumsrechten und deshalb nicht allein bedeutsam.

a) Nutzungskonflikte zwischen Erdoberfläche und Erdinnerem: Erosionen

Im späten 19. Jahrhundert entstand das Prinzip der vertikalen Teilbarkeit von Eigentum. Wenn das Recht, Kohle aus dem Erdreich zu fördern von den Rechten an der Erdoberfläche des Grundstückes getrennt werden konnte, so lautete das Argument, konnten sowohl die Eigentümer der Mine als auch der Eigentümer des Grundstückes davon profitieren. Insbesondere in ärmeren Regionen war die Möglichkeit, günstiges Land von einem Verkäufer, der die Förderrechte für die darunter liegenden Mineralien behielt, zu bekommen, oder Förderrechte unter dem eigenen Grundstück zu verkaufen, für viele attraktiv. Üblicherweise verschaffte sich der Erwerber mit dem Kauf der Förderungsrechte auch das Recht gegenüber dem Eigentümer der Oberfläche, durch den Abbau Erosionen hervorrufen zu können, ohne dafür haftbar gemacht zu werden. Dieses System erscheint zunächst simpel, birgt jedoch Potential für schwierige Abgrenzungsfra-

---

Gefährdung von dort verlaufenden Gas- und Wasserleitungen zu vermeiden, keine Entschädigung erfordere und keine Enteignung vorliege.

781 480 U.S. 470, 496-502.

782 Anders aber *Miller Bros. v. DNR*, 203 Mich. App. 674, 513 N.W.2d 217, 220 (1994), appeal denied, 447 Mich. 1038, 527 N.W.2d 513 (1994).

783 480 U.S. 470, 500.

gen und Nutzungskonflikte. Eine Absenkung des Bodens oberhalb der Minen ist eine Quelle für Konflikte.

Im Jahr 1921 versuchte die Regierung von Pennsylvania, Eigentümer von Oberflächen zu unterstützen, unter deren Grundstücken als Folge einer 43 Jahre zuvor vereinbarten vertikalen Teilung des Grundstücks tiefe Stollen verliefen. In dem damals erlassenen *Kohler Act* verbot der Staat die Förderung von Anthrazitkohle, die zur Absenkung von Böden führen konnte, aber begrenzte den Geltungsbereich der Vorschrift in der Hauptsache auf Grundstücke, deren Oberfläche einem anderen gehörte als dem Kohleförderer. Diese Beschränkung auf einen engen Anwendungsbereich gestattete es dem Supreme Court in der Entscheidung *Pennsylvania Coal Co. v. Mahon*, das Gesetz als von geringem öffentlichen Nutzen zu bezeichnen.[784] Er betrachtete das Gesetz als einen Versuch der Regierung, Oberflächeneignern allein auf Kosten der Kohleförderer umfassende Rechte zu gewähren. Der Supreme Court entschied, dass der *Kohler Act* eine rechtswidrige Enteignung der Eigentümer der Kohlevorkommen sei.

Auch in der heutigen Zeit sind diese Konflikte nicht ausgeräumt. Seit *Pennsylvania* haben viele Gerichte Vorschriften zum Schutz vor Erosionen wie die oben verworfene als rechtmäßig beurteilt. Zumindest hat sich, wie die Gerichte erklären, das Interesse der Allgemeinheit an einem Schutz ihrer Gesundheit und der Natur gewandelt. In der wichtigsten Entscheidung in neuerer Zeit, *Bituminous Coal*, hat der Supreme Court bestärkt, dass das angegriffene Gesetz zum Schutz vor Erosionen keine Indizien aufweist, die darauf schließen ließen, dass das Gesetz allein zum Nutzen privater Parteien erlassen wurde.[785] Die Vorschrift enthalte verschiedene Ziele des öffentlichen Wohls. Dazu gehören der Schutz der öffentlichen Sicherheit und Gesundheit, die Vergrößerung der Steuereinnahmen und der Schutz vor Austrocknung der Böden. Darüber hinaus mache das Gesetz anders als in *Pennsylvania* keine Ausnahme für Grundstücke, die nicht vertikal geteilt waren, das heißt deren Eigentümern sowohl die Oberfläche als auch die darunter liegende Kohle gehörte. Damit wies die Vorschrift nach Ansicht des Gerichts mehr auf als die Absicht, geprellten Oberflächeneigentümern zu helfen. Der Gesetzgeber sollte bei dem Erlass solcher Gesetze zum Schutz der Allgemeinheit darauf achten, dass das öffentliche Wohl im Zentrum der Vorschrift steht und ihm eine Begünstigung der Eigentümer von Oberflächen nicht unterstellt werden kann.[786]

---

784 260 U.S. 393 (1922).

785 480 U.S. 470, 486 (1987).

786 Siehe zum Beispiel auch *Natural Resource Comm'n v. Amax Coal Co.*, 638 N.E.2d 418 (Ind.1994).

b) Zusätzliche Regulierungen bei bereits ausgeübter Förderung

Verfügt der Bergbauunternehmer über eine Genehmigung zur Kohleförderung und hat er mit dem Abbau begonnen, so darf er sich dennoch nicht in Sicherheit vor weiteren Auflagen und Regulierung wiegen. Die Regierung kann jederzeit aus verschiedenen Gründen neue Vorschriften erlassen oder den Unternehmer durch Auflagen beschweren. Neue, oftmals kostspielige Bedingungen für die Fortsetzung der Förderung sollten den Unternehmer veranlassen zu überprüfen, ob die bisherigen Vereinbarungen, Vorschriften oder Auflagen die Möglichkeit weiterer Beschränkungen enthalten. Ist dies der Fall, scheidet eine Enteignung aus.[787]

Wenn der Staat durch eine geschärfte Wahrnehmung für Belange der Umwelt und Natur bisher unbekannte, gefährliche Aspekte des Bergbaus erkennt, sollte er Gesetze und Vorschriften erlassen können, um den Umweltschutz an die neuen Bedingungen anzupassen. Ob durch neue staatliche Regulierungen für bestehende Eigentumssnutzungen eine Enteignung bewirkt wird, hat der Supreme Court in einer Eigentumsentscheidung so entschieden:

> „[T]hose who do business in the regulated field cannot object if the legislative scheme is buttressed by subsequent amendments to achieve the legislative end."[788]

Weil es für die Unternehmer zu unsicher ist, auf verfassungsrechtliche Entschädigungen im Falle zusätzlicher Regulierungen zu hoffen, muss der Gesetzgeber zusätzliche Entschädigungsmöglichkeiten gesetzlich festlegen, wenn Unternehmen gerade vor großen Investitionen weitere gesetzliche Auflagen befürchten. Ein Beispiel für eine einfachgesetzliche Entschädigungsregelung bietet der *Outer Continental Shelf Lands Act*, der einen Mechanismus zur Entschädigung von Öl- und Gasförderunternehmen vorsieht, falls der Fördervertrag ausserordentlich gekündigt werden muss, wenn umweltrechtliche Belange dies erforderlich machen.[789]

Wirtschaftliche Erwägungen können ebenfalls Motive für neue Einschränkungen durch die Regierung sein. Deshalb führte die Unzufriedenheit der Regierung über die niedrigen Raten, die Pächter staatlicher Minen zahlten, zum *Fede-*

---

787 *M & J Coal Co. United States*, 47 F.3d 1148 (Fed. Cir. 1995), cert. denied, 516 U.S. 808 (1995).

788 *Concrete Pipe & Prod. of Ca. v. Construction Laborers Pension Trust*, 508 U.S. 602, 645 (1993) (FHA v. The Darlington, Inc., 358 U.S. 84, 91 (1958) zitierend) Dieses Prinzip ist mit Vorsicht von den wirtschaftlichen Regulierungsfällen auf Landnutzungsfälle übertragbar.

789 43 U.S.C. § 1334 (a) (2) (C).

ral Coal Leasing Amendments Act von 1976, indem der Pachtzins auf 12,5 Prozent des Wertes der geförderten Kohle angehoben wurde.[790] Die Pächter erhoben eine auf die Begründung gestützte Enteignungsklage, dass der von ihnen entrichtete Zins angemessen und die Höhe des Betrages von Mine zu Mine unterschiedlich sei.[791] Das Gericht entschied, dass keine Enteignung vorlag, weil die Regierung im Rahmen ihrer Kompetenzen gehandelt habe und die Überlassung der Minen zur Förderung keine Garantie auf angemessene oder gleichbleibende Pachtzinsen enthalte.

Auch durch die Schaffung und Verschärfung von prozessualen Vorschriften kann sich die Regierung langwieriger, jedoch unbedeutender Klagen entziehen. Auch Grundrechte können nicht durchgesetzt werden, wenn die Verfahrensvorschriften nicht eingehalten werden. Der Supreme Court hat zweimal solche extremen Vorschriften gegen Enteignungsklagen verteidigt. Zuerst, in *Texaco, Inc. v. Short*, erhielt er ein Gesetz aus Indiana aufrecht, das besagte, dass ein über zwanzig Jahre ungenutzter Anspruch an einer Mine an den Eigentümer der Oberfläche zurückfällt, es sei denn, der Eigentümer der Mine meldet sich bei Zeiten in der zuständigen Behörde.[792] Der Supreme Court hat entschieden, dass es legitim ist, die Beibehaltung des Förderrechts an erfüllbare Bedingungen zu knüpfen, die den Wunsch, das Eigentum zu behalten, erkennen lassen.

Auf dieses Urteil bauend hat der High Court in *United States v. Locke* später eine Enteignungsklage zurückgewiesen, die ein Bundesregistersystem angriff, das dazu bestimmt war, Grundstücke des Bundes von anhängigen Eigentumsklagen zu befreien.[793] In diesem Fall erhielt das Gericht die Weigerung des nationalen Büros für *Land Management* aufrecht, eine jährliche Eintragung zu akzeptieren, die nur einen Tag nach der Frist der Vorschrift erfolgte. Die Mineralvorräte des Klägers gingen wieder in das Eigentum der Vereinigten Staaten über. Nachdem das Gericht die Kompetenz des Gesetzgebers, den Erhalt von Eigentumsrechten an die Erfüllung legitimer Bedingungen zu knüpfen, die auch einem staatlichen Interesse dienen, bejaht hatte, schloss es eine Enteignung hier aus:

> „Regulation of property rights does not ‚take' private property when … reasonable investment backed expectations can continue to be realized as long as [the owner] complies with reasonable restrictions….".[794]

790 30 U.S.C. § 207.

791 *Western Fuels-Utah, Inc. v. Lujan*, 895 F.2d 780 (D.C. Cir. 1990).

792 454 U.S. 516 (1982); auf dieser Entscheidung beruht *Georgia Marble Co. v. Whitlock*, 260 Ga. 350, 392 S.E.2d 881 (1990), cert. denied, 498 U.S. 1026 (1991).

793 471 U.S. 84 (1985).

794 471 U.S. 84, 107.

c) Valid Existing Rights

Von Zeit zu Zeit stand der Status bereits vorhandener Eigentumsrechte in Frage, wenn die Bundes- oder Einzelstaatenregierung öffentliche Grundstücke für bestimmte Zwecke vorgesehen, private Grundstücke in öffentliche Naturschutzzonen eingeschlossen oder den Kohleabbau übertage reguliert hatte. An dieser Stelle sind die zuletzt genannten Fälle im Bergbau von besonderem Interesse. Bundesgesetze haben zu verschiedenen Gelegenheiten diese sogenannten *„valid existing rights"* (*VER*) vom Beginn ihres Erlasses an von den Einschränkungen freigehalten, die in diesen Fällen zur Diskussion standen. Im *Wild and Scenic Rivers Act* hat der Kongress bejaht, dass Mineralien in Bundesboden, die schon vorher vorhandenen Ansprüchen unterliegen, von den Bergbau- und Pachtgesetzen ausgenommen werden.[795] Der Gesetzgeber hat an keiner Stelle definiert, worin ein solches vorher bestehendes Recht (*VER*) besteht. In der Ausführung des Bundesgesetzes *Surface Mining and Reclamation Act* (*SMCRA*) hat die Behörde für Inneres (*Department of the Interior, DOI*) versucht, dies nachzuholen, um zu entscheiden, welche Oberflächenförderungen in Gebieten durchgeführt werden können, die durch ein Gesetz oder eine Anordnung der Behörde für diese Nutzung nicht vorgesehen sind.[796] 1979 hat die Behörde ein *VER* als ein Recht definiert, das die Zurverfügungstellung eines verbindlichen Dokuments erfordert, das beweist, dass ein Anspruch auf den Abbau der Kohle in diesem Gebiet bereits zu dem Zeitpunkt gewährt worden war, als das Gebiet für eine andere Nutzung vorgesehen wurde. Ausserdem muss nachgewiesen werden können, dass erstens die Kohle von einem Unternehmen benötigt wird, dass direkt daran angrenzend in einem Gebiet Kohle abbaut, dass zu diesem Zeitpunkt für die Kohleförderung ausgewiesen war. Zweitens muss die Person, die sich auf ein *VER* beruft, in dem Zeitpunkt, in dem Land als für den Kohleabbau ungeeignet eingestuft wurde, über alle nötigen Genehmigungen verfügt haben und zum Abbau berechtigt gewesen sein. Ein Rechtsstreit über diesen Test hat die Behörde jedoch dazu veranlasst, dieses Kriterium fallen zu lassen. Mittlerweile geht man gutgläubig davon aus, dass alle Erlaubnisse vorlagen, es sei denn, Hinweise zeigen das Gegenteil an.[797]

1983 hat die Behörde für Inneres zum ersten Mal den Versuch unternommen, die Definition des vorher existierenden Rechts (*VER*) mit dem Eigentumsrecht zu verbinden. Zu dieser Zeit befürwortete Staatssekretär *Watt* eine überarbeitete Definition, nach der ein wirksames, vorher bestehendes Recht jedes Recht ist, dessen Beeinträchtigung durch eine mit ihm unvereinbare Forderung

795 16 U.S.C. § 1280.

796 SMCRA § 522(e); 30 U.S.C. § 1272 (e) (agency designation).

797 45 Fed. Reg. 51, 548 (1980).

zu einer Enteignung dieses Rechts führt. Der Sekretär ging dabei davon aus, dass der Gesetzgeber gerade solche Enteignungen vermeiden wollte.[798] Ein zweiter Ansatz, die Definition mit der *takings clause* zu kombinieren, wurde 1991 unternommen, als die Behörde eine neue Regel zur Definition der *valid existing rights* vorschlug. Danach sollte es sich um Rechte handeln, deren Verweigerung eine Enteignung bewirkte. Diese Regel wurde jedoch als zu weitgehend verworfen. Deshalb ist der heute in allen Staaten, ausser in Illinois und West Virginia, gültige Standard zur Annahme eines bereits bestehenden Rechts erfüllt, wenn die oben genannten zwei Kriterien für die Erteilung der Erlaubnis im Zeitpunkt der Umwidmung des Gebietes und der angrenzenden Grube in einem erlaubten Gebiet erfüllt sind. In den beiden anderen Staaten gilt der 1983 entwickelte Test, der sich an dem Eigentumsrecht aus dem fünften Verfassungszusatz orientiert.[799] Eine wichtige Entscheidung aus West Virginia besagt, dass das *valid existing right* nur an der Kohlemine besteht und nicht an der gesamten gepachteten Fläche.[800]

d) Offenlegung geheimer Informationen

Im Prozeß der Förderung und Verarbeitungen sammeln Bergbauunternehmen große Datenmengen an über die Wahrscheinlichkeit, in einem bestimmten Gebiet auf förderbare Mineralien zu stoßen. Viele Einzelstaaten verlangen die Offenlegung dieser vertraulichen Daten entweder an die zuständige Behörde, die sie benutzt, um die staatlichen Ressourcen zu verwalten, oder sogar an die Öffentlichkeit, um eine breitere Grundlage für die Erschließung der Ressourcen zu schaffen. Die Mitteilung an die Öffentlichkeit erfolgt normalerweise erst nach einer Zeitspanne, in der zunächst nur staatliche Einrichtungen Zugang zu den Informationen haben. Es ist anerkannt, dass diese geheimen Daten ungeachtet ihrer immateriellen Natur durch die Bundes- und die Staatenverfassungen geschütztes Eigentum darstellen.[801] Die interessantere Frage ist jedoch, ob die geforderte Offenlegung der Daten eine Enteignung darstellt.

Die 1984 vom Supreme Court getroffene Entscheidung *Ruckelshaus v. Monsanto*[802] handelt ebenfalls von vertraulichen Geschäftsinformationen, die das Unternehmen offen legen sollte. Das Gericht hat in dieser Entscheidung die

798 48 Fed. Reg. 41, 312 (1983).

799 Siehe dazu allgemein *McElfish/Beier*, Environmental Regulation of Coal Mining: SMCRA's Second Decade, S. 271-274.

800 *Cogar v. Faerber*, 179 W. Va. 600, 371 S.E.2d 321 (1988).

801 Wichtig ist die Vertraulichkeit der Daten. Siehe zum Beispiel *City of Northglem v. Grynberg*, 846 P.2d 175 (Colo.1993).

802 467 U.S. 986 (1984).

noch heute geltenden Prüfungsmaßstäbe entwickelt. Die Prüfung einer Enteignung hing fast ausschließlich von dem in *Penn Central* entwickelten Faktor der Beeinträchtigung investitionsbegründeter Erwartungen ab. Das Gericht sah eine Enteignung, ja fast schon einen Betrug in der Tatsache, dass vertrauliche Informationen an die *Environmental Planning Agency* (*EPA*) in einer Phase weitergegeben wurden, als das geltende Gesetz die Erwartung des Unternehmens unterstützte, dass die Informationen nicht benutzt oder weiterverbreitet würden, die später durch die Behörde aufgrund einer geänderten Gesetzgebung veröffentlicht wurden. Wenn aber eine Genehmigung unter der Auflage erteilt wird, dass Informationen, die im Zuge der genehmigten Kohleförderung gewonnen wurden, offengelegt werden müssen, so stellt dies keine Enteignung dar.[803] Es liegt keine Enteignung darin, wenn der Staat den Empfänger einer Leistung mit finanziellen Belastungen beschwert, wenn die Leistung oder Erlaubnis dem Empfänger jederzeit entzogen werden könnte.[804]

In den meisten Fällen sehen die Auflagen zur Mitteilung von Informationen eine Schonzeit von einigen Jahren vor, in der die Informationen zwar in staatliche Hände gelangen, jedoch dort weiter geheimgehalten werden sollen. Der Gesetzgeber geht davon aus, dass die Daten mit der Zeit an wirtschaftlichem Wert verlieren und eine Veröffentlichung nach einer gewissen Zeit keinen Schaden mehr verursacht.

e) Zwischenergebnis

Der Bergbau birgt neben wirtschaftlichem Nutzen viele Gefahren, besonders für die Umwelt und die Gesundheit und Sicherheit der Bevölkerung. Aus diesem Grund sind Ordnungsgesetze unerlässlich, die zum Schutz der Bevölkerung die Eigentumsrechte der Bergwerks- und Grundstücksbesitzer einschränken. Als Besonderheit ist dabei die vertikale Teilung des Eigentums zu beachten, die dazu führt, dass in manchen Fällen anstelle eines Grundeigentümers zwei Eigentümer von einer staatlichen Maßnahme betroffen sind, in anderen Fällen wiederum nur einer der beiden Eigentümer in seinen Rechten beeinträchtigt wird. Vor allem führt die Teilung zu Konflikten zwischen den beiden Eigentümern. Durch Gesetze wird zum Teil versucht, diesen Nutzungskollisionen entgegenzuwirken. Kommt es dennoch zu Streitigkeiten, treffen die Gerichte Einzelfallentscheidungen, da es kaum verbindliche Leitlinien ausserhalb der Entscheidung *Pennsylvania Coal* gibt. In jedem Fall muss der klagende Eigentümer nachweisen, dass ihm aufgrund der Maßnahme des Staates keine wirtschaftliche Nutzungsmög-

803 Siehe zum Beispiel *United States v. Geophysical Group Corp. of Alaska*, 732 F.2d 693 (9th Cir. 1984).

804 732 F.2d 693, 700.

lichkeit seines Eigentums bleibt. Nur wenn er das schlüssig darlegen kann, hat seine Klage auf Entschädigung Aussicht auf Erfolg.

2. Umweltschutz durch Growth Management in Kalifornien: Einfachgesetzliche Grenzen der Eigentumsnutzung durch Bebauungsverbote und Bauunterbrechungen

Auch bauordnungsrechtliche Vorschriften (*zoning*) greifen in das Eigentum ein. Dabei wird den einzelnen Gemeinden und Kreisen die Gesetzgebungsbefugnis durch Ermächtigungsnormen des Staates übertragen. Es existieren keine gemeinde- oder staatenübergreifenden Bauordnungsvorschriften. Auf diese Weise bestimmen Gemeinden auch Denkmalschutzzonen. Der Zweck solcher Maßnahmen muss mit den Zielen des Sicherheits- und Ordnungsrechts vereinbar sein. Der Bund und die Staaten können die Landnutzung durch eine bestimmte Gesetzgebung regeln, wie zum Beispiel durch *scenic easement*, *coastal management*[805] und Umweltgesetze. In der Landplanung spielen die Regelung einer autorisierten Wasserversorgung sowie die umweltverträgliche Abwasserverteilung eine große Rolle. Um Flüsse und andere Gewässer zu schützen, müssen Abwasserregelungen mit den Verordnungen des staatlichen *Department of Environmental Protection* (*DEP*) vereinbar sein.

Dem Staat steht neben der Entwicklung von Bebauungsplänen und Baunutzungsverordnungen, die den Schutz von Natur und Umwelt berücksichtigen sollten, als weiteres Instrument das sog. *growth management* zur Verfügung. *Growth management*-Programme, die oft mit Bauaufschüben einhergehen, sind entwickelt worden, um den traditionellen Schwierigkeiten, die bei der Erstellung und Anwendung von Baunutzungsverordnungen auftreten, auszuweichen. Bei der herkömmlichen Einteilung von Land in verschiedene Nutzungszonen (*zoning*), ist eine Bebauung an jedem Platz zu jeder Zeit vorgesehen, nur ist nicht überall die gleiche Nutzung möglich. Das funktioniert, solange die Nutzung gemäß den geltenden Vorschriften erlaubt ist und die Voraussetzungen der Vorschriften eingehalten werden. Weil diese Nutzungsvorschriften in der Regel aber nicht alle individuellen Nutzugsmöglichkeiten umfassen, sind die meisten Kommunen *over-zoned*, unterliegen also zu vielen detaillierten und allzu vielen verschiedenen Nutzungsverordnungen, damit möglichst alle Nutzungsentscheidungen privater Eigentümer gesetzlich abgedeckt werden. Es sind viel mehr Grundstücke verplant und die Vorschriften sehen eine weit größere Zahl an Nut-

---

805 Zu Coastal Management vgl. *Moran/Morgan/Wiersma*, Environmental Science, S. 497 ff. Zu Fällen des *zoning* vgl. *Coyle*, Property Rights, S. 53 ff., 112 ff.

zungsmöglichkeiten vor, als in der Realität in Anspruch genommen werden. Das ist wichtig um sicherzustellen, dass die Möglichkeit zur Bebauung besteht, wenn Landeigentümer ihr Land nicht bewirtschaften wollen.

Eine andere Schwierigkeit, die regelmäßig im Zusammenhang mit der herkömmlichen Baunutzungsplanung auftritt, liegt in der Gewährleistung der Versorgung von Grundstücken. Oftmals wird der Bau von Straßen, Wasserleitungen und Stromleitungen sowie Wegen nicht auf die Lage von Baugrundstücken und den dortigen Baufortschritt abgestimmt. So ist die Gemeinde oft gezwungen, Grundstücke nachträglich an die Versorgung anzuschließen. Dieses Vorgehen hat einige Gemeinden schon an den Rand des finanziellen Ruins gebracht, weil sie die Kosten für solche Erschließungen nicht einkalkuliert hatten.

Zur Lösung des Problems dient die Wachstumsregulierung von Städten, das sogenannte *growth management*, mit seinem wichtigsten Instrument, der Bebauungssperre. Auf den *Standard State Zoning Enabling Act*, der vom amerikanischen *Department of Commerce* in den 1920er Jahren erlassen wurde, lassen sich Bausperren nicht stützen. Die Rechtsgrundlage dafür ist an anderer Stelle zu suchen, zum Beispiel in einer verfassungsrechtlichen *home-rule provision*.[806]

Während *growth management*-Programme zunehmend als angemessene Methode anerkannt sind, die unkontrollierte Ausdehnung von Städten zu verhindern, waren sie dennoch häufig Gegenstand von Enteignungsstreitigkeiten, weil sie die Bebauung von Grundstücken zwar nicht immer verbieten, aber erheblich verlangsamen. Es wird gemeinhin missverstanden, dass die *growth management*-Programme das Wachstum nicht nur verlangsamen, sondern in anderen Gebieten sogar beschleunigen sollen, indem die Bebauung in besonderen Baugebieten gefördert wird. Es soll ferner vermieden werden, dass Gebäude abgerissen oder für eine andere Nutzung wesentlich verändert werden.[807] In diese Kategorie fallen auch die Vorschriften zum Denkmalschutz, sowohl zum Schutz einzelner Bauwerke als auch ganzer Stadtteile. Darüber hinaus besteht die Gefahr, erschwinglichen Wohnraum auf diese Weise zu reduzieren, wovon Einzimmerwohnungen genauso betroffen sind wie Einfamilienhäuser.

Growth management, das die Geschwindigkeit, die Anzahl, die Art, den Ort und die Qualität von zukünftiger Bebauung kontrolliert,[808] nutzt regulatorische Strategien einschließlich zeitlich befristeter Bebauungssperren (*development*

---

806 *Boulder Builders Group v. City of Boulder*, 759 P.2d 752 (Colo. Ct. App. 1988) (die Stadt kann *growth management*-Vorschriften gemäß seiner *home-rule charter* übernehmen).

807 Siehe zum Beispiel die Ermächtigungsvorschriften des Staates Maine, Titel 30-A, § 4312 der Maine Revised Statutes.

808 *Beatley/Brower/Brower*, Managing Growth: Small Communities and Rural Areas, S. 7 (1988).

moratoria) und Begrenzungen der Zahl der erteilten Baugenehmigungen. Ausserdem kann es das *growth management* zur Bedingung machen, dass das Grundstück im Zeitpunkt der Bebauung erschlossen ist und es legt Wachstumsgrenzen fest.[809] Die Zwecke der Wachstumskontrolle umfassen den Schutz und die Förderung ästhetischer Ressourcen, den Schutz historischer und kultureller Ressourcen, den Erhalt von Farmland und natürlichen Weiden, den Schutz der natürlichen Umwelt durch die Verminderung von Luftverschmutzung und durch das Vorbeugen gegen Grundwasserverschmutzungen, den Schutz gefährdeter Zonen wie Feuchtgebiete, Küstenzonen und Dünen, und die Bereitstellung erschwinglichen Wohnraums.[810]

Befürworter der Wachstumskontrolle argumentieren, dass solche Programme das Erfordernis des Umweltschutzes und die Bedürfnisse privater Eigentümer in Einklang bringen können, indem die Bebauung umsichtiger und effizienter entwickelt wird. Sie vertreten ausserdem den Standpunkt, dass durch eine stärkere Konzentration der Bebauung auf die Stadtzentren die unbebauten Weideflächen ausserhalb der Städte erhalten sowie Natur und Umwelt geschützt werden. Landwirtschaft und andere ländliche Industrien blieben rentabel und ungestört von heranrückender Bebauung. Der Vorteil für die Gemeinden liege darin, dass durch die Bebauung in bereits erschlossenen Stadtteilen und Gebieten die Kosten für den Staat und die Steuerlast für den Bürger gering gehalten werden könnten.

Wie die Baunutzungsplanung wird auch die Wachstumskontrolle oft als rechtmäßige Ausübung der Polizeigewalt gegen Enteignungsklagen verteidigt.[811] Die Gerichte haben entschieden, dass *growth management*-Regulierungen legitime Staatsinteressen unterstützen, wenn sie die Umwelt schützen, die Lebensqualität in einer Stadt erhöhen, die Gesundheit und Sicherheit oder das Wohlergehen der Bevölkerung verbessern, indem sie die Geschwindigkeit der Stadtausdehnung, die Verteilung der Gebäude und die Art des Wohnungsbaus kontrollieren, die Luftqualität verbessern, die Verkehrsbelastung reduzieren und die Anbindung an die Wasser-, Abwasser- und Stromversorgung sicherstellen.[812] Die

---

809 Vgl. *Kelly*, Managing Community Growth: Policies, Techniques, and Impacts (1993), S. 43 ff.

810 Siehe *Beatley* u.a., S. 15-24.

811 *Hagman/Juergensmeyer*, Urban Planning and Land Development Control Law, § 9.3 (1986).

812 *Construction Indus. Ass'n. v. City of Petaluma*, 522 F.2d 897 (9th Cir. 1975) (jährliche Begrenzung von Mehrfamilienhäusern rechtmäßig); cert. denied, 424 U.S. 934 (1976); *Long Beach Equities, Inc. v. Superior Ct. of Ventura County*, 231 Cal. App. 3d 1016, 1030, 282 Cal. Rptr. 877 (1991), review denied, 1991 Cal. LEXIS 4556 (Sept. 26, 1991), cert. denied, 505 U.S. 1219 (1992); *Associated Home Builders of the Greater*

Gerichte halten *growth management*-Regulierungen generell für rechtmäßige Ausübungen der Polizeigewalt und damit wirksame Regelungen, wenn sie das öffentliche Wohlbefinden auf verschiedene Weisen fördern.[813] Komplizierte Probleme treten auf, wenn *growth control*-Programme und Bebauungssperren den Wert eines Grundstückes beeinträchtigen.

In der Entscheidung *Long Beach Equities, Inc. v. Superior Ct. of Ventura County* hat das kalifornische Gericht eine *growth management* Verordnung gegen eine Enteignungsklage verteidigt, indem es argumentierte, dass die Verordnung ein Bebauungssystem fördere, das der Gesellschaft nütze.[814] Die Verordnung sah eine jährliche Beschränkung der zu erteilenden Baugenehmigungen in einem bestimmten Bereich vor, um die Umwelt zu schützen und Bauherren davon abzubringen, unerschlossene Grundstücke und Weideland im Aussenbereich einer städtischen Nutzung unterzuordnen.[815] Das Gericht entschied, dass die lokale Gesetzgebung, einschließlich der in Frage stehenden Verordnung, verfassungsmäßig ist, solange sie erstens eine substantielle Verbindung zum öffentlichen Wohlergehen aufweist und zweitens keine irreparablen Schäden für das Eigentum des Privaten zur Folge hat. Das Gericht fügte hinzu, dass dies selbst dann gilt, wenn der Kläger eine substantielle Wertminderung seines Eigentums darlegen kann.[816]

Moratorien sind eine sinnvolle Methode, im Rahmen der *growth control* das Wachstum der Städte zu lenken. Dabei handelt es sich um staatlich autorisierte Verzögerungen bei der Bereitstellung von staatlichen Leistungen wie zum Beispiel der Erschließung von Grundstücken oder der Erteilung von Baugenehmigungen. Während es hier in der Hauptsache um absichtliche Verzögerungen auf der lokalen Ebene geht, ist dieses Instrument auf allen Ebenen und in allen Bereichen staatlichen Handelns anzutreffen, sei es bei der Förderung von Öl,[817] der Trockenlegung von Feuchtgebieten[818] oder einem staatlich auferlegten Bauverbot.[819] Die Frage ist, ob es sich bei einer zeitweisen Untersagung oder Verzögerung einer Grundstücksnutzung durch Bebauung um eine Enteignung handelt.

Eastbay, Inc. v. City of Livermore, 18 Cal. 3d 582, 557 P.2d 473 (1976); *Golden v. Planning Bd. of Ramapo*, 30 N.Y.2d 359, 285 N.E.2d 291, appeal dismissed, 409 U.S. 1003 (1972).

813 *Agins v. City of Tiburon*, 447 U.S. 255, 261 (1980); *Long Beach Equities, Inc. v. Superior Ct. of Ventura County*, 231 Cal. App. 3d, S. 1030.

814 231 Ca. App. 3d, S. 1030-31.

815 231 Ca. App. 3d, S. 1031.

816 231 Ca. App. 3d, S. 1030.

817 *Union Oil Co.v. Morton*, 512 F2d. 743, 750-52 (9th Cir. 1975).

818 *Pro-Eco v. Board of Comm'rs of Jay County, Ind.*, 956 F.2d 635 (7th Cir. 1992).

819 *Joint Ventures Inc. v. Department of Transport*, 563 So. 2d 622 (Fla. 1990).

Der U.S. Supreme Court hat in der Entscheidung *First English Evangelical Lutheran Church of Glendale v. County of Los Angeles*[820] deutlich gemacht, dass, nur weil eine Beeinträchtigung des Eigentums temporär begrenzt ist, eine Enteignung nicht von vornherein ausgeschlossen ist. Wenn eine zeitliche Beeinträchtigung für den Eigentümer ausreichend schwerwiegend ist, liegt eine Enteignung vor, die nicht anders behandelt wird als eine permanente Enteignung, für die das Verfassungsrecht eine Entschädigung vorsieht.[821] Aber die Entscheidung *First English* behandelt nicht in erster Linie die Frage, wann eine zeitlich begrenzte Einschränkung der Nutzbarkeit des Eigentums eine Enteignung darstellt. In Ausübung der Polizeigewalt können lokale Regierungen angemessene Übergangsregelungen bei der Bauplanung erlassen, um für kurze Zeit Bauvorhaben zu verhindern, ohne eine Enteignung hervorzurufen, vorausgesetzt, diese Regelungen ergehen in gutem Glauben und ohne einzelne Eigentümer unverhältnismäßig zu beschweren.[822]

Erworbene Rechte können es einem Eigentümer in manchen Fällen erlauben, mit der Bebauung seines Grundstückes selbst dann fortzufahren, wenn es einem Moratorium unterliegt. In der Entscheidung *Western Land Equities, Inc. v. City of Logan*[823] entschied der oberste Gerichtshof von Utah, dass ein Anwärter auf eine Baugenehmigung ein Anrecht auf Erteilung der Genehmigung hat, wenn das von ihm vorgeschlagene Bauvorhaben mit den Vorgaben des geltenden Bauplanungsrechts übereinstimmt und er den Bau mit dem erforderlichen Eifer vorantreibt und keine öffentlichen Interessen entgegenstehen.[824] Obwohl ein zeitlicher Aufschub der Erteilung von Baugenehmigungen für Wohnhäuser in einem bestimmten Gebiet für rechtmäßig erklärt wurde, dürfen Städte in der Regel den Wohnungsbau nicht ganz unterbinden oder untersagen.[825] Ein Aufschub bei der Erteilung von Abrissgenehmigungen kann ebenso eine Enteignung darstellen.[826]

Ein zeitlich begrenztes Bauverbot im Vorfeld einer Enteignung kann ebenfalls eine Enteignung darstellen, vor allem, wenn es für den Staat nur ein Weg ist, die Kosten einer späteren Enteignung zu vermeiden. In *Joint Ventures, Inc.*

---

820 482 U.S. 304 (1987).

821 482 U.S. 304, 318.

822 *Almquist v. Town of Marshan*, 308 Minn. 52, 245 N.W.2d 819 (1976).

823 617 P.2d 388 (Utah 1980).

824 617 P.2d 388, 396.

825 *Willistown v. Chesterdale Farms, Inc.*, 7 Pa. Commw. 453, 300 A.2d 107 (1973) (der gänzliche Ausschluß von Wohnbebauung ist rechtswidrig).

826 *Seawall Assocs. v. City of New York*, 74 N.Y.2d 92, 542 N.E.2d 1059, 1061 (1989) (Konflikt mit den Eigentümerrechten, Ausschluss von Erteilung der Genehmigung ist eine Enteignung).

v. Department of Transportation[827] hat der Supreme Court von Florida eine staatliche Vorschrift[828], die eine fünfjährige Bausperre auf einem Transportweg während des Planungsprozesses vor einem Verkauf vorschrieb, als Enteignung angesehen. Florida hatte argumentiert, dass ohne die Bausperre die Kaufpreise für Land in einer Weise ansteigen könnten, die das Projekt gefährdete. Das Gericht entschied, dass es sich bei der Bausperre um einen Versuch der Regierung handelte, den Schutz des privaten Eigentums, der durch die Vorschriften über Enteignungen in den Verfassungen und im einfachen Recht gewährleistet wird, zu umgehen.[829] Zu beachten ist, dass eine Sperre für die Nutzung des Eigentums für eine begrenzte Zeit nicht schon deshalb eine Enteignung darstellt, weil in dieser Zeit sämtlicher Nutzen des Eigentums verloren geht. Zwar hat der Supreme Court in der Entscheidung *Lucas* deutlich gesagt, dass eine Enteignung dann anzunehmen ist, wenn *‚all economic viable use'* verloren geht, jedoch gilt dies nicht automatisch für zeitlich begrenzte Nutzungsverbote. Im Gegenteil kommt es hier gerade auf die zeitliche Komponente an. Eine Nutzungssperre für eine lediglich kurze Zeit, zum Beispiel zwei Jahre, ist regelmäßig nicht ausreichend, um eine entschädigungspflichtige Enteignung anzunehmen.[830] Wie lange ein Moratorium währen kann, ohne eine Enteignung zu sein, hängt von der Natur der staatlichen Maßnahmen ab, die während der Zeit des Moratoriums getroffen werden. Hat das Eigentum auch nach einer Bebauungssperre noch den gleichen Wert wie vorher und kann es während der Geltungszeit des Moratoriums immer noch sinnvoll genutzt werden, liegt keine Enteignung vor.[831]

Ein Beispiel für eine angemessene Dauer ist in dem Fall *Santa Fe Village Venture v. City of Albuquerque*[832] zu finden. 1989 hatte die Stadt eine Regelung zum Eigentumserwerb und eine Bebauungssperre für 12 Monate für Privateigentümer innerhalb des Petroglyph National Monuments erlassen. Sie erweiterte dieses nach Ablauf der Zeit um weitere sechs Monate und anschließend nochmals um ein Jahr. Die zeitlichen Grenzen waren vorsichtig ausgelotet worden,

---

827 563 So. 2d 622 (Fla.1990).

828 Fla. Stat. Ann §§ 337.241 (2) und (3) für rechtswidrig erklärt.

829 563 So. 2d 622, 625.

830 *Woodbury Place Partners v. Woodbury*, 492 N.W.2d 258, 261 (Minn. Ct. App. 1992), review denied, 1993 Minn. LEXIS 20 (15. Januar 1993), cert. denied, 508 U.S. 960 (1993); ebenso *Williams v. City of Central*, 907 P.2d 701 (Colo. Ct. App. 1995) (keine Enteignung durch eine zehnmonatige Sperre), cert. denied, 1995 Colo. LEXIS 830 (4. Dezember 1995). Siehe auch *Union Oil Co.*, 512 F.2d, S. 750-52 (ein Moratorium kann eine Enteignung darstellen, wenn nicht deutlich gemacht wird, wann es endet).

831 *Golden Valley Lutheran College v. City of Golden Valley*, 1994 Minn. App. LEXIS 92 (Minn. Ct. App. Jan. 25, 1994), review denied, 1994 Minn. LEXIS 221 (15. März 1994), cert. denied, 513 U.S. 819 (1994).

832 914 F. Supp. 478 (D.N.M. 1995).

um den geschätzten Zeitspannen zu entsprechen, die der Gesetzgeber zum Erlass von Vorschriften zur Gründung des Petroglyph Monuments benötigen würde. Während des letztens Jahres der Geltung des Moratoriums wurde ferner allen Antragstellern einer Baugenehmigung zugesagt, ihrem Antrag innerhalb eines Jahres nach Antragstellung stattzugeben. Darin sah das Gericht keine Enteignung. Eine Bebauungssperre für eine begrenzte Zeit sei in einer Situation dieser Art nur gerechtfertigt – eine unverrückbare, natürliche Ressource und ein Moratorium, das über eine genau definierte und absehbare Zeit gelte und dem Eigentümer die Aussicht auf eine Baugenehmigung nach Ablauf der Sperre lasse, sei verhältnismäßig.

Ein so genanntes *planning-pause*-Moratorium kann der Regierung Zeit geben, wenn sie aufgrund unkontrollierten Bauens oder eines möglichen Verlusts von natürlichen Landschaften und Ressourcen wesentliche Änderungen des Bauplanungsrechts vorzunehmen plant.[833] Entscheidungen, die solche Bausperren betreffen, sind in hohem Maße abhängig von den Fakten, die ihnen zugrunde liegen. Wie in anderen Fällen unterstützen die Gerichte Moratorien unterstützen, die einem öffentlichen Interesse dienen und deren Geltungsdauer nicht unangemessen lange ist. In Crawford County in Georgia hat das *Board* der *County Commissioners* beispielsweise ein Moratorium für die Nutzung eines Gebietes ausgesprochen, in dem sich unkontrolliert Wohnwagen und Wohnmobile ansiedelten.[834] Um Zeit für eine dem Ort und den Bedürfnissen der Bevölkerung angemessene Planung zu gewinnen, erließ die Gemeinde eine zeitweilige Verfügung, die die Erteilung von Standgenehmigungen für Wohnwagen in dem betroffenen Gebiet begrenzen sollte. Das Moratorium sollte solange gültig sein, bis ein rechtskräftiger Nutzungsplan für das Gebiet erstellt worden war.

Das Crawford County Moratorium ist der Prototyp eines haltbaren *planning-pause*-Moratoriums. Es war umsichtig und so konstruiert, dass es eine Bebauung oder Ansiedlung nur dort untersagte, wo es für die Planung notwendig war. Es umfasste nur Grundstücke, die kleiner waren als 25 Morgen. Auch waren Eigentümer von Wohnwagen ausgenommen, die bereits vor Inkrafttreten der Sperre eine Standgenehmigung erhalten und aus diesem Grund Aufwendungen getätigt oder Standortwechsel im Vertrauen auf das Bestehen der Genehmigung vorgenommen hatten. Vor allem war das Moratorium in seiner Geltung auf 90 Tage begrenzt mit einer Verlängerungsoption um weitere 90 Tage, sollte die Gemeinde in der geplanten Zeit keinen Bebauungsplan erstellt haben. Als die Verord-

833 Siehe zum Beispiel *119 Dev. Assocs. v. Village of Irvington*, 171 A.D.2d 656, 566 N.Y.S.2d 954 (1991) (rechtmäßige Ausübung der Polizeigewalt).

834 *Brown v. Crawford County*, Ga., 960 F.2d 1002 (11th Cir. 1992) (Recht zum Erlass eines Moratoriums bestätigt).

nung erlassen wurde, hatte die Gemeinde mit der Entwicklung eines Plans bereits begonnen. Obwohl der Fall in der Hauptsache andere Fragen als die des Enteignungsrechtes behandelte, bestätigte das Gericht die Rechtmäßigkeit des Moratoriums:

> „Voting to establish the temporary moratorium was prudent to allow time to review the commissioned development plan.... The facts show nothing more than the conscientious effort of the county commissioners to investigate a potential county zoning problem requested by petition of a significant number of Crawford County residents."[835]

Erhaltbare Moratorien sind eher die Regel als die Ausnahme. Die Grenzen rechtmäßiger zeitlicher Sperren und Einschränkungen lassen sich jedoch nur beispielhaft aufzählen.

In *Villas of Lake Jackson, Ltd. v. Leon County* wurde eine zeitweilige eine Sperre erlassen, um der Behörde Zeit zu geben, nach geeigneten Vorgehensweisen zu suchen, um die Wasserqualität des dortigen Sees nicht zu stark zu beeinträchtigen.[836] In *Mid Gulf, Inc. v. Bishop* erklärte ein Bundesgericht eine neunzigtägige Sperre für rechtmäßig, die Genehmigungen zur Bohrung nach Gas und Öl zunächst suspendieren sollte. Die Gemeinde hatte Bedenken geäußert, dass die Bohrungen negative Auswirkungen für die Anwohner haben und größere Beseitigungsaufgaben für die Regierung nach sich ziehen könnten. Darüber hinaus habe man in der Gemeinde keine Erfahrungen bei der Bohrung nach Öl und Gas.[837]

Ein Moratorium für die lagespezifische Durchsetzung von Anforderungen an einen Bau ist ebenfalls keine Enteignung. Ein Moratorium, das nicht als Enteignung eingestuft wurde, verbot den Verkauf von Landparzellen, die über nur unzureichende Sturmflutsysteme verfügten, die nicht mit den Plänen und Ausführungen des Bauherrn übereinstimmten.[838]

Manchmal ist nicht eindeutig zu erkennen, ob ein Moratorium tatsächlich dem öffentlichen Wohl zu dienen bestimmt ist oder nur den Zweck hat, das Pro-

---

835 960 F.2d 1002, 1012-13.

836 *Villas of Lake Jackson, Ltd. v. Leon County*, 796 F. Supp. 1477 (N.D. Fla. 1992), recons. granted in part, modified, takings counts dismissed in part, summ. j. granted in part, 906 F. Supp. 1509 (N.D. Fla. 1995).

837 1992 U.S. Dist. LEXIS 14127, S. 6 (D.Kan. 11. August 1992).

838 *Foster v. Board of Comm'rs of Warrick County*, Ind., 647 N.E.2d 1147 (Ind. Ct. App. 1995).

jekt eines Privateigentümers zu verhindern.[839] Ist letzteres der Fall, so ist die Sperre keine rechtmäßige Maßnahme der Behörde. Jedoch ist die Grenze zwischen guter und richtiger Gesetzgebung zum Wohle aller auf der einen und der Beeinträchtigung von Privateigentum auf der anderen Seite fließend. In der Entscheidung *Corn v. City of Lauderdale Lakes*[840] ging es um diese Grenze. Überraschend ist dabei die Kritik des Gerichts an dem Moratorium selbst:

> „The moratorium seems nothing more than an attempt at post hoc rationalization [...]. In short, the City Council was motivated solely by an irrational desire to thwart Corn's plans."[841]

Der Fall *Corn*, mit seiner Vorgeschichte zurückreichend bis 1977, gelangte erst 1993 vor den U.S. Court of Appeals. Der Eigentümer hatte die Genehmigung für ein Lagerhaus mit 900 Einheiten in einem Baugebiet beantragt, das für diese Nutzung vorgesehen war.[842] Die Behörde verweigerte die Genehmigung mit der Begründung, dass sich sowohl die anwendbaren Vorschriften des Bauplanungsrechts geändert hätten als auch ein Moratorium für dieses Gebiet erlassen worden sei. Der Court of Appeals wies sowohl das Urteil des Bundesgerichts in der ersten Instanz mit der Begründung zurück, dass in der Ablehnung eine Verletzung der *due process*-Regeln liege, als auch die Abweisung der Klagen durch andere Gerichte gegen einzelne Mitglieder der Behörde aus Gründen der gesetzgeberischen Immunität.[843]

Obwohl die Entscheidung gar nicht die vorher untersuchte Eigentumsklage behandelt, enthält sie eine ausführliche und wichtige Analyse des Fallrechts, der Standards, die Entscheidungsträger in den Gemeinden beachten müssen, des Intensitätsgrads für die Prüfung von Bauanträgen, verschiedener Möglichkeiten der gerichtlichen Überprüfbarkeit von Entscheidungen der Behörde und der Anwendung von Präzedenzfällen. Am deutlichsten macht der Fall, wie schwierig es in Einzelfällen ist, die Grenze zwischen guter Gesetzgebung und Eigentumsverletzungen zu ziehen. Bei der Untersuchung entschied das Bundesgericht, dass die Vorschrift die Eigentumsrechte Corns weder in Bezug auf das Grundstück noch auf das geplante Projekt verletzte.[844] Diese Entscheidung wurde vom Berufungsgericht zurückgewiesen, das das Urteil aufgab, dass das Moratorium

839 So zum Beispiel in *Corn v. City of Lauderdale Lakes*, 771 F. Supp. 1557 (S.D. Fla. 1991) (Entschädigung für zeitweise Enteignung bejaht).

840 771 F. Supp. 1557 (S.D. Fla. 1991).

841 771 F. Supp. 1557, 1569.

842 *Corn*, 95 F.3d, S. 1066, 1068 (11th Cit. 1996), cert. denied, 118 S.Ct. 441 (1997).

843 *Corn*, 997 F.2d 1369 (11th Cir. 1993), cert. denied, 511 U.S. 1018 (1994).

844 *Corn*, 95 F.3d, S. 1066, 1070-71 (11th Cit. 1996), cert. denied, 118 S.Ct. 441 (1997).

eine temporäre Enteignung des Grundstücks darstelle. Das Berufungsgericht gab dem entscheidenden Gericht auf, weitere Ermittlungen in der Sache anzustellen, da ohne detaillierte Kenntnis des Falls ein Urteil zu fällen unmöglich sei.[845] Das Berufungsgericht bestätigte die Entscheidung, dass keine Eigentumsverletzung losgelöst von dem Grundstück in Bezug auf das geplante Projekt vorlag:

> „We hold that, regardless of what vested rights Corn may have had in the Project under Florida law, a denial of permission to build a particular development project does not, by itself, state a just compensation claim.“[846]

Eine entscheidende Rolle bei der Beurteilung der Wirkungen eines Moratoriums auf privates Eigentum spielt die Nutzbarkeit des Eigentums nach Ablauf der Sperrfrist. Ist es anschließend nicht mehr zu nutzen, so liegt gleichsam eine Enteignung vor, da die zwar zeitlich befristete Sperre faktisch alle Nutzungsmöglichkeiten nicht nur für den Zeitraum ihrer Geltung, sondern dauerhaft entzieht. Es ist sinnvoll, die Entscheidung *Agins v. Tiburon*[847] aus dem Jahre 1980 aus dieser Perspektive noch einmal in den Blick zu nehmen, da die berühmte Fußnote neun dieser Entscheidung andeutet, dass zeitlich begrenzte Einschränkungen der Eigentumsnutzung keine Enteignung darstellen:

> „The State Supreme Court correctly rejected the contention that the municipality's good-faith planning activities, which did not result in successful prosecution of an eminent domain claim, so burdened the appellants' enjoyment of their poperty as to constitute a taking.... Mere fluctuations in value during the process of governmental decisionmaking, absent extraordinary delay, are 'incidents of ownership'. They cannot be considered 'taking' in the constitutional sense. [...]."[848]

Die Bedeutung verschiedener Einflüsse auf den Wert des Grundstücks während es nicht bebaut werden kann oder darauf befindliche Bauten nicht erweitert werden können, zeigt sich in zahlreichen Fällen. In *Kelly v. Tahoe Regional Planning Agency* ging es darum, dass der Eigentümer eines Grundstücks am Lake Tahoe über eine Dauer von 13 Jahren daran gehindert wurde, sein Grundstück weiter zu bebauen. Darüber hinaus wurden die Möglichkeiten zur Bebauung seines Landeigentums nach Ablauf der Bausperre durch eine Änderung der

845 *Corn*, 95 F.3d, S. 1066, 1073 (11th Cit. 1996), cert. denied, 118 S.Ct. 441 (1997).

846 95 F.3d, S. 1066, 1074 (11th Cit. 1996), cert. denied, 118 S.Ct. 441 (1997).

847 447 U.S. 255 (1980).

848 447 U.S. 255, 263 Fn. 9 (1980).

Gesetzeslage drastisch reduziert.[849] Der oberste Gerichtshof von Nevada sah in diesen Ereignissen keine Enteignung und entschied, dass die *Tahoe Regional Planning Agency* (*TRPA*) in bestimmten Gebieten den Bau von neuen Gebäuden solange unterbrechen kann, wie der Nutzen des Grundstücks für die Behörden direkt und erheblich ist und die Belastung des Eigentümers verhältnismäßig ist. Das Gericht betonte, dass der Eigentümer einen Preis von $ 500.000 für das Grundstück bezahlt hatte, in dem Hauptgebäude auf diesem Grund 20 Jahre gewohnt und dieses anschließend allein schon für $ 1,1 Mio. veräußert habe.[850] Ausserdem hatte er weitere $ 5,6 Mio. durch frühere Verkäufe einzelner Parzellen der geplanten Baueinheiten erzielt.

Es gibt einige Entscheidungen, die die *TRPA* betreffen. Konflikte zwischen der Planungsbehörde und Privateigentümern treten naturgemäß häufig auf. Ein Fall, in dem auch der Erlass eines Moratoriums eine Rolle gespielt hat, ist *Carpenter v. Tahoe Regional Planning Agency.*[851] Alice Carpenter hatte 1973 eine Landparzelle am Lake Tahoe für $ 27.950 erworben und entschloss sich 1981 zum Bau eines Hauses. Zu dieser Zeit galt bereits eine Entscheidungspraxis von Fall zu Fall für Grundstücke im Tal des Lake Tahoe und eine neuere Übereinkunft zwischen Nevada und Kalifornien ersetzte einen früheren Vertrag von 1969. Der Vertrag von 1981 zielte auf die Bildung von den Umweltschutz fördernden Kapazitäten im Gebiet des Lake Tahoe, indem für ordnungsgemäßes und umweltverträgliches Wachstum der dortigen Siedlungen gesorgt wurde. Im August 1983 suspendierte die *TRPA* alle Baugenehmigungen. 1984 verabschiedete die Behörde daraufhin den *1984 Regional Plan*, der jedoch niemals in Kraft trat, da der Generalbundesanwalt von Kalifornien am ersten Tag seiner Geltung mit der Begründung gegen die Vorschrift klagte, sie verletze einen Vertrag mit Kalifornien von 1980. Um diese Schwierigkeiten zu beseitigen, erließ die *TRPA* den *1987 Regional Plan* mit zahlreichen neuen Elementen einschließlich des sogenannten *Individual Parcel Evaluation Sytem*, Transfers von Bebauungsrechten, eines Systems, durch das Eigentümer die bauplanungsrechtliche Einstufung ihrer Grundstücke gerichtlich überprüfen lassen konnten und einer Vorschrift zur Verbesserung von Plänen. Carpenter bewarb sich 1982 um eine Baugenehmigung, erhielt sie jedoch nie aufgrund der ersten Verordnung von 1981, eines Moratoriums für alle geplanten Neubauten, das von August 1983 bis April 1984 lief, des Regional Plan von 1984, und der Unterbrechung von April 1984 bis Juli 1987 während der Klage des Bundesanwalts von Kalifornien. Zuletzt veräußerte

849 *Kelly v. Tahoe Regional Planning Agency*, 109 Nev. 638, 855 P.2d 1027 (1993), cert. denied, 510 U.S. 1041 (1994).

850 Nev. 638, 650-51 P.2d 1027 (1993), cert. denied, 510 U.S. 1041 (1994).

851 804 F. Supp. 1316, 1319 Fn. 2 (D.Nev. 1992) m.w.N. anderer Enteignungsfälle.

sie ihr Grundstück 1990 an den Staat Nevada für $ 185.000 als Teil des staatlichen Aufkaufprogramms von ökologisch sensiblen Grundstücken auf dem Gebiet des Lake Tahoe. Ein Bundesgericht entschied schließlich, dass Carpenter ihre Enteignungsklage für die Geltungszeit des Moratoriums von 1981 bis 1984 weiterhin aufrecht erhalten könne, obwohl sie noch nicht reif (ripe) im rechtlichen Sinne war. In dieser Zeitspanne war das Bauen nicht erlaubt.

Das Gericht begründete seine Entscheidung unter Bezugnahme auf den Präzendenzfall *First English*, dass die Regierung den Eigentümer für eine zeitlich begrenzte Enteignung entschädigt, wenn ihm während der Einschränkung keine wirtschaftlichen Nutzungsmöglichkeiten mehr zur Verfügung standen. Carpenter, die in dieser Zeit über keine einzige erlaubte Nutzungsmöglichkeit verfügte, erlitt einen solchen Verlust aller wirtschaftlichen Nutzungen. Das heißt, sogar wenn die Nutzungsmöglichkeit des Eigentums schließlich wiederhergestellt wird, kann der Eigentümer in bestimmten Fällen Klage gegen die zeitlich befristete Beeinträchtigung erheben und eine Entschädigung verlangen. Deshalb hat auch die Tatsache, dass die Klägerin später ihr Eigentum veräußert hat, keinen Einfluss auf den Ausgang der Klage gegen eine zeitweilige Enteignung von 1981 bis 1984, da sie zu dieser Zeit ihr Eigentum nicht wirtschaftlich sinnvoll nutzen konnte. Dies gilt, obwohl das Gericht in einer Fußnote darauf hingewiesen hat, dass das Ergebnis in einer Klage gegen eine vollständige permanente Enteignung anders wäre.[852]

Das Gericht der Entscheidung Carpenter sagt nicht, dass jede Bebauungssperre eine temporäre Enteignung darstellt und tatsächlich wurde in dem Fall keine Enteignung festgestellt. Was die Richter jedoch deutlich machten, ist, dass wenn über eine lange Zeit die Nutzung des Eigentums eingeschränkt wird und in dieser Zeitspanne eine kürzere Periode liegt, in der eine Nutzung durch eine Sperre gänzlich ausgeschlossen ist, ohne dass ein wirtschaftlich sinnvoller Gebrauch möglich ist, der Eigentümer eine Entschädigung verlangen kann. Dies gilt auch dann, wenn das Eigentum zu dieser Zeit einen höheren Wert als im Zeitpunkt des Kaufes hat. Diese Entscheidung ist mit der Regel vereinbar, dass nicht jedes Moratorium eine zeitweilige Enteignung sein muss, wenn wenigstens eine sinnvolle Nutzungsweise in dieser Sperrfrist bleibt.

Ein anderer Fall, der die Wichtigkeit von verbleibenden Nutzungsmöglichkeiten während einer Bebauungssperre illustriert, ist *Merriam Gateway Associates v. Town of Newton, New Jersey*[853]. In dieser Entscheidung erwarb ein Bauherr eine frühere Schuhfabrik in der Absicht, sie in 100 Wohn- und Geschäfts-

852 804 F. Supp. 1316, 1327 Fn. 15 (D.Nev. 1992).

853 1992 U.S. Dist. LEXIS 21562 (D.N.J. June 1, 1992), aff'd, 91 F.3d 124 (3rd Cir. 1996).

einheiten umzuwandeln. Der Bauherr setzte die Bauarbeiten vier Jahre nachdem er das Grundstück gekauft und Kenntnis vom Erlass einer Bausperre von Abwasserkanälen erhalten hatte, 1987 fort. Die Bauarbeiten begannen im Frühjahr 1988 und die letzte notwendige Genehmigung für den Bau wurde im Dezember 1988 erteilt. Nur drei Monate später, als bereits 80 Prozent der Arbeiten abgeschlossen waren, erfuhr der Bauherr, dass die Umweltbehörde von New Jersey, das *New Jersey Department of Environmental Protection* (*DEP*), eine Abwasserkanalsperre bereits fast zwei Jahre früher wieder eingesetzt hatte und keine Besitzurkunden herausgegeben werden konnten. Der Bauherr, der seine Architekten, Ingenieure und Anwälte wegen Schlechterfüllung und Vertragsbruch sowie die Stadt Newton verklagte, forderte mehr als $ 13 Mio. Schadensersatz. Das Gericht entschied, dass er es versäumt habe, eine Enteignungsklage gemäß dem fünften Zusatz der Bundesverfassung zu erheben, weil die Klage nicht deutlich mache, dass das Eigentum vollständig nutzlos geworden war. Die Stadt hatte eine besondere Konzession von der *DEP* während der Bausperre erhalten und so Anschlüsse für 16 Einheiten gesichert (und anderen Einheiten die Möglichkeit gewährt, das Abwasser in bereits vorhandene Kanäle zu leiten). Als die Sperre 1990 aufgehoben wurde, habe der Kläger die Möglichkeit gehabt, das Projekt weiterzuverfolgen, dies jedoch nicht getan.[854]

Growth management-Programme, die einen Wertverlust verursachen, indem sie das Wachstum von Siedlungen verlangsamen, und indem sie Wachstum in manchen Gebieten begrenzen, können dennoch in den meisten Fällen Enteignungsklagen standhalten, weil sie nach dem *multifactor balancing test* aus *Penn Central* beurteilt werden. Sie vernichten typischerweise in den meisten Fällen für begrenzte Zeiträume nicht jeglichen wirtschaftlichen Wert eines Grundstückes, verursachen aber teilweise Wertminderungen.

Ein Moratorium kann eine verhältnismäßig kurze, lückenfüllende Maßnahme sein, die vollständig von der Polizeigewalt gedeckt ist, um Beeinträchtigungen der öffentlichen Gesundheit und Sicherheit abzuwenden, während die Regierung an dem Erlass einer ordnungsgemäßen Vorschrift arbeitet. Als ein solches Instrument kann ein Moratorium eine zeitweilige Enteignung sein oder aber auch nicht. Wenn diese Linie überschritten wird, hängt die Ziehung der Grenze zwischen der rechtmäßigen Ausübung der Polizeigewalt und einer zeitweiligen Enteignung davon ab, ob ein beachtlicher, dem Wohl der Bevölkerung zuträglicher und wirtschaftlicher Nutzen durch das Moratorium erreicht werden kann und ob die Sperre für eine kurze Zeitspanne der Regierung nützt, um angemessene Gesetze zur Verbesserung der Situation zu entwickeln und zu erlassen. Es

854 1992 U.S. Dist. LEXIS 21562, S. 9-10 (D.N.J. June 1, 1992), aff'd, 91 F.3d 124 (3rd Cir. 1996).

können Fälle auftreten, in denen kein signifikant höherer Nutzen entsteht als ohne Moratorium, und trotzdem keine Enteignung vorliegt. Dies gilt besonders dann, wenn das Moratorium von kurzer Geltungsdauer und die Gefahr für die öffentliche Sicherheit und Ordnung groß ist. Auf der anderen Seite kann manchmal schon eine Enteignung vorliegen, wenn das Moratorium über lange Zeit gilt und nicht in einer vernünftigen Beziehung zu den erstrebten Zielen steht, während es die Rechte eines Privateigentümers stark beeinträchtigt.

Genauso wie eine sachgerechte Planung eine Bebauungssperre erforderlich machen kann, erfordert ein Moratorium eine sorgfältige Planung. Die durch es zu erreichenden Zielen müssen klar umrissen und die Bedürfnisse der Öffentlichkeit genau benannt werden. Ausserdem sollte seine Dauer so kurz wie möglich sein und alternative Nutzungen des betroffenen Eigentums fördern, einschließlich erlaubter Interimsnutzungen, Ausnahmegenehmigungen von Fall zu Fall und Abschwächungen in Einzelfällen

Im Gegensatz zur Bau- und Nutzungsplanung, dem *zoning*, das sowohl dafür sorgt, dass Häuser gebaut werden dürfen als auch dafür, dass dies an der richtigen Stelle geschieht, versuchen Gemeinden durch die Wachstumskontrolle, den zukünftigen Wohnbau zu reduzieren. Das erlaubte Wachstum von Städten und Gemeinden wird unterhalb der in den bisherigen Bebauungsplanungen genannten Anzahl gehalten.[855]

IV. Ergebnis

Die untersuchten Gesetze und Vorgehensweisen haben zur Regulierung der Eigentumsnutzung zugunsten von Natur- und Denkmalschutzbelangen als Kern ein Regelungssystem, das die Setzung von Grenzwerten durch eine Fachbehörde erfordert. Es bestehen damit gewisse Ähnlichkeiten mit der Situation in der Bundesrepublik, aber auch erhebliche Unterschiede. Die Ähnlichkeit besteht vor allem darin, dass auf der Bundesebene landesweit geltende Standards erarbeitet werden, die beim Einzelvollzug streng zu beachten sind.

Entscheidende Unterschiede sind darin zu sehen, dass die Setzung der Standards in den USA durch eine Fachbehörde erfolgt, die anhand konkreter gesetzlicher Vorgaben einen ihr zugewiesenen Entscheidungsrahmen ausfüllt. Die Setzung von Standards als untergesetzlichen Rechtsnormen ist unabdingbare Voraussetzung für den Vollzug der Gesetze. Es bestehen anders als in der Bundesrepublik keine unbestimmten Rechtsbegriffe und Generalklauseln, die den Vollzugsbehörden eine Tätigkeit auch erlauben, wenn keine Standards erlassen sind. Die Vorgaben des Gesetzgebers für Emissions- und Immissionsstandards sind

855 Vgl. die Studien bei *Fischel*, Regulatory Takings, S. 221 ff.

ausschließlich an die Fachbehörde gerichtet, die für die Setzung der Standards zuständig ist.

Bei einigen Vorschriften zum Umweltschutz fehlt die Verbindung mit Kontroll- und Sanktionsvorschriften. Sowohl Section 404 des *Clean Water Act* als auch der *Endangered Species Act* schränken das Privateigentum in manchen Bereichen erheblich ein, ohne jedoch einen klaren Bezug zu eigentumsrechtlichen Vorschrfiten aufzuweisen.[856] Die Gesetzgebung betreffend Enteignungen und Einschränkungen der privaten Eigentumsrechte ist teilweise geprägt von ad hoc Entscheidungen.[857]

Bei dem Erlass allgemeiner umweltrechtlicher Anforderungen verfügen die Länder in den USA über eine stärkere Stellung als in Deutschland, während bei der Durchführung des Umweltrechts der Bund in den USA über umfangreichere Kompetenzen verfügt. Die stärkere Stellung der Länder im Bereich der Rechtsetzung dürfte einmal durch die allgemeinen Vorbehalte in den USA gegen eine zu mächtige Bundesgesetzgebung und –verwaltung bedingt sein. Dazu kommt, dass man in den USA grundsätzlich davon ausgeht, dass der Bund Bundesgesetze selbst ausführt, während die Länder nur Landesgesetze ausführen. Eine unmittelbare Ausführung von Bundesrecht durch die Länder, wie sie in Deutschland an der Tagesordnung ist, wird in den USA als sehr ungewöhnlich betrachtet. Die Durchsetzungsmaßnahmen der Länder werden von den Landesgerichten, Durchsetzungsmaßnahmen des Bundes allein von Bundesgerichten kontrolliert. Die amerikanische Stufengesetzgebung birgt jedoch erkennbare Nachteile. In Bundesländern, die dem Umweltschutz zurückhaltend gegenüberstehen, dauert es sehr lange, bis eine Regelung greift. Zunächst muss ein Bundesgesetz erlassen werden, das dann in einem zweiten Schritt durch die Länder in Landesrecht umgesetzt wird. Erst dann kann mit der Ausführung des Gesetzes begonnen werden. Andererseits ergeben sich in den umweltschutzfreundlichen Bundesländern nicht selten Spannungen, wenn eine neue Bundesregelung auf ein ausgebautes Regelungssystem des betreffenden Bundeslandes trifft. Die Unterschiede in der Umsetzung der Gesetze zum Umweltschutz in den einzelnen Ländern machen sich wiederum in den von Staat zu Staat unterschiedlichen Belastungen der Grundeigentümer bemerkbar. Der Vorteil des Systems besteht darin, dass der Spielraum der Länder deutlich größer ist. Die Definition von Eigentum ist den Staaten überlassen. Über das Schutzniveau können sie allerdings nicht frei bestimmen, denn es ist aufgrund der *takings clause* im fünften Verfassungszusatz

856 Vgl. dazu die Darstellung bei *Pedersen*, 21 Yale J. on Reg. 1, 15.

857 Vgl. die Kritik bei *Sunstein*, One Case at a Time, S. 71.

festgelegt.[858] So ist zum Beispiel im Staat Oregon vorgeschrieben, dass Grundstückseigentümer im Küstenbereich den Weg zwischen Wasser und Vegetationslinie nicht versperren dürfen, um das bestehende öffentliche Zugangsrecht zum Wasser nicht zu beeinträchtigen. Anders ist dies in New Hampshire, wo kein Recht auf einen öffentlichen Durchgang besteht. Erließen beide Staaten ein Gesetz, dass das Bauen in diesem Bereich ganz verbietet, hätten die Eigentümer aus New Hampshire eine stärkere verfassungsrechtliche Position als diejenigen in Oregon, weil sie vor Erlass des Gesetzes einen umfangreicheren Eigentumsschutz genossen hatten. Das Bundesrecht gibt jedoch den Rahmen dafür vor, welche Kategorien gesetzlich geschützter Interessen als verfassungsrechtliches Eigentum in Frage kommen. Ob spezifische Interessen in diese vorgegebenen Kategorien fallen, obliegt der Regelung durch das Landesrecht.[859] Je höher jedoch das Abstraktionsniveau einer verfassungsrechtlichen Entscheidung des Supreme Court ist, desto weniger sind Interessen von einzelstaatlichem Recht abhängig.[860]

Die amerikanischen Gesetze zum Natur- und Denkmalschutz enthalten anders als deutsche Fachgesetze keine Entschädigungsregelungen. Dass eine Entschädigung im Falle einer Enteignung zu gewähren ist, bestimmen allein die *takings clauses* der Bundesverfassung und der einzelstaatlichen Verfassungen. Sowohl die Entscheidung über die Notwendigkeit einer Entschädigungsleistung als auch über ihre Höhe liegt bei den Gerichten und hängt stark davon ab, wann diese das Vorliegen einer Enteignung bejahen und wie sie den Wert der enteigneten Eigentumsposition einschätzen. Der Eigentümer kann sich deshalb nicht darauf verlassen, im Falle einer Eigentumseinbuße überhaupt entschädigt zu werden. Das geschieht nur, wenn der Eingriff in das Eigentum durch die Gerichte als entschädigungspflichtig eingestuft wird. Gesetzliche Vorkehrungen zum Schutz vor Enteignungen bestehen über die Verfassungsvorschriften hinaus nicht. Dieser Schutz erfolgt in den USA nur über Entschädigungen im Wege des Wertersatzes. Denn auch das einfache Recht kennt keinen Bestandsschutz. Nicht der Verbleib von Eigentumspositionen in der Hand des Eigentümers wird in den USA geschützt, sondern nur ihr wirtschaftlicher Wert. Enteignungen können Eigentümer auch unerwartet treffen, wenn sie im Wege einer Regulierung durch ein neu erschaffenes Gesetz erfolgen. Ein gesetzlicher Schutz durch Übergangsvorschriften und –fristen besteht nicht.

858 „Property interests, of course, are not created by the constitution. Rather, they are created and their dimensions are defined by existing rules or understandings that stem from an independent source such as state law…". *Board of Regents v. Roth*, 408 U.S. 564, 577 (1972).

859 *Merrill*, 86 Virginia L. Rev. 885, 893, 952.

860 *Sterk*, 114 Yale L. J. 203, 232.

E. Der grundgesetzliche Eigentumsschutz in Deutschland und der verfassungsrechtliche Eigentumsschutz in den USA im Vergleich

I. Eigentumsschutz nach dem Grundgesetz – Bestands- und Wertgarantie des Eigentums

Das Grundgesetz hat das Eigentum unter seinen Schutz gestellt und zu einem Grundrecht ausgeformt, indem es in Art. 14 Abs. 1 S. 2 das Eigentum gewährleistet. Das Eigentum besitzt eine Schlüsselstellung in ideologischer und politischer Hinsicht, sowie beim Ausbau des sozialen Rechtsstaats.[861] Es ist in besonders hohem Maße von der sozioökonomischen Entwicklung und den dominierenden Anschauungen über die Gerechtigkeit des Rechts abhängig.[862] Bereits der Standort des Art. 14 im Grundgesetz erlaubt Teilaussagen über Umfang und Intensität des Eigentumsschutzes. Als den Grundrechten zugehörig bindet das Eigentumsrecht Gesetzgebung, Verwaltung und Rechtsprechung unmittelbar (Art. 1 Abs. 3 GG). Diese Zuordnung kennzeichnet es zugleich als Abwehrrecht des privaten Eigentümers gegen den Staat. Als spezielles Freiheitsrecht gegenüber dem allgemeinen Art. 2 Abs. 1 GG schützt Art. 14 GG einen Aspekt der allgemeinen Handlungsfreiheit und des allgemeinen Persönlichkeitsrechts besonders. Er ist abzugrenzen von anderen speziell geschützten Bereichen der Handlungsfreiheit, zum Beispiel der Berufsfreiheit des Art. 12 GG.[863] Soweit der Eigentumsschutz für die Menschenwürde unerlässlich ist, nimmt er über Art. 1 Abs. 1 GG an der Ewigkeitsgarantie des Art. 79 Abs. 3 GG teil. Sein Wesensgehalt ist zudem kraft Art. 19 Abs. 2 GG unantastbar.[864] Die Verankerung des Eigentumsschutzes im Grundgesetz verschafft dem Bundesverfassungsgericht eine spezifische Kontrollbefugnis über den Gesetzgeber und die Fachgerichte. Art. 100 und 93 GG zwingen diese Gewalten auf durchsetzbare Weise, alle verfassungsrechtlichen Eigentumsvorgaben einzuhalten. Vor allem ermöglicht Art. 93 Abs. 1 Nr. 4a GG jedem privaten Eigentümer, diese Kontrolle auszulösen und stärkt den Schutz vor Maßnahmen der Verwaltung.

---

861 *Rengeling*, AöR 105 (1980), S. 423, 425; diesen Gesichtspunkt als den markantesten hervorhebend *Bumke*, Grundrechtsvorbehalt, S. 184.

862 *Rengeling*, AöR 105 (1980), S. 423, 425, mit Hinweis auf *Scheuner*, in: Scheuner/Küng, Der Schutz des Eigentums, 1966, S. 45.

863 BVerfGE 30, 292, 334 ff., „Mineralölbevorratung“.

864 BVerfGE 21, 92, 93.

Die Gewährleistung des Eigentums weist als verfassungsrechtliche Garantie zwei Dimensionen auf. Zum einen wird die konkrete Rechtsstellung des einzelnen Eigentümers garantiert (Bestandsgarantie) und zum anderen wird sichergestellt, dass Privateigentum als Rechtsinstitut erhalten bleibt (Institutsgarantie).[865] Üblicherweise wird die Eigentumsgarantie aber auch als Bestands- und Wertgarantie verstanden.[866] In erster Linie schützt Art. 14 GG den Bestand des Eigentums in der Hand des Eigentümers. Ist der Zugriff des Staates auf das Eigentum unvermeidlich, wandelt sich der Bestandsschutz in Vermögensschutz um. Mit dem Begriff des Bestandsschutzes wird dabei die sachenrechtliche Zuordnung eines von der Verfassung als Eigentum geschützten Gegenstandes zum Eigentümer verstanden. Diese Zuordnung darf nicht gelöst werden, sondern muss in ihrem Bestand erhalten bleiben. Entfällt sie, so bedeutet dies Entzug des Eigentums.[867] In seiner Entscheidung zum rheinlandpfälzischen Denkmalschutzrecht betont das Bundesverfassungsgericht das Primat des Schutzes der Substanz des Eigentums, dem finanzielle Ausgleichsregelungen nicht immer gerecht werden.[868]

1. Inhalt des Grundrechtsschutzes, Art. 14 Abs. 1 S. 1 GG

a) Schutzfähige Positionen/Sachlicher Schutzbereich

Art. 14 GG schützt die rechtliche Zuordnung eines vermögenswerten Gutes an einen Rechtsträger als Eigentum.[869] Die Besonderheit der Eigentumsrechte besteht darin, dass es sich nicht um als natürlich vorauszusetzende, sondern durch die Rechtsordnung geschaffene Konstrukte handelt.[870] Der Inhalt des Eigentums ergibt sich aus der Zusammenschau aller zu einem bestimmten Zeitpunkt gel-

865 In dieser Gegenüberstellung s. BVerfGE 20, 351, 355; 24, 367, 389; zur Bedeutung der Institutsgarantie s. auch *Hendler*, DVBl. 1981, S. 873, 874 f.

866 Vgl. *Ossenbühl*, Staatshaftungsrecht, S. 52 m.w.N.; *ders.*, in: FS Leisner, S. 689, 690.

867 Vgl. *Ossenbühl*, in: FS Leisner, S. 689, 690; in Art. 14 Abs. 2 S. 2 GG sieht er darüber hinaus auch eine Nutzungsgarantie, vgl. ebd. S. 205; ähnlich auch *Kleinlein*, DVBl. 1991, S. 365, 367.

868 BVerfGE 100, 226, 244.

869 BVerfGE 42, 263, 294; *Wendt*, in: Sachs, GG, Art. 14 Rn. 21; *Depenheuer*, in: v. Mangoldt/Klein/Starck, GG I, Art. 14 Rn. 111; *Böhmer*, NJW 1988, S. 2561, 2566; *Kreft*, in: FS Hauß, S. 203, 203.

870 *Wendt*, Eigentum, S. 17 ff.; *Rittstieg*, in: AK, Art. 14 Rn. 45, 48; *Bumke*, Grundrechtsvorbehalt, S. 183.

tenden, die Eigentümerstellung regelnden gesetzlichen Vorschriften.[871] Der Gesetzgeber ist verpflichtet, eine funktionstüchtige Eigentumsordnung zu schaffen. Bei der inhaltlichen Ausgestaltung hat er die freiheitssichernde Bedeutung des Eigentums für den Einzelnen im Blick zu behalten,[872] wie er andererseits zu berücksichtigen hat, dass diese Freiheit ihre Grenze in der Sozialbindung des Eigentums findet (Art. 14 Abs. 2 S. 2 GG). Die eigentumsrelevanten Vorschriften des Zivil- und des öffentlichen Rechts wirken über den verfassungsrechtlichen Eigentumsbegriff in Art. 14 Abs. 1 S. 1 GG als Transformationsnormen und haben auf diese Weise auch im Verfassungsrecht Geltung.[873] Sie gelten nicht nur gegenüber Privaten, sondern schützen ihre Inhaber auch gegenüber dem Staat, indem sie Grundlage des öffentlich-rechtlichen Grundeigentumsschutzes werden.[874] Auch vermögenswerte Rechte öffentlich-rechtlicher Natur können durch Art. 14 GG geschütztes Eigentum sein, wenn die von der Eigentumsgarantie verfolgten Schutzziele, nämlich Sicherung von persönlicher Freiheit und materiellen Vertrauenstatbeständen, eine Gleichbehandlung mit den privaten Vermögensrechten verlangen.[875] Erforderlich ist eine Rechtsposition, die derjenigen des Eigentümers entspricht und im Hinblick auf ihre rechtliche Ausgestaltung gefestigt ist und nach den rechtsstaatlichen Grundsätzen der Verfassung nicht mehr wegfallen kann.[876] Der Eigentumsschutz des Grundgesetzes ist damit in erster Linie Bestandsschutz konkreter Eigentumspositionen in der Hand eines Eigentümers und erst nachrangig Wertschutz.[877] Art. 14 GG schützt nur konkrete vermögenswerte Rechtspositionen schützt, nicht das Vermögen als ganzes.[878]

---

871 BVerfGE 52, 1, 27; 58, 300, 330, 336; 83, 201, 211 f.; vgl. auch *Hendler*, FS Maurer, S. 127, 127 ff.; s. auch *Bumke*, Grundrechtsvorbehalt, S. 183.

872 Die wirtschaftliche Freiheit ist nicht allein um der Betätigungsmöglichkeiten des Einzelnen willen zu schützen, sondern weil sie essentieller Bestandteil der funktionierenden Demokratie und deshalb für den demokratischen Prozess nicht weniger konstitutiv ist als etwa die Meinungsfreiheit, vgl. dazu *Vogel*, in: FS für Maurer, 2001, S. 305.

873 *Depenheuer*, in: v. Mangoldt/Klein/Starck, GG I, Art. 14 Rn. 111; *Depenheuer/Grzeszick*, NJW 2000, S. 385, 386; *Wendt*, in: Sachs, GG, Art. 14 Rn. 24.

874 *Wendt*, in: Sachs, GG, Art. 14 Rn. 24; *Ehlers*, VVDStRL 51 (1992), S. 211, 214 f.

875 BVerfGE 100, 1, 32 f.; *Wendt*, in: Sachs, GG, Art. 14 Rn. 28; *Badura*, HdbVerfR, § 10 Rn. 40; kritisch *Depenheuer*, in: v. Mangoldt/Klein/Starck GG I, Art. 14 Rn. 69 ff., 287 ff.

876 BVerfGE 40, 65, 82 f.; 45, 142, 170; 48, 403, 412; 53, 257, 289; 69, 272, 300; BGHZ 81, 21,33; 125, 293, 298; 161, 305, 312; *Wendt*, in: Sachs, GG, Art. 14 Rn. 28.

877 Vgl. auch *von Arnauld*, VerwArch. 93 (2002), S. 394, 397; ähnlich *Ipsen*, DVBl. S. 1983, 1029, 1031.

878 BVerfGE 4, 7, 17; 74, 129, 148; 78, 2332, 243; 81, 108, 122; 95, 267, 300; 96, 375, 397; BVerwGE 87, 324, 330; BFHE 163, 162, 174; *Wendt*, in: Sachs, GG, Art. 14 Rn. 38; *ders.*, Eigentum und Gesetzgebung, 1985, S. 36 ff.; *Depenheuer*, in: v. Man-

Der klassische Anwendungsbereich der Eigentumsgarantie liegt im Grundeigentum.[879]

b) Reichweite des Schutzes im Einzelnen - Grundeigentum

Die Reichweite des Grundrechtsschutzes hängt von den Befugnissen ab, die dem Eigentümer aufgrund der einschlägigen das Eigentumsrecht ausformenden Normen des privaten und öffentlichen Rechts zugewiesen sind.[880] Auch der Schutzbereich des Grundeigentums ist einem von den jeweiligen politischen und gesellschaftlichen Gegebenheiten und Anschauungen abhängigen Wandel unterworfen.[881] Diese Grenzen müssen ebenso wie der Eigentumsbegriff selbst in wertender Betrachtungsweise unter Berücksichtigung von Zweck und Funktion der Eigentumsgarantie gefunden werden.[882] Verdienstmöglichkeiten und Erwerbschancen, die aus einer günstigen Gesetzeslage resultieren, werden nicht geschützt.[883]

Geschützt sind im Falle des Grundeigentums Grundstücksnutzungen, die rechtmäßig bereits verwirklicht wurden und werden.[884] Im deutschen Baurecht gilt dies auch für eine allein aus formellen Gründen rechtswidrige Nutzung.[885] Verfassungsrechtlichen Schutz genießt eine Eigentumsposition jedoch nur im Rahmen der mit ihr zulässigerweise verbundenen, gesetzlich definierten Befug-

---

goldt/Klein/Starck, Bd. I, Art. 14 Rn. 160, 169; *Eschenbach*, Der verfassungsrechtliche Schutz des Eigentums, 1996, S. 601 ff.

879 *Bryde*, in: v. Münch/Kunig, GG I, Art. 14 Rn. 14; *Wieland*, in: Dreier, GG I, Art. 14 Rn. 31; *Wendt*, in: Sachs, GG, Art. 14, Rn. 45; *Ehlers*, VVDStRL 51 (1992), S. 211; *Rengeling*, AöR 105 (1980), S. 423 ff.; *Rittstieg*, AK, Art. 14 Rn. 81 ff.; *ders.*, JZ 1983, S. 161 ff.; *Kreft*, FS Hauß, S. 203, 204.

880 BVerfGE 70, 191, 201 sowie BVerfGE 31, 275, 284; 58, 300, 336; 68, 193, 222; *Wendt*, in: Sachs, GG, Art. 14 Rn. 44.

881 Aus liberaler Sicht zum Beispiel „geht es den Staat nichts an, ob der einzelne diesen Freiheitsraum ausfüllt mit der Flucht in des Herzens heilig stille Räume, mit einem Leberecht-Hühnchen-Dasein in Schlafrock und Pantoffeln, oder mit rücksichtslosem wirtschaftlichem Kampf", vgl. *Smend*, Bürger und Bourgeois, S. 309, 314; aus sozialstaatlicher Sicht müsste das Gegenteil gelten.

882 *Kreft*, in: FS Hauß, S. 203, 204.

883 BVerfGE 78, 205, 211 f.; *Jarass*, in: Jarass/Pieroth, Art. 14 Rn. 22.

884 BVerwGE 50, 49, 55 ff.; 84, 322, 334; BGHZ 87, 66, 72; *Wendt*, in: Sachs, GG, Art. 14 Rn. 45; *Nüßgens/Boujong*, Eigentum, Sozialbindung, Enteignung, 1987, Rn. 47 ff.; *Ehlers*, VVDStRL 51 (1992), S. 211, 229 ff.; *Ossenbühl*, in: FS Leisner, S. 689, 701 f.

885 BVerwGE 72, 362, 363; BGH NVwZ 1986, 245; *Wendt*, in: Sachs, GG, Art. 14 Rn. 45; zum passiven Bestandsschutz bei materiell baurechtmäßigen Anlagen vgl. *Aichele/Herr*, NVwZ 2003, S. 415 ff.

nisse.[886] Auch rechtlich eröffnete Nutzungsmöglichkeiten eines Grundstücks, die der Eigentümer noch nicht verwirklicht hat, werden vom Schutz des Art. 14 GG erfasst.[887] Der Eigentümer hat das Recht, zwischen verschiedenen, ihm rechtlich zustehenden Nutzungsmöglichkeiten frei zu wählen.[888] Ob es sich bei diesen rechtlich zulässigen Möglichkeiten um vernünftige Nutzungsmöglichkeiten handelt, die sich objektiv aufdrängen, ist nicht entscheidend.[889] Denn das in der Eigentumsgarantie enthaltene Freiheitsrecht auf freie Wahl einer rechtlich zulässigen Nutzungsmöglichkeit muss auch Nutzungsarten umfassen, die aus objektiver Sicht unvernünftig erscheinen, jedoch Ausdruck des Eigentümerwillens sind.[890] Beschränkungen bisher zulässiger Nutzungen zum Beispiel durch Änderung des Bebauungsplans müssen den Anforderungen zulässiger Sozialbindung des Eigentums genügen.[891]

c) Beeinträchtigungen

Die Eigentumsfreiheit kann durch gesetzliche Vorschriften oder Einzelfallregelungen beeinträchtigt werden, die eine Eigentumsposition entziehen oder deren Nutzung, Verfügung oder Verwertung rechtlich beschränken.[892] Sie kann auch durch faktische, ausstrahlende und indirekte Einwirkungen auf die Nutzung, Verfügung oder Verwertung geschmälert werden.[893] Art. 14 GG bietet Schutz

---

886 Vgl. BVerwGE 106, 228 sowie die Besprechung dieser Entscheidung von *Aichele/Herr*, NVwZ 2003, S. 415 ff.

887 *Wendt*, in: Sachs, GG, Art. 14 Rn. 45; anders *Breuer*, Die Bodennutzung im Konflikt zwischen Städtebau und Eigentumsgarantie, 1976, S. 158 ff.

888 *Leisner*, BB 1992, S. 73 ff.; *Wendt*, in: Sachs, GG, Art. 14 Rn. 45; *Schönfeld*, Die Eigentumsgarantie und Nutzungsbeschränkungen des Grundeigentums, 1996, S. 107 ff.; BVerfGE 87, 114, 147; vgl. auch BVerfGE 58, 300, 338.

889 Anders aber etwa BVerwGE 94, 1, 14; BVerwG NuR 1995, 455, 456; ferner BGHZ 133, 271, 276; wie hier *Wendt*, in: Sachs, GG, Art. 14 Rn. 45.

890 Zutreffend *Schönfeld*, Die Eigentumsgarantie und Nutzungsbeschränkungen des Grundeigentums, 1996, S. 110.

891 *Wendt*, in: Sachs, GG, Art. 14 Rn. 45; *ders.* DVBl. 1978, S. 356, 358 ff.; *Ehlers*, VVDStRL 51 (1992), S. 211, 230.

892 *Wendt*, in: Sachs, GG, Art. 14 Rn. 52; vgl. zu Nutzungs- und Verfügungsbeschränkungen durch Normen *Hendler*, FS Maurer, S. 127, 128 ff.

893 BVerwGE NJW 1985, 1481; 87, 2884, 2885; BGHZ 94, 373, 375 f.; direkte faktische Eingriffe in die Eigentumssubstanz lösen den Eigentumsabwehranspruch aus, vgl. BVerwGE 50, 282, 287; *Wendt*, in: Sachs, GG, Art. 14 Rn. 45; *Jarass*, in: Jarass/Pieroth, Art. 14 Rn. 30; *Roth*, Faktische Eingriffe in Freiheit und Eigentum, 1994.

gegenüber der Erteilung einer Genehmigung, die für einen Drittbetroffenen nachteilige Auswirkungen hat.[894]

2. Sozialbindung des Eigentums durch Inhalts- und Schrankenbestimmungen

Mit der grundgesetzlichen Gewährleistung der Eigentumsgarantie verbindet Art. 14 Abs. 1 S. 2 GG den Auftrag an den Gesetzgeber, Inhalt und Schranken des Eigentums zu bestimmen. Der Gesetzgeber ist angehalten, „eine Eigentumsordnung zu schaffen, die sowohl den privaten Interessen des Einzelnen als auch denen der Allgemeinheit gerecht wird".[895] Das Wohl der Allgemeinheit ist einerseits Orientierungspunkt, andererseits Grenze für die Beschränkung des Eigentums im Rahmen des Art. 14 Abs. 1 S. 2 GG.[896] Eine soziale Verpflichtung kann nur bei einem Eigentumsobjekt bestehen, das in einem sozialen Bezug und einer sozialen Funktion steht.[897] Das heißt, Eigentumspositionen, die aufgrund ihrer Beschaffenheit nicht geeignet sind, dem Allgemeinwohl zu dienen, können nicht der Sozialpflicht unterliegen. Damit bestimmt das Gesetz den Inhalt der Eigentumsrechte, regelt ihre Ausübung unter Berücksichtigung der Rechte Dritter und bringt die öffentlichen und sozialen Erfordernisse zur Geltung.[898] Das Bundesverfassungsgericht definiert die Inhalts- und Schrankenbestimmung als „die generelle und abstrakte Festlegung von Rechten und Pflichten durch den Gesetzgeber hinsichtlich solcher Rechtsgüter, die als Eigentum im Sinne der Verfassung zu verstehen sind."[899] Die Bestimmung des Art. 14 Abs. 1 S. 2 GG wendet sich aber auch unmittelbar an den Eigentümer selbst, indem sie ihm aufgibt, von seinem Eigentum nur in einer Weise Gebrauch zu machen, die die Interessen der Allgemeinheit nicht verletzt, also nicht in sozialwidriger Weise mit seinem Eigentum umzugehen. Es können sich demnach für den Eigentümer unmittelbar aus der Sozialpflichtigkeit des Eigentums Gebrauchs-, Nutzungs- und Verfügungsbeschränkungen ergeben, ohne dass der Gesetzgeber im Rahmen des Art.

---

894 BVerwGE 66, 307, 309; BVerwG DVBl. 1983, 898 f.; NJW 1983, 1626; *Wendt*, in: Sachs, GG, Art. 14 Rn. 52.

895 BVerfGE 58, 300, 334 f., 71, 230, 246 f.; 74, 203, 214; Zitat bei *Wendt*, in: Sachs, GG, Art. 14 Rn. 54.

896 Vgl. BVerfGE 21, 73, 83; 25, 112, 118; 37, 132, 140.

897 BVerfGE 37, 140; 42, 194; zustimmend *Böhmer*, Der Staat 24 (1985), S. 157, 157 f.

898 *Wendt*, in: Sachs, GG, Art. 14 Rn. 54; *Badura*, HdbVerfR, § 10 Rn. 54; Art. 14 GG geht nicht von einem vorgegebenen und absoluten Eigentumsbegriff aus, vgl. auch BVerfGE 31, 229, 240; 58, 300, 330; grundsätzlich kritisch *Leisner*, Sozialbindung, S. 49 ff.; *Depenheuer*, in: von Mangoldt/Klein/Starck, GG I, Art. 14, Rn. 28 ff.

899 BVerfGE 52, 1, 27 f.; 58, 137, 144 f.; 58, 300, 330; 70, 191, 200; 100, 226, 240.

14 Abs. 1 S. 2 GG solche Eigentumsschranken in einem Gesetz bereits ausdrücklich vorgesehen hat.[900]

a) Allgemeine Regelungsschranken

Umstritten ist, ob zwischen inhaltsbestimmenden und schrankenziehenden Vorschriften differenziert werden sollte.[901] In der neueren Literatur wird diese Frage zunehmend bejaht, ohne dass jedoch die Konsequenzen einer Unterscheidung immer deutlich werden.[902]

Doch auch wenn man eine Unterscheidung ablehnt, ist die Möglichkeit von Gestaltungsbefugnissen des Gesetzgebers, mittels derer er die Objekte eigentumsrechtlichen Schutzes festlegen oder verändern kann, bereits aufgrund des Wortlauts mit dem grundrechtlichen Anspruch auf einen grundsätzlich unantastbaren Bereich der Grundrechtsgewährleistung vereinbar.[903] Die Einrichtungsgarantie des Eigentums bildet den Maßstab für das Ob und das Wie der Eigentumsfestlegung. Die Bestimmung des Eigentumsinhalts ist an die Gebote der

---

900 Vgl. BGHZ 48, 193; vgl. auch *Rittstieg*, JZ 1983, S. 161, 163.

901 Eine Differenzierung befürwortend *Wendt*, Eigentum und Gesetzgebung, 1985, S. 147 ff.; *ders.*, in: Sachs, GG, Art. 14 Rn. 54; *Leisner*, HStR VI, § 133 ff.; *Eschenbach*, Der verfassungsrechtliche Schutz des Eigentums, 1996, S. 680 f.; *Ramsauer*, DVBl. 1980, S. 539, 541 f.; gegen eine Unterscheidung wendet sich *Wieland*, in: Dreier I, Art. 14 Rn. 68; ebenso *Bryde*, in: v. Münch/Kunig, GG I, Art. 14 Rn. 51; *Rozek*, Unterscheidung, S. 57 ff.; *Rittstieg*, AK, Art. 14 Rn. 160 ff.; *Breuer*, Bodennutzung, S. 19 f.

902 *Wendt*, in: Sachs, GG, Art. 14 Rn. 55 m.w.N. und einem Vorschlag für ein Differenzierungsmodell zwischen Inhaltsnormen, die die Eigentumsrechte und die mit ihnen verbundenen Befugnisse generell und pflichtneutral festlegen, und Schrankennormen, die die aus der Innehabung und Ausübung von solcherart zuerkanntem Eigentum resultierenden Konflikte zwischen Bürger und Bürger und zwischen Bürger und Staat zum Regelungsgegenstand haben. Schrankennormen grenzen damit die durch die Inhaltsnormen geschaffenen Freiräume durch Duldungs-, Handlungs- und Unterlassungspflichten ein. Nach *Wendt* sind Inhalts- und Schrankennormen durch unterschiedliche, klar definierte Funktionsbereich gekennzeichnet. Während Inhaltsnormen die Eigentumskonstituierung zum Gegenstand haben, wirken Schrankennormen aus Eigentumsbeeinträchtigung, *Wendt*, Eigentum und Gesetzgebung, 1985, S. 147 ff., 157; zustimmend *Kutschera*, Bestandsschutz im öffentlichen Recht, 1990, S. 72; *Schwabe*, Der Staat 27 (1988), 97 f.; *Depenheuer*, FS Leisner, S. 277, 283; ablehnend *Ehlers*, VVDStRL 51 (1992), S. 211, 225, der Inhaltsbestimmungen und Schrankenziehungen nur in zeitlicher Hinsicht, nicht aber materiell unterscheiden will (vgl. Zusammenfassung von *Wendt*, in: Sachs, GG, Art. 14, Rn. 55 Fn. 226).

903 Zum Spannungsverhältnis zwischen Art. 14 Abs. 1 S. 1 und Art. 14 Abs. 1 S. 2 s. eingehend *Appel*, Entstehungsschwäche und Bestandsstärke des verfassungsrechtlichen Eigentums, 2004.

Geeignetheit und der Verhältnismäßigkeit im engeren Sinne gebunden.[904] Schrankenziehende Vorschriften müssen den Anforderungen des Übermaßverbotes gerecht werden; sie schaffen oder vergrößern nicht eine Rechtsposition, sondern beeinträchtigen sie, so dass ihnen gegenüber die grundrechtliche Funktion der Individualrechtsgarantie des Eigentums, staatlichen Eingriffen gegenüber einen geschützten Bereich zu gewährleisten, wirksam wird. Daneben setzen ihnen die Einrichtungsgarantie des Eigentums und die Wesengehaltsgarantie des Art. 19 Abs. 2 GG Grenzen.[905] Die Einrichtungsgarantie des Eigentums verbietet dem Gesetzgeber, „dass solche Sachbereiche der Privatrechtsordnung entzogen werden, die zum elementaren Bestand grundrechtlich geschützter Betätigung im vermögensrechtlichen Bereich gehören, und damit der durch das Grundrecht geschützte Freiheitsbereich aufgehoben oder wesentlich geschmälert wird“.[906] Einerseits sichert die Eigentumsgarantie die traditionellen Grundformen und Grundstrukturen des Normbereichs des Art. 14 GG. Andererseits verlangt sie, Rechtsvorschriften zu schaffen oder fortbestehen zu lassen, die den eigentumsspezifischen Freiheitsraum jeweils in seiner Funktionstüchtigkeit sichern.[907]

Der Gesetzgeber muss eigentumsgeschützte Rechte so ausgestalten, dass sie zu eigenem Nutzen und Ertrag des Eigentümers eingesetzt werden können und grundsätzlich privatautonomer Verfügung zugänglich sind und dabei als Leitlinie die Privatnützigkeit des Eigentums beachten.[908] Das Gebot der Verhältnismäßigkeit verpflichtet den Gesetzgeber dazu, die Anerkennung der als Eigentum anerkannten Interessen sicherzustellen.[909] Er muss eine der Natur des Rechts und seiner Bedeutung für das Gemeinwohl entsprechende Nutzung, Verwertung und Verfügung bewirken.[910] Andererseits darf der Gesetzgeber in eigentumsgrundrechtlich geschützte Interessen nicht ohne Grund und grundsätzlich auch nicht

904 *Wendt*, Eigentum und Gesetzgebung, 1985, S. 183 ff.; *ders.*, in: Sachs, GG, Art. 14 Rn. 57; *Hofmann*, in: Schmidt-Bleibtreu/Hofmann/Hopfauf, GG, Art. 14, Rn. 38; *Schwabe*, Der Staat 27 (1988), 100 f.

905 Vgl. nur BVerfGE 58, 300, 339; E 70, 191, 200 ff.; *Wendt*, Eigentum und Gesetzgebung, 1985, S. 344 ff., 400; *ders.*, in: Sachs, GG, Art. 14 Rn. 57.

906 BVerfGE 24, 367, 389; E 58, 300, 339.

907 *Wendt*, Eigentum und Gesetzgebung, 1985, S. 190 ff.; *ders.*, in: Sachs, GG, Art. 14 Rn. 60; *Depenheuer*, in: v. Mangoldt/Klein/Starck GG I, Art. 14 Rn. 57 f.

908 BVerfGE 53, 257, 290; *Wendt*, in: Sachs, GG, Art. 14 Rn. 69; vgl. auch *Schwerdtfeger*, JuS 1983, S. 104, 107; *Baur*, NJW 1982, S. 1734, 1735.

909 Vgl. *Depenheuer*, FS Leisner, S. 277, 280; zur Geltung des Verhältnismäßigkeitsgrundsatzes typischerweise im Bereich der Freiheitsrechte *v. Arnauld*, JZ 2000, S. 276, 276 ff.; analytisch noch klarer *Alexy*, Der Staat 29 (1990), S. 49, 54 f.

910 *Wendt*, Eigentum und Gesetzgebung, 1985, S. 252 ff., 286 f., 353; *ders.*, in: Sachs, GG, Art. 14 Rn. 69; vgl. auch BVerfGE 31, 229, 241; ferner *Hobe*, DÖV 1997, 323, 328 f.

übermäßig eingreifen.[911] Die grundlegende Wertentscheidung des Grundgesetzes zugunsten eines sozial gebundenen Privateigentums verpflichtet ihn, nur so weit im öffentlichen Interesse einzugreifen, wie es der Schutz des Gemeinwohls unter weitestgehender Wahrung der Privatnützigkeit erfordert. Die Belange der Gemeinschaft und die eigentumsgrundrechtlich geschützten Individualinteressen hat er in einen gerechten Ausgleich und ein ausgewogenes Verhältnis zu bringen.[912] In jedem Fall muss die Substanz des Eigentums erhalten bleiben.[913] Der Beschränkungsvorbehalt des Art. 14 Abs. 1 S. 2 GG ist im Zusammenhang mit Art. 14 Abs. 2 GG zu sehen. Die hier vorgesehene Sozialpflichtigkeit wird auf dem Wege der Schrankenbestimmung des Eigentums gesetzlich konkretisiert.[914]

b) Ausgleichsfreie, ausgleichspflichtige und verfassungswidrige Sozialbindung

Der Gesetzgeber bewegt sich ausserhalb zulässiger Schrankenziehung, wenn er keinen verfassungsmäßigen Zweck verfolgt oder das Gebot der Geeignetheit, Erforderlichkeit oder Verhältnismäßigkeit missachtet oder die Schrankenziehung mit einer anderen Verfassungsnorm nicht vereinbar ist. Eine inhaltsbestimmende Vorschrift behält auch dann ihren Rechtscharakter als Regelung im Sinne des Art. 14 Abs. 1 S. 2 GG, wenn sie nicht den verfassungsrechtlichen Anforderungen genügt und damit verfassungswidrig und nichtig ist. Die klare Unterscheidung von Inhalts- und Schrankenbestimmung als abtrakt-genereller Eigentumsregelung und der Enteignung als konkret-individuellem Eigentumszugriff hat zur Konsequenz, dass Inhalts- und Schrankenbestimmungen anders als Enteignungen keinen Entschädigungsanspruch nach Art. 14 Abs. 3 GG aus-

---

911 BVerfGE 8, 71, 80; 21, 150, 155; 50, 290, 339 ff.; 52, 1, 29 f.; 76, 220, 238 ff.; 79, 174, 198.

912 *Wendt*, in: Sachs, GG, Art. 14 Rn. 70 mit Hinweis auf BVerfGE 25, 112, 117 f.; 50, 290, 340; 52, 1, 29; 79, 29, 40; 102, 1, 17; *Wendt* weist darauf hin, dass das Bundesverfassungsgericht in der zum Wohnhaus-Eigentum ergangenen Entscheidung die Aufgabe des schrankenziehenden Gesetzgebers, die Privatnützigkeit und die grundsätzlich freie Verfügbarkeit über das Eigentum mit dem Erfordernis einer am Gemeinwohl orientierten Nutzung in Einklang zu bringen, dahingehend beschreibt, dass er hierbei „beiden Elementen des im Grundgesetz angelegten dialektischen Verhältnisses von verfassungsrechtlich garantierter Freiheit und dem Gebot einer sozialgerechten Eigentumsordnung in gleicher Weise Rechnung tragen und die schutzwürdigen Interessen aller Beteiligten in einen gerechten Ausgleich und ein ausgewogenes Verhältnis bringen“ müsse, BVerfGE 37, 132, 140; ebenso BVerfGE 52, 1, 29; 87, 114, 138; 100, 226, 240; 101, 239, 259; 102, 1, 17; BVerfG, DVBl. 2001, S. 1427, 1429.

913 BVerfGE 52, 1, 31; *Dietlein*, in: Stern, Staatsrecht IV/1, S. 2249.

914 *Wendt*, in: Sachs, GG, Art. 14 Rn. 72; *Leisner*, HStR VI, § 149 Rn. 136.

lösen können. Sie wandeln sich nicht in eine den Anforderungen des Art. 14 Abs. 3 GG unterliegende Enteignung.[915] Das gilt selbst dann, wenn die materiellen Voraussetzungen zum Beispiel bei Nutzungsverboten oder sonstigen Aushöhlungen der Rechtspositionen mit der eines Rechtsentzugs vergleichbar sind. Während nach altem Verständnis der verfassungsrechtlichen Eigentumsgarantie Inhaltsbestimmungen in eine Enteignung umschlagen konnten, wenn sie den Rechtsinhaber schwer genug trafen, ist nach der Reformalisierung des Enteignungsbegriffs ein Umschlagen einer gesetzlichen Sozialbindung in eine Enteignung nicht mehr möglich. Eingriffe durch Inhalts- und Schrankenbestimmungen können nur nach Maßgabe des Art. 14 Abs. 1 S. 2 GG und Enteignungen nur aufgrund des Art. 14 Abs. 3 GG gerechtfertigt werden. Bei der Inhalts- und Schrankenbestimmung und der Enteignung handelt es sich um zwei streng voneinander zu trennender Rechtsinstitute.[916]

Unter besonderen Umständen trifft den Staat eine Ausgleichspflicht, wenn bestimmte Inhalts- und Schrankenbestimmungen gemäß Art. 14 Abs. 1 S. 2 GG vorliegen. In der zweiten Konstellation handelt es sich um sog. ausgleichspflichtige Inhalts- und Schrankenbestimmungen, um unzumutbare Beeinträchtigungen zu vermeiden.[917] Dabei können Kompensationszahlungen schon in der bestehenden Eigentumsordnung angelegt sein, um einen sonst mangelhaften Rechtszustand zu beseitigen, oder in einer neu geschaffenen Inhalts- und Schrankenbestimmung nötig werden. Verursacht zum Beispiel ein Bauvorhaben schädliche Umwelteinwirkungen, so können das öffentliche und das gegebenenfalls bestehende private Interesse die Interessen des Nachbarn am Unterbleiben der Beeinträchtigung überwiegen und das Vorhaben kann realisiert werden.[918] Auch bei der Verkürzung von Nutzungsmöglichkeiten, insbesondere im Falle bereits ausgeübter Nutzungen, zum Beispiel durch den Erlass eines Bebauungsplans oder zur Erhaltung eines Natur- oder Baudenkmals, kann eine Kompensation nötig sein, um die Beeinträchtigung zumindest auf ein erträgliches Maß abzuschwächen, vgl. § 42 BauGB.[919] Eine Beeinträchtigung für den Eigentümer bleibt, aber es wird ein angemessenes Verhältnis zwischen Privatnützigkeit und So-

915 BVerfGE 58, 300, 320.

916 BVerfGE 58, 300, 331; 79, 174, 192; 100, 226, 240; 102, 1, 16; BVerwGE 94, 1, 5 f.; *Wendt*, Eigentum und Gesetzgebung, 1985, S. 322; *Depenheuer*, in: v. Mangoldt/Klein/Starck I, Art. 14, Rn. 208; *Wendt*, in: Sachs, GG, Art. 14, Rn. 75; s.a. *Kleinlein*, DVBl. 1991, S. 365, 366 ff.

917 BVerfGE 58, 300, 350 ff.

918 Über eine Neubestimmung der Baunachbarrechte *Mampel*, NuR 1993, S. 376, 376 ff.

919 Vgl. BVerfG NJW 1998, S. 367, 368; zum Verhältnis von Inhaltsbestimmung und Bestandsgarantie *Schwerdtfeger*, JuS 1983, S. 104, 107; *Wilhelm*, JZ 2000, S. 905, 907.

zialpflichtigkeit des Eigentums hergestellt.[920] Unter naturschutzrechtlichen Aspekten wird diese Entwicklung in der Literatur zum Teil kritisiert, weil sie den Erlass von Vorschriften zum Natur- und Denkmalschutz durch aufwendige Entschädigungsleistungen an den belasteten Eigentümer erschwert.[921]

Dass das Bundesverfassungsgericht ausgleichspflichtige Inhaltsbestimmungen jedoch unter engen Voraussetzungen, vor allem unter der Vorgabe der gesetzlichen Grundlage einer Entschädigung zulässt und für nützlich erachtet, zeigen seine Ausführungen in der Denkmalschutzentscheidung.[922] Das Abwägungsverhältnis zwischen den öffentlichen Interessen an einer Beschränkung der Eigentumsrechte und der Privatnützigkeit des Eigentums soll nicht verschoben

920 In der Literatur wird diese Figur durchaus kritisch gesehen. *Breuer*, NuR 1996, S. 537, 544, bemängelt, dass die ausgleichspflichtigen Inhaltsbestimmungen auf der Seite der Rechtsfolgen die Unterscheidung gegenüber der entschädigungspflichtigen Enteignung verschwimmen lässt. Dabei gründe sich die konträre, in der früheren Dogmatik waltende Auffassung, dass die Sozialbindung des Eigentums gemäß Art. 14 Abs. 1 und 2 GG stets entschädigungsfrei sei, sich letztlich auf das Verständnis der Sozialpflichtigkeit gemäß Art. 14 Abs. 2 GG als Lastenzuweisungsprinzip. Auf den Streitstand eingehend auch *Bumke*, in: Bumke/Voßkuhle, Verfassungsrecht, S. 248.

921 *Breuer*, NuR 1996, S. 537, 544. Der Bundesgerichtshof bedient sich nach wie vor der Figur der ausgleichspflichtigen Inhalts- und Schrankenbestimmungen. Diese entsprechen seinem früheren eigentumsdogmatischen Konzept, vgl. die Beobachtung *Bumkes*, in: Bumke/Voßkuhle, Verfassungsrecht, S. 248. Die Rechtsprechung des Bundesverfassungsgerichts greift nur selten auf diese Figur zurück und weist nach wie vor in eine den Gesetzgeber stärkende Richtung, so besonders deutlich in der Denkmalschutzentscheidung, BVerfGE 100, 226, und im Nassauskiesungsbeschluss, BVerfGE 58, 300. Das Bundesverwaltungsgericht hat die Möglichkeit zur Einordnung von salvatorischen Klauseln als Ausgleichsentschädigungsregeln im Sinne des Art. 14 Abs. 1 S. 2 GG eingeräumt, BVerwGE 84, 361, 367 ff. (Fischteichentscheidung). Dabei ist es allerdings in der Anwendung zurückhaltender als der Bundesgerichtshof. Auch in der Literatur wird diese Ansicht zum Teil vertreten, so zum Beispiel *Osterloh*, DVBl. 1991, S. 906, 914; vgl. auch die Darstellung bei *Melchinger*, Denkmalschutz, S. 295. *Melchinger* selbst spricht sich gegen eine Umdeutung salvatorischer Klauseln in Ausgleichsentschädigungen aus, vgl. *ders*. Denkmalschutz, S. 295, mit weiteren Nachweisen S. 308, Fn. 142. Einen mittleren Standpunkt vertritt *Körner*, Eigentumsschutz, S. 175.

922 BVerfGE 100, 226, 244: „Es ist dem Gesetzgeber grundsätzlich nicht verwehrt, eigentumsbeschränkende Maßnahmen, die er im öffentlichen Interesse für geboten hält, auch in Härtefällen durchzusetzen, wenn er durch kompensatorische Vorkehrungen unverhältnismäßige oder gleichheitswidrige Belastungen des Eigentümers vermeidet und schutzwürdigem Vertrauen angemessen Rechnung trägt. Durch einen solchen Ausgleich kann in bestimmten Fallgruppen die verfassungsrechtliche Zulässigkeit einer sonst unverhältnismäßigen oder gleichheitswidrigen Inhalts- und Schrankenbestimmung im Sinne von Art. 14 Abs. 1 S. 2 GG herbeigeführt werden."

oder aufgehoben werden. Zu beachten ist vor allem, dass, soweit Entschädigungsansprüche begründet werden sollen, dies nur durch ein Gesetz geschehen kann.[923] Darüber hinaus haben faktische Kompensationsformen aufgrund des primären Bestandsschutzes des Eigentums Vorrang vor Entschädigungszahlungen.[924] Salvatorische Klauseln reichen als ausgleichspflichtige Bestimmungen nicht aus, denn das widerspräche dem Sinn und Zweck der Junktimklausel.

Die sogenannte Situationsgebundenheit des Eigentums dient zur Abgrenzung ausgleichsfreier von ausgleichspflichtigen Sozialbindungen. Im Natur- und Denkmalschutzrecht soll sie ausgleichsfreie Eingriffe in den Bestand von Grundeigentum ermöglichen.[925] Dem Begriff der Situationsgebundenheit liegt die Annahme zugrunde, dass jede Grundeigentumsposition in eine bestimmte, örtlich geprägte Beschaffenheit aufweist, die bei Eigentumseinschränkungen zu berücksichtigen ist.[926] Die Lage des betroffenen Grundstücks könne für den Grundeigentümer eine besondere Pflicht zur Rücksichtnahme auf das Allgemeinwohl begründen.[927] Der faktischen, objektivierten Grundstückssituation wird die rechtliche Bedeutung beigemessen, mit Rücksicht auf das Interesse der Allgemeinheit an ihrer Erhaltung „eine Art immanenter, das heißt dem Grundstück selbst anhaftender Beschränkung der Eigentümerbefugnisse“ zu markieren, die durch im gegebenen Falle natur- und landschaftsschutzrechtliche Rege-

---

923 BVerGE 100, 226, 245.

924 BVerGE 100, 226, 245. Einem Betroffenen sei es nicht zuzumuten, einen Verwaltungsakt, den er für unvereinbar mit der Eigentumsgarantie hält, in der unsicheren Erwartung eines nachträglich in einem anderen Verfahren zu bewilligenden Ausgleichs bestandskräftig werden zu lassen, ebd. S. 246.

925 BVerwGE 49, 365, 368; 67, 84, 87; BGHZ 23, 30; 90, 4, 14 f.; 105, 15, 18 ff.; *Depenheuer*, in: v. Mangoldt/Klein/Starck GG I, Art. 14, Rn. 284; kritisch: *Leisner*, in: HStR VI, § 149 Rn. 157 ff.; *Papier*, in: Maunz/Dürig, GG, Art. 14 Rn. 385 ff.; *Rozek*, Unterscheidung, S. 368 ff.

926 Die Theorie von der Situationsgebundenheit des Eigentums entwickelte der BGH im Grünflächenurteil vom 20.12.1956, BGHZ 23, 30. Er sah das Grundeigentum in einer besonderen Situation, etwa als Teil einer bestehenden Fläche innerhalb eines dichtbesiedelten und hochindustrialisierten Gebietes, nicht erst kraft einer positivrechtlichen Regelung, sondern bereits „seiner Natur nach“ mit einer begrenzten Pflichtigkeit belastet, vgl. BGHZ 23, 30, 33; über die Entwicklung der Theorie der Situationsgebundenheit eingehend *Parodi*, Eigentumsbindung und Enteignung, S. 19 ff. sowie *Körner*, Eigentumsschutz, S. 84 ff.; eine dogmengeschichtliche Analyse und Kritik des Begriffs der Situationsgebundenheit findet sich überdies bei *Bartlsperger*, DVBl. 2003, S. 1473 ff.; kritisch *Depenheuer*, in: v. Mangoldt/Klein/Starck GG I, Art. 14 Rn. 285; *Wendt*, in: Sachs, GG, Art. 14 Rn. 132.

927 BGHZ 23, 30, 33; 67, 320, 328; 77, 351, 354; 90, 4, 14; zurückhaltender: BVerfGE 25, 112, 119 f.; Zusammenfassend: *Bartlsperger*, Die öffentlichrechtliche Eigentumsbeschränkung im situationsbedingten Gemeinschaftsinteresse, DVBl. 2003, S. 1473 ff.

lungen lediglich nachgezeichnet werde. Die Formel gilt als maßgebliche Begründung dafür, warum die betreffenden öffentlichrechtlichen Eigentumsbeschränkungen nicht als enteignungsrechtliche Vorgänge zu handhaben sind, sondern lediglich Inhalts- und Schrankenbestimmungen des Eigentums darstellen.[928] Es wird angenommen, dass der vernünftige und einsichtige Eigentümer von sich aus eine bestimmte, von seiner Nutzungsbefugnis eigentlich umfasste, aber aus Sicht des Gesetzgebers unvernünftige oder ungewöhnliche Verwendungsweise seines Eigentums nicht ins Auge fassen werde.[929] Die Situationsgebundenheit erlegt dem Eigentümer unabhängig von gesetzlichen Vorgaben die Pflicht zu einem gemeinverträglichen Umgang mit seinem Eigentum auf.[930]

Kritiker bemängeln an dem Begriff der Situationsgebundenheit, dass er mit einer Mischung aus deskriptiven Realfaktoren und normativen Wertbegriffen[931] verdeckt, dass sich hinter dem Begriff eine Wertungsfrage verbirgt. Aber mit dem Eigentum verbundene Pflichten treffen den Eigentümer nicht von Natur aus, sondern erst die staatliche Entscheidung bestimmt, welche konkreten Lasten auf dem Eigentum liegen.[932] Die Rechtsprechung nutzt die Situationsgebundenheit in bestimmten Kollisionslagen zwischen Eigentümerinteressen und Gemeinwohlbelangen, um die Grenzen der Sozialpflichtigkeit des Eigentums im Einzelfall zu bestimmen. Für den Eigentümer sinken damit in einem wichtigen

---

928 BVerwG, Urteil vom 24.6.1993; BVerwGE 94, 1, 4, m.w.N. Das Eigentum erscheint bereits „aus der Natur der Sache“ Das Eigentum erscheint bereits „aus der Natur der Sache“ mit einer Pflichtigkeit versehen, die auch der „wirtschaftlich vernünftige Eigentümer“ anerkennen müsse, weshalb kein schwerer Eingriff in das Eigentum, sondern nur eine deklaratorische Nachzeichnung des a priori begrenzten Eigentums vorliege. Die öffentlichrechtliche Inanspruchnahme des Grundeigentums für bestimmte im Interesse des Gemeinwohls gesetzlich festgeschriebene Verwaltungsfunktionen trifft auf die grundrechtliche Gewährleistung individuell konkreter Freiheit in der Privatnützigkeit des Eigentums, vgl. *Leisner*, Sozialbindung des Eigentums, 1972, S. 195.

929 BGHZ 87, 66, 71 f.; 90, 4, 14 f.; *Hoppe*, GS Klein, 1977, S. 190, 224.

930 Vgl. auch *Badura*, HdbVerfR, § 10 Rn. 76; *Wendt*, in: Sachs GG, Art. 14 Rn. 116; Aus diesem Grund löst beispielsweise die Anordnung, in einem Überschwemmungsgebiet liegende Grundstücke, die bisher als Ackerfläche genutzt wurden, in Dauergrünland umzuwandeln, aufgrund der Situationsgebundenheit grundsätzlich keine Ausgleichspflicht aus, BayVGH, ZfW 92, S. 499; VGH Mannheim, NuR 1995, S. 256 f.; vgl. auch BVerwG, DVBl. 1990, S. 585, 588; VGH Mannheim, Agrarrecht 1996, S. 97 ff.; *Depenheuer*, in: v. Mangoldt/Klein/Starck GG I, Art. 14 Rn. 285. Nicht von der Situationsgebundenheit gedeckt hingegen ist eine Überschwemmung eines landwirtschaftlich genutzten Grundstücks dadurch, dass eine Gemeinde zum Schutz eines Wohngebietes vor Hochwasser den Zufluss absperrt; BGH, ZfW 1993, 15.

931 *Schmidt-Aßmann*, Anmerkung zu BGH, Urteil v. 25.1.1973 – III ZR 113/70, DVBl. 1973, S. 627, 633; *Wendt*, in: Sachs GG, Art. 14 Rn. 116.

932 *Leisner*, in: HStR VI, § 149, Rn. 159.

Bereich seines Eigentumsrechts die Rechtssicherheit und die Vorhersehbarkeit von gerichtlichen Entscheidungen, da den Gerichten zu der Beurteilung des Einzelfalls ein verhältnismäßig weiter Spielraum zur Verfügung steht.[933] Öffentlichrechtliche Eigentumsbeschränkungen des Grundeigentums rechtfertigen sich als dessen Inhalts- und Schrankenbestimmungen nicht aus einer immanenten und generell angenommenen Situationsgebundenheit der betroffenen Grundstücke.[934] Sie erfordern die gesetzliche Bestimmung eines spezifischen Allgemeinwohlbelanges für die Begründung der betreffenden Verwaltungsfunktion und der Verwaltungspflichtigkeit des Grundeigentums, und sie verlangen bei ihrer Konkretisierung eine verhältnismäßige Abwägung mit dem primären Bestands- und Anspruchsschutz des Eigentums am Maßstab von dessen individuell konkreter Privatnützigkeit.[935] Den Zivilgerichten ist es versagt, unter Berufung auf die Situationsgebundenheit bei unverhältnismäßigen Belastungen einzelner Eigentümer im Einzelfall ohne gesetzliche Grundlage Ausgleichszahlungen zuzusprechen.[936]

c) Einzelfälle

Gegenstand der deutschen Rechtsprechung sind zumeist Fragen der Inhalts- und Schrankenbestimmungen und der darüber hinausgehenden Rechtsposition, deren Entzug oder Beeinträchtigung eine Enteignung bedeutet. Enteignungszweck, Gegenstand der Enteignung, Zulässigkeit, Umfang, Art und Maß der Entschädigung sowie das Enteignungsverfahren werden sowohl in Bundes- als auch Landesgesetzen eingehend geregelt, so zum Beispiel in §§ 85 ff. BauGB für baurechtliche Grundstücksenteignungen, §§ 19 ff. FStrG für den Bau von Bundesfernstraßen oder § 11 EnWG des Energiewirtschaftsgesetzes für Freileitungen.

---

933 Vgl. *de Witt*, DVBl. 1995, S. 107, 108; *Peter*, Grundeigentum, S. 126 f.; *Schoch*, in: FS Boujong, S. 669 f.; ähnlich auch *Wendt*, in: Sachs GG, Art. 14 Rn. 116 f.

934 Vgl. die Darstellung bei *Axer*, DVBl. 1999, S. 1533, 1541; *Engelhardt*, NuR 1991, S. 101, 104 f.; *Götz*, in: FS Leisner, S. 707, 712 ff.

935 *Bartlsperger*, DVBl. 2003, S. 1473, 1486; zur Konkretisierung der Erforderlichkeit und Verhältnismäßigkeit öffentlichrechtlicher Eigentumsbeschränkungen durch naturschutzrechtliche Schutzgebietsverordnungen BVerwG, Urteil vom 24.6.1993, BVerwG 95, 1, 5, sowie *Ossenbühl*, Eigentumsschutz gegen Nutzungsbeschränkungen, in: FS Leisner, S. 689, 694; *Axer*, DVBl. 1999, S. 1533, 1536; *Soell*, DVBl. 1983, S. 241, 241 ff.; *Götz* weist darauf hin, dass die Erhaltung des Bestandsschutzes nicht einer Zumutbarkeitsprüfung weichen darf, in: FS Leisner, S. 707, 715.

936 So *Rozek*, Unterscheidung, S. 270 f.; zustimmend: *Depenheuer*, in: v. Mangoldt/Klein/Starck GG I, Art. 14 Rn. 286.

Soweit Bundesgesetze keine eigene Entschädigungs- oder Verfahrensregelung enthalten, verweisen sie auf das entsprechende Landesrecht.[937]

Das Eigentumsgrundrecht ist insofern ambivalent, als ihm konfligierende Schutzgüter zugrundeliegen.[938] Das Freiheitsrecht des Privateigentümers beeinträchtigt einerseits den Umweltschutz und erschwert staatliche Naturschutzmaßnahmen. Andererseits gefährdet die Umweltschutzpolitik in vielen Fällen das grundrechtlich gesicherte Grundeigentum.[939] Der Staat erfüllt aber auch durch natur- und umweltschutzrechtliche Ge- und Verbote seine Schutzpflichten zugunsten des Privateigentums, auch wenn ein Verbot im Einzelfall Eigentümer beschweren mag.[940] Umweltschutzpolitik ist einerseits eine legitime und durch Art. 20a GG verfassungsrechtlich gebotene Staatszielaufgabe, andererseits stellen sich Maßnahmen zu ihrer Verwirklichung verfassungsrechtlich regelmäßig als Eingriffe in den Schutzbereich der Eigentumsfreiheit dar. Staatliche Maßnahmen zum Schutz der Umwelt vor störenden Einflüssen durch private Nutzung des Eigentums müssen sich an den Maßstäben der Zwecktauglichkeit, der Erforderlichkeit und der Angemessenheit orientieren.[941] Verschiedene Eigentumsgegenstände werden in der Abwägung unterschiedlich bewertet. Hat der Eigentümer einen Gegenstand durch eigene Leistung geschaffen, besteht für den Gesetzgeber die Pflicht, diesen Gegenstand besonders zu schützen.[942]

Im Natur-, Landschafts- und Denkmalschutz gilt die Grenze zwischen Sozialbindung und Enteignung grundsätzlich als überschritten, wenn eine bisher ausgeübte oder zulässige Nutzung, die der Lage und Beschaffenheit des Eigentums entspricht, untersagt wird.[943] Um eine Rechtsverkürzung handelt es sich,

937 Vgl. dazu BVerfG NJW 1984, 1873.

938 *Isensee*, Die Ambivalenz des Eigentumsgrundrechts, in: Ossenbühl (Hrsg.), Eigentumsgarantie und Umweltschutz, S. 3 ff.; *Körner*, Denkmalschutz und Eigentumsschutz, 1992; vgl. aber auch *Osterloh*, DVBl. 1991, S. 906, 906 sowie *Depenheuer*, in: v. Mangoldt/Klein/Starck GG I, Art. 14 Rn. 332 mit Hinweis auf *Sendler*, UPR 1983, S. 33, 73; *Schulte*, VerwArch 77 (1986), S. 372, 393 f.

939 Vgl. BVerfGE 58, 300, 329; *Bryde*, in: v. Münch/Kunig, GG I, Art. 14 Rn. 66.

940 *Depenheuer*, in: v. Mangoldt/Klein/Starck, GG I, Art. 14 Rn. 332; vgl. auch *Mampel*, NuR 1993, S. 376, 379; *Ehlers*, VVDStRL 51 (1992), S. 211, 247; kritisch *Sellmann*, NVwZ 2003, S. 1417, 1419.

941 Vgl. *Depenheuer*, in: v. Mangoldt/Klein/Starck, GG I, Art. 14 Rn. 332.

942 Vgl. *Bumke*, Grundrechtsvorbehalt, S. 188; ders., NJ 1999, S. 235, 236. Es darf nicht ausser Betracht bleiben, dass der Staat Wirtschaftszweige wie zum Beispiel die Landwirtschaft in erheblichem Ausmaß fördert. Wer also laufend hohe Subventionen in Anspruch nimmt, unterliegt einer höheren Sozialpflichtigkeit als derjenige, der auf sich selbst angewiesen ist, aufschlussreich dazu BVerfGE 21, 150, 158 f.

943 BVerfGE 78, 205 für Schatzsucher; BVerfG NJW 1998, 367 zur Bestimmung von Inhalt und Schranken des Eigentums durch LandschaftsschutzVO sowie zur Entschä-

wenn dem Eigentümer eine Rechtsposition entzogen wird, die ihm aufgrund seines Eigentumsrechts vorher zustand. Dabei sind zwei Konstellationen zu unterscheiden. In der ersten Situation werden bestehende Eigentumsrechte durch ein neues Gesetz verkürzt. Für diesen Fall gilt der abwehrrechtliche Eigentumsschutz.[944] Im zweiten Fall geht es um Rechtsveränderungen durch gesetzliche Rechtsakte, wie zum Beispiel Nutzungsbeschränkungen durch den Erlass eines Bebauungsplanes oder denkmalschutzrechtliche Vorgaben für ein Bauwerk durch Eintrag in die Denkmalschutzliste, die ihre Grundlage in einem bereits bestehenden Gesetz finden.[945]

Der Eigentümer trägt durch sein Verhalten einen Großteil zum Ergebnis der Abwägung zwischen privaten und öffentlichen Belangen bei. Ein Eingriff in seine Rechte ist einfacher zu rechtfertigen, wenn der Eigentümer seinen Grund und Boden verwahrlosen lässt. Das gilt auch für Fälle, in denen die Art und Weise der Nutzung Schäden für die Allgemeinheit verursacht. Durch die Verursachung von Gefahren für die öffentliche Sicherheit greift der Eigentümer über seinen Rechtskreis hinaus in die Interessen Dritter oder der Allgemeinheit ein.[946] Wer sein Eigentum sorgsam bewirtschaftet und keine Gefahren für die Umwelt hervorruft, sondern sich aus eigenem Antrieb sogar in besonderer Weise um ökologische Belange und Nachhaltigkeit der Bewirtschaftung kümmert, verfolgt zwar das gleiche Ziel wie der Staat, jedoch meistens auf einem anderen Weg als dieser. Der Staat muss aber umweltschützende Maßnahmen des Bürgers berücksichtigen und diese durch Kooperationen fördern. Dies kann zusätzliche Regulierungen regelmäßig überflüssig machen.[947] Die Bestandsgarantie des Art. 14 Abs. 1 S. 1 GG verlangt, dass vorrangig Vorkehrungen getroffen werden, die eine unverhältnismäßige Belastung des Eigentümers vermeiden und die Privatnützigkeit des Eigentums so weit wie möglich erhalten.[948] Dem Gesetzgeber ste-

---

digungspflicht bei Landschaftsschutz; BGH NJW 1979, S. 210 zum Abrissverbot eines unter denkmalgeschützten Gebäudes bei Unwirtschaftlichkeit; BVerwG JZ 1990, S. 133 zur Kollision von Bergbau und Grundeigentum; *Kimminich*, in Bonner Kommentar, GG, Art. 14 Rn. 316 ff.; *Hofmann*, in: Schmidt-Bleibtreu/Hofmann/Hopfauf, GG, Art. 14 Rn. 56; *Nüßgens/Boujong*, Eigentum, Sozialbindung, Enteignung, 1987, S. 92 ff.; *Kröner*, Festschrift Geiger, 1989, S. 445 ff.

944 *Bumke*, in: Bumke/Voßkuhle, Verfassungsrecht, S. 240.

945 *Bumke*, in: Bumke/Voßkuhle, Verfassungsrecht, S. 240.

946 *Depenheuer*, in: v. Mangoldt/Klein/Starck, GG I, Art. 14 Rn. 332.

947 *Depenheuer*, in: v. Mangoldt/Klein/Starck, GG I, Art. 14 Rn. 333 mit Hinweis auf das Stichwort „Umweltvertragsrecht“ und Verweis auf *Kloepfer/Elsner*, Selbstregulierung im Umwelt- und Technikrecht, DVBl. 1996, S. 964 ff.; *Brandner*, Selbst-Beherrschung im technischen und ökologischen Bereich, DVBl. 1997, S. 1165 ff.

948 Vgl. nur *Bryde*, in: v. Münch/Kunig, GG I, Art. 14, Rn. 31; *Axer*, DVBl. 1999, S. 1533, 1537.

hen als Handlungsinstrumente Übergangsregelungen, Ausnahme- und Befreiungsvorschriften sowie der Einsatz sonstiger administrativer und technischer Vorkehrungen zur Verfügung.[949] Wesentliches Leitprinzip für die Ausgestaltung privater Eigentumsrechte ist unbeschadet aller Sozialpflichtigkeit des Eigentums ihre Privatnützigkeit.[950]

(1) Natur- und Umweltschutz

Die Versagung einzelner wirtschaftlich oder ökologisch bedeutsamer Nutzungsberechtigungen wird von der Rechtsprechung als zulässige Inhalts- und Schrankenbestimmung qualifiziert.[951] In der Entscheidung „Herrschinger Moos"[952] vom 24.6.1993 urteilte das Bundesverwaltungsgericht im Falle eines bayerischen Naturschutzgebietes, dass eine Naturschutzverordnung, die die Nutzbarkeit eines Grundstücks situationsbedingt einschränkt, keine Enteignung im Sinne des Art. 14 Abs. 3 GG, sondern eine Bestimmung von Inhalt und Schranken des Eigentums im Sinne des Art. 14 Abs. 1 S. 2 GG ist. Das gilt aus der gegenwärtigen Sicht des Bundesverwaltungsgerichts auch insoweit, als die Regelungen der Verordnung in konkrete, durch Art. 14 Abs. 1 S. 1 GG geschützte Rechtspositionen eingreifen.[953] Im Urteil zum „Herrschinger Moos" hat das Bundesverwaltungsgericht einerseits die zulässige Inhalts- und Schrankenbestimmung des Eigentums im Sinne des Art. 14 Abs. 1 S. 2 GG auf Eingriffe in konkrete, als Eigentum geschützte Rechtspositionen im Vergleich zu seinen früheren Urteilen ausgedehnt.[954] Andererseits hat es die Umdeutung der salvatorischen Klauseln über die Enteignungsentschädigung in einen verhältnismäßigen Belastungsausgleich im Rahmen einer Inhalts- und Schrankenbestimmung des Eigentums verfestigt. Auch der Bundesgerichtshof geht, abweichend von seiner früheren Rechtsprechung[955], jedoch im Einklang mit der Rechtsprechung des

949 BVerfGE 100, 226, 245; dazu *Ossenbühl*, JZ 1999, S. 899 f.; *Jarass*, NJW 2000, S. 2841; *Battis*, NuR 2000, S. 421; *Bryde*, in: v. Münch/Kunig, GG I, Art. 14, Rn. 57.

950 BVerfGE 24, 367, 389; 50, 290, 339, 344; 53, 257, 290; 79, 292, 303 f.; 98, 17, 35; 100, 226, 241. Die Privatnützigkeit findet wiederum an der Sozialpflichtigkeit ihre Grenzen.

951 *Depenheuer*, in: v. Mangoldt/Klein/Starck, GG I, Art. 14, Rn. 335 mit Hinweis auf BVerwG, NVwZ 2003, 1116 ff.

952 24.6.1993, BVerwG 95, 1, 5.

953 BVerwGE 94, 1,5; BVerwGE 84, 361, 367 f.

954 Vgl. z.B. das Serriesteichurteil vom 15.2.1990, BVerwGE 84, 361; zur verfassungsrechtlichen Neubewertung salvatorischer Entschädigungsklauseln durch diese Entscheidung siehe auch *Rozek*, Eigentumsbindung und Enteignung, S. 105 ff. sowie die Besprechung seines Werks durch *Lege*, Der Staat 39 (2000), S. 299 ff.

955 Vgl. z. B. das Gipsbruchurteil des BGH vom 16.3. 1959, LM Nr. 5 zu Art. 14 GG.

Bundesverfassungsgerichts und des Bundesverwaltungsgerichts, davon aus, dass Nutzungsverbote und –beschränkungen, die nach einer landesgesetzlichen Vorschrift einen Entschädigungs- oder Übernahmeanspruch auslösen können, keine Enteignung darstellten. Auch der Bundesgerichtshof erblickt hierin jetzt eine Inhalts- und Schrankenbestimmung gemäß Art. 14 Abs. 1 S. 2 GG. Die Erklärung eines Gebietes zum Naturschutzgebiet begründet keine Ausgleichspflicht, wenn die landwirtschaftliche Nutzung in dem bisherigen Umfang davon unberührt bleibt. Das gilt auch hinsichtlich rechtswidriger Nutzungen.[956] Nur gelegentliche Nutzungen eines Grundstücks, die für seinen Wert nicht maßgeblich sind und auch keine baulichen oder sonstigen Veränderungen nach sich ziehen, genießen keinen Bestandsschutz und können ebenfalls ausgleichslos eingeschränkt werden.[957] Ausgleichslos hinnehmbar ist nach der Rechtsprechung des Bundesgerichtshofs auch die vorläufige Sicherstellung eines Dünengebietes.[958] Beschränkende Anordnungen zum Beispiel bei der Festsetzung eines Wasserschutzgebietes lösen in der Regel ebenfalls keine verfassungsrechtlich gebotenen Ausgleichspflichten aus.[959] Die auf das Wasserrecht gestützten Beschränkungen von Nutzungsmöglichkeiten können dann ausgleichspflichtig sein, wenn diese Nutzungen zwar nicht ausgeübt werden, aber sich bei der Grundstückssituation zumindest als vernünftig anbieten.[960] Erfolgt die Ausweisung eines Naturschutzgebietes durch eine Rechtsverordnung und nicht durch einen Verwaltungsakt, greift der Gedanke des Art. 14 Abs. 1 GG, dass Schutzgebietsausweisungen nur unter gleichzeitiger Festsetzung erforderlicher kompensatorischer Maßnahmen für die betroffenen Grundstücke erlassen werden können.[961]

Ausgleichslos zulässig sind die von einer Wasserschutzgebietsfestsetzung ausgehenden Nutzungsbeschränkungen für land- und forstwirtschaftlich genutzte Grundstücke hingegen dann, wenn die ausgeübte Nutzung nicht gehindert

956 Vgl. BVerwGE 3, 335 hinsichtlich einer rechtswidrigen Bepflanzung mit Pappeln und BVerwGE 4, 57 hinsichtlich der rechtswidrigen Errichtung eines Badehäuschens.

957 BVerwG, NVwZ 1988, S. 623, zur Nutzung eines Grünstreifens auf einem ansonsten landwirtschaftlich genutzten Anwesen als Kfz-Parkfläche.

958 BGH, NJW 1984, S. 1169; auf solche Fälle einer vorläufigen Sicherstellung oder Nutzungsuntersagung werden die Grundsätze über den Umgang mit baulichen Veränderungssperren übertragen, vgl. ebd. S. 1170.

959 Umfassend dazu *Breuer*, ZfW 1979, S. 78 ff.; *Seifert*, Sozialbindung des Eigentums und Enteignung bei der Festsetzung von Wasserschutzgebieten; *Dietrich*, Eigentum und Grundwasserschutz, S. 88 ff.; *Axer*, DVBl. 1999, S. 1533, 1536 f.

960 So BGHZ 60, 126 ff. bei Versagung einer Erlaubnis zur Kiesgewinnung wegen einer nahe gelegenen gemeindlichen Wassergewinnungsanlage.

961 BVerwGE 112, 373, 378; vgl. *Depenheuer*, in: v. Mangoldt/Klein/Starck, GG I, Art. 14 Rn. 340; vgl. auch die Kritik von *Götz*, in: FS Leisner, S. 707, 715 f.; *Axer*, DVBl. 1999, S. 1533, 1537 f.; *Leisner*, DÖV 1991, S. 781, 781 ff.

wird und auch andere, der Situation entsprechende und wirtschaftlich vernünftige Nutzungsmöglichkeiten nicht berührt werden.[962] Eine Ausgleichspflicht kann wiederum bestehen, wenn Schutzanordnungen zum Zwecke eines vorbeugenden, bereits im Vorfeld einer konkreten Gefahr greifenden Gewässerschutzes ergehen, insbesondere, wenn die betreffende Nutzungsform grundwasserneutral ist.[963]

(2) Denkmalschutz

Rechtsfolge der Denkmaleigenschaft ist zunächst die den Eigentümer treffende Erhaltungs- und Instandsetzungspflicht. Das Erhaltungs- und Instandsetzungsgebot ist in den einzelnen Landesgesetzen unterschiedlich formuliert, zumeist steht es unter dem Vorbehalt des Zumutbaren. Welche Maßnahmen danach im Einzelnen vom Eigentümer verlangt werden können, ist weniger häufig Gegenstand rechtlicher Konflikte als die Frage nach der wirtschaftlichen Zumutbarkeit von Erhaltungsmaßnahmen und möglichen Ausgleichsleistungen. Die Einschränkung der freien Verfügungs- und Nutzungsbefugnis in Folge einer Eintragung des Grundstücks oder eines Gebäudes löst grundsätzlich keine Ausgleichspflicht aus.[964] Das Denkmalschutzrecht stellt auf die Bedeutung eines Eigentumsobjekts als Ausdruck der Entwicklung von Landschaft und Bevölkerung unter künstlerischen, wissenschaftlichen, volkskundlichen oder städtebaulichen Aspekten ab. Ein Grundstück, das mit einem schützenswerten Bauwerk bebaut ist, begründet für seinen Eigentümer eine erhöhte Sozialbindung.[965] Die Sozialpflicht des Eigentums wird für den Eigentümer greifbar, wenn eine Baugenehmigung zugunsten des eingetragenen Denkmals versagt wird. Auf diese Weise legt eine Versagung der Genehmigung den Inhalt des Eigentums für den Eigentümer fest.[966] Diese Einschränkung, die aufgrund der Unterschutzstellung des Denkmals erfolgt, muss der Eigentümer ohne einen Ausgleich hinnehmen, da es sich um eine Inhalts- und Schrankenbestimmung handelt.

Hingegen ist die Unterbrechung oder Verzögerung der Ausführung eines rechtmäßigen und genehmigten Vorhabens zugunsten öffentlicher Belange ausgleichspflichtig, wenn sie eine bereits ausgeübte Nutzung beeinträchtigt und jedenfalls vorübergehend unmöglich macht.[967] Die Ausgleichspflichtigkeit beruht

---

962 BGHZ 60, 145 ff.

963 BayObLG, NVwZ-RR 2000, S. 750.

964 BVerfGE 100, 226, 242 f.; BVerwG, DÖV 1988, S. 425.

965 wie beispielsweise ein Bodendenkmal, das das einzige erhaltene Denkmal seiner Art nördlich der Alpen ist, BGHZ 121, 73, 81.

966 *Depenheuer*, in: v. Mangoldt/Klein/Starck, GG I, Art. 14 Rn. 351.

967 Jedenfalls für eine dreijährige Unterbrechung des Sandabbaus zugunsten archäologischer Grabungen BGHZ 105, 15, 19 („Steinzeitfunde").

auf dem Gedanken, dass eine rechtmäßige, zuerst ausgeführte und das Grundstück prägende Nutzung nicht durch eine erst später auftretende Situationsgebundenheit verdrängt werden kann.[968] Auch hier genießt die bisher ausgeübte rechtmäßige Nutzung Vorrang vor der ebenfalls situationsbedingten Rücksichtnahme auf Belange des Natur- und Denkmalschutzes.

Ausgleichspflichtig ist auch ein Erhaltungsgebot oder Abrissverbot eines Kulturdenkmals, wenn der Eigentümer, von dem Baudenkmal keinen vernünftigen Gebrauch mehr machen und es kaum mehr veräußern kann.[969] Das ist der Fall, wenn der zu erzielende Nutzwert des Eigentums die wirtschaftlichen Aufwendungen für die Er- und Unterhaltung des Denkmals einschließlich staatlicher Zuschüsse nicht kompensieren kann.[970] Ist die Erhaltung des geschützten Gebäudes in solchen Fällen nicht mehr zumutbar, steht dem Eigentümer ein Ausgleich in Form eines Übernahmeanspruchs[971] oder eines Anspruchs auf eine angemessene Entschädigung in Geld[972] zu.[973] In manchen Situationen kann der Staat dem Ziel des Denkmalschutzes und finanziellen Interessen des Eigentümers nur durch eine Enteignung gerecht werden.[974] Denn Eigentum, das nur noch Pflichten, aber keine Vorteile einer privaten Nutzung mehr für den Eigentümer enthält, kann in diesem Sinne nicht mehr als Eigentum bezeichnet werden.[975]

---

968 BGHZ 101, 15, 20. Eine Ausgleichspflicht besteht deshalb auch bei der Untersagung eines bisher rechtmäßig ausgeübten Gipsabbaus aus Gründen des Landschafts- und Denkmalschutzes, vgl. BGHZ, DÖV 1959, S. 750 (Gipsabbau-Urteil); *Depenheuer*, in: v. Mangoldt/Klein/Starck, GG I, Art. 14 Rn. 356.

969 Vgl. BVerfGE 100, 226; *Otting*, BauR 2000, S. 514, 515 f.; *Roller*, NJW 2001, S. 1003, 1007; *Külpmann*, JuS 2000, S. 646, 647 ff.; *Moench/Otting*, NVwZ 2000, S. 515, 520.

970 BGH, NJW 1979, S. 210, 212.

971 Zum Beispiel gemäß § 31 NRWDenkmSchG.

972 In Hamburg zum Beispiel gemäß § 22 Abs. 1 HmbgDenkmSchG.

973 Für Härtefälle muss das Gesetz eine Beseitigung des Baudenkmals im Rahmen einer Dispensvorschrift zulassen, um mit der Eigentumsgarantie im Einklang zu stehen, vgl. *Moench/Otting*, NVwZ 2000, S. 515, 521.

974 BVerfGE 100, 226, 243 f.; dem Eigentümer muss trotz der Nutzungsbeschränkung noch die Möglichkeit zur Renditeerzielung verbleiben, vgl. *Körner*, Denkmalschutz und Eigentumsschutz, 1992, S. 70 f.; der bloße Verweis auf Entschädigungsansprüche des Eigentümers reicht nicht aus, vgl. neben BVerfGE 100, 226 auch *Degenhart*, FS Gitter, 1995, S. 195, 208 f.; *Depenheuer*, in: v. Mangoldt/Klein/Starck, GG I, Art. 14 Rn. 352.

975 BVerfGE 100, 226; dazu *Hendler*, DVBl. 1999, S. 1501; *Battis*, NuR 2000, S. 421; *Jarass*, NJW 2000, S. 2841; *Papier*, DVBl. 2000, S. 1398; *Wendt*, in: Sachs GG, Art. 14 Rn. 131.

Die abschließende Regelung einer Nutzungsbeschränkung durch förmliches Gesetz ist im Natur- und Denkmalschutz eine Ausnahme.[976] Die Konkretisierung von Nutzungsbeschränkungen erfolgt in diesen Bereichen aufgrund gesetzlicher Ermächtigungen durch Verordnungen, Satzungen, Allgemeinverfügungen oder sonstige Exekutivakte. Solche Exekutivbeschränkungen sind die Regel, abschließende Legalbeschränkungen die Ausnahme. Die zu Exekutivbeschränkungen ermächtigenden Gesetze enthalten regelmäßig Entschädigungsbestimmungen, die im Falle einer unzumutbaren Inhaltsbestimmung einen Ausgleich vorsehen. Nutzungsbeschränkungen sind im Regelfall auf der untergesetzlichen Stufe der Normsetzung angesiedelt. Dies wiederum hat für den Eigentumsschutz wichtige Konsequenzen: Sowohl die Auslegung der einfachgesetzlichen Entschädigungsgrundlage als auch die verfassungsrechtliche Beurteilung und Auslegung der untergesetzlichen Normen gehören zur Zuständigkeit der Verwaltungsgerichte und Zivilgerichte. Die Verwaltungsgerichte urteilen über die Rechtmäßigkeit von unmittelbar angegriffenen Administrativakten, die Zivilgerichte über geltend gemachte Ansprüche auf Entschädigung. Durch diese Abstufungen in der Normenhierarchie und dem ihnen zugeordneten Gerichtsschutz sind für die Gewährung des Eigentumsschutzes unterschiedliche Beurteilungen in den einzelnen Gerichtszweigen programmiert.[977]

(3) Eigentumsschutz und polizeirechtliche Störerhaftung

Die sicherheitsrechtlichen Vorschriften über die Zustandsverantwortlichkeit des Eigentümers stellen eine zulässige Regelung von Inhalt und Schranken des Eigentums im Sinne des Art. 14 Abs.1 S. 2 dar. Sie normieren die öffentlich-rechtliche Pflicht, die sich aus einer Sache ergebenden Lasten und die mit der Nutzungsmöglichkeit verbundenen Risiken zu tragen.[978] Die drohende Beeinträchtigung anderer Rechte und Rechtsgüter unmittelbar durch den Zustand oder die Nutzung des Eigentums rechtfertigt belastende Verfügungen an den Eigentümer, ohne dass dafür ein Ausgleich erforderlich ist.[979] Der Eigentümer muss eine Beeinträchtigung bei der Verwendung seines Eigentums hinnehmen, die durch eine Belastung mit den Kosten der Gefahrenabwehr entsteht. Er ist dazu verpflichtet, um eine wirksame Beseitigung der von seinem Grundstück ausge-

---

976 Vgl. *Melchinger*, Eigentumsdogmatik, S. 274.

977 Vgl. hier auch die Kritik von *Ossenbühl*, in: FS Leisner, S. 689, 695 ff.; sowie *Battis*, in: FS Leisner, S. 679, 681.

978 BVerfGE 102, 1, 17 f.; VGH München, NVwZ 1986, S. 942, 944 f.; VGH Mannheim, NVwZ 1986, S. 325, 326.

979 *Depenheuer*, in: v. Mangoldt/Klein/Starck, GG I, Art. 14 Rn. 396; ähnlich auch *Bryde*, in: v. Münch/Kunig, GG I, Art. 14 Rn. 36.

henden Gefahren zu ermöglichen.[980] Die ordnungsrechtlichte Störerverantwortlichkeit konkretisiert auf diese Weise die Sozialpflichtigkeit des Eigentums. Eigentumseingriffe, die der Abwehr einer vom Eigentum ausgehenden Gefahr dienen, halten sich dehalb grundsätzlich im Rahmen der ausgleichsfreien Sozialbindung.[981] Die bundesrechtlichen Bestimmungen des Seuchenrechts beispielsweise ermächtigen die zuständige Behörde, die zur Bekämpfung der Seuchengefahr erforderlichen Maßnahmen anzuordnen. Die Zustandshaftung des Sacheigentümers ist auch im Bereich der Bekämpfung von Infektionskrankheiten auf die Fälle beschränkt, in denen die Gefahr unmittelbar auf den Zustand der Sache zurückzuführen ist. Unmittelbarkeit ist gegeben, wenn bei wertender Betrachtung aller Umstände durch den Zustand des Gegenstandes selbst die Gefahrengrenze überschritten wird.

3. Enteignung

„Enteignung im verfassungsrechtlichen Sinn ist auf die vollständige oder teilweise Entziehung konkreter subjektiver Rechtspositionen im Sinne des Art. 14 Abs. 1 S. 1 zur Erfüllung bestimmter öffentlicher Aufgaben gerichtet."[982]

Diese Definition ist heute nicht mehr uneingeschränkt gültig. Nicht jeder Entzug einer vermögenswerten Rechtsposition erfüllt mehr die mittlerweile spezielleren Kriterien einer Enteignung.[983] Zusätzliches Kennzeichen einer Enteignung ist die Güterbeschaffung durch den Entzug individuell-konkreter Rechtspositionen zur Erfüllung öffentlicher Aufgaben.[984] Inhalts- und Schrankenbestimmungen hingegen sind abstrakt-generelle Regelungen. Sie können die Eigentumsnutzung bis hin zur vollständigen Nutzungsuntersagung einschränken, während das Eigentumsobjekt formal bestehen bleibt. Die Rechtsbeeinträchtigung bei der Umgestaltung der Eigentumsordnung durch den Gesetzgeber stellt immer einen Anwendungsfall des Art. 14 Abs. 1 S. 2 GG dar.

Eine abstrakt-generelle Belastung des Eigentums kann jedoch so schwer wiegen, dass sie nicht mehr als Schrankenbestimmung hinnehmbar ist. Der Inte-

980 BVerfGE 102, 1, 20.

981 BVerfGE 20, 351 ff.; BVerwGE 38, 209, 218; BGHZ 45, 23, 25; 54, 293 ff.

982 BVerfGE 70, 191, 199 f.; 72, 66, 76; 101, 239, 259; 102, 1, 15 f.; 104, 1, 9 f.; st. Rspr.

983 Vgl. zur Formalisierung des Enteignungsbegriffs *Roller*, NJW 2001, S. 1003, 1005.

984 „Diese ist beschränkt auf solche Fälle, in denen Güter hoheitlich beschafft werden, mit denen ein konkretes, der Erfüllung öffentlicher Aufgaben dienendes Vorhaben durchgeführt werden soll.", BVerfGE 104, 1, 10 unter Hinweis auf E 38, 175, 179 f.; zur Definition der Enteignung als Güterbeschaffungsvorgang vgl. auch *Rittstieg*, Eigentum, S. 411 ff; ebenso *ders.*, in: AK, Art. 14 Rn. 187 ff.; *Roller*, NJW 2001, S. 1003, 1005; *Osterloh*, DVBl. 1991, S. 906, 911; im Ansatz auch *Ehlers*, VVDStRL 51 (1992), S. 211, 236 f.

ressenkonflikt kann in diesem Fall durch die Vornahme einer entschädigungspflichtigen Enteignung gelöst werden.[985] In diesem Fall wird jedoch die Schrankenbestimmung nicht aufgrund ihrer Unzumutbarkeit zu einer Enteignung. Vielmehr bedient sich der Staat eines anderen Mittels, das dem Einzelfall gerecht wird. Denn eine Enteignung ist von Inhalts- und Schrankenbestimmungen streng zu unterscheiden. Eine Enteignung durchbricht ausnahmsweise die Bestandsgarantie des Eigentums als Garantie des Eigentums „in seiner konkreten Gestalt in der Hand des (...) Eigentümers".[986] Es geht jedoch anders als bei Inhalts- und Schrankenbestimmungen nicht um den Ausgleich zweier entgegenstehender Interessen, sondern um die Durchsetzung des einen Rechts auf Kosten des anderen, weil zwischen beiden ein auf andere Weise nicht auflösbarer Widerspruch besteht.[987] Staatliche Maßnahmen zum Ausgleich privater Interessen verfolgen wiederum nicht in erster Linie das Wohl der Allgemeinheit und dienen nicht der Güterbeschaffung des Staates. Die Enteignung ist kein Instrument privatnütziger Eigentumsumschichtung.[988] Deshalb stellen abstrakt-generelle Inhalts- und Schrankenbestimmungen, die auf privaten Interessenausgleich zielen und diesen Ausgleich zum Beispiel durch Baulandumlegung erstreben, keine Enteignung dar.[989] Die Wahrung des Gemeinwohlerfordernisses ist Voraussetzung der Rechtmäßigkeit der Enteignung.[990] Die Rechtmäßigkeit des Eingriffs ist jedoch umgekehrt kein Merkmal des Enteignungsbegriffs, so dass auch rechtswidrige Enteignungen möglich sind.[991]

Selbst wenn die Beeinträchtigung noch so schwer wiegt, kann sie nach der Rechtsprechung des Bundesverfassungsgerichts nicht in eine Enteignung umschlagen. Bereits aus der Definition des Enteignungsbegriffs in der Recht-

985 BVerfGE 100, 226, 243, 245 f.; BGHZ 121, 328, 336 ff.; *Depenheuer*, in: v. Mangoldt/Klein/Starck GG I, Art. 14, Rn. 402.

986 BVerfGE 20, 351, 355; 42, 263, 294.

987 *Depenheuer*, in: v. Mangoldt/Klein/Starck GG I, Art. 14, Rn. 408.

988 *Ehlers*, VVDStRL 51 (1992), S. 211 ff., 238 f. m.w.N.; *Depenheuer*, in: v. Mangoldt/Klein/Starck GG I, Art. 14, Rn. 412.

989 BVerfGE 104, 1; *Depenheuer*, in: v. Mangoldt/Klein/Starck GG I, Art. 14, Rn. 402; vgl. auch die Analyse bei *Christ*, DVBl. 2002, S. 1517, 1521 sowie *Haas*, NVwZ 2002, S. 272; ebenso schon *Kreft*, FS Hauß, S. 203, 207.

990 *Depenheuer*, in: v. Mangoldt/Klein/Starck GG I, Art. 14, Rn. 411; so auch *Maurer*, Allgemeines Verwaltungsrecht, § 27 Rn. 53.

991 *Depenheuer*, in: v. Mangoldt/Klein/Starck GG I, Art. 14, Rn. 413; ebenso: *Maurer*, Allgemeines Verwaltungsrecht, § 27 Rn. 54; *Jarass*, in: Jarass/Pieroth, GG, Art. 14, Rn. 53; *Wieland*, in: Dreier, GG I, Art. 14 Rn. 78; *Bauschke/Kloepfer*, Enteignung, enteignungsgleicher Eingriff, Aufopferung, NJW 1971, S. 1233, 1234; die Gegenmeinung vertritt *Papier*, in: Maunz/Dürig, GG, Art. 14, Rn. 544 f.; *Steinberg/Lubberger*, Aufopferung, S. 131 ff.

sprechung des Bundesverfassungsgerichts ergibt sich, dass der Enteignungsbegriff nicht mehr von der Intensität des staatlichen Eingriffs in das Eigentumsrecht abhängt.[992] Bis zum Nassauskiesungsbeschluss des Bundesverfassungsgerichts 1981 kursierten in Deutschland viele verschiedene Enteignungstheorien.[993] Dabei herrschte die Vorstellung, dass jede Sozialbindung ab einem gewissen Punkt – etwa beim Eintritt eines Sonderopfers oder einer übermäßigen Eingriffschwere – in eine entschädigungspflichtige Enteignung umschlage, vor. Praktisch nahm die Rechtsprechung, namentlich die des Bundesgerichtshofs, damit für sich die Befugnis in Anspruch, Nutzungsverbote und –beschränkungen als Enteignungen zu interpretieren oder umzudeuten, eventuell sogar entgegen der Regelungsabsicht des Gesetzgebers. Durch die großzügige Auslegung von Entschädigungsvorschriften sowie durch den schöpferischen Umgang mit den Ansprüchen aus enteignendem Eingriff oder enteignungsgleichem Eingriff lockerte der Bundesgerichtshof darüber hinaus die Vorgaben der Junktimklausel. Damit hat er jedenfalls bis zur Nassauskiesungsentscheidung des Bundesverfassungsgerichts die Funktion übernommen, die dem parlamentarischen Gesetzgeber zukommt: das Eigentum und seine Sozialbindung wie auch die Tatbestände der zulässigen und entschädigungspflichtigen Enteignung zu definieren.[994] Durch die Nassauskiesungsentscheidung hat hier eine Kehrtwende stattgefunden. Die Anerkennung des Grundsatzes der Gesetzmäßigkeit der Entschädigung in Deutschland hat zur Folge, dass der Gesetzgeber etwas von seiner Gestaltungsmacht und –freiheit gegenüber den Zivilgerichten zurückgewinnt.[995] Die Intensität der Beeinträchtigung kann aber auch im Rahmen von inhaltsbestimmenden Regelungen Ausgleichspflichten hervorrufen. Die Eingriffsgrenze der Verhältnismäßigkeit erfordert bei erheblich belastenden Eingriffen einen Ausgleich für die dem Eigentümer auferlegten Nachteile in Gestalt der ausgleichspflichtigen Sozialbindung.[996] Eine unverhältnismäßige Inhalts- und Schrankenbestimmung ist daher entweder wegen Verstoßes gegen das Übermaßverbot verfassungswidrig oder erfordert eine Ausgleichsregelung.[997]

---

992 BVerfGE 83, 201, 211 ff.; BVerfG NJW 1999, S. 2877; vgl. auch *Sellmann*, NVwZ 2003, S. 1417, 1418; *Rozek*, Eigentumsbindung, S. 163 ff.; *Ehlers*, VVDStRL 51 (1992), S. 211, 237; *Roller*, NJW 2001, S. 1003, 1005; abweichend: *Wendt*, in: Sachs, GG, Art. 14, Rn. 149 ff.

993 *Breuer*, NuR 1996, S. 537, 541, 542.

994 Vgl. die Kritik bei *Breuer*, NuR 1996, S. 537, 541.

995 Vgl. die Analyse von *Bumke*, in: Bumke/Voßkuhle, Verfassungsrecht, S. 232.

996 *Depenheuer*, in: v. Mangoldt/Klein/Starck GG I, Art. 14, Rn. 401, 236 ff.; *Bryde*, in: v. Münch/Kunig, GG I, Art. 14, Rn. 63; *Wieland*, in: Dreier, GG I, Art. 14, Rn. 119.

997 Vgl. *Depenheuer*, in: v. Mangoldt/Klein/Starck GG I, Art. 14, Rn. 401.

Charakteristisch für eine Enteignung ist nach wie vor die Gezieltheit einer konkreten staatlichen Maßnahme, durch die ein Eigentumsrecht in Erfüllung einer bestimmten öffentlichen Aufgabe verkürzt oder geschmälert wird. Bei staatlicher Güterbeschaffung zur Erfüllung öffentlicher Aufgaben nimmt der Staat das Eigentum des Bürgers in Anspruch. An dieser notwendigen Inanspruchnahme fehlt es, wenn der Staat die in Dienst genommene Eigentumsposition nicht unmittelbar oder zumindest mittelbar zu nutzen beabsichtigt. In diesen Fällen liegt keine Enteignung vor. Die Maßnahme kann ein Gesetz, eine untergesetzliche Vorschrift oder ein Verwaltungsakt sein. Rein faktische oder zufällige[998] Beeinträchtigungen und Realakte der öffentlichen Gewalt sind keine Enteignungen,[999] denn sie sind nicht gezielt auf eine Eigentumsposition gerichtet.

4. Enteignungsrechtlicher Gesetzesvorbehalt

Gemäß Art. 14 Abs. 2 S. 3 GG ist eine Enteignung nur zulässig, wenn sie durch ein Gesetz oder aufgrund eines Gesetzes erfolgt, das Art und Ausmaß der Entschädigung regelt. Sowohl die Enteignung durch Gesetz (Legalenteignung) als auch die Enteignung aufgrund eines Gesetzes (Administrativenteignung) müssen auf ein förmliches Gesetz zurückzuführen sein.[1000]

Die Enteignung gemäß Art. 14 Abs. 3 GG steht anders als die Inhalts- und Schrankenbestimmung nach Art. 14 Abs. 1 S. 2 GG unter einem förmlichen Gesetzesvorbehalt.[1001] Das liegt daran, dass der Entzug von Eigentumspositionen die in Art. 14 Abs. 1 S. 1 vorgesehene Bestandsgarantie durchbricht. Gemäß der Junktimklausel des Art. 14 Abs. 3 S. 2 GG muss der parlamentarische Gesetzgeber selbst und abschließend über die Art und Höhe einer Entschädigung entscheiden. Damit soll unter anderem eine Beeinträchtigung der Budgethoheit des Parlaments verhindert werden.[1002] Enteignungsgesetze müssen die Kompetenz-

---

998 Unter Geltung des weiten Eigentumsbegriffs diente das Finalitätskriterium der Begrenzung von Entschädigungsansprüchen, indem der Eigentumseingriff nur bei Finalität des Zugriffs in eine Enteignung umschlagen konnte. Nach der Reformalisierung des Eigentumsbegriffs kommt dem Finalitätskriterium keine eigenständige Bedeutung zur Bestimmung einer Enteignung mehr zu, wodurch Zufallsenteignungen verfassungsrechtlich ausgeschlossen sind.

999 BVerwGE 77, 295, 297; *Depenheuer*, in: v. Mangoldt/Klein/Starck GG I, Art. 14, Rn. 410; *Wieland*, in: Dreier, GG I, Art 14 Rn. 144; *Wendt*, in: Sachs GG, Art. 14 Rn. 121.

1000 Vgl. nur *Bryde*, in: v. Münch/Kunig, GG I, Art. 14, Rn. 50; eine eingehende Untersuchung des eigentumsrechtlichen Grundrechtsvorbehalts als Ausgestaltungs- und zugleich Begrenzungsvorbehalt findet sich bei *Bumke*, Grundrechtsvorbehalt, S. 180 ff.

1001 BVerfGE 56, 249, 261; 74, 264, 285.

1002 BVerfGE 4, 219, 234 f.; *Depenheuer*, in: v. Mangoldt/Klein/Starck GG I, Art. 14, Rn. 415.

verteilung zwischen Bund und Ländern beachten.[1003] Art. 14 Abs. 1 S. 2 GG enthält neben dem Begrenzungsvorbehalt zum Schutz gegen Verkürzungen des Eigentums einen Ausgestaltungsvorbehalt. Dieser zeigt sich darin, dass das Grundgesetz dem Gesetzgeber die Verantwortung überträgt, die Gemeinwohlaufgaben auszuwählen, die unter Durchbrechung der Bestandsgarantie verwirklicht werden sollen.[1004] Die Bestimmung, für welche Vorhaben, unter welchen Voraussetzungen und für welche Zwecke eine Enteignung zulässig sein soll, unterfällt dem Parlamentsvorbehalt.[1005]

Enteignungen durch die Exekutive müssen auf einem Parlamentsgesetz basieren. Die Anordnung der Enteignung kann nicht allein durch einen Verwaltungsakt, sondern auch durch eine Satzung oder eine zum Erlass eines Verwaltungsaktes ermächtigende Rechtsverordnung erfolgen.[1006] Das zugrunde liegende Gesetz muss hinreichend bestimmt festlegen, für welche Vorhaben unter welchen Voraussetzungen und für welche Zwecke eine Enteignung zulässig sein soll.[1007]

Die Enteignung unmittelbar durch förmliches Gesetz ist nach Auffassung des Bundesverfassungsgerichts nur unter besonders begründeten Umständen zulässig. Das Bundesverfassungsgericht begründet dies insbesondere mit dem für den Bürger verkürzten Rechtsschutz.[1008] Nach Ansicht der Rechtsprechung führt das Gebot des effektiven Rechtsschutzes zu einem Vorrang der Administrativenteignung.[1009] Dies gilt auch, wenn das Gesetz selbst zwar keine unmittelbare Enteignung vorsieht, die Regelung jedoch als Legalplanung enteignungsrechtliche Vorwirkung entfaltet.[1010] Legalenteignungen haben nach Ansicht des Bundesverfassungsgerichts nur dann Bestand vor der Verfassung, wenn „triftige Gründe für die Annahme bestehen, dass die Durchführung einer behördlichen

1003 BVerfGE 56, 249, 263.

1004 Für eine Zusammensetzung des Inhalts- und Schrankenvorbehalts des Art. 14 Abs. 1 S. 2 GG aus Begrenzungs- und Ausgestaltungsvorbehalt spricht sich *Bumke* aus, vgl. *ders.*, Grundrechtsvorbehalt, S. 193 f.

1005 BVerwG, NVwZ 1999, S. 407, 408 (zu §§ 169 Abs. 3 S. 1, 165 Abs. 1 und 2 BauGB).

1006 *Bumke*, NJ 1999, S. 235, 237 f.; *Depenheuer*, in: v. Mangoldt/Klein/Starck GG I, Art. 14, Rn. 416 mit Hinweis auf *Kimminich*, in: Bonner Kommentar, Art. 14 Rn. 361; *Papier*, Die finanzrechtlichen Gesetzesvorbehalte, S. 57 f.; *Ossenbühl*, Staatshaftungsrecht, S. 164 f.;

1007 BVerfGE 24, 367, 403 f.; 38, 175, 180; 56, 249, 261; 74, 264, 285.

1008 BVerfGE 24, 33, 49; 24, 367, 401 ff.; 45, 297, 324 ff.; 58, 300, 331; 95, 1, 22; kritisch *Jarass*, in: Jarass/Pieroth GG, Art. 14 Rn. 79; *Papier*, in: Maunz/Dürig GG, Art. 14 Rn. 563 f.

1009 a.A. *Depenheuer*, in: v. Mangoldt/Klein/Starck GG I, Art. 14, Rn. 419.

1010 BVerfGE 95, 1, 21 f.

Planfeststellung mit erheblichen Nachteilen für das Gemeinwohl verbunden wäre, denen nur durch eine gesetzliche Regelung begegnet werden kann."[1011]

5. Allgemeinwohlerfordernis

a) Allgemeine Anforderungen

Der vom Gesetzgeber bestimmte Enteignungszweck muss so gewichtig sein, dass es gerechtfertigt ist, um seiner Erfüllung willen private vermögenswerte Rechte zu entziehen, wenn eine öffentliche Aufgabe nicht anders verwirklicht werden kann. Die Qualifizierung der Enteignung als gezielte Duchbrechung der Bestandsgarantie führt dazu, dass nur besondere Interessen der Gemeinschaft dieses Erfordernis ausfüllen können. Nur solche Interessen des Gemeinwohls rechtfertigen eine Enteignung, die bei objektiver Betrachtung die betroffenen privaten Rechte überwiegen.[1012] Das Allgemeinwohlerfordernis ist ein unbestimmter Rechtsbegriff, dessen Inhalt und gerichtliche Überprüfbarkeit im Einzelnen umstritten sind.[1013] Das Grundgesetz überträgt dem Gesetzgeber die Aufgabe, das Allgemeinwohl gesetzlich zu konkretisieren.[1014] Enteignungen unterliegen dem allgemeinen Gebot der Verhältnismäßigkeit.[1015] Eine Enteignung ist als hoheitlicher Rechtsentzug das letzte Mittel zur Erreichung des Gemeinwohlzwecks.[1016]

1011 BVerfGE 95, 1, 22 ff. Abstrakt-generelle Enteignungsgesetze dürfen darüber hinaus auch bei drohenden Verzögerungen durch eine Vielzahl administrativer Enteignungsverfahren zulässig sein, um die typischerweise mit Massenenteignungen verbundenen Schwierigkeiten einer praktikablen Umsetzung des Enteignungszwecks zu vermeiden, vgl. *Depenheuer*, in: v. Mangoldt/Klein/Starck GG I, Art. 14, Rn. 420; vgl. auch *Wendt*, in: Sachs GG, Art. 14 Rn. 159.

1012 *Badura*, HdbVerfR, § 10 Rn. 62; *Bumke*, NJ 1999, S. 235, 236 f.; *Depenheuer*, in: v. Mangoldt/Klein/Starck GG I, Art. 14, Rn. 423.

1013 *Depenheuer*, in: v. Mangoldt/Klein/Starck GG I, Art. 14, Rn. 424 mit Hinweis auf *Häberle*, Öffentliches Interesse als juristisches Problem, 1970, S. 508; *von Brünneck*, Eigentumsgarantie, S. 408 f.; *Leisner*, in: HStR VI, § 149, Rn. 71.

1014 BVerfGE 24, 367, 403 f.; *Wieland*, in: Dreier, GG I, Art. 14 Rn. 102; *Depenheuer*, in: v. Mangoldt/Klein/Starck GG I, Art. 14, Rn. 425.

1015 BVerfGE 19, 171, 172 f.; 24, 367, 404 f.; 45, 297, 321; NVwZ 2003, S. 726, 727; BGHZ 105, 94, 97; *Depenheuer*, in: v. Mangoldt/Klein/Starck GG I, Art. 14, Rn. 426.

1016 *Depenheuer*, in: v. Mangoldt/Klein/Starck GG I, Art. 14, Rn. 426.

b) Rückübereignungsanspruch des Eigentümers

Fällt der Zweck der Enteignung später weg, entfällt die Legitimation für den Eingriff in das Privateigentum.[1017] Denn die verfassungsrechtliche Enteignungsermächtigung dient nur dazu, dem Staat die Verwirklichung öffentlicher Aufgaben zu ermöglichen. Dieser Zweck muss erfüllt werden, verbleibt ein Vorhaben im Planungsstadium, reicht das allein nicht als Rechtfertigung für den Eigentumsentzug aus. Denn solange der Zweck nicht erfüllt ist, wirkt die Eigentumsgarantie des Art. 14 Abs. 1 GG zugunsten des Bürgers fort. Aufgrund des Wegfalls des Rechtsgrundes für den Eigentumserwerb durch die öffentliche Hand kann der frühere Eigentümer eines enteigneten Grundstückes aufgrund der Garantie des Art. 14 Abs. 1 S. 1 GG die Rückübereignung verlangen.[1018]

6. Entschädigung

Förmliche Enteignungsgesetze müssen gemäß Art. 14 Abs. 3 S. 2 GG Art und Ausgleich der Entschädigung zu regeln. Die ordentlichen Gerichte können keine Enteignungsentschädigung zusprechen, für die es an einer vom Gesetzgeber geschaffenen Anspruchsgrundlage fehlt.[1019] Nach der ausdrücklichen Regelung des Art. 14 Abs. 3 GG ist ihre Kompetenz auf Rechtsstreitigkeiten über die Höhe einer gesetzlich vorgesehenen Entschädigung beschränkt. Im Anwendungsbereich des Art. 14 Abs. 3 GG sind richterrechtliche Entschädigungsansprüche positivrechtlich ausgeschlossen. Die Junktimklausel soll den Betroffenen sichern und den Gesetzgeber zwingen, sich bei dem Erlass gesetzlicher Vorschriften, die einen Zugriff auf das Eigentum bewirken oder zulassen, Klarheit darüber zu verschaffen, ob der Eingriff eine Enteignung darstellt und welche Entschädigung er für gerechtfertigt hält.[1020] Der Eigentümer muss eine Entschädigung nur dann hinnehmen, wenn der Gesetzgeber das Ob und das Wie der Enteignung hinreichend genau bestimmt hat.[1021] Ferner dient die Junktimklausel der Kompetenzwahrung des Parlaments. Die Entscheidung über Enteignungsentschädigungen ist dem Parlament vorbehalten, das den staatlichen Haushalt verantwortet. Die

---

1017 BVerfGE 38, 175, 180 f.; *Wigginghaus*, Die Rechtsstellung des enteigneten Grundeigentümers, 1978, S. 134.

1018 BVerfGE 38, 175, 181 ff.; vgl. auch *Rengeling*, AöR 105 (1980), S. 423, 440.

1019 BVerfGE 58, 300, 319; vgl. auch die Analyse der Nassauskiesungsentscheidung des BVerfG von *Schwerdtfeger*, JuS 1983, S. 104, 105 ff.

1020 BVerfGE 4, 219, 235; 46, 268, 278; vgl. auch *Wendt*, in: Sachs GG, Art. 14 Rn. 166; *Depenheuer*, in: v. Mangoldt/Klein/Starck GG I, Art. 14, Rn. 437.

1021 BVerfGE 4, 268, 278.

Administrative und die Judikative dürfen grundsätzlich keine Enteignungsentschädigungen zu Lasten des staatlichen Haushalts zusprechen.[1022]

Die Regelung des Art. 14 Abs. 3 S.2 GG erfordert eine hinreichend bestimmte Festlegung der Entschädigung in einem formellen Gesetz, das sowohl die Entschädigungsart sowie einen abstrakten Entschädigungsmaßstab bezüglich der Bewertungsgrundlagen der Entschädigungsbestimmung festlegt. Diese Bewertungsgrundlagen können im Einzelfall von der Verwaltung konkretisiert werden.[1023] Ein Enteignungsgesetz, dessen Entschädigungsregeln nicht den Anforderungen von Art. 14 Abs. 3 S. 1 und S. 2 genügen, ist in seinem gesamten Umfang verfassungswidrig.[1024]

Eine Klage, die für eine Enteignung im Rechtssinne des Art. 14 Abs. 3 GG ohne gesetzliche Anspruchsgrundlage einen Entschädigungsanspruch geltend macht, ist grundsätzlich abzuweisen.[1025] Der Betroffene muss versuchen, den wegen Verstoßes gegen die Junktimklausel rechtswidrigen Eigentumseingriff auf dem Verwaltungsrechtsweg abzuwehren.[1026] Ein Wahlrecht, stattdessen auf dem ordentlichen Rechtsweg unmittelbar eine Entschädigung zu verlangen, steht dem betroffenen Bürger nicht zu.

II. Verfassungsrechtlicher Eigentumsschutz in den USA

1. Kompetenzen

Aus der Formulierung des fünften Verfassungszusatzes[1027] ergibt sich indirekt, dass der nationalen Gewalt das Recht zur Enteignung (*eminent domain*) zusteht. Dies gilt allerdings nur, soweit die Enteignung ein Mittel zur Erreichung eines Zwecks ist, der durch einen der Kompetenztitel der Bundesgewalt abgedeckt

---

1022 Vgl. BVerfGE 46, 268, 287; 100, 226, 245 zu Ausgleichsregelungen im Bereich der Inhalts- und Schrankenbestimmungen im Sinne des Art. 14 Abs. 1 S. 2 GG; *Depenheuer*, in: v. Mangoldt/Klein/Starck GG I, Art. 14, Rn. 437.

1023 BVerfGE 24, 467, 419.

1024 BVerfGE 24, 367, 418; 46, 268, 287.

1025 Vgl. Analyse der Entschädigungsansprüche in der Rechtssprechung von Bundesverfassungsgericht und Bundesgerichtshof bei Sieckmann, Eigentumsschutz, S. 60 ff., 62.

1026 BVerfGE 58, 300, 322; *Wendt*, in: Sachs GG, Art. 14 Rn. 168; *Schwerdtfeger*, JuS 1983, S. 104, 105.

1027 United States Constitution, Amendment 5: "[P]rivate property [shall not] be taken for public use, without just compensation."

ist.[1028] Was alles unter den Begriff des Eigentums fällt, ist nicht aus der Verfassung abzuleiten; vielmehr muss dazu auf allgemeine Quellen im Gliedstaaten- oder nationalen Recht zurückgegriffen werden.[1029]

2. Eigentum

Der Eigentumsbegriff des fünften Amendment umfasst neben beweglichen und unbeweglichen Sachen im Hinblick auf Besitz-, Nutzungs- und Verfügungsrechte beispielsweise auch Forderungsrechte, vertragliche Rechte, staatlich verliehene Rechte und öffentlich-rechtliche Rechte.[1030] Der Eigentumsbegriff der amerikanischen Bundesverfassung ist genauso weit gefasst wie das verfassungsrechtliche Eigentum in Deutschland.[1031] Ab wann ein Interesse zu einem Eigentumsrecht im Sinne des fünften und 14. Amendment erstarkt, hängt von der Nähe zu den klassischen Eigentumsfunktionen und allgemeinen Billigkeitserwägungen ab.

3. Enteignung

Das amerikanische Verfassungsrecht und der Supreme Court unterscheiden zwischen entschädigungspflichtige Enteignungen und entschädigungslosen Eigentumsregelungen. Die Abgrenzung zwischen diesen beiden Eingriffsarten nimmt der Supreme Court jedoch nicht anhand einer feststehendel Formel vor. Zwar hatte er in seiner frühen Rechtsprechung Enteignungen nur im Falle einer körperlichen Weg- oder Inbesitznahme angenomme.[1032] Diese Rechtsprechung änderte der Supreme Court jedoch bald dahingehend, dass je nach Grad der Beeinträchtigung auch Nutzungsbeschränkungen zu Enteignungen werden können.[1033] Das Merkmal der körperlichen Inbesitznahme ist heute noch insoweit von Bedeutung, als die Gerichte bei seinem Vorliegen eine Entschädigungspflicht nie

1028 Siehe zu den Kompetenzen des Bundes allgemein *Brugger*, Einführung in das öffentliche Recht der USA, § 5 III.

1029 Vgl. *Ruckelshaus v. Monsanto Co.*, 467 U.S. 986, 1001 (1984).

1030 *Cincinnati v. Louisville & Nashville Railroad Co.*, 223 U.S. 390, 400 (1912): „This power extends to tangibles and intangibles alike. A chose in action, a charter, or any kind of contract, are, along with land and movables, within the sweep of this sovereign power" of eminent domain; vgl. auch *Penn Central Transportation Co. v. New York City*, 438 U.S. 104, 142 f. (1978).

1031 Vgl. *Lücke*, VerwArch 67 (1976), S. 48, 49.

1032 Z. B. *Transportation Co. v. Chicago*, 99 U.S. 635, 642 (1879).

1033 Vgl. *Nowak/Rotunda*, Constitutional Law, S. 483 f.; *Lücke*, VerwArch 67 (1976), S. 48, 52.

verneinen (*physical invasions test*).[1034] Ziel der *takings clause* ist es zum einen, ungerechtfertigte Enteignungen zu verhindern, zum anderen, bei im öffentlichen Interesse gerechtfertigten Enteignungen auch die Öffentlichkeit und nicht nur den Betroffenen für den Schaden einstehen zu lassen.[1035] Die Abgrenzung einer Enteignung von einer Eigentumsregelung erfolgt deshalb auch unter dem Gesichtspunkt der Gerechtigkeit.In diesem Sinn bekräftigt die Garantie klassisch-naturrechtliche Postulate der Schutzwürdigkeit von Eigentum und sichert gleichzeitig eine faire Verteilung von Vorteilen und Lasten ab. Die Regelungen des fünften Amendment sollen den Bürger davor bewahren, „dass eine Regelung einzelne Bürger dazu zwingen kann, öffentliche Lasten zu tragen, die unter Gesichtspunkten von Fairness und Gerechtigkeit von der Öffentlichkeit als ganzer getragen werden sollten".[1036]

Das fünfte Amendment setzt zwei Voraussetzungen für Enteignungen fest. Sie müssen dem öffentlichen Gebrauch dienen und führen zur Pflicht einer gerechten Entschädigung. Diese Kriterien gelten auch für die Gliedstaaten, deren Enteignungskompetenz in der weiten *police power* gründet. Zwar gibt es keine mit dem fünften Amendment vergleichbare Vorschrift für die Staaten; die Voraussetzungen dieses Zusatzartikels sieht die Rechtsprechung aber als durch die *due process*-Klausel des 14. Zusatzartikels inkorporiert an.[1037]

4. Rechtfertigung

Die Enteignung muss zugunsten eines öffentlichen Zwecks erfolgen. Dient sie nicht dem öffentlichen Gebrauch (*public use*), ist sie verfassungswidrig. Die Rechtswidrigkeit kann dann nicht durch die Leistung einer Entschädigung an den Eigentümer geheilt werden. Die staatliche Gewalt hat einen weiten Beurteilungsspielraum bei der Frage, welche Ziele zu dem öffentlichen Nutzen zählen sollen. Der Supreme Court setzt dem Gesetzgeber keine Grenzen, solange eine Regelung geeignet ist, die Gesundheit, die Sicherheit, die Moral des Gemeinwesens oder sonstige soziale, politische oder auch ästhetische Zwecke zu fördern. Eine Beeinträchtigung des Privateigentums bei der Verfolgung eines dieser

---

1034 *Michelman*, Harv. L. Rev. 80 (1967), S. 1164, 1184.

1035 Vgl. *Sax*, 68 Mich. L. Rev. (1970) S. 471, 479.

1036 *Penn Central Transportation Co. v. New York City*, 438 U.S. 104, 123 (1978); vgl. auch *Pruneyard Shopping Center v. Robins*, 447 U.S. 74, 83 (1980). Der fünfte Verfassungszusatz gibt damit einen Grundgedanken zu erkennen, dessen gerichtliche Konkretisierung zu keiner nachhaltigen Dogmatik geführt hat. Das Gericht betonte gleich im Anschluss an die zitierte Stelle, dass seine Entscheidungen oft von den Umständen des Einzelfalls abhängen.

1037 Seit *Chicago, Burlington & Quincy R. R. Co. v. Chicago*, 166 U.S. 226 (1897).

Zwecke wertet der Supreme Court als legitime Inanspruchnahme der polizeilichen Zuständigkeiten.[1038]

Die Rechtsprechung hatte das Kriterium des *public use* zunächst eng im Sinne des buchstäblich öffentlichen Gebrauchs der enteigneten Sache verstanden.[1039] Die neuere Rechtsprechung hat diese Beschränkung aufgegeben und die gerichtliche Prüfungskompetenz, vergleichbar mit der Ausweitung der *police power* nach Ende der *Lochner*-Ära, auf einen Willkürtest (*,rational basis test'*) zurückgestuft.[1040] In *Hawaii Housing Authority v. Midkiff* setzt der Supreme Court den Begriff *public use* mit der weiten *police power* gleich. Deren Inhaltsbestimmung steht in aller Regel der Legislative und nicht der Judikative zu. Das Gericht betont zwar, dass auch hier verfassungswidrige Grenzfälle möglich sind, insbesondere wenn die Enteignung lediglich dazu dient, ökonomische Vorteile von einer Privatperson auf die andere zu verlagern, ohne dass ein rechtfertigendes öffentliches Interesse vorliegt.[1041] Unabhängig davon gilt: "[W]here the exercise of the eminent domain power is rationally related to a conceivable public purpose, the Court has never held a compensated taking to be proscribed by the Public Use Clause".[1042] Diese Formulierung klingt nach der Art von gerichtlicher Zurückhaltung, wie sie das Gericht in der modernen *economic due process*-Rechtsprechung praktiziert. Grenzen gerichtlicher Zurückhaltung (*,judicial restraint'*) werden sichtbar, wenn staatliche Behörden Koppelungsgeschäfte durch Auferlegung von *,unconstitutional conditions'* eingehen wollen. Es geht hier um Fälle, in denen Behörden die erforderliche Genehmigung zur Nutzung einer Eigentumsposition – etwa in Form der Bebauung eines Grundstücks – von der Eingehung einer Verpflichtung des Eigentümers – zum Beispiel zur Duldung eines öffentlichen Wegs auf dem Grundstück – abhängig machen. Das ist nach der Rechtsprechung nur zulässig, wenn zwischen den beiden Rechtsakten eine

1038 Vgl. nur die Entscheidung *Kelo v. New London*, 125 S.Ct. 2655 (2005) aus jüngster Zeit, ebenso wie *Berman v. Parker*, 348 U.S. 26 (1954) und *Hawaii Housing Authority v. Midkiff*, 467 U.S. 229 (1984); kritisch zu der Zurückhaltung des Supreme Court in Enteignungsfällen zugunsten eines öffentlichen Zwecks *Mahoney*, Supreme Court Rev. 2005, S. 103 ff.

1039 Vgl. *Rittstieg*, Eigentum, S. 172.

1040 Zur Ausweitung der *,police power'* im historischen Zusammenhang vgl. *Rittstieg*, Eigentum, S. 149 f.

1041 In der Zeit nach der *Lochner*-Ära zählen dazu aber auch sozialstaatlich motivierte Ausgleichsmaßnahmen. Es ist zweifelhaft, ob diese Beschränkung Wirkung entfalten kann.

1042 *Hawaii Housing Authority v. Midkiff*, 467 U.S. 229, 241 (1984). In dieser Entscheidung hielt der Supreme Court ein öffentliches Interesse für gegeben, obwohl Nutznießer der staatlichen Beschränkung Private waren.

ausreichend enge Verbindung in Form einer ‚*rough proportionality*' besteht.[1043] Darüber hinaus wird das Erfordernis des öffentlichen Interesses von der Rechtsprechung weit ausgelegt. Solange der Gesetzgeber einen Zweck zu im öffentlichen Interesse liegend erklärt, kann der Staat zur Verfolgung dieses Zweckes privates Eigentum enteignen, ohne dass die Judikative einschreitet.[1044]

5. Entschädigung

Der Enteignete hat nach amerikanischer Rechtsprechung Anspruch auf eine finanzielle Entschädigung. Ihm soll ein volles Äquivalent für das verlorene Eigentum zuteil werden. Finanziell soll er stehen, als hätte die Enteignung nicht stattgefunden. Nach einer viel zitierten Formulierung kommt es zur Bestimmung der Entschädigungshöhe auf das an, was der Eigentümer verloren hat, und nicht auf das, was der Begünstigte gewonnen hat.[1045] Als Äquivalent gilt der faire Marktpreis, der dadurch umschrieben ist, was ein williger Käufer einem willigen Verkäufer zahlen würde.[1046] Ist dieser Preis nicht festzustellen, sind Eigentümer- und Öffentlichkeitsinteressen gerecht abzuwägen. Auf staatlicher Verleihung beruhende Vorteile sind im Entschädigungsumfang zu berücksichtigen.[1047] Von der Entschädigungspflicht gibt es eine wichtige Ausnahme. Bezweckt die hoheitliche Maßnahme eine bestimmte Eigentumsnutzung oder das Eigentumsrecht an bestimmten Gegenständen unter übergeordneten Gesichtspunkten des Gemeinwohls zu unterbinden, wird die Anwendung der Entschädigungsklausel in der Rechtsprechung ausnahmslos abgelehnt.[1048] Entscheidungen wie *Mugler v. Kansas* stellen auf die *police power* im engeren Sinne als Befugnis zum Schutz der öffentlichen Gesundheit, Moral und Sicherheit ab.[1049] Erst in der Ent-

---

1043 Vgl. *Nollan v. California Coastal Comm'n*, 483 U.S. 825 (1987); *Dolan v. City of Tigard*, 512 U.S. 374 (1994). Generell zu einer eigentumsfreundlichen Sicht *Epstein*, Takings, 1987.

1044 Vgl. *Berman v. Parker*, 348 U.S. 26 (1954); kritisch äußert sich zu diesem Zustand *Nelson*, in: Morrison, Fundamentals of American Law, S. 269.

1045 *Boston Chamber of Commerce v. Boston*, 217 U.S. 189, 195 (1910).

1046 *United States v. Miller*, 317 U.S. 369, 373 f. (1943).

1047 Vgl. *United States v. 564.54 Acres of Land*, 441 U.S. 506 (1979); *United States v. Fuller*, 409 U.S. 488 (1973).

1048 Vgl. zum Beispiel *Mugler v. Kansas*, 123 U.S. 623 (1887); *Miller v. Schoene*, 276 U.S. 272 (1928); *United States ex Relation T.V.A. v. Powelson*, 319 U.S. 266 (1948); ebenso *Goldblatt v. Town of Hampstead*, 369 U.S. 590 (1962).

1049 Dem entspricht die Kennzeichnung der in dem Fall konfiszierten Alkoholika als '*public nuisance*', *Mugler v. Kansas*, 123 U.S. 623 (1887). Im Fortschreiten seiner Entscheidungen löste sich der Supreme Court zunehmend von der *public nuisance*-Doktrin, vgl. nur *Miller v. Schoene*, 276 U.S. 272 (1928).

scheidung *Pennsylvania Coal Co. v. Mahon*[1050] erklärte der Supreme Court, auch im Falle eines zulässigen Einsatzes der *police power* bestehe eine Grenze hinsichtlich der durch die Maßnahme hervorgerufenen Wertminderung. Wenn die Wertminderung eine gewisse Grenze überschreite, müsse in den meisten, wenn nicht in allen Fällen die mit einer Entschädigung verbundene Enteignungsgewalt (‚*eminent domain*') eingesetzt werden.[1051]

Das Kriterium der Schwere des Eingriffs ist für das geltende Verfassungsrecht der USA nach wie vor von Bedeutung. Es findet jedenfalls dann Anwendung, wenn keine ständige physische Besetzung (*permanent physical occupation*) vorliegt. In Übereinstimmung mit *Pennsylvania Coal* stellt der Supreme Court strenge Anforderungen an die Voraussetzung der Schwere als Grundlage einer Entschädigungspflicht. Maßgeblich ist, ob dem Eigentümer nach dem Eingriff noch eine vernünftigerweise in Betracht zu ziehende Verwendungsweise seines Eigentums bleibt.

III. Vergleich des Eigentumsschutzes im deutschen und amerikanischen Recht

Eine erste wichtige Übereinstimmung ist im Eigentumsbegriff festzustellen. Im amerikanischen Recht wird eine weite Eigentumskonzeption vertreten, die mit dem weiten verfassungsrechtlichen Eigentumsbegriff im deutschen Verfassungsrecht vergleichbar ist. Es finden sich insbesondere auch Ansätze zu einer Anerkennung öffentlich-rechtlicher vermögenswerter Positionen, teils als Eigentumsrechte, teils im Rahmen der Doktrin der ‚*legitimate expectations*'. Das führt zunächst zu einem weiten Schutzbereich der Eigentumsgarantie und einem weiten Spektrum geschützter Positionen. Unterschiede ergeben sich jedoch aus den Schutzkonzeptionen gegen Eingriffe in die so gewährleisteten Rechte.

Eigentumsrechte werden in beiden Rechtsordnungen nicht als selbständige, absolute Rechte geschützt, sondern zunehmend im Wege der Abwägung mit und in Abgrenzung zu anderen Rechten und Interessen. In der Rechtsprechung des Bundesverfassungsgerichts wird dies deutlich aufgrund der These der Gesetzesabhängigkeit des Eigentumsschutzes, der Ausweitung des Anwendungsbereichs der Ermächtigung zu Inhalts- und Schrankenbestimmungen gemäß Art. 14 GG Abs. 1 S. 2 GG gegenüber dem der Enteignungsermächtigung des Art. 14 Abs. 3 GG und der Verlagerung des Eigentumsschutzes von Art. 14 Abs. 3 GG zu einem Schutz gegenüber Inhalts- und Schrankenbestimmungen gemäß Art. 14 Abs. 1 S. 2 GG. Die These, dass der Inhalt des geschütz-

1050 260 U.S. 393 (1922).

1051 Richter Holmes in *Pennsylvania Coal Co. v. Mahon*, 260 U.S. 393 (1922).

ten Eigentums durch die jeweiligen Gesetze bestimmt werde, steht im Gegensatz zur Annahme der Selbständigkeit von Eigentumsrechten. Zugleich wurde der entschädigungsorientierte Eigentumsbegriff, der die Notwendigkeit einer Entschädigung als Kriterium für die Einordnung als Eigentum enthielt, aufgegeben. Dies führt zu einer Ausweitung des Eigentumsbegriffs in Deutschland sowie dazu, dass die Entschädigung nicht mehr selbstverständliche Folge eines Eigentumsentzugs ist. Ist die Gewähr einer Entschädigung nicht selbstverständlich, muss der Gesetzgeber über sie entscheiden. Eine mit Eigentumsrechten vorgegebene Wertzuweisung wird von einer offenen Abwägung hinsichtlich der Entschädigungspflicht abgelöst. Jeder Eigentumsentzug ist als Eingriff durch oder aufgrund einer Inhaltsbestimmung des Eigentums vorstellbar. Das Vorliegen einer Enteignung wird davon abhängig, dass der einfache Gesetzgeber einen Entzug von Eigentumsrechten als Enteignung ausweist. Im amerikanischen Recht finden sich ähnliche Tendenzen zu einem Schutz von Eigentumsrechten durch die Abwägung von Eigentumsprinzipien gegen Eigentumseingriffe. Eigentumsschutz im amerikanischen Recht gegenüber gesetzlichen Regelungen wie auch gegenüber Verwaltungsmaßnahmen erfolgt hauptsächlich im Wege der Abwägung der widerstreitenden Eigentumsprinzipien.[1052]

Der Eigentumsschutz im deutschen Recht und insbesondere die Rechtsprechung des Bundesverfassungsgerichts werden durch die Abwägung von Eigentumsprinzipien und die Gesetzesabhängigkeit des Eigentumsschutzes[1053] geprägt. Dies gilt für Inhalts- und Schrankenbestimmungen des Eigentums und deren Anwendung sowie Enteignungen. Das Bundesverfassungsgericht betont, dass durch solche Abwägungen nicht verfassungsunmittelbar Eigentumsrechte oder Entschädigungsansprüche begründet werden können, sondern diese zunächst vom einfachen Gesetzgeber festzusetzen sind. Der Schutz von Eigentumsrechten durch nicht eigentumsspezifisches Verfassungsrecht, wie Zuständigkeits-, Verfahrens- und Formvorschriften oder rechtsstaatliche Grundsätze, ist im Grundsatz anerkannt, aber nicht so stark ausgeprägt wie der *due process-*

1052 So zuletzt in der Entscheidung *Kelo v. New London*, 125 S Ct 2655 (2005). Die Verwaltung wog zwischen dem Kriterium des ‚*public use*' und dem Interesse der zu enteignenden Eigentümer ab und entschied zugunsten des öffentlichen Interesses und erhielt in der Entscheidung des Supreme Court Recht.

1053 Vgl. BVerfGE 95, 64, 82 f.: „Der verfassungsrechtliche Schutz einer Eigentumsposition reicht also nicht weiter als die mit ihr zulässigerweise verbundenen, gesetzlich definierten Befugnisse." Ebenso in der Nassauskiesungsentscheidung, BVerfGE 58, 300, 336: „Ergibt sich hierbei, dass ein Eigentümer eine bestimmte Befugnis nicht hat, so gehört sie nicht zu seinem Eigentumsrecht." Zur These von der Gesetzesabhängigkeit des Eigentumsschutzes vgl. *Sieckmann*, Verfassungsrechtlicher Eigentumsschutz, S. 12 ff.

Schutz in den USA. Neben Einschränkungen des formellen Schutzes allgemeiner Art gibt es gegenüber Inhaltsbestimmungen des Eigentums eine Einschränkung des abwehrrechtlichen Schutzes. Die Verfassungswidrigkeit einer Eigentumsregelung führt nicht notwendig dazu, dass auf sie gestützte Eingriffe verfassungswidrig und zu beseitigen sind, sondern unter Umständen nur zu einem Anspruch auf gesetzliche Neuregelung.[1054] Über den formellen Schutz hinaus erfolgt ein eigentumsspezifischer Schutz im Wege der Abwägung von Eigentumsinteressen.

Ein Eigentumsschutz durch Abwägung[1055] widerstreitender Belange zeigt sich im amerikanischen Recht bei der Anwendung der Verhältnismäßigkeitskontrolle (*strict scrutiny, balancing test, harm-benefit-test*) sowie in dem Gebot des Vertrauensschutzes nach der Doktrin der ‚*legitimate expectations*' bei der Kontrolle des Verwaltungsermessens. Dies stimmt mit den Strukturen des verfassungsrechtlichen Eigentumsschutzes im deutschen Recht überein. Ein prinzipieller Eigentumsschutz erfolgt ferner bei der Kontrolle des Verwaltungsermessens. Diese Kontrolle wird im Rahmen der Vernünftigkeit (*rational basis test*) des Verwaltungshandelns zunehmend durch Verhältnismäßigkeitskriterien strukturiert, wenn auch unter weniger strengen Anforderungen als unter dem *strict scrutiny test* des Supreme Court. Eine Abwägung ist im amerikanischen Verfassungsrecht aber nicht zwingend notwendig, sondern wird abhängig vom Einzelfall durchgeführt oder unterlassen.

Die Abgrenzung von Enteignung und Eigentumsregelung wird in Amerika im Sinne einer graduellen Unterscheidung getroffen, vergleichbar mit der Rechtsprechung des Bundesgerichtshofs. Die Abgrenzung von Beschränkungen des Eigentums, die ohne Entschädigung aufgrund einer allgemeinen staatlichen Eingriffsbefugnis (*police power*) zulässig sind, zu entschädigungspflichtigen Eingriffen betrifft die gleiche Frage, die sich im Zusammenhang mit der Anwendung des Art. 14 Abs. 1 GG im Hinblick auf das Ausmaß der Sozialbindung des Eigentums stellt. Nach amerikanischem Recht soll nicht mehr allein die Form des staatlichen Eingriffs (*permanent physical occupation*) ausschlaggebend sein, sondern als wesentlicher wurde in der Entscheidung *Pennsylvania Coal*[1056] die Schwere des Eingriffs beurteilt.[1057] Entschädigung wird von den Gerichten nicht nur auf gesetzlicher Grundlage zugesprochen, wie es dem vom Bundesverfassungsgericht vertretenen Grundsatz der Gesetzmäßigkeit der Entschädigung entspräche. Eine Entschädigung kann auch mit allgemeinen Aufopferungsgrundsät-

---

1054 Vgl. BVerfGE 58, 137, 152; 87, 114, 150.

1055 Eine Aufteilung des Eigentumsschutzes in verschiedene Modelle, darunter auch das Abwägungsmodell, nimmt *Sieckmann* vor, vgl. *ders.*, Modelle des Eigentumsschutzes.

1056 260 U.S. 393 (1922).

1057 Vgl. oben, S. 72 ff.; s. a. die Analyse von *Kokott*, JöR N.F. 35 (1986), S. 335, 362 f.

zen begründet werden. Die Verfassung sieht die Gewähr einer Entschädigung als Wertersatz für enteignete Eigentumspositionen vor. Darüber hinaus ist das Entschädigungserfordernis nicht gesetzlich geregelt. In der amerikanischen Entschädigungsrechtsprechung existiert keine Aufspaltung in Abwehrrechtsschutz und Entschädigungsanspruch. Das stellt einen zentralen Unterschied zum deutschen Recht dar.

Die Fragen nach der Enteignungskompetenz haben die amerikanische Rechtsprechung und Dogmatik weniger beschäftigt als die deutsche. Die entscheidenden Kontroversen im amerikanischen Recht beziehen sich auf den Umfang des jeweiligen Eingriffs, auf die Einschätzung der Schwere des Eingriffs und sein Verhältnis zu den Bedürfnissen des Gemeinwohls, wie es auch in der Zurückhaltung bei Entschädigungen in staatlichen Notstandssituationen zum Ausdruck kommt. Auffällig ist die pragmatische Herangehensweise an die Enteignungproblematik, verglichen mit den Bemühungen des deutschen Rechts zur dogmatischen Systematisierung, die trotz aller Bestrebungen um Klarheit im Verlaufe der Auslegung und Anwendung des Grundgesetzes beträchtlichen Schwankungen unterlagen. In beiden Rechtsordnungen ist letztlich die Güterabwägung zwischen Individualinteresse und allgemeinem Wohl die zentrale Fragestellung zum materiellen Recht.

Unterschiede im deutschen und amerikanischen Eigentumsschutz können sich auch aus der Staatsorganisation beider Staaten sowie einem unterschiedlichen Verfassungsverständnis ergeben. In Deutschland folgt die Staatsorganisation gemäß Art. 20 Abs. 1 bis 3, Art. 28 Abs. 1 GG den fünf Prinzipien Republik, Demokratie, Rechtsstaat, Föderalismus und Sozialstaat. Hinzu kommen die in der Verfassung formulierten Staatsziele.[1058] Die amerikanische Verfassung enthält weder ein Sozialstaatsprinzip noch eine positive Schutzverpflichtung für die Menschenwürde. Die Rechtsprechung des Supreme Court kennt ein allgemeines Recht auf Unterstützung nicht.[1059] Das Gericht sieht die Gewährleistung eines wirtschaftlichen Mindeststandards als konstitutiven Bestandteil der Verfassungsgerechtigkeit an, der als Staatsziel in erster Linie von den demokratisch

---

1058 Die Aufnahme von Staatszielbestimmungen in das deutsche Grundgesetz führt hingegen auch zu Konflikten mit den Grundrechten. Manche Autoren kritisieren, dass das Niveau der Sozialpflichtigkeit zugunsten des Umweltschutzes durch die Einführung des Art. 20a GG erhöht wurde, vgl. *Sellmann*, NVwZ 2003, 1417, 1419; skeptisch betrachtet diese Entwicklung vor allem *Leisner*, DÖV 1991, 781 ff., der eine Zurückdrängung der Rechte des Privateigentümers zugunsten des Umwelt- und Naturschutzes befürchtet.

1059 Vgl. *Brugger*, Der Staat 39 (2000). S. 425, 442 mit Hinweis auf *Laurence Sager*, in: Alexander (Hrsg.), Constitutionalism. Philosophical Perspectives, 1998, in dessen Verfassungstheorie diese Direktiven zur politischen Gerechtigkeit gehören.

zuständigen Organen zu berücksichtigen ist. Die amerikanische Verfassung konzentriert sich auf Vorgaben zum Ablauf des politischen Prozesses, den sie demokratisch organisiert. Dabei gibt sie der Politik kaum materielle Ziele vor. Anders ist es in der deutschen Verfassung, die die Sozialstaatlichkeit zu einem ihrer grundlegenden Prinzipien erhebt, Art. 20 Abs. 1 und Art. 28 Abs. 1 GG.[1060] In Deutschland sind die Sozialbindung des Eigentums und damit auch seine Sozialpflichtigkeit wesentlich stärker ausgeprägt.[1061] Die Verfassung fordert den Gesetzgeber auf, das Ziel der sozialen Gerechtigkeit und des Ausgleichs nicht aus den Augen zu verlieren. Der Text der amerikanischen Verfassung zeigt hingegen nur einen Bruchteil des geltenden Verfassungsrechts. Verfassungsrechtliche Leitlinien sind im Wesentlichen der Dogmatik und den Entscheidungen des Supreme Court zu entnehmen. Das erklärt auch, warum der Eigentumsschutz in der amerikanischen Verfassung nur sehr knapp geregelt ist.

In Deutschland steht die einzelne Rechtsposition in der grundrechtlichen Sicherung, soweit auf sie der einheitliche Eigentumsbegriff anwendbar ist. Diese Einheitlichkeit zieht sich durch das gesamte Eigentumsrecht und führt zu einem einheitlichen Begriff der Sozialpflichtigkeit allgemein.[1062] Der Eigentumsschutz ist nicht in einzelne Kategorien aufgeteilt, sondern gilt grundsätzlich für alle Positionen in gleichem Maße. Eine Ausnahme wird höchstens für das Grundeigentum gemacht. Das Bundesverfassungsgericht scheint hier eine Abschwächung des Grundrechtsschutzes anzunehmen. Sozialbindung dürfe hier stärker zum Zuge kommen, weil der Boden nicht vermehrbar, jedoch von enormer volkswirtschaftlicher Bedeutung sei.[1063] Dabei ist der Grundrechtsschutz nicht grundsätzlich abgeschwächt. Nur in gewissen, einzelnen Richtungen ist eine weitergehende Sozialbindung gerechtfertigt. In den USA bestimmt sich der Schutzgrad danach, welchen Prüfungsmaßstab der Supreme Court anlegt und ist damit weniger vorhersehbar für den Grundrechtsinhaber.

Anders als in Deutschland stand und steht der personale Aspekt des Eigentums in den Vereinigten Staaten nicht im Vordergrund.[1064] Für das marktwirtschaftliche Denken, das Nordamerika von vornherein geprägt hat, ist Eigentum vor allem durch seinen Ertragswert und seine Veräusserlichkeit gekennzeichnet.

1060 Dabei war zunächst umstritten, welcher Rechtscharakter der Sozialstaatsklausel zukommen soll. Die wohl herrschende Ansicht sieht die Klausel als verbindliches Verfassungsrecht an, vgl. ausführlicher dazu *Brugger*, Demokratie, Freiheit, Gleichheit, S. 85.

1061 Vgl. *Kommers*, Constitutional Jurisprudence, 1997, S. 250; *Brugger*, Demokratie, Freiheit, Gleichheit, S. 81 u. 83.

1062 *Leisner*, in: HStR VI, S. 1042 mit Hinw. auf BVerfGE 20, 351, 356.

1063 BVerfGE 21, 73, 83 f.; s. auch E 52, 1, 32 f.

1064 Vgl. *Rittstieg*, Eigentum, S. 171.

Unter dem Wertaspekt ist die Enteignung als eine Art Zwangsverkauf deshalb vergleichsweise bedeutungslos, wenn die Höhe der Entschädigung angemessen ist. Als ein Prinzip des Eigentumsschutzes lässt sich im amerikanischen Recht deshalb eine nur schwache Bestandsgarantie des Eigentums gegenüber einer im Vordergrund stehenden Wertgarantie feststellen. Dieses Prinzip kommt aufgrund der *takings clause* im fünften Amendment der Bundesverfassung nicht nur im Rahmen der Interpretation von Gesetzen und bei der Kontrolle von Ermessenenstscheidungen zur Anwendung, sondern auch beim Erlass von Gesetzen durch die Legislative.

Eine für den Eigentümer noch so schwerwiegende Beeinträchtigung oder gar ein völliger Rechtsentzug aufgrund einer Inhalts- und Schrankenbestimmung kann im deutschen Recht anders als in Amerika nicht als entschädigungspflichtige Enteignung behandelt werden. Das unterscheidet das deutsche Recht grundlegend von der Herangehensweise des Supreme Court. Die ausdifferenzierte Methodik im deutschen Verfassungsrecht seit der Nassauskiesungsentscheidung[1065] des Bundesverfassungsgerichts entfaltet vor diesem Hintergrund seine besondere Bedeutung. Die Betonung der prinzipiellen Bestandsgarantie des Eigentums unter Zurückdrängung der Wertgarantie, wie sie vom Bundesverfassungsgericht vertreten wird, führt zwar auch zu einer stärkeren Politisierung, aber vor allem zu einem wirksameren Eigentumsschutz. Bei der Abwägung von Eigentumsprinzipien kommt es entscheidend auf die wertende Gewichtung von Eigentumsprinzipien an und damit auf den Stellenwert, den die Gesellschaft einem Eigentumsinteresse zumisst. Der exakte Umfang des von Art. 14 Abs. 1 S. 1 GG gewährleisteten Bestandsschutzes orientiert sich ausschließlich an den konkreten Befugnissen, die dem Bürger aufgrund einfachen Rechts subjektive Rechte vermitteln. Die Bestandsgarantie des Eigentums sichert anders als eine reine Wertgarantie den Bestand des Eigentums in seiner konkreten Substanz in der Hand des Eigentümers und stellt grundsätzlich höhere Anforderungen an Eingriffe in dieses Zuordnungsverhältnis.

Vor allem, wenn Enteignungen für den Bürger in den USA unvorhergesehen geschehen, bleibt der Eigentumsschutz in Amerika hinter dem Deutschlands zurück. Eigentumsbeeinträchtigungen sind in den USA praktisch immer möglich, solange der Staat für die Vereinnahmung des Eigentums eine Entschädigung gewährt und die Grundsätze eines angemessenen Verfahrens beachtet. Ist eine Enteignung verfahrensfehlerhaft erfolgt, wird keine Entschädigung geleistet, sondern die Maßnahme für verfassungswidrig erklärt. Der Eigentümer hat einen Anspruch auf Neuregelung oder Rückgängigmachung der Maßnahme. Nutzungsregulierungen in den USA ähneln den Inhalts- und Schrankenbestimmun-

1065 BVerfGE 58, 300.

gen des deutschen Verfassungsrechts, werden jedoch nicht von Enteignungen unterschieden, sondern im Falle der *regulatory takings* ebenso behandelt wie klassische Enteignungen. *Land use regulation* muss das Ausmaß von *regulatory takings* erreichen, um ein Entschädigungserfordernis auszulösen, anderenfalls muss sie entschädigungslos hingenommen werden. Ersteres ist mit der deutschen Figur der ausgleichspflichtigen Inhalts- und Schrankenbestimmung vergleichbar. Art und Ausmaß der Entschädigung müssen anders als in Deutschland nicht durch den Gesetzgeber festgelegt werden, sondern werden von den Gerichten zugesprochen. Der Bürger kann nicht absehen, ob eine Maßnahme, die sein Eigentum beeinträchtigt, als Enteignung einzustufen ist, bis er dies gerichtlich feststellen lässt. Weil nicht gesetzlich festgelegt ist, in welchen Fällen eine entschädigungspflichtige Enteignung vorliegt, können Enteignungen den Bürger in den USA auch unvorhergesehen treffen. Darüber hinaus kann er nicht sicher sein, dass er für einen erlittenen Eigentumsverlust eine Entschädigung erhalten wird. Die Gewähr eines finanziellen Ausgleichs hängt hauptsächlich von dem Urteil der Richter ab.

Ganz anders ist die Situation in Deutschland. Seit der Nassauskiesungsentscheidung sind die ordentlichen Gerichte nur noch befugt, über die Höhe einer Entschädigung zu befinden. Richterrechtliche Entschädigungsgrundlagen existieren nicht, solange nicht ein Gesetz die Gewähr einer Entschädigung vorschreibt.[1066] In den USA hingegen legt ausserhalb der Verfassung kein Gesetz das Entschädigungserfordernis fest. Die Verfassung ordnet lediglich an, dass eine Entschädigung notwendig ist im Falle einer Enteignung zu einem öffentlich Zweck. Darüber, wann eine Enteignung in diesem Sinne vorliegt, entscheidet die Judikative. Zwar hat der Supreme Court verschiedene wiederkehrende *tests* zur Ermittlung einer Enteignung und zur Abwägung widerstreitender Interessen entwickelt. Aber die Entwicklung der Rechtsprechung zeigt, dass auch sie den sich über die Jahre wandelnden Wertvorstellungen unterliegt und in Eigentumsentscheidungen mal zugunsten, mal zulasten des Privateigentums urteilt.

1066 BVerfGE 58, 300, 319.

Verzeichnis der abgekürzt zitierten Literatur

Ackerman, Bruce A.: Private Property and the Constitution, New Haven und London, Yale University Press, 1977

Adams, Robert: Introduction, 1 Emerging Issues in State Constitutional Law XI, 1988

Aichele, Robert / Herr, Gunther: Die Aufgabe des übergesetzlichen Bestandsschutzes und die Folgen, in: NVwZ 2003, S. 415-421

Alexander, Larry (Hrsg.): Constitutionalism. Philosophical Perspectives, Cambridge 1998

Alexy, Robert: Grundrechte als subjektive Rechte und als objektive Normen, in: Der Staat 29 (1990), S. 49-68

American Legal Institute: Restatement of the Law of Property, St. Paul, Minn. 1944

American Planning Association: Responding to the Takings Challenge 23, Planning Advisory Serv. Report No. 415, hrsg. v. Richard J. Roddewig und Christopher J. Duerksen, Washington 1989

Appel, Markus: Entstehungsschwäche und Bestandsstärke des verfassungsrechtlichen Eigentums, Berlin 2004

Aristoteles: Politics, mit einer Übersetzung von H. Rackham, The Loeb Classical Library, Bd. 264, 4. Aufl., London und Cambridge, Mass. 1967

Arnauld, Andreas von: Enteignender und enteignungsgleicher Eingriff heute, in: Verwaltungsarchiv 93 (2002), S. 394 ff.

Arnauld, Andreas von: Die normtheoretische Begründung des Verhältnismäßigkeitsgrundsatzes, in: JZ 2000, S. 276 ff.

Axer, Peter: Landwirtschaft und Umweltschutz – Landwirtschaftliche Bodennutzung im verfassungsrechtlichen Konfliktfeld von Eigentumsgarantie und Umweltschutz, in: DVBl. 1999, S. 1533 ff.

Ayres, Ian / Balkin, J. M.: Legal Entitlements as Auctions: Property Rules, Liability Rules, and Beyond, in: 106 Yale L. J. 703 (1996)

Badura, Peter: Eigentum, in: Benda/Maihofer/Vogel, Handbuch des Verfassungsrechts der Bundesrepublik Deutschland, 2. Aufl., Berlin 1994, S. 372 ff.

Bartlsperger, Richard: Die öffentlichrechtliche Eigentumsbeschränkung im situationsbedingten Gemeinschaftsinteresse, in: DVBl. 2003, S. 1473 ff.

Battis, Ulrich: Denkmalschutz und Eigentumsgarantie, in: NuR 2000, S. 421 ff.

Battis, Ulrich: Zur Bestimmung von Inhalt und Schranken des Eigentums durch Gesetzgeber und Gerichte, in: Isensee/Lecheler (Hrsg.), Freiheit und Eigentum – Festschrift für Walter Leisner, Berlin 1999, S. 679 ff.

Baur, Fritz: Die „Naßauskiesung“ – oder wohin treibt der Eigentumsschutz?, in: NJW 1982, S. 1734 ff.

Bauschke, Eberhard / Kloepfer, Michael: Enteignung, enteignungsgleicher Eingriff, Aufopferung, in: NJW 1971, S. 1233 ff.

Beatley, Timothy C. / Brower, David J. / Brower, Lou Ann: Managing Growth: Small Communities and Rural Areas, Chapel Hill, North Carolina 1988

Becker, Lawrence C.: Property Rights: Philosophic Foundations, New York 1980

Becker, Lawrence C.: Too Much Property, in: 21 Philosophy and Political Affairs 196 (1992)

Bell, Abraham / Parchomovsky, Gideon: Of Property and Federalism, in: 115 Yale L. J. 72 ff. (2005)

Benhabib, Seyla: Natural Right and Hegel: An Essay in Modern Political Philosophy, Ann Arbor, Mich. und London 1978

Benjamin, Stuart M.: Note, The Applicability of Just Compensation to Substantive Due Process Claims, in: 100 Yale L. J. 2667 (1991)

Bentham, Jeremy: Political Thought, London, 1973

Böhmer, Werner: Grundfragen der verfassungsrechtlichen Gewährleistung des Eigentums in der Rechtsprechung des Bundesverfassungsgerichts, in: NJW 1988, S. 2561 ff.

Böhmer, Werner: Die Rechtsgeschichtlichen Grundlagen der Abgrenzungsproblematik von Sozialbindung und Enteignung. Theodor Ritterspach zum 80. Geburtstag, in: Der Staat 24 (1985), S. 157 ff.

Brandner, Thilo: Selbst-Beherrschung im technischen und ökologischen Bereich, in: DVBl. 1997, S. 1165 ff.

Breuer, Rüdiger: Naturschutz, Eigentum und Entschädigung, in: NuR 1996, S. 537 ff.

Breuer, Rüdiger: Die Verfassungsmäßigkeit der wasserwirtschaftlichen Benutzungsordnung, in: ZfW 1979, S. 78 ff.

Breuer, Rüdiger: Die Bodennutzung im Konflikt zwischen Städtebau und Eigentumsgarantie, München 1976

Brocker, Manfred: Arbeit und Eigentum. Der Paradigmenwechsel in der neuzeitlichen Eigentumstheorie, Darmstadt 1992

Brugger, Winfried: Demokratie, Freiheit, Gleichheit. Studien zum Verfassungsrecht der USA, Berlin 2002

Brugger, Winfried: Grundrechte und Verfassungsgerichtsbarkeit in den Vereinigten Staaten vom Amerika, Tübingen 1987 (zitiert: Grundrechte)

Brugger, Winfried: Einführung in das öffentliche Recht der USA, 2. Aufl., München 2001

Brugger, Winfried: Amerikanische Verfassungstheorie, in: Der Staat 39 (2000), S. 425 ff.

Brugger, Winfried: Neuere Amerikanische Literatur zur Entwicklung des modernen Rechtsdenkens, in: Der Staat 24 (1985), S. 565 ff.

Brünneck, Alexander von: Die Eigentumsgarantie des Grundgesetzes, Baden-Baden 1984

Buchanan, James M. / Yoon, Yong J.: Symmetric Tragedies: Commons and Anticommons, in: XLIII Journal of Law and Economics 1 (2000)

Bumke, Christian: Eigentum und Grundrechtseingriff, in: NJ 1999, S. 235 ff.

Bumke, Christian: Der Grundrechtsvorbehalt, Baden-Baden 1998

Bumke, Christian / Voßkuhle, Andreas: Casebook Verfassungsrecht, 5. Auflage, München 2008

Byrnes, J. Peter: Regulating Takings and "Judicial Supremacy", in: 51 Ala. L. Rev. 949 (2000)

Calabresi, Guido: Transaction Costs, Resource Allocation and Liability Rules – a Comment, in: 11 Journal of Law and Economics 67 (1968)

Calabresi, Guido / Melamed, A. Douglas: Property Rules, Liability Rules and Inalienability Rules: One View of the Cathedral, in: 85 Harvard L. Rev. 1089 (1972)

Choper, Jesse, H. / Fallon, Richard H., Jr. / Kamisar, Yale / Shiffrin, Steven H.: Constitutional Law. Cases - Comments – Questions, American Casebook Series, 9. Auflage, St. Paul, Minnesota, 2001

Christ, Josef: Die Umlegung als Instrument des privatnützigen Ausgleichs der Eigentümerinteressen, in: DVBl. 2002, S. 1517 ff.

Claeys, Eric R.: Public-Use Limitations and Natural Property Rights, in: 2004 Mich. St. L. Rev. 877 (2004)

Coase, Ronald H.: The Problem of Social Cost, in: 3 Journal of Law and Economics 1 (1960)

Cohen, G. A.: Self-Ownership, Freedom, and Equality, Cambridge 1995

Cooley, Thomas M.: A Treatise on the Constitutional Limitations which Rest Upon the Legislative Power of the States of the American Union, Boston 1883

Corwin, Edward S.: Liberty against Government. The Rise, Flowering and Decline of a Famous Juridical Concept, Baton Rouge, Louisiana 1948

Costonis, John: Presumptive and per se Takings: A Decisional Model for the Takings Issue, in: 58 N.Y.U. L. Rev. 465 (1983)

Costonis, John: 'Fair' Compensation and the Accomodation Power: Antidotes for the Taking Impasse in Land Use Controversies, in: 75 Columbia L. Rev. 1021 (1975)

Coyle, Dennis J.: Property Rights and the Constitution: Shaping Society Through Land Use Regulation, Albany, N.Y. 1993

Davis, Michael J. / Glicksman, Robert L.: To the Promised Land: A Century of Wandering and A Final Homeland for the Due process and Takings Clauses, in: 68 Or. L. Rev. 393 (1989)

De Witt, Siegfried: Nutzung des Eigentums durch Naturschutz- und Denkmalrecht – Inhaltsbestimmung des Eigentums, in: DVBl. 1995, S. 107 ff.

Degenhart, Christoph: Denkmalschutz und Eigentum in den neuen Bundesländern, in: Festschrift für Wolfgang Gitter zum 65. Geburtstag, hrsg. von Meinhard Heinze und Jochem Schmitt, Wiesbaden 1995, S. 195 ff.

Demsetz, Harold: Toward a Theory of Property Rights, in: 57 American Economic Review, Papers and Proceedings, 347 (1967)

Depenheuer, Otto: Zwischen Verfassung und Gesetz. Die rechtsstaatliche Struktur der grundgesetzlichen Eigentumsgarantie, in: Isensee/Lecheler (Hrsg.), Freiheit und Eigentum – Festschrift für Walter Leisner, Berlin 1999, S. 277 ff.

Depenheuer, Otto / Grzeszick, Bernd: Eigentum und Rechtsstaat. Zur eigentumsrechtlichen Qualität von Ansprüchen nach dem Ausgleichsleistungsgesetz, in: NJW 2000, S. 385 ff.

Dietrich, Gunther: Eigentum und Grundwasserschutz, Marburg 1990

Dolzer, Rudolf / Waldhoff, Christian / Graßhof, Karin (Hrsg.): Bonner Kommentar zum Grundgesetz, gegründet 1950, Bd. 3, Art. 6 II bis 14 GG, 140. Aktualisierung 2009 (Stand Art. 14: 65. Lieferung 1992)

Dreier, Horst (Hrsg.): Grundgesetz Kommentar, Band 1: Artikel 1-19, 1996 (zitiert: *Bearbeiter*, in: Dreier GG)

Ehlers, Dirk: Eigentumsschutz, Sozialbindung und Enteignung bei der Nutzung von Boden und Umwelt, in: VVdStRL 51 (1992), S. 211 ff.

Ehmke, Horst: Wirtschaft und Verfassung. Die Verfassungsrechtsprechung des Supreme Court zur Wirtschaftsregulierung, Karlsruhe, 1961

Ellickson, Robert C.: Alternatives to Zoning: Covenants, Nuisance Rules, and Fines as Land Use Controls, in: 40 U. Chi. L. Rev. 681 (1973)

Ellickson, Robert C.: Adverse Possession and Perpetuities Law: Two Dents in the Libertarian Model of Properts Rights, in: 64 Wash. U. L.Q. 723 (1986)

Ellickson, Robert C.: Suburban Growth Control: A Legal and Economic Analysis, in: 86 Yale L. J. 385 (1977)

Ely, James W., Jr.: The Guardian of Every Other Right, A Constitutional History of Property Rights, 3. Aufl., New York 2007

Ely, James W., Jr.: Property Rights and Democracy in the American Constitutional Order, in: Hall, Kermit L./McGuire, Kevin T. (Hrsg.), The Judicial Branch, New York 2006, S. 487 ff.

Ely, John Hart: Democracy and Distrust - A Theory of Judicial Review, Cambridge, Mass. 1980

Engelhardt, Hanns: Entschädigungsfragen bei Naturschutzmaßnahmen, in: NuR 1991, S. 101 ff.

Epstein, Richard Allen: Takings. Private Property and the Power of Eminent Domain, Cambridge, Mass., und London 1985

Epstein, Richard Allen: Notice on Freedom of Contract in the Law of Servitudes, in: 55 S. Cal. L. Rev. 1353 (1982)

Epstein, Richard Allen: Past and Future: the Temporal Dimension in the Law of Property, in: Wash. U. L. Q. 667 (1986)

Epstein, Richard Allen: Takings. An Outline, in: 41 U. Miami L. Rev. 3 (1986)

Epstein, Richard Allen: A Last Word on Eminent Domain, 41 U. Miami L. Rev. 253 (1986)

Epstein, Richard Allen: A Clear View of the Cathedral, in: 106 Yale L. J. 2091 (1997)

Epstein, Richard Allen (Hrsg.): The Economics of Property Law, Cheltenham, Engl. und Northampton, MA 2007

Eschenbach, Jürgen: Der verfassungsrechtliche Schutz des Eigentums, Berlin 1996

Fikentscher, Wolfgang: Methoden des Rechts in vergleichender Darstellung, Bd. III, Tübingen 1976

Fischel, William A.: Introduction: Utilitarian Balancing and Formalism in Takings, in: 88 Colum. L. Rev. 1581 (1988)

Fischel, William A.: Regulatory Takings: Law, Economics, and Politics, Cambridge, Mass. 1995

Fischel, William A.: The Economics of Zoning Laws: A Property Rights Approach to American Land Use Controls, Baltimore und London 1987

Fisher, Louis: The Significance of Public Perceptions of the Takings Doctrine, in: 88 Colum. L. Rev. 1774 (1988)

Giebeler, Rolf: Verfahren und Maßstäbe bei der Setzung von Umweltstandards in den USA, Berlin 1991

Goldberger, Paul: A Commission That Has Itself Become a Landmark, in: New York Times v. 15. April 1990, S. H36

Götz, Volkmar: Entschädigung und Ausgleichsleistungen für naturschutzbedingte Beschränkungen der Landwirtschaft, in: Isensee/Lecheler (Hrsg.), Freiheit und Eigentum – Festschrift für Walter Leisner, Berlin 1999, S. 707 ff.

Graham, Howard J.: The "Conspiracy Theory" of the 14th Amendment, in: 47 Yale L. J. 371 (1938)

Griffin, James: Well-being: its meaning, measurement, and moral importance, Oxford, 1986

Haas, Evelyn: Die Baulandumlegung – Inhalts- und Schrankenbestimmung des Eigentums, in: NVwZ 2002, S. 272 ff.

Häberle, Peter: Öffentliches Interesse als juristisches Problem, Berlin 1970

Hagman, Donald C. / Juergensmeyer, Julian C.: Urban Planning and Land Development Control Law, 1986

Hale, Robert Lee: Bargaining, Duress, and Economic Liberty, in: 43 Colum. L. Rev. 603 (1943)

Hale, Robert Lee: Coercion and Distribution in a Supposedly Non-Coercive State, in: 38 Political Science Quarterly 470 (1923)

Hall, Kermit L. / McGuire, Kevin T. (Hrsg.): The Judicial Branch, New York 2006

Hansmann, Henry / Kraakman, Reinier: Property, Contract, and Verification: The Numerus Clausus Problem and the Divisibility of Rights, in: 31 J. Legal Stud. 373 (2002)

Harris, James W.: Property and Justice, Oxford 1996

Hart, H. L. A.: Between Utility and Rights, in: Essays in Jurisprudence and Philosophy, Oxford 1983

Hart, John F.: Land Use Law in the Early Republic and the Original Meaning of the Takings clause, in: 94 Northwestern U. L. Rev. 1099

Hegel, Georg Wilhelm Friedrich: Grundlinien der Philosophie des Rechts oder Naturrecht und Staatswissenschaft im Grundrisse, auf der Grundlage der Werke 1832-1845 neu ed. Ausg., Schriftenreihe Suhrkamp-Taschenbuch Wissenschaft, Band 7, 5. Aufl., Frankfurt 1996

Heller, Michael A.: The Tragedy of the Anticommons: Property in the Transition from Marx to Markets, in: 111 Harv. L. Rev. 621 (1998)

Hendler, Reinhard: Anmerkung zu BVerfG, Beschluss vom 2.3.1999 – 1 BvL 7/91, in: DVBl. 1999, S. 1501 ff.

Hendler, Reinhard: Zur bundesverfassungsgerichtlichen Konzeption der grundgesetzlichen Eigentumsgarantie, in: DVBl. 1983, S. 873 ff.

Hendler, Reinhard: Zur Inhalts- und Schrankenbestimmung des Eigentums, in: Festschrift für Hartmut Maurer zum 70. Geburtstag, München 2001, S. 127 ff.

Hobe, Stephan: Die dogmatische Verortung des Anliegergebrauchs als eigenständiges Rechtsinstitut zwischen Gemeingebrauch und Sondernutzung, in: DÖV 1997, S. 323 ff.

Hoerder, Dirk: Vom korporativen zum liberalen Eigentumsbegriff: Ein Element der amerikanischen Revolution, in: Hans-Ulrich Wehler (Hrsg.), 200 Jahre amerikanische Revolution und moderne Revolutionsforschung, Göttingen 1976, S. 76 ff.

Höffe, Otfried: Demokratie im Zeitalter der Globalisierung, München 1999

Hohfeld, Wesley Newcomb: Fundamental Legal Conceptions as Applied in Judicial Reasoning (1919), hrsg. von Walter W. Cook, Westport, Conn. 1978

Holderness, Clifford G.: A Legal Foundation for Exchange, in: XVI Journal of Legal Studies 321 (1985)

Holmes, Stephen / Sunstein, Cass R.: The Cost of Rights: Why Liberty depends on Taxes, New York und London, 1999

Honoré, A. M.: Ownership, in: A. G. Guest (Hrsg.), Oxford Essays in Jurisprudence, Oxford 1961

Hoppe, Werner: in: Dieter Wilke und Harald Weber (Hrsg.), Gedächtnisschrift für Friedrich Klein, München 1977, S. 190 ff.

Ibler, Martin: Die Eigentumsdogmatik und die Inhalts- und Schrankenbestimmungen iSv Art. 14 Abs. 1 S. 2 GG im Mietrecht, in: AcP 1997, S. 565 ff.

Ipsen, Jörn: Enteignung, enteignungsgleicher Eingriff und Staatshaftung – Zu den Auswirkungen der Eigentumsrechtsprechung des Bundesverfassungsgerichts auf die Haftung für staatliches Unrecht, in: DVBl. 1983, S. 1029 ff.

Isensee, Josef: Die Ambivalenz des Grundeigentumsrechts, in: Ossenbühl, Fritz (Hrsg.), Eigentumsgarantie und Umweltschutz. Symposion für Jürgen Salzwedel, 1990, S. 3 ff.

Jarass, Hans D.: Strukturelemente des amerikanischen Umweltrechts im Vergleich, in: NuR 1993, S. 49 ff.

Jarass, Hans D.: Der Vollzug von Umweltrecht in den USA, in: NuR 1993, S. 197 ff.

Jarass, Hans D.: Inhalts- und Schrankenbestimmung oder Enteignung?, in: NJW 2000, S. 2841 ff.

Jarass, Hans D. / Pieroth, Bodo: Grundgesetz für die Bundesrepublik Deutschland. Kommentar, 8. Aufl., München 2006

Karlin, Norman: Back to the Future: From Nollan to Lochner, in: 17 Southwestern University Law Rev. 627 (1988)

Kauper, Paul G.: State and Private Property in American Law, in: Staat und Privateigentum, Köln 1960, S. 187 ff.

Kelly, Eric D.: Managing Community Growth: Policies, Techniques, and Impacts, Santa Barbara, CA 1993

Kelly, Erin (Hrsg.): Justice as Fairness: A Restatement / John Rawls, Cambridge, Mass. 2001
Kennedy, Duncan: Form and Substance in Private Law Adjudication, in: 89 Harv. L. Rev. 1685 (1976)
Kennedy, Duncan: The Stakes of Law, or Hale and Foucault!, in: Legal Studies Forum Vol. XV (1991), S. 327 ff.
Kennedy, Duncan: The Role of Law in Economic Thought: Three Essays on the Fetishism of Commodities, in: 34 American U. L. Rev. 939 (1985)
Kennedy, Duncan: Law-and-Economics from the Perspective of Critical Legal Studies, in: The New Palgrave Dictionary of Economics and the Law, hrsg. von Peter Newman in drei Bänden, 1998, S. 465 ff.
Keynes, Edward: Liberty, Property, and Privacy: toward a Jurisprudence of Substantive due Process, Penn State Press, 1996
Kleinlein, Kornelius: Die ausgleichspflichtige Inhaltsbestimmung – eine Alternative zur Enteignung?, in: DVBl. 1991, S. 365 ff.
Kloepfer, Michael / Elsner, Thomas: Selbstregulierung im Umwelt- und Technikrecht, in: DVBl. 1996, S. 964 ff.
Kokott, Juliane: Die Entwicklung des Eigentumsschutzes in der Rechtsprechung des Supreme Court der USA, in: JöR (Jahrbuch des öffentlichen Rechts) N.F. 35 (1986), S. 335 ff.
Kommers, Donald P.: The Constitutional Jurisprudence of the Federal Republic of Germany, 2. Aufl., Durham 1997
Kommers, Donald P.: American Courts and Democracy: A Comparative Perspective, in: Hall, Kermit L./ McGuire, Kevin T. (Hrsg.), The Judicial Branch, New York 2006, S. 200 ff.
Körner, Raimund: Denkmalschutz und Eigentumsschutz, Berlin 1992
Kreft, Friedrich: Die Schutzgrenzen des verfassungsmäßig garantierten Grundeigentums, in: Festschrift für Fritz Hauß zum 70. Geburtstag, hrsg. von Ernst von Caemmerer, Robert Fischer, Karl Nüßgens und Reimer Schmidt, Karlsruhe 1978, S. 203 ff.
Kröner, Herbert: Zur Entschädigung beim Denkmalschutz, in: Hans Joachim Faller (Hrsg.), Verantwortlichkeit und Freiheit. Die Verfassung als wertbestimmte Ordnung, Festschrift für Willi Geiger zum 80. Geburtstag, Tübingen 1989, S. 445 ff.
Külpmann, Christoph: Der Schutz des Eigentumsbestandes durch Art. 14 I GG – BVerfGE 100, 226, in: JuS 2000, S. 646 ff.
Kutscher, Hans: Die Enteignung: Ein Beitrag zur Lehre von der Enteignung und vom Eigentum, Stuttgart 1938
Kutschera, Peter: Bestandsschutz im öffentlichen Recht. Zugleich ein Beitrag zur Dogmatik des Art. 14 GG, Heidelberg 1990

Lege, Joachim: Enteignung als Güterbeschaffungsvorgang. Folgt der BGH dem BVerfG? Und bleibt dieses sich noch treu?, in: NJW 1993, S. 2565 ff.

Lege, Joachim: Buchbesprechung: Jochen Rozek, Die Unterscheidung von Eigentumsbindung und Enteignung, Tübingen 1998, in: Der Staat 39 (2000), S. 299 ff.

Leisner, Walter: Eigentum, in: Isensee, Josef/Kichhof, Paul (Hrsg.), Handbuch des Staatsrechts der Bundesrepublik Deutschland, Bd. VI, 1989, S. 1023 ff.

Leisner, Walter: Sozialbindung des Eigentums, Berlin 1972

Leisner, Walter: Eigentumsschutz – im Naturrecht eine Ausnahme?, in: DÖV 1991, S. 781 ff.

Leisner, Walter: Eigentumsschutz von Nutzungsmöglichkeiten. Aufopferungsentschädigungen für nicht realisierte Nutzungen in der Marktwirtschaft, in: Betriebsberater (BB) 1992, S. 73 ff.

Levmore, Saul: Property's Uneasy Path and Expanding Future, in: 70 U. Chi. L. Rev. 181 (2003)

Levmore, Saul: Two Stories About the Evolution of Property Rights, in: 31 J. Legal Stud. 421 (2002)

Lewinsohn-Zamir, Daphna: The Objectivity of Well-Being and the Objectives of Property Law, in: 78 N.Y.U. L. Rev. 1669 (2003)

Loewenstein, Karl: Verfassungsrecht und Verfassungspraxis der Vereinigten Staaten von Amerika, Berlin 1959

Lomasky, Loren E.: Persons, Rights, and the Moral Community, New York 1987

Lücke, Jörg: Amerikanische Enteignungsrechtsprechung und deutsche Parallelen. Zugleich ein Beitrag zur Sozialpflichtigkeit der Enteignungsentschädigung, in: VerwArch 67 (1976), S. 48 ff.

Macey, Jonathan R.: Some causes and consequences of the bifurcated treatment of economic rights and "other" rights under the United States Constitution, in: Paul, Ellen Frankel/Miller, Fred Dycus/Paul, Jeffrey (Hrsg.), Economic Rights, New York 1992

Madison, James: The writings of James Madison, Volume 6: 1790-1802, hrsgg. von G. Hunt, New York, 1906

Mahoney, Julia D.: Kelo's Legacy, in: Supreme Court Review 2005, S. 103 ff.

Malloy, Robin Paul (Hrsg.): Private Property, Community Development, and Eminent Domain, Burlington, VT 2008

Mampel, Dietmar: Neubestimmung des Inhalts der Baunachbarrechte, in: NuR 1993, S. 376 ff.

Mangoldt, Herrmann von: Rechtsstaatsgedanke und Regierungsformen in den Vereinigten Staaten von Amerika, Essen 1938

Mangoldt, Herrmann von / Klein, Friedrich / Starck, Christian: Kommentar zum Grundgesetz, Band 1: Präambel, Artikel 1-19, 5. Aufl., München 2005 (zitiert: *Bearbeiter*, in: v. Mangoldt/Klein/Starck, GG I)

Maunz, Theodor / Dürig, Günther (Begr.): Grundgesetzkommentar, (zitiert: *Bearbeiter*, in: Maunz/Dürig, GG), Band 2, Art. 6 bis 14 GG, 8. Aufl. 1999, Stand: 54. Lieferung Januar 2009

Maurer, Hartmut: Allgemeines Verwaltungsrecht, 16. Aufl., München 2006

Mayo, Todd D.: A Holistic Examination of the Law of Conservation Easements, in: Protecting the Land: Conservation Easements Past, Present and Future, hrsg. v. Julie Ann Gustanski und Roderick H. Squires, Washington 2000, S. 26 ff.

McCaffery, Edward J.: Must we have the Right to Waste?, in: Stephen R. Munzer (Hrsg.), New Essays in the Legal and Political Theory of Property, New York 2001

McCloskey, Robert Green: Economic due process and the Supreme Court: An Exhumation and Reburial, in: Supreme Court Review 1962, S. 34 ff.

McElfish, James Jr. / Beier, Ann E.: Environmental Regulation of Coal Mining: SMCRA's Second Decade, Environmental Law Insitute, Washington, D.C., 1990

Melchinger, Hansjörg: Die Eigentumsdogmatik des Grundgesetzes und das Recht des Denkmalschutzes, Berlin, 1994 (zitiert: Denkmalschutz)

Meltz, Robert / Merriam, Dwight H. / Frank, Richard M.: The Takings Issue. Constitutional Limits on Land Use Control and Environmental Regulation, Washington D.C., Covelo, CA, 1999

Merriam, Dwight H. / Massaron Ross, Mary (Hrsg.): Eminent Domain Use and Abuse: Kelo in context, American Bar Association 2007

Merrill, Thomas W.: The Landscape of Constitutional Property, in: 86 Virginia L. Rev. 885 (2000)

Merrill, Thomas W.: The Economics of Public Use, in: 72 Cornell L. Rev. 61 (1986)

Merrill, Thomas W.: Trespass, Nuisance, and the Costs of determining Property Rights, in: XIV J. Legal Stud. 13 (1985)

Merrill, Thomas W. / Smith, Henry E.: Optimal Standardization in the Law of Property: The Numerus Clausus Principle, in: 110 Yale L. J. 1 (2000)

Michelman, Frank: Property, Utility, and Fairness: Comments on the Ethical Foundations of "Just Compensation" Law, in: 80 Harv. L. Rev. 1165

Michelman, Frank: Ethics, Economics, and the Law of Property, in: J. Roland Pennock und John W. Chapman (Hrsg.), Ethics, Economics, and the Law: Nomos XXIV, Kapitel 1, S. 3 ff., New York und London 1982

Michelman, Frank: The Jurisprudence of Takings, in: 88 Colum. L. Rev. 1600 (1988)

Mill, John Stuart: Utilitarianism (1861), hrsg. von Mary Warnock, London 1962

Minda, Gary: The Dilemmas of Property and Sovereignty in the Postmodern Era: New Solutions for the Regulatory Takings Problem, in: Taking Property and Just Compensation: Law and Economics Perspectives of the Takings Issue, hrsg. von Nicholas Mercuro, Boston 1922

Moench, Christoph / Otting, Olaf: Die Entwicklung des Denkmalschutzrechts (Teil 2) – Rechtsfolgen und Konsequenzen der Denkmaleigenschaft, in: NVwZ 2000, S. 515 ff.

Moore, T. G.: An Economic Analysis of the Concept of Freedom, in: 77 Journal of Political Economy 532 (1969)

Moran, Joseph M. / Morgan, Michael D. / Wiersma, James H.: Introduction to Environmental Science, 2. Aufl., New York 1986

Morrisette, Peter M.: Conservation Easements and the Public Good: Preserving the Environment on Private Lands, in: 41 Nat. Resources J. 373 (2001)

Morrison, Alan B. (Hrsg.): Fundamentals of American Law, London, New York, 1996

Müller-Michaels, Olaf: Grundrechtlicher Eigentumsschutz in der Europäischen Union, Berlin 1997

Münch, Ingo von / Kunig, Philip: Grundgesetz-Kommentar, Band 1 (Präambel, Artikel 1-19), 5. Auflage, München 2000 (zitiert: *Bearbeiter*, in: von Münch/Kunig, GG I)

Munzer, Stephen R.: A Theory of Property, New York 1990

Munzer, Stephen R. (Hrsg.): New Essays in the Legal and Political Theory of Property, New York 2001

Narveson, Jan: The Libertarian Idea, Toronto 2001

National Trust for Historic Preservation: Establishing an Easement Program to Protect Historic, Scenic, and Natural Resources, Washington, D.C. 1995

Nowak, John E. / Rotunda, Ronald D.: Constitutional Law, 7. Aufl., St. Paul, Minn. 2004

Nozick, Robert: Anarchy, State and Utopia, New York 1974

Nüßgens, Karl / Boujong, Karlheinz: Eigentum, Sozialbindung, Enteignung, München 1987

Ossenbühl, Fritz: Eigentumsschutz gegen Nutzungsbeschränkungen, in: Isensee/Lecheler (Hrsg.), Freiheit und Eigentum – Festschrift für Walter Leisner, Berlin 1999, S. 689 ff.

Ossenbühl, Fritz: Staatshaftungsrecht, 5. Aufl., München 1998

Ossenbühl, Fritz: Anmerkung zu BVerfGE Beschluss vom 2.3.1999 – 1 BvL 7/91, in: JZ 1999, S. 899 ff.

Osterloh, Lerke: Eigentumsschutz, Sozialbindung und Enteignung bei der Nutzung von Boden und Umwelt, in: DVBl. 1991, S. 906 ff.

Otting, Olaf: Denkmalschutz zwischen Eigentümerinteressen und Gemeinwohlbindung, in: BauR 2000, S. 514 ff.

Papier, Hans-Jürgen: Die Weiterentwicklung der Rechtsprechung zur Eigentumsgarantie des Art. 14 GG, in: DVBl. 2000, S. 1398 ff.

Papier, Hans-Jürgen: Die finanzrechtlichen Gesetzesvorbehalte und das grundgesetzliche Demokratieprinzip. Zugleich ein Beitrag zur Lehre von den Rechtsformen der Grundrechtseingriffe. Berlin 1973

Parodi, Silvana: Eigentumsbindung und Enteignung im Natur- und Denkmalschutz, Berlin 1984

Paul, Ellen Frankel: A Reflection on Epstein and his Critics, in: 41 U. Miami L. Rev. 235 (1986)

Paul, Ellen Frankel / Dickman, Howard (Hrsg.): Liberty, Property, and Government: Constitutional Interpretation Before the New Deal, Albany, N.Y. 1989

Pedersen, William F.: Using Federal Environmental Regulations to Bargain for Private Land Use Control, in: 21 Yale Journal on Regulation 1 (2004)

Penner, James E.: The Idea of Property in Law, Oxford 1997

Peter, Armin: Grundeigentum und Naturschutz. Die Situation des Grundeigentums im Bereich des Naturschutzes und der Landschaftspflege im Lichte der grundgesetzlichen Eigentumsgarantie unter besonderer Berücksichtigung des nordrhein-westfälischen Landschaftsgesetzes, Frankfurt a. M. 1993

Peterson, Andrea L.: The Takings clause: In Search of underlying Principles, Part I: A Critique of Current Takings Clause Doctrine, in: 77 Cal. L. Rev. 1299 (1989)

Peterson, Andrea L.: The Takings clause: In Search of underlying Principles, Part II: Takings as intentional Deprivations of Property without moral Justification, in: 78 Cal. L. Rev. 53 (1990)

Philipps, Michael J.: The Lochner court, myth and reality: substantive due process from the 1890s to the 1930s, Santa Barbara, CA 2001

Pound, Roscoe: Liberty of Contract, in: 18 Yale L. J. 454 (1909)

Powell, Richard R. / Rohan, Patrick: Powell on Real Property, Albany, NY 1997

Radin, Margaret Jane: The Liberal Conception of Property: Cross Currents in the Jurisprudence of Takings, in: 88 Colum. L. Rev. 1667 (1988)

Radin, Margaret Jane: The Consequences of Conceptualism, in: 41 U. Miami L. Rev. 239 (1986)

Radin, Margaret Jane: Property and Personhood, in: 34 Stan. L. Rev. 957 (1982)

Radin, Margaret Jane: Reinterpreting Property, Chicago 1993

Radin, Margaret Jane: Contested Commodities, Cambridge, Mass. und London, 1996

Ramsauer, Ulrich: Über den Unterschied von Inhaltsbestimmung und Schrankenbestimmung des Eigentums, in: DVBl. 1980, S. 539 ff.

Rawls, John: Justice as Fairness, in: 67 Philosophical Review 164 (1958)

Rawls, John: A Theory of Justice, Cambridge, Mass. 1971

Reich, Charles A.: The New Property, in: 73 Yale Law Journal 733 (1964)

Rengeling, Hans-Werner: Das Grundeigentum als Schutzobjekt der Eigentumsgarantie (Art. 14 GG) und als Gegenstand verwaltungsrechtlicher Planung, Gestaltung und Schrankensetzung, in: AöR Bd. 105 (1980), S. 423 ff.

Ritterspach, Theodor: Die gerichtliche Kontrolle der Verfassungsmäßigkeit der Gesetze in rechtsvergleichender Betrachtung, in: JöR (Jahrbuch des öffentlichen Rechts) N.F. 20 (1971), S. 80 ff.

Rittstieg, Helmut: Eigentum als Verfassungsproblem. Zu Geschichte und Gegenwart des Bürgerlichen Verfassungsstaates, Darmstadt 1975

Rittstieg, Helmut: Zur Entwicklung des Grundeigentums, JZ 1983, S. 161 ff.

Robinson, Nicholas A.: Environmental Regulation of Real Property, New York 1982

Roller, Gerhard: Enteignung, ausgleichspflichtige Inhaltsbestimmung und salvatorische Klauseln, in: NJW 2001, S. 1003 ff.

Rose-Ackerman, Susan: Rethinking the Progressive Agenda: The Reform of the American Regulatory State, Michigan 1992

Rose-Ackerman, Susan: Against Ad-Hocery: A Comment on Michelman, in: 88 Colum. L. Rev. 1697 (1988)

Rose-Ackerman, Susan: Inalienability and the Theory of Property Rights, in: 85 Colum. L. Rev. 931 (1985)

Rose, Carol M.: Possession as the Origin of Property, in: 52 U. Chi. L. Rev. 73 (1985)

Ross, Thomas: Modeling and Formalism in Takings Jurisprudence, in: 61 Notre Dame L. Rev. 373 (1986)

Roth, Wolfgang: Faktische Eingriffe in Freiheit und Eigentum, Berlin 1994

Rothstein, Scott R.: Comment: Takings Jurisprudence Comes in from the Cold: Preservation of Interiors Through Landmark Legislation, in: 26 Connecticut L. Rev. 1105 (1994)

Rozek, Jochen: Die Unterscheidung von Eigentumsbindung und Enteignung. Eine Bestandsaufnahme zur dogmatischen Struktur des Art. 14 GG nach 15 Jahren „Naßauskiesung", Tübingen, 1998

Rudden, Bernard: Economic Theory v. Property Law: The Numerus Clausus Problem, in: Oxford Essays in Jurisprudence, hrsg. von John Eekelaar und John Bell, 3. Bd., S. 239 ff., Oxford, 1987

Sachs, Michael (Hrsg.): Grundgesetz Kommentar, 5. Aufl., München 2009 (zitiert: *Bearbeiter*, in: Sachs, GG)

Sax, Joseph L.: Takings, Private Property and Public Rights, in: 81 Yale L. J. 149 (1971)

Sax, Joseph L.: Takings and the Police Power, in: 74 Yale L. J. 36 (1964)

Sax, Joseph L.: The Public Trust Doctrine in Natural Resource Law: Effective Judicial Intervention, in: 68 Mich. L. Rev. 471 (1970)

Sax, Joseph L.: Understanding Lucas v. South Carolina Coastal Council, Beitrag zu dem Symposium: Property Rights and the Economy of Nature, in: 45 Stan. L. Rev. 1433 (1993)

Scheuner, Ulrich / Küng, Emil: Der Schutz des Eigentums: Untersuchungen zu Art. 14 des Grundgesetzes für die Bundesrepublik Deutschland, Hannover 1966

Schmidt-Aßmann, Eberhard: Anmerkung zu BGH, Urteil v. 25.1.1973 – III ZR 113/70, in: DVBl. 1973, S. 627 ff.

Schmidt-Bleibtreu, Bruno / Hofmann, Hans / Hopfauf, Axel: GG. Kommentar zum Grundgesetz, 11. Aufl., Köln 2008 (zitiert: *Bearbeiter*, in: Schmidt-Bleibtreu/Hofmann/Hopfauf, GG)

Schoch, Friedrich: Die Eigentumsgarantie des Art. 14 GG, in: Jura 1989, S. 113 ff.

Schönfeld, Thomas: Die Eigentumsgarantie und Nutzungsbeschränkungen des Grundeigentums. Ungelöste Fragen in der Dogmatik von Art. 14 GG, Sinsheim 1996

Schröder, Hans-Christoph: Das Eigentumsproblem in den Auseinandersetzungen um die Verfassung von Massachusetts, 1775-1787, in: Rudolf Vierhaus (Hrsg.), Eigentum und Verfassung. Zur Eigentumsdiskussion im ausgehenden 18. Jahrhundert, Göttingen 1972, S. 11 ff.

Schulte, Hans: Die Tragweite der naturschutzrechtlichen Eingriffsregelung für das Grundeigentum, in: VerwArch 77 (1986), S. 371 ff.

Schwabe, Jürgen: Facetten des Eigentums. Ein Literaturbericht, in: Der Staat 27 (1988), S. 93 ff.

Schwerdtfeger, Gunther: Eigentumsgarantie, Inhaltsbestimmung und Enteignung – BVerfGE 58, 300 („Naßauskiesung"), in: JuS 1983, S. 104 ff.

Seifert, Klaus: Sozialbindung des Eigentums und Enteignung bei der Festsetzung von Wasserschutzgebieten, Bonn 1982

Sellmann, Christian: Die eigentumsrechtliche Inhalts- und Schrankenbestimmung – Entwicklungstendenzen, in: NVwZ 2003, S. 1417 ff.

Selmi, Daniel P. / Kushner, James A.: Land Use Regulation: Cases and Materials, Gaithersburg, New York, 1999

Sendler, Horst: Wer gefährdet wen?: Eigentum und Bestansschutz den Umweltschutz – oder umgekehrt?, in: Gesellschaft für Umweltrecht, Dokumentation der 6. Wissenschaftlichen Tagung 1982, S. 29 ff. sowie in UPR 1983, S. 33 ff.

Sieckmann, Jan-Reinard: Zum verfassungsrechtlichen Eigentumsschutz im deutschen und britischen Recht. Eine rechtsvergleichende Untersuchung zu Modellen des Eigentumsschutzes, Baden-Baden, 1999 (zitiert: Verfassungsrechtlicher Eigentumsschutz)

Sieckmann, Jan-Reinard: Modelle des Eigentumsschutzes. Eine Untersuchung der Eigentumsgarantie des Art. 14 GG, Baden-Baden 1998 (zitiert: Modelle des Eigentumsschutzes)

Siegan, Bernard H.: Economic Liberties and the Constitution, Chicago 1980

Siegan, Bernard H.: Property Rights: from Magna Carta to the Fourteenth Amendment, New Brunswick 2001

Siegan, Bernard H.: Property and Freedom: the Constitution, the Courts, and Land-Use Regulation, New Brunswick 1997

Siegel, Stephen A.: Understanding the Lochner Era: Lessons from Controversy over Railroad and Utility Rate Regulation, in: 70 Va. L. Rev. 187 (1984)

Singer, Joseph William: The Reliance Interest in Property, in: 40 Stanford L. Rev. 611 (1988)

Skouras, George: Takings Law and the Supreme Court. Judicial Oversight of the Regulatory State's Acquisition, Use and Control of Private Property, New York 1998

Smend, Rudolf: Bürger und Bourgeois, in: ders., Staatsrechtliche Abhandlungen, 2. Aufl., Berlin 1968, S. 309 ff.

Soell, Hermann: Die Bedeutung der Sozialpflichtigkeit des Grundeigentums bei der Landschaftspflege und dem Naturschutz, in: DVBl. 1983, S. 241 ff.

Steinberg, Rudolf / Lubberger, Andreas: Aufopferung – Enteignung und Staatshaftung, Baden-Baden 1991

Sterk, Stewart E.: The Federalist Dimension of Property, in: 114 Yale L. J. 203 (2004)

Stern, Klaus: Das Staatsrecht der Bundesrepublik Deutschland, Bd. IV, Halbband 1: Die einzelnen Grundrechte: Der Schutz und die freiheitliche Entfaltung des Individuums, München 2006 (zitiert: *Bearbeiter*, in: Stern, Staatsrecht IV/1)

Stewart, Richard B.: The Reformation of American Administrative Law, in: 88 Harv. L. Rev. 1687 (1975)

Stewart, Richard B.: A New Generation of Environmental Regulation?, in: 29 Cap. U. L. Rev. 21 (2001)

Stigler, George: The Theory of Economic Regulation, 2 Bell Journal of Economics 3 (1971)

Stoevesandt, Martin: Aktivismus und Zurückhaltung im United States Supreme Court. Eine Studie zur Rechtsprechung des amerikanischen Supreme Court im System der Gewaltenteilung zwischen Judikative und Legislative, Berlin 1999

Suhr, Dieter: Aussprache, in: 5. Aussprache und Schlußworte: Staatsaufgabe Umweltschutz, in: VVDStRL 38 (1979), S. 351 ff.

Sunstein, Cass R.: One Case at a Time, Cambridge, Mass. und London 1999

Sunstein, Cass R.: Judges and Democracy: The Changing Role of the United States Supreme Court, in: Hall, Kermit L./McGuire, Kevin T. (Hrsg.), The Judicial Branch, New York 2006, S. 32 ff.

Sunstein, Cass R.: Naked Preferences and the Constitution, in: 84 Colum. L. Rev. 1689 (1984)

Tideman, Nicolaus: Takings, Moral Evolution, and Justice, in: 88 Colum. L. Rev. 1714 (1988)

Tiedeman, Christopher Gustavus: A Treatise on the Limitations of the Police Power in the United States, St. Louis 1886

Torres, Gerald: Taking and Giving: Police Power, Public Value, and Private Right, in: 26 Envtl. Law 1 (1996)

Tretbar, J. Margaret: Calculating Compensation for Temporary Regulatory Takings, in: 42 Kansas L. Rev. 201 (1993).

Tribe, Laurence: American Constitutional Law, Mineola, 1978 (with Supplement 1979)

Ulen, Thomas S.: The Public Use of Private Property: A Duel-Constraint Theory of Efficient Governmental Takings, in: Takings and Just Compensation, hrsg. von Nicholas Mercuro, Boston, 1922

Underkuffler, Laura S.: The Idea of Property: Its Meaning and Power, Oxford 2003

Unger, Roberto Mangabeira: Knowledge and Politics, New York 1975

United States: The Kelo decision: investigating takings of homes and other private property: hearing before the Committee on the Judiciary, United States Senate, One Hundred Ninth Congress, first session, 20. September 2005, United States Congress, Senate, U.S. G.P.O., 2005

Vogel, Klaus: Eigentumsgarantie, Handlungsfreiheit und Steuerrecht, in: Max-Emanuel Geis und Dieter Lorenz (Hrsg.), Staat, Kirche, Verwaltung. Festschrift für Hartmut Maurer zum 70. Geburtstag, München 2001, S. 297 ff.

Waldron, Jeremy: The Right to Private Property, New York 1988

Waldron, Jeremy (Hrsg.): Nonsense upon stilts: Bentham, Burke, and Marx on the Rights of Man, London 1987

Walston, Roderick E.: The Constitution and Property: Due Process, Regulatory Takings, and Judicial Takings, in: 2001 Utah L. Rev. 379 (2001)

Wassermann, Rudolf: Reihe Alternativkommentare. Kommentar zum Grundgesetz für die Bundesrepublik Deutschland in zwei Bänden, Band 1, Art. 1-20, Neuwied und Darmstadt 1984 (zitiert: *Bearbeiter*, in: AK)

Wendt, Rudolf: Zur Verfassungsmäßigkeit der Übertragung der planungsschadensrechtlichen Reduktionsklauseln des Bundesbaugesetzes auf die klassische Enteignung, in: DVBl. 1978, S. 356 ff.

Wendt, Rudolf: Eigentum und Gesetzgebung, Hamburg 1985

Wigginghaus, Klaus H.: Die Rechtsstellung des enteigneten Grundeigentümers, Berlin 1978

Wilhelm, Jan: Zum Enteignungsbegriff des Bundesverfassungsgerichts, in: JZ 2000, S. 905 ff.

Wiseman, Patrick: When the End Justifies the Means: Understanding Takings Jurisprudence in a Legal System with Integrity, in: 63 St. John's Leg. Rev. 433 (1988-1989)

Wolfe, Christopher: Judicial Activism – Bulwark of Freedom or Precarious Security, Pacific Grove, Cal. 1991 (zitiert: Judicial Activism)

Wolff, Jonathan: Robert Nozick: Property, Justice and the Minimal State, Oxford 1991

Zweigert, Konrad / Kötz, Hein: Einführung in die Rechtsvergleichung auf dem Gebiete des Privatrechts, Bd. 1: Grundlagen, 2. Aufl. Tübingen 1984, Bd. 2: Institutionen, Tübingen 1969

Kolibri 360 GmbH
Ferdinand-Jühlke-Straße 7
99095 Erfurt, Deutschland
produktsicherheit@kolibri360.de